새로운 문화콘텐츠학

개정판

개정판 머리말

문화콘텐츠는 여러 이름을 갖고 있다. 문화 산업, 콘텐츠 산업, 문화 창의 산업, 엔터테인먼트 산업 등 다양한 이름만큼 개념과 범위도 각양각색이다. 문화 산업은 무지개 빛깔처럼 다양성이 생명이며, 자기만의 독창적인 세계를 갖고 있다. 주류 문화와 하위문화가 비빔밥처럼 뒤섞여 있고, 지역마다 맥주의 맛이 다르듯 세계의 문화 산업은 각자의 풍미를 지니고 있다. 문화 산업은 과거 · 현재 · 미래가 공존하는 거대한 세계관과 스토리텔링이 살아 숨 쉬는 매력적인 산업이자 학문이다.

2000년대 전후 문화 산업은 문화콘텐츠라는 이름으로 한국에 혜성처럼 등장했다. 한국외국어대학교, 한양대학교, 동국대학교, 건국대학교 등에 문화콘텐츠학과가 개설되고, 학부는 물론 석 · 박사 인재를 양성하는 요람으로 성장하기 시작했다. 문화콘텐츠학 박사 200여 명이 문화 산업 현장과 대학, 연구소 등지에서 활약하고 있고, 학사와 석사까지 합하면 수백 수천 명이 현장에서 구슬땀을 흘리고 있다.

하지만 문화콘텐츠학과에는 체계적인 커리큘럼이 구성되어 있지 않다. 대학마다 커리큘럼이 다르고, 설령 같은 과목이라 하더라도 가르치는 교 · 강사에 따라 완전히 다른 과목, 다른 콘텐츠가 된다. 문화콘텐츠 입문 과정은 산업별 분야를 종적으로 가르칠 수도 있고, 개념과 범주를 중심으로 횡적으로 가르칠 수도 있다. 문화콘텐츠의 범위가 방대하고 광활한 만큼 다리만 만지고 코끼리를 평가하는 우를 범하기도 쉽다. 유행과 트렌드의 변화에 민감하고 그 어떤 학문보다 변화가 빠르고 진취적이며 타 학문, 타 산업과 융 · 복합이 자유로운 학문이 문화콘텐츠다.

문화콘텐츠학이 탄생한 지 20년이 지났으므로 이제 보다 체계적으로 문화콘텐츠학을 정립할 필요가 있다. 문화콘텐츠와 콘텐츠 산업에 대한 재개념화가 필요하고 '콘텐츠'의 미래를 어떻게 전개할지 머리를 맞댈 필요가 생겼다. 이 책은 2017년 초심으로 돌아가 문화콘텐츠와 콘텐츠 산업을 재조명하고 개념을 재설정하기 위해 집필했다. 시간이 흘러 2024년 증보판을 계획했으며, 한국외국어대학교와 건국대학교, 한양대학교, 상명대학교, 서강대학교, 고려대학교 등 각기 다른 대학에서 문화콘텐츠학을 전공한 연구자들이 모여 '새로운 콘텐츠학'을 설계하고 집필했다. 그리고 콘텐츠문화학회를 매개로 이러한 학문적 체계를 확고히 하고 있다.

목차를 짜고 제목을 정하고, 책의 구성과 용어 통일 등 거시적 측면에서 얼개를 짜고 미시적인 부분까지 논의를 거쳐 여러 번 수정한 끝에 완성했다. 무엇보다 여러 연구자와 토론을 통해 각기 다른 생각을 확인하고, 이를 좁혀 하나의 책으로 엮어 내는 과정은 큰 공부였다. 그리고 그 결실이 문화콘텐츠학에 입문하는 학습자들에게 실질적인 도움을 줄 수 있는 알찬 교재가 될 것이라고 믿는다.

이 책은 8명의 연구자가 집필했다. 1장과 2장은 태지호, 3장과 11장은 안창현, 5장과 9장은 임동욱, 6장과 12장은 이종훈, 7장과 10장은 이건웅이 집필했다. 그리고 4장은 신호림, 8장은 노창현, 13장은 성종현 교수가 집필했다. 각자 평소 관심 있는 분야와 특색 있는 전공 등을 활용해 이 책을 썼다. 이 책을 위해 고생한 모든 분들과 출판사 관계자분들께 감사 인사를 드리고, 함께 집필에 힘써 주신 동료 연구자들께 감사의 마음을 전한다.

2024년 10월

저자 일동

차례

새로운 문화콘텐츠학

개정판

콘텐츠문화학회
노창현·성종현·신호림·안창현·이건웅·이종훈·임동욱·태지호
지음

대한민국, 서울, 커뮤니케이션북스, 2025

새로운 문화콘텐츠학 개정판

지은이 콘텐츠문화학회
노창현·성종현·신호림·안창현·이건웅·이종훈·임동욱·태지호
펴낸이 박영률

초판 1쇄 펴낸날 2017년 9월 11일
개정 1판 펴낸날 2025년 2월 28일

커뮤니케이션북스(주)
출판 등록 2007년 8월 17일 제313-2007-000166호
02880 서울시 성북구 성북로 5-11 (성북동1가 35-38)
전화(02) 7474 001, 팩스(02) 736 5047
commbooks@eeel.net
www.commbooks.com

ISBN 979-11-7307-058-7

책값은 뒤표지에 표시되어 있습니다.

01

문화콘텐츠란 무엇인가

우리는 문화콘텐츠와 함께한다

우리는 문화콘텐츠의 시대에 살고 있다. 아침에 일어나서 잠들기까지, 매일매일 우리는 문화콘텐츠와 함께한다. 문화콘텐츠는 우리의 일상에 재미와 감동을 선사하며, 다양한 정보를 제공하고, 지적 욕구를 만족시켜 준다.

문화콘텐츠의 형태와 종류는 매우 다양하다. 영화, 드라마, 게임, 애니메이션, 웹툰, 테마파크, 축제 등등 일일이 열거하기 어렵다. 그리고 이러한 문화콘텐츠는 융·복합되어 또 다른 문화콘텐츠의 모습으로 우리에게 제시되기도 한다.

그렇다면, 문화콘텐츠라는 개념은 어떻게 탄생하게 되었을까? 문화콘텐츠는 어떻게 정의할 수 있을까? 문화콘텐츠는 개별 사례를 쉽게 접하는 만큼 이미 익숙해진 용어가 되었다. 그런데 문화콘텐츠라는 용어가 의미하는 바는 무엇일까?

문화콘텐츠의 탄생

문화콘텐츠는 더 이상 새로운 용어가 아니다. 문화콘텐츠는 이제 일반 명사가 되어 일상의 곳곳에서 사용되고 있다. 각종 언론계에서, 학계에서 그리고 산업계나 정책 입안의 영역 등에서 문화콘텐츠는 쉽게 언급하는 용어가 되었다. 그럼에도 문화콘텐츠가 무엇인지에 대해 명확히 대답하기란 쉽지 않다. 누구나 언제든 거론하고 있는 이 용어가 의미하는 바는 무엇일까? 혹은 이 용어에 대한 동의할 만하고 수긍할 만한 개념적 정의나 설명은 있을까? 본격적으로 문화콘텐츠의 개념을 다루기 앞서 무엇보다 문화콘텐츠가 언제 어떻게 탄생했는지, 그 배경부터 다룰 필요가 있다. 모든 용어는 탄생과 관련된 사회적 배경이나 맥락이 있기 때문이다. 덧붙여, 문화콘텐츠라는 용어는 다른 국가들보다는 주로 한국에서 사용되고 있다는 점도 미리 언급할 필요가 있다.

이미 20여 년이나 지난 과거지만, 한때 '밀레니엄 시대'라는 말이 유행한 적이 있다. 새로운 천년을 일컫는 밀레니엄은 그 용어가 내포하는 중압감이 있었다. 물론 달력이 한 장 넘어가고 자릿수가 바뀔 뿐, 우리의 삶이 이를 기점으로 갑자기 변화하는 것은 아니었지만, 새로운 밀레니엄 시대에 대한 기대와 두려움에 대한 수많은 담론이 확산되곤 했다.

그 밀레니엄 시대의 시작에 대한 예견과 전망에 대한 키워드 중, 여기서 강조하고자 하는 것은 '문화'와 '디지털'이다. 미리 언급하지만, 문화콘텐츠를 이해하기 위한 핵심 용어가 바로 문화와 디지털이다.

문화에 대한 주목

문화는 인류가 탄생한 이후 언제나 인류와 함께 존재해 왔다. 이에 대해 언급하는 이유는 문화의 기원이나 출현을 말하기 위함이 아니라, 문화라는 용어가 역사성과 매우 복잡한 이력을 가지고 있음을 강조하기 위해서다. 하지만 분명한 것은 우리가 '대략적으로' 알고 있는 그 '문화'의 역사는 인류의 역사와도 동일하다고 볼 수 있다는 점이다. 문화에 대한 다양한 정의가 존재하며, 그에 따라 문화라고 통칭할 수 있는 것이나 혹은 문화와 구별하여 개념화할 수 있는 사회의 영역도 여럿 있지만, 문화가 우리 삶의 모습이자 결과라는 점은 여러 학자의 공통된 견해다. 언제나 문화는 인간 삶 그 자체였음에도 불구하고 밀레니엄 시대에 이르러 문화가 새롭게 주목받게 된 이유는 무엇일까? 이 글에서는 범위를 좁혀, 한국 사회의 변화상을 통해 이를 간략히 살펴본다.

1945년 해방 이후, 한국 사회는 전통 사회의 관습과 일제 강점기의 모순을 극복하기 위해 다양한 지점에서 변화를 모색했다. 이러한 소용돌이 속에서 한국 사회의 주된 담론은 정치 민주화와 경제 발전의 관점에서 제시되곤 했다. 4 · 19혁명, 군사 정부 종식, 5 · 18민주화 운동, 직선제 개헌 등은 정치적 민주화의 주된 과정이자 결과였으며, 다른 한편 보릿고개 극복, 저축 증대, 무역 수지 개선, 기업 육성 등은 경제 발전을 위한 모토이자 주된 과제였다. 물론 이 거대한 두 주제를 이렇게 축약하여 제시한다는 것이 다소 무리가 있음은 분명하다. 특히 이러한 한국 현대사의 과정은 여러 갈등과 또 다른 모순을 파생시키기도 했으며, 오늘날까지 여전히 진행 중인 사안들도 있기 때문이다. 그럼에도 좀 더 일반화하면, 우리 사회는 1980년대 후반이 되자 이 둘과 관련해 그 목표한 바에 대해 어느 정도 주목할 만한 성과를 내게 되었다는 주장도 전혀 잘못된 견해는 아닐 것이다.

여기서 짚고 넘어가야 할 문제는 이러한 거대 담론들의 충돌과 경합 속에서도 일상성은 지속되었다는 점이다. 특히 일상 속에서 우리가 경험하는 희로애락의 지점은 다양한 방식으로 존재해 왔다는 점을 간과할 수 없다. 이러한 모습을 거대 담론과 대별하여 '문화'라고 언급할 수 있다면, 문화는 일상의 곳곳에서 우리 삶을 지탱하고, 표현하며, 전망토록 했다.

물론 문화를 어떻게 정의하느냐에 따라 이런 설명은 좀 더 많은 논의가 필요하기도 하다. 문화는 정치나 경제 외에 법과 제도, 교육, 종교 등과 같은 다른 사회의 영역들뿐만 아니라 (자연)환경이나 국제 정세나 관계 등과 같은 외부 조건과의 상호작용을 통해 그 모습을 드러내기도 한다는 점에서 특히 그러하다. 다만 여기서 강조하고자 하는 바는 그러한 '문화'라는 개념은 우리 사회가 지향하는 거대한 목표 달성에 비해 상대적으로 그 주목도가 낮았다는 점이다.

1980년대 후반, 이러한 문화가 서서히 일상의 담론 속에서 영역을 확대하면서, 사회의 다른 영역들과 비견되면서 그 위상을 드러내기 시작했다. 여기서 오해하지 말아야 할 것은 두 가지다. 첫째, 문화가 이전 시기에 그 역할이 없거나 혹은 미비했는가 하는 문제다. 이에 대한 대답은 전혀 그렇지 않다는 것이다. 다만 정치와 경제에 기대되는 목적론적 가치에 비해 그 역할이 상대적으로 주목되지 않았을 뿐이다. 왜냐하면 문화에 대한 지배적인 인식은 그것이 있는 그대로 존재 가치를 가지며, 그것은 곧 삶의 모습이라는 점에 근거했기 때문이다. 이에 따라 다른 영역에 비해 위상에 대한 고민과 그 의미를 부여하려는 시도가 그리 부각되지 않았던 것이다. 다른 관점에서 보면, 오히려 당시에는 정치적 목적 속에서 문화를 '활용'하고자 하는 시도가 많았던 것도 사실이다. 가령, 군사 정부하에서 문화는 특별한 방식으로 생산되고 소비됨으로써 현실의 특정한 부분만을 강조하기 위한 수단으로 활용되곤 했다.

이와 관련하여, 그렇다면 문화는 정치와 경제의 예속물인가라는 문제가 제기된다. 앞서 언급한 상황에 비추어 보면 문화는 정치와 경제의 예속물이라는 해석이 타당한 듯도 하다. 이는 특수한 역사적 상황에서 그럴 수 있음을 의미한다. 하지만 문화는 자율적일 수도 있다는 점을 인식하는 것이 중요하다. 왜냐하면, 언제나 문화는 존재해 왔으며, 사회의 제 모습을 변화시키는 동인으로 작동하게도 했기 때문이다. 또한 문화는 그 자체로 여러 집단과의 관계 속에서 다양한 층과 결을 가지기 때문에 일반화하기도 어렵다. 다만 시대적 맥락이나 특수한 역사적 조건이라는 것은 존재하기 때문에 문화의 위상이나 역할 또한 특정한 형태로 드러날 수 있음을 이해할 필요가 있다. 덧붙여, 이와 같은 설명은 사회의 변동 요인이 무엇인가에 대한 또 다른 차원의 문제를 이끌어 낼 수 있지만, 여기서는 '문화' 논의에 집중하고자 한다.

다시 본래의 논의로 돌아와, 1980년대 후반에서 1990년대에 이르는 시기는, 지금 우리가 '일반적'으로 언급하는 문화의 모습이 일상에서 본격적으로 부각되는 때였다. 그렇다면, 여기서 말하는 문화란 구체적으로 무엇을 의미하는 것일까? 이것을 실체화하기란 매우 어려운 문제지만, 분명한 것은 우리는 문화를 통해 삶의 모습을 가시적으로 그려 내거나 설명할 수 있게 되었다는 점이다. 또한 우리의 삶은 문화를 필요로 하게 되었고, 이를 통해 또 다른 문화를 경험하게 되었다. 더 나아가 문화가 우리의 존재를 확인시켜 주는 거울이 되었으며, 문화를 통해 세상을 더욱 잘 알게 되었다. 그것이 삶의 질에 대한 문제이건 여가나 취미와 관련된 문제이건 혹은 정확히 무엇을 지시하는지 모를지라도 적어도 '문화적'이라는 것이 의미하는 바와 그것이 가지는 삶에서의 의미, 효용성과 가치 그리고 사회 제 영역에서 점하고 있는 위치를 확인하게 된 것이다. 바야흐로, 문화의 시대가 도래한 것이다.

디지털의 확산과 콘텐츠의 대두

디지털은 본래 정보를 가공하고 구현하는 방식을 의미하는 물리학 용어다. 디지털이라는 개념은 기술공학이나 정보학 등 전문 영역에 국한되어 쓰였다. 하지만 이제 디지털은 단지 그러한 영역에 한정되어 인식되지 않는다. 물론 디지털은 이진법을 통한 정보의 조합, 조작과 같은 연산 작업이 가능한 정보 구현 방식이라는 점에서 그것이 의미하는 바를 대략 이해할 수 있기는 하다. 하지만 현재 디지털은 이러한 사전적인 간략한 설명에 국한되지 않고, 이를 훨씬 뛰어넘는 영향력을 행사하고 있는 거대한 개념이 되었다. 더 나아가, 우리의 일상은 이미 디지털로 둘러싸여 있다고 할 정도다.

그렇다면 디지털이라는 개념이 이렇게 일반화된 연유는 무엇이고 그 효과는 어떠할까? 덧붙여, 문화콘텐츠를 논의하면서, '문화'는 '문화콘텐츠'라는 용어에 포함되어 있기에 그것의 관계를 어렴풋이 짐작할 수 있지만, 디지털은 어떤 관점에서 문화콘텐츠와 연관성이 있는 것일까?

디지털은 모든 정보를 0과 1이라는 이진법으로 간략히 변환할 수 있는데, 이로써 정보 처리의 효율성을 높이고 업무 처리를 단순화할 수 있다. 이는 더 나아가 우리의 현실을 구성하는 물질세계가 0과 1이라는 간략한 정보로써, 즉 비물질화의 방식으로 새롭게 재편될 수 있음을 의미한다. 이를 가능하게 한 것은 컴퓨터로 대표되는 디지털 정보를 처리할 수 있는 디지털 미디어나 각종 기술의 발전이다. 중요한 것은 이러한 디지털을 활용한 정보 처리의 변화가 일부 전문가 영역에 국한된 것이 아니라는 점이다. 디지털은 우리 일상에서 이루어지는 교육, 놀이, 노동, 행정, 정치 등과 같은 일련의 커뮤니케이션의 양상에 영향을 미친다. 이 확산 효과를 극대화한 대표적인 디지털 기술은 단언컨대 인터넷의 보편화라고 말할 수 있다. 인터넷을 단순히 통신망이라고 하기에는 그 효과가 너무 크다. 인터넷이 디지털화된 정보가 생산, 유통 그리고 소비될 새로운 통로를 우리 모두에게 열어 주었기 때문이다. 여기에 더해, 컴퓨터는 물론이거니와, 디지털 정보를 처리할 수 있는 각종 디지털 미디어의 보편화는 기존 아날로그 기술 중심 세상에서 불가능했던 새로운 경험을 가능하게 해 준다. 문서 작성이나 사진 촬영, 동영상 제작 등과 같이 우리가 일상에서 해 왔던 단순하면서도 소소한 작업을 생각해 보자. 이와 같은 정보가 생산되고 소비되는 과정을 디지털, 인터넷, 디지털 미디어 등이 출현하기 이전과 이후로 비교해 보면 그야말로 격세지감을 느끼게 된다.

디지털을 중심으로 한 미디어와 정보 통신 기술 등의 변화가 우리에게 새로운 고민을 던져 준 상황이기도 하다. 새로운 기술은 그 자체로도 중요하지만, 더욱 고민해야 할 것은 그것을 가지고 무엇을 할 수 있는가다. 밀레니엄 전후로 보편화된 초고속 인터넷, 경량화되고 소형화된 컴퓨터, 새롭게 등장한 디지털 카메라, 스마트폰 등은 우리에게 그것을 가지고 무엇을 할 것인가라는 문제를 제기한다.

그렇다면 오늘날 인터넷, 컴퓨터 그리고 최근의 스마트폰 등과 같은 각종 기술이 의미하는 바는 무엇일까? 잠시 생각해 보면, 우리에게 중요한 것은 기술 그 자체가 아니라, 그것을 활용한 '어떤 경험'이다. 물론 개인마다 경험의 차이는 존재할 수 있지만, 분명한 것은 그러한 기술의 효과는 그 '어떤 것'을 통해서 증명되고, 그럼으로써 그 기술들은 존재 이유를 얻는다는 점이다. 즉, 정보 검색, 각종 동영상 시청, 게임, SNS, 상거래 등과 같은 일상에서 이루어지는 다양한 경험을 통해 디지털 기술은 비로소 효용성이 발생한다. 한마디로 말해, 새로운 '형식'의 출현은 그에 대응하는 새로운 '내용'을 요구한 것이다.

돌이켜 보면, 디지털 기술이 확산하기 시작한 2000년을 전후로 한국은 IT 열풍이 불었다. 다양한 벤처 기업의 출현과 IT 산업의 급속한 성장 속에서, 많은 이들이 '콘텐츠'라는 단어를 언급하기 시작했다. 이것은 새롭게 등장한 디지털 기술과 디지털 미디어는 단지 '그릇'일 뿐이고, 정작 중요한 문제는 그 안에 무엇을 담아내느냐라는 인식의 발로였다. 그리고 이는 기술의 지속적인 발전과는 다른 차원의 새로운 고민이기도 하다. 자연스럽게, 내용 즉 콘텐츠가 주목되기 시작한 것이다.

문화 + 콘텐츠 = 문화콘텐츠

이렇듯 '문화'와 '콘텐츠'라는 단어는 각각 다른 맥락에서 부각되었지만,

흥미로운 사실은 이 둘이 결합한 '문화콘텐츠'라는 신조어가 등장한 점이다. 이 용어의 탄생과 관련해 누가 언제 최초로 언급하거나 고안했는지에 대해서 학계에서도 다소 의견이 분분하다. 하지만 중요한 점은 '문화'와 '콘텐츠'의 조우는 앞서 언급한 '문화에 대한 주목'과 '디지털의 확산으로 인한 콘텐츠의 대두'와 깊은 관련성을 가진다는 것이다.

우선 앞서 언급한 바와 같이, '문화'는 어찌 보면 다소 추상적인 개념이고, 그것이 포함하는 영역 또한 방대하다. 그간 '등한시'되다, 사회 상황의 변화로 인해 주목되었다는 점을 인정하더라도, 언뜻 손에 잡히지 않는 개념이 문화다. 문화가 중요하다는 점은 충분히 공감하더라도 그것의 구체적인 '형상'은 다소 불분명해 보인다. 이를 설명하기 위해서는 다시 한번 밀레니엄 전후의 시대상을 복기할 필요가 있다.

1990년대 중반 이후 등장한 X세대와 더불어, 기존과는 다른 내용과 표현 형식의 영화, 음악, 텔레비전 드라마, 패션, 공간 문화 등이 본격적으로 유행하기 시작했다. X세대는 통제되고, 제한되고, 판에 박힌 앞선 세대와는 달리 자유분방하고, 트렌디하고, 다양한 감성을 표출하는 특징을 보였다. 새로운 문화의 유행과 확산은 개인적 차원을 넘어서 경제적으로도 주목을 받게 되었는데, 이것이 바로 거시적 차원에서 설명할 수 있는 문화 산업 영역이다. 덧붙여 무역 자유화나 세계화 담론의 확산과 맞물려 그간의 경성화된 교류 중심에서 벗어나 문화와 같은 연성화된 대상들이 훨씬 자유롭게 거래되기 시작했다. 즉, 문화는 일상의 여러 틈새를 메우면서 새롭게 생산되고 소비되면서, 사회적 주목도가 점점 커지게 된 것이다.

이러한 현상은 앞서 언급한 디지털 기술의 확산과 그로 인한 콘텐츠의 대두와 자연스럽게 겹치면서 다시 한번 주목을 끌었다. 콘텐츠가 디지털 기술이나 미디어에 담기는 내용이라는 점은 결국 '문화적인 것'들이거나 '문화를 활용한 것'들임을 의미하기 때문이다. 다시 말해, 다매체, 다채널, 융·복합화된 미디어와 기술 속에 담기는 것들은 분명 우리 일상의 여가 생활이나 취미, 관심사 그리고 사람들과의 상호작용과 밀접한 것들이며, 이는 곧 문화와 관련된 내용(콘텐츠)이라 할 수 있다. 비록 의도하지 않았더라도 혹은 각각의 단어가 인식되거나 활용되는 맥락이 다르다고 할지라도, 문화와 콘텐츠의 결합은 자연스러운 조우였다.

이렇게 보면, 문화콘텐츠라는 용어는 치열한 학문적 고민이나 엄밀한 논리를 갖추고 탄생한 것은 아니다. 문화콘텐츠는 한국 사회의 특수한 상황 혹은 사회적이고 관습적인 차원에서 파생한 용어다. 하지만 중요한 것은 이제 문화콘텐츠는 매우 익숙한 용어가 되었으며, 그것의 가치를 학문적·정책적·산업적 관점에서 논의하기 시작한 지 20여 년이 지나 지금에 이르고 있다는 점이다. 이미 문화콘텐츠는 우리 일상에서 널리 쓰이는 용어라는 점은 자명한 사실이다. 이에 적어도 그것의 개념적 문제를 짚어 봄으로써, 이 용어를 어떻게 활용할 것인가를 고민해야 할 시점이 온 것이다. 비로소 문화콘텐츠를 정의할 필요성이 제기되는 것이다.

문화콘텐츠의 정의

문화콘텐츠는 어떻게 정의할 수 있을까? 문화콘텐츠와 관련된 연구를 진행하는 많은 학자나 혹은 정책 입안자들이 각각 나름의 문화콘텐츠의 정의를 제시한 바 있다. 여기서 그러한 정의를 일일이 열거하지는 않겠지만, 매우 의미 있고 여러 시사점을 제공하는 것은 분명하다. 동시에 문화콘텐츠를 어떻게 정의하느냐에 따라 이를 이해하는 방식에 차이가 있다. 하지만 이 책에서는 다음과 같이 정의함으로써 그 표현이 한정하는 바를 좀 더 상세히 다루고, 문화콘텐츠가 의미하는 바에 접근하고자 한다. 다음에 제시하는 정의는 문화콘텐츠를 보다 축약적으로 설명하고, 실증적으로 다루기 위한 시도의 결과다.

문화콘텐츠란, 문화적 소재가 구체적으로 가공되어 매체에 체화한 무형의 결과물이다(태지호, 2013). 이 정의가 의미하는 바가 무엇인지를 다루기 앞서, 우리가 '일반적으로' 문화콘텐츠라고 일컫는 것을 나열해 보면, 영화 · 방송 콘텐츠 · 애니메이션 · 광고 · 게임 · 음악 콘텐츠 · 웹 콘텐츠 · 애플리케이션 · 공연 · 축제 · 테마파크 · 박물관 · 전시회 · 이벤트 · 투어리즘 등이 있다.

이들은 각각의 특성을 가지고 있지만, 생산, 유통 그리고 소비라는 일련의 과정에서 서로 교차되기도 하며, 그에 따라 영역의 구분이 모호해지기도 한다. 이 문제는 앞서 제시한 정의를 상세히 다룬 이후, 문화콘텐츠의 외연의 확장과 관련하여 다시 논의할 것이다.

앞서 제시한 정의는 '문화적 소재가', '구체적으로 가공되어', '매체에 체화한', '무형의 결과물'이라는 각각의 어구로 분절된다. 후술할 내용은 이들 어구가 문화콘텐츠의 정의를 어떻게 구성하는지와 관계된다.

'문화적 소재'란 무엇인가?

문화적 소재의 의미와 범위는 문화를 어떻게 정의하는가에 따라 달라진다. 즉, 문화를 예술이나 인간 사고 행위의 정수와 같이 협의로써 보는가, 혹은 의식주 그리고 커뮤니케이션과 같은 광의로써 보는가에 따라 문화적 소재의 범주가 달라지는 것이다. 여기서 광의의 관점으로 문화에 접근하면서 문화적 소재를 이해하면, 그 문화적 소재의 범위는 매우 광범위해진다. 어찌 보면, 문화적 소재는 인간 삶에서 나타나고 경험되는 모든 것이 될 수 있다. 따라서 특정 문화에 대한 범주가 아닌 경우는 문화콘텐츠라는 용어에서 '문화'를 생략한다 하더라도 그 용법이나 의미 전달에서 크게 문제가 되지 않는다.

다만, '콘텐츠'와 '문화콘텐츠'라는 두 용어는 어감상 혹은 콘텐츠를 수식하는 '문화'라는 용어가 가지는 사회 문화적이고 역사적인 배경에 비추어 볼 때, 차이가 드러난다. 즉, '콘텐츠'는 가치 중립적인 데 반해, '문화콘텐츠'는 문화가 내포하는 인간, 삶, 역사, 경험, 인문 가치, 교양, 예술, 일상성 등과 같은 여러 개념의 의미망 속에서 이해될 수 있다는 점에서 이 둘의 차이점이 확인된다. 이와 더불어 앞서 논의한 바와 같이, 문화콘텐츠라는 용어가 한국의 상황에서 자의적으로 생성된 배경을 가지고 있다는 점도 '콘텐츠'라는 표현보다 '문화콘텐츠'라는 용어를 선호하게 한다.

문화콘텐츠를 간략히 내용물로 접근한다면, 그 내용물은 반드시 내용물을 구성하는 재료를 필요로 한다. 문화적 소재란 바로 문화콘텐츠의 원재료인 것이다. 여기서 한 가지 짚고 넘어갈 것이 있는데, 문화적 소재는 문화 그 자체가 아니라, '자원'의 개념으로 이해해야 한다는 점이다. 자원은 있는 그대로 존재하는 것이 아니라 활용 가치가 있을 때 산출되는 것이라는 점에 비추어 볼 때, 문화적 소재와 문화 그 자체는 의미가 다르다. 그리고 문화적 소재의 관점에서 접근하면, 문화는 시공간적 맥락 속에서 언제든지 다시금 구성될 수 있는 대상이 된다. 이렇게 보면, 문화적 소재는 자원의 관점에서, 문화콘텐츠로 개발될 수 있는 가치를 내포하고 있는 문화적 요소를 의미한다.

이와 관련하여, '문화콘텐츠'는 '콘텐츠'와 달리 여러 영역을 한정하거나 특정하는 데 활용되곤 한다. 가령, 역사문화콘텐츠, 종교문화콘텐츠, 한국문화콘텐츠, 유교문화콘텐츠, 아시아문화콘텐츠, 서양문화콘텐츠 등과 같이 문화의 특정한 영역이나 지역 혹은 지리적 범위를 한정하고자 할 때 문화적 소재로서 문화는 좀 더 구체화된다.

'구체적으로 가공한다'는 것은 무엇인가?

문화적 소재로 발굴된 문화는 '있는 그대로' 문화콘텐츠가 될 수 없다. 앞서 문화적 소재를 자원의 관점에서 접근할 필요가 있다고 언급했듯이, 해당 소재/자원은 특정한 기술과 형식 등의 과정을 거칠 때 비로소 '어떤' 결과물로 재탄생/재구성된다. 여기서 기술이나 형식은 말 그대로 공학적/엔지니어링의 관점에서 접근할 수도 있지만, 반드시 그것만을 의미하는 것은 아니다.

가령, '조선 시대 백자(白瓷)의 아름다움'이라는 전시(회)라는 문화콘텐츠를 상정해 보자. 여기서 백자는 문화적 소재이며, 전시는 최종 결과물로 문화콘텐츠일 것이다. 하지만 전시는 여러 백자를 '있는 그대로' 나열하는 것이 아니다. 전시 기획자/큐레이터는 조선 시대의 수많은 백자 중에서 특정한 것을 선별하고, 이를 용도, 시대, 수법, 크기 혹은 그 밖의 다른 기준을 통해 분류할 것이다. 그리고 각각의 백자는 전시 공간에 나름의 방식을 통해 배열될 것이다. 이는 전시 공간의 구획이나 동선 등의 고려를 통해 백자가 특별한 전시물들로 배치되는 것과 연관된다. 그리고 각각의 전시물은 조명, 전시 케이스, 스크립트의 구성 혹은 다른 보조 매체 등과 같은 요소를 수반한다.

간략하게 제시된 전시라는 문화콘텐츠가 구성되는 과정에서 알 수 있듯이, 문화적 소재는 반드시 일련의 가공 단계를 거쳐야 문화콘텐츠로 거듭난다. 그리고 이 과정은 해당 문화콘텐츠의 최종 형태와 활용 목적, 소비자의 경험(방식) 등이 전제되어야 한다. 따라서 '구체적 가공'이라는 어구는 문화적 소재에 대해 직접적으로 적용되거나 가해지는 기술적이거나 물리적인 변형의 형식 문제에 국한되지 않는다. 이는 문화적 소재가 새롭게 의미화의 과정 속에 놓이게 되는 것, 그리고 개별 소비자에게 이해되거나 실제 소비되는 방식에 대한 논의를 포함한다.

결국 '구체적 가공'은 문화적 소재가 본래의 가치나 의미가 강화되고 확장되거나 변형되는 과정이라고 할 수 있다. 부연하여, '구체적 가공'은 문화콘텐츠의 의미 구성 방식이나 특징 그리고 제작 방법(론)에 관한 논의에서 거론되는 '스토리텔링' 개념과 맞닿아 있다. 이에 대해서는 이후 4

장 '문화콘텐츠는 스토리텔링이다'에서 구체적으로 다룰 것이다.

'매체에 체화한다'는 것은 무엇인가?

결론적으로, '매체에 체화한다'는 것은 문화적 소재가 구체적으로 가공되어 매체(미디어)와 일체화됨을 의미한다. 표면상으로 문화콘텐츠는 매체로써 우리에게 드러나기 때문이다. 이러한 문화콘텐츠의 특성으로 인해, 문화콘텐츠는 매체와 동일한 것으로 착각되곤 한다. 하지만 이는 일종의 착시 현상이다. 매체와 문화콘텐츠는 구분된다는 점을 분명히 할 필요가 있다. 매체는 문화콘텐츠를 담아내는 그릇이자 형식이며 수단이다. 이는 문화콘텐츠가 매체를 수반한다는 것과 관련된다. 좀 더 엄밀하게 말해, 문화콘텐츠는 매체를 통해 경험될 수 있다. 문화콘텐츠를 경험하기 위해 직접적으로 맞닥뜨리는 것은 매체이기 때문이다.

이에 대해 사례를 통해 살펴보도록 하자. 익숙한 문화콘텐츠인 게임은 사실 일종의 알고리즘이며, 프로그램 혹은 디지털 언어를 통한 연산 작용일 뿐이다. 우리가 이것을 경험하기 위해서는 반드시 매체가 필요한 것이다. 즉, 디바이스의 관점에서 보면, 콘솔, 컴퓨터, 스마트폰 등이 필요하다. 다시 말해, 게임은 매체와 결합할 때, 비로소 '게임으로서' 의미를 획득하게 된다. 이러한 관점에서 영화, 방송 콘텐츠, 애니메이션, 출판/만화 콘텐츠 등과 같은 문화콘텐츠 또한 모두 영상 매체, 전자 매체, 디지털 매체, 인쇄 매체 등에 저장되는 내용물(콘텐츠)이며, 동시에 그런 매체 자체의 형식을 통해서만 경험될 수 있는 특징을 가진다. 이렇듯 매체는 형식으로서 콘텐츠의 모습과 경험 방식을 규정하는 것은 분명하지만, 매체 그 자체로 우리가 할 수 있는 것은 거의 없다. 매체를 이용한다는 것은 결국 콘텐츠를 이용한다는 의미다.

이와 비슷하면서도 사뭇 다른 모습을 보이는 문화콘텐츠도 있다. 이는 축제, 박물관/전시회, 테마파크, 이벤트 등과 같은 문화콘텐츠다. 이들은 위에서 언급한 게임 등과는 다른 외연을 취한다. 게임, 영화, 방송 콘텐츠, 애니메이션 등이 매체에 체화하여, 우리가 매체를 통해 이들을 경험되는 것과 달리, 이들은 실제 공간이나 장소에서 경험되는 문화콘텐츠이기 때문이다. 이러한 방식으로 인해 이들은 매체의 범위나 특성이 무엇인가라는 새로운 문제를 이끌어 낸다.

매체에 대한 우리의 '일반적인' 이해는 텔레비전이나 컴퓨터 등과 같은 전자 미디어나 책 등과 같은 인쇄 미디어에 한정되곤 한다. 이런 매체가 현실에 대한 우리의 인식에 많은 영향을 미치고 주로 활용됨으로써 매체에 대한 우리의 이해에 지배적인 영향을 미치는 것은 분명하다. 하지만 매체라는 것은 커뮤니케이션의 채널이자 메시지/정보/지식을 저장하고 전달하는 수단이라는 점에 비추어 보면, 이는 전자 미디어나 인쇄 미디어에 한정되지 않을 것이다. 즉 축제, 박물관/전시회, 테마파크, 이벤트 등에서 구획된 혹은 특정한 공간/장소/건축물 등이 매체의 역할을 한다고 볼 수 있기 때문이다. 다시 말해, 위에 열거한 문화콘텐츠는 해당 '공간'에 문화적 소재가 체화되어 있으면서, 동시에 사람들이 '그곳'에서 소통하기 때문이다. 이러한 관점에서 이들 문화콘텐츠를 여타의 문화콘텐츠와 달리 '공간형 콘텐츠'로서 따로 특징짓기도 한다(태지호, 2013). 물론 이들 문화콘텐츠의 세부 콘텐츠(전시물 등)에서도 전자 미디어 등이 별도로 활용되곤 하지만, 여기서 강조하는 것은 그러한 개별적인 매체 활용의 문제가 아니다. 이들이 다른 문화콘텐츠와 구별되는 가장 큰 특징은 특정한 현실 공간에서 문화적 소재가 구체적으로 가공되어 우리에게 '드러나고', 그에 따라 우리가 물리적 공간에 참여함으로써 경험된다는 점이다. 이러한 관점에 비추어, '매체에 체화한다'라는 표현에서 매체의 의미를 좀 더 확장시켜 이해할 필요가 있으며, 결국 문화콘텐츠의 외적 특징을 규정하는 데 매체에 대한 이해는 반드시 수반되어야 한다.

'무형의 결과물'이 의미하는 것은 무엇인가?

문화콘텐츠가 무형이라 함은 그 형태가 없다는 뜻이 아니라 그것이 수용자 · 소비자에게 어떠한 방식으로 어떻게 '의미 있는' 재화로 인식되는가에 대한 문제를 일컫는 표현이다. 재화라는 것은 교환이나 거래가 가능한 일련의 물건을 의미하는데, 이런 관점에서 보면, 문화콘텐츠 또한 재화인 것은 분명하다. 여기서 중요한 것은 문화콘텐츠가 다른 재화들과 달리 경험을 통해 그 의미를 획득한다는 점이다. 더욱 엄밀하게 말해, 이 경험은 인지적 경험을 의미한다.

문화콘텐츠의 인지적 경험이란 감각을 통해 느끼는 감정과 같은 정서적 경험이나 정보나 지식 등의 획득과 같은 지적 경험을 의미한다. 좀 더 쉽게 말해, 우리는 다양한 문화콘텐츠를 통해 '재밌다', '슬프다', '지루하다', '감동적이다' 혹은 '새로운 사실을 알고 지식을 획득했다' 등과 같은 수용 반응을 보이곤 한다. 즉, 문화콘텐츠는 인지적 경험을 통해서만 의미가 획득됨과 동시에 가치를 확인할 수 있다. 문화콘텐츠는 유형 즉, 물질적 속성에 근거하기보다는 무형 즉, 정신적 경험에 의존하고 있다고 할 수 있는 것이다.

한편, 이러한 관점에 근거하여 그리고 재화의 속성에 치중하여 보면, 문화콘텐츠는 경험재로 이해될 수 있다. 이는 문화콘텐츠의 가치는 개별 수용자의 인지적 차원에서 확인될 수 있다는 점에서 나타나는 특징인 것이다. 즉, 수치적 정보나 해당 문화콘텐츠에 대한 요소나 특성에 대한 설명 등을 통해 이를 이해하는 것은 매우 제한적이며, 개별 수용자가 직접 경험을 함으로써 그것에 대한 느낌이나 감정 등을 드러낼 때, 문화콘텐츠의 가치가 될 수 있는 것이다. 즉, 정보 제시나 설명과 같은 간접 경험은 문화콘텐츠에 대한 매우 제한적인 이해만을 가능하게 한다. 다시 말해, 어떠한 문화콘텐츠일지라도 직접 경험을 하기 전까지 그것에 대해 설명한다는 것은 쉬운 일이 아니며, 동시에 그에 대한 정서적 반응을 드러낼 수 없다. 덧붙여, 문화콘텐츠는 그 자체에 대한 인지적 차원의 경험 결과 외에, 각각의 고유한 '경험 과정' 그 자체를 통해서도 의미와 가치가 확인된다는 점에서 경험재다.

이와 더불어, 문화콘텐츠의 무형적 속성을 강조하는 이유는 문화콘텐츠 그 자체의 형태 때문이다. 많은 경우, 문화콘텐츠가 유형적이라고 착각하기도 한다. 이는 문화콘텐츠를 담고 있는 미디어나 문화콘텐츠의 재료가 되는 소재가 유형일 수 있기 때문에 유형이라고 착각되는 것이다. 즉, 게임이나 영화 등을 담고 있는 미디어는 유형이지만, 정작 게임이나 영화 그 자체는 결코 유형이 아니다. 마찬가지로 전시회 등에서 소재로 활용되는 전시물이나 미디어로서 장소는 유형일 수 있으나, 전시회 그 자체는 무형이다. 게임, 영화, 전시회 등의 문화콘텐츠를 감각을 통해 인식하고 이후 정서적 판단이나 반응을 통해 그것에 가치를 부여하기 때문이다.

결국 문화콘텐츠가 무형의 결과물이라 함은 그 자체가 물리적으로 만져질 수 있거나 소유될 수 없는 대상임을 뜻한다. 부연하여, 이러한 특성으로 인해, 문화콘텐츠를 다룰 때는 라이선스, 저작권, IP 등과 같은 문제가 매우 중요한 사안이 된다. 즉, 다양한 기술에 의해 변형됨과 동시에 다른 매체에 쉽게 저장되고 복제될 수 있기 때문이다.

문화콘텐츠의 끝없는 외연 확장력

앞서 문화콘텐츠 개념의 탄생 배경과 종류 그리고 정의를 살펴보았다. 이를 통해 문화콘텐츠가 무엇을 의미하는지 '대략적으로' 이해할 수 있었다. '명확하게'가 아닌 '대략적으로' 이해되는 이유는 문화콘텐츠가 포괄하는 범위가 매우 넓을 뿐만 아니라 급변하는 사회 변화상과 맞물려 시시

각각 그 의미에 대한 이해가 달라지고 있기 때문이다. 특히 하루가 다르게 변화하는 미디어 기술과 더불어 일상의 '다채로움' 속에서 나타나고 있는 문화적 소비에 대한 다양한 열망, 그리고 '4차 산업 혁명'과 같은 새로운 담론의 출현은 문화콘텐츠에 대한 이해를 더욱 어렵게 만든다. 이런 배경 속에서, 이 장에서는 앞서 다룬 문화콘텐츠의 개념을 재정리하고 앞으로의 문화콘텐츠의 모습을 전망하고 예측하고자 한다.

문화콘텐츠의 외연 확장 가능성

우리는 일상에서 문화콘텐츠를 매일 경험한다. 한시라도 문화콘텐츠를 외면하기란 쉽지 않다. 우리는 일상에서 의도하지 않았더라도 문화콘텐츠를 경험하기도 한다. 문화콘텐츠는 종류나 형태가 무엇이건 간에, 나름의 목적과 쓰임새가 있다. 가령, 어떤 문화콘텐츠는 '교육적', '심미적', '유희적', '경제적' 관점에서 의미가 있다. 하지만 이러한 의미의 확인이 문화콘텐츠의 생산자와 소비자라는 양단의 주체는 물론이고 소비자 집단 내에서도 반드시 동일하게 나타나는 것은 아니다. 이러한 모습은 개별 문화콘텐츠가 특정한 방식으로 환원되지 않는다는 것을 의미한다. 더 나아가 이러한 상황은 우리가 지금까지 다뤘던 문화콘텐츠 개념에 대한 이해를 더욱 어렵게 만드는 요인이기도 하다.

이런 맥락에서 문화콘텐츠를 이해하기 위해, 이에 대한 정형화된 대상이라는 관점은 지양할 필요가 있다. 이는 문화콘텐츠의 개념에 대한 부정이나 기각을 의미하는 것이 아니라, 그것이 오늘날의 일상에서 다양한 형식이나 형태를 통해 확장되는 양상에 대한 문제다.

이는 문화콘텐츠 담론이 출현했던 2000년대 초반과 현재의 상황을 비교해 보면 쉽게 이해할 수 있다. 그 당시만 해도 문화콘텐츠는 일부 영상 문화콘텐츠나 혹은 막 부상하는 디지털 문화콘텐츠로만 이해되곤 했다. 하지만 곧 공간형 콘텐츠나 오프라인 문화콘텐츠와 같은 영역들도 문화콘텐츠의 범주 속에서 다루기 시작했다. 또한 이후 스마트폰의 등장이나 가상 현실, 증강 현실 혹은 최근의 메타버스 등에 이르는 다양한 기술의 등장과 더불어 그것이 보편화되면서, 그에 따른 문화콘텐츠에 대한 이해의 폭이 확장되고 있는 것이다. 이런 상황은 분명, 문화콘텐츠가 생산, 유통, 소비되는 방식을 바꾸고 있다. 이미 너무나 익숙해진 '컨버전스' 환경은 다른 그 어떤 영역들보다도 문화콘텐츠 분야에서 더욱 가속화되고 있다. 즉, 이제는 단일한 특정 산업 영역의 정형화된 문화콘텐츠로서만 생산되고 소비되는 것이 아니라 그 대상의 형태, 장르, 영역 등이 융합되고 있는 상황이다.

이와 같은 기술 혹은 미디어 환경의 변화와 더불어 각 개인이 적극적인 문화 생산자이자 소비자로 변모되고 있는 양상도 주목할 필요가 있다. 최근 개인들의 문화에 대한 이해의 방식이나 그것을 수용하는 상황은 특정한 관점으로 예측되거나 설명되지 않는다. 이제 개인들은 단지 문화를 일방적으로 소비하는 것에서 벗어나 다양한 방식으로 새롭게 생산하고 변형시키고 확산하는 주체로 거듭나고 있다. 이 과정에서 문화콘텐츠를 포함한 다양한 문화적 실천은 단지 산업적인 시스템 속에서만 머무는 '생산-유통-소비'의 과정을 넘어서 일상의 여러 영역에서 경험되고 그에 따른 의미화의 과정을 수반한다. 다시 말해, 각 개인들의 다양한 문화적 실천은 법적이거나 제도적인 차원 혹은 경제적이거나 산업적인 차원에서 단순히 재단되지 않는다. 이런 실천은 그 나름의 재미, 감동, 설득, 저항, 미학 등의 코드가 자율적으로 부여됨으로써 그 자체가 생산, 공유, 확산, 소멸 등의 모습을 띤다.

이렇게 본다면 문화콘텐츠에 대한 논의, 특히 문화콘텐츠의 정의나 개념 문제는 무용한 것이 아닌가라는 의문이 들 수도 있다. 하지만 여기서 강조하고자 하는 바는 문화콘텐츠라는 구체적 대상이 앞서 언급한 바와 같이, '몇 가지'로 정해져 있는 것이 아니라 일종의 '이합집산'의 모습을 보일 수도 있으며, 기술 미디어 환경, 개인들의 다양한 욕구와 그에 따른 행위에 의해 가변적일 수 있다는 것이다.

일상과 상상의 경계에 선 문화콘텐츠

문화콘텐츠의 구체적 대상이 가변적이고 확장 가능성을 가진다는 것은 그 생산 주체가 누구인가와는 별개로 새로운 문화콘텐츠의 출현을 기대하게 한다. 그 어떤 분야보다도 상상을 현실로 구체화할 수 있는 장이 문화콘텐츠 영역인 것이다. 이미 우리는 아주 소소한 이야기, 이미지, 행동이나 활동, 이벤트 등이 문화콘텐츠의 범주 속에서 단지 개인적 차원에서의 재미나 감동을 넘어서 많은 사람들과 함께 공감하고 공유하고 있는 사례를 많이 알고 있으며, 지금 이 순간에도 그러한 문화콘텐츠가 계속해서 생산되어 소비되고 있다. 이런 문화콘텐츠는 거대 제작사나 숙련된 전문가 집단이 복잡한 미디어 기술을 활용하여 제작한 것이 아니다. 물론 그러한 '웰 메이드' '매크로(macro)' 문화콘텐츠들도 존재하지만, 단지 개인의 번뜩이는 아이디어로 창작된 '마이크로(micro)' 문화콘텐츠 또한 대중에게 공유되고 있다.

여기서 중요한 문제는 문화콘텐츠가 현실을 벗어난 '꿈'을 이야기하고 있다는 점이다. 그 '꿈'은 일탈을 전제로 많은 사람이 공감할 수 있는 재미와 감동을 담아낸다. 문화콘텐츠는 일상에서 경험되는 것이지만 상상을 통해 그 원천을 찾아내는 과정을 수반한다. 이는 작게는 산업적이고 경제적인 수익과 효과를 창출할 수 있게도 하지만, 나아가 정치적이고 사회문화적인 관점에서 특별한 문화적 실천으로써 그 의미가 이해되기도 한다. 그렇다고 하여, 문화콘텐츠가 반드시 심각하거나 진지하게 우리 사회가 당면한 사회 문제를 담고 있어야만 하는 것은 아니다. 문화콘텐츠는 우리가 꿈꾸는 바를 실현하게 해 주는 장이 될 수 있다.

문화콘텐츠는 오래된 신화나 전설 그리고 우리의 기억으로부터 현재의 소소하거나 거창한 일련의 모습에 이르기까지 우리 삶의 모든 것을 소재로 삼아 상상의 나래를 현실에서 펼칠 수 있게 한다. 문화콘텐츠의 이런 가능성은 아직 누구에게도 독점되지 않았으며, 앞으로도 그럴 것이다. 우리 누구나 각자의 방식대로 문화콘텐츠를 통해 꿈꿀 수 있고, 또 그것을 실현할 수 있다.

생각해 볼 문제

1. 문화콘텐츠라는 용어가 탄생하게 된 배경은 무엇인가? 이는 한국 사회에서 어떠한 쓰임새를 가지고 있으며, 그것이 고안된 사회 문화적 맥락은 무엇이었는지 토론해 보자.
2. 문화콘텐츠의 정의는 무엇인가? 이와 관련하여, 문화와 문화콘텐츠의 차이, 문화콘텐츠와 미디어의 차이는 무엇인지 생각해 보자.
3. 공간형 콘텐츠는 무엇을 의미하는가? 공간형 콘텐츠가 그 외의 다른 문화콘텐츠와 구별되는 지점과 공통되는 지점은 무엇인지 토론해 보자.
4. 문화콘텐츠와 일반적인 재화 혹은 제조업에서 생산되고 유통되는 상품의 차이는 무엇인가? 문화콘텐츠가 다른 재화와 구별되는 특성은 무엇인지 생각해 보자.
5. 앞으로 어떤 문화콘텐츠가 새롭게 출현할 수 있을까? 문화콘텐츠의 미래상은 어떠할지 토론해 보자.

참고문헌

태지호(2013). 『공간형 콘텐츠』. 커뮤니케이션북스.

02

문화콘텐츠는 변화하는 학문이다

우리는 문화콘텐츠를 배우고 연구한다

문화콘텐츠는 그 개념이 태동한 이래, 문화콘텐츠학의 관점에서 다뤄지고 있다. 문화콘텐츠학은 문화콘텐츠를 다루기 때문에 흥미로우며 우리의 일상과 맞닿아 있어 그 내용도 익숙하다. 동시에 문화콘텐츠학은 어렵고 공부할 양도 방대하다. 이것은 문화콘텐츠학이 응용 학문, 융합 학문, 복합 학문이기 때문이다.

문화콘텐츠학은 타 학문에 비해 역사가 짧지만, 학계뿐만 아니라 관련 산업계, 정책 영역에서도 주목도가 높다. 문화콘텐츠학은 문화콘텐츠를 기획, 제작, 유통하는 동시에 그것을 분석, 비평, 이해하는 것을 배우는 학문이다.

문화콘텐츠학을 배우는 문화콘텐츠학도는 문화콘텐츠 산업계는 물론이고 다양한 사회 영역에 진출하여 활약할 수 있다. 문화콘텐츠를 배우고 연구하면서 문화콘텐츠의 미래를 그려 보자.

문화콘텐츠는 어떻게 학문이 되었나

학문은 어떤 분야를 배워서 익히는 과정이나, 이를 통해 축적된 지식 체계를 의미한다. 문화콘텐츠를 학문의 관점에서 다룰 수 있는 것은 이 또한 배움의 특별한 과정이 전제되고 있으며, 동시에 그 과정 속에서 축적된 지식 체계가 있기 때문이다. 문화콘텐츠는 문화콘텐츠학이라는 고유의 정체성을 가지고 있는 분과 학문의 관점에서 논의될 수 있다. 특히 분과 학문이라면, 다른 학문과는 구별되는 해당 학문만의 연구 대상과 연구를 위한 이론과 방법 그리고 이러한 인식을 공유하는 공동체가 있어야 한다. 문화콘텐츠학은 이런 전제 조건을 충족시키는 과정에 있는 신생 학문이다.

문화콘텐츠학의 탄생

문화콘텐츠학은 언제 탄생했을까? 이를 특정하기란, 문화콘텐츠라는 개념이 정확히 언제 출현했는가라는 질문과 같이 답하기 어려울뿐더러 그 자체가 크게 의미 있는 물음이 아니기도 하다. 분과 학문 혹은 제도의 관점에서 어느 대학에서 몇 년도에 학과를 설립했는지를 밝혀낼 수는 있겠지만, 이는 그리 중요한 문제가 아니다. 오히려 주목해야 할 점은 문화콘텐츠에 관한 학과가 설립될 수 있었던 사회적 맥락이다. 즉, 문화콘텐츠를 학문으로 다룰 수 있다는, 혹은 다뤄야만 한다는 인식을 공유하게 된 시기의 맥락이 더욱 중요한 것이다.

대략 이 시기는 2000년대 전후로, 1장에서 살펴본 바와 같이 문화 개념의 사회적 주목과 디지털 기술의 보편화 등과 맞물려 문화콘텐츠 개념이 등장한 때이다. 문화콘텐츠라 칭할 수 있는 것 혹은 문화콘텐츠 개념의 등장으로 여러 사회 제도적 영역에서 이를 주목하게 되었는데, 이는 크게 세 가지 층위로 구분된다. 우선 첫 번째 층위는 문화콘텐츠를 새로운 비즈니스 영역으로 접근하면서 이윤 추구를 주목적으로 하는 산업적 영역이다. 두 번째 층위는 국가의 새로운 성장 동력이나 국가 경쟁력의 수단으로 문화콘텐츠를 주목하고, 이를 거시적이고 공적인 차원에서 접근하는 정책적 영역이다. 마지막으로 세 번째 층위는 이 장에서 다루는 연구와 교육 그리고 인력 양성의 학문적 영역이다.

여기서 특히 학문적 영역에서 문화콘텐츠를 주목한 이유는 크게 두 가지다. 첫째, 앞서 언급한 다른 두 층위에서 주목한 문화콘텐츠의 쓰임새, 혹은 그 효과를 어떻게 학문적으로 이론화하고 체계화할 것인가 하는 문제를 해결하기 위함이다. 이는 학문의 본질적 가치에 근거한 것이며, 학문 고유의 책무이기도 하다. 하지만 학문은 누군가의 일방적인 주장이 아니라, 치열한 논쟁과 담론을 통해 정립된다. 이런 문화콘텐츠의 가치와 효용성에 대한 체계화와 더불어 비판적 성찰을 통한 문화콘텐츠의 전망이나 방향성을 다루는 문제는 문화콘텐츠학에서 가장 중요한 주제라 할 수 있다. 둘째는 좀 더 현실적인 이유에 근거한다. 사회적으로 문화콘텐츠 관련 인력 수요가 계속해서 증가하고 있는 상황에서 학문은 그 요구를 충족시켜야 할 사회적 의무가 있다. 특히 두 번째 이유는 크게는 사회 요구에 대한 직접적 기여이며, 작게는 대학의 경쟁력을 강화하기 위한 관점과 관련된다.

이런 이유로 2000년대 초반부터 문화콘텐츠학과와 관련 학과들이 학부 단위 혹은 대학원 단위로 여러 대학에 설립되었다. 이와 더불어 학과 체제는 아니더라도 문화콘텐츠 관련 교과목들이 개설되었다. 문화콘텐츠 교육에 한정해서 보면, 이는 대학 내에서만 이루어진 것은 아니다. 한국콘텐츠진흥원과 같은 중앙 정부 기관이나 지역의 문화콘텐츠 관련 기관에서도 문화콘텐츠 분야 인력을 육성하기 위해 상시 혹은 비상시적으로 교육 프로그램을 운영했다.

기존 학문과의 관계라는 논의에 집중하여 보면, 문화콘텐츠학의 접근

방식은 기존 학문의 전통과 그에 따른 이론이나 방법론을 어떻게 활용할 것인가에 따라 다소 차이가 있었다.

인문학 분야에서는 문화콘텐츠의 소재 영역에 집중하여 문화콘텐츠를 다루었다. 이는 문화콘텐츠를 '무에서 유'가 아닌 '유에서 유'를 창출하는 것으로 보았기 때문이며, 또한 오래된 인문학적 전통과 자산의 활용에 근거한 관점이었다. 사회 과학에서는 특히 미디어 연구 분야에서 문화콘텐츠를 주목했다. 문화콘텐츠가 미디어의 내용물이라는 점에 비추어 보면, 미디어 연구 분야에서 문화콘텐츠를 다루는 것은 당연한 논리다.

하지만 그 당시의 관점은 방송과 통신의 새로운 융합 환경에서 제작 · 서비스되는 문화콘텐츠의 효과는 무엇인가에 한정되곤 했다. 기술 공학 분야는 문화콘텐츠가 생산되기 위한 기술적 요건이나 응용 기술의 적용 방안에 대해 집중하곤 했다. 마지막으로 예술학에서는 주로 응용 예술학 영역에서 문화콘텐츠를 주목했다. 특히 문화콘텐츠 디자인 및 시각적 표현 방식에 집중했다.

물론 이런 일반적인 진단은 비판의 소지가 있으나, 당시 문화콘텐츠학은 다소 혼란한 양상 속에서 싹을 틔우고 있었던 것은 분명하다. 무엇보다 그런 상황은 애초에 문화콘텐츠라는 개념의 등장을 예상하지 못했기에 겪을 수밖에 없는 당시의 현실이기도 했다. 또한 새로운 밀레니엄 시대와 더불어 탄생한 문화콘텐츠에 대한 막연한 기대감이 당시 학계에 만연했다는 점은 이런 상황을 가중시키기도 했다. 하지만 학문이라는 것은 특정한 개인의 성과나 소수의 사람만이 공유하는 지식에 의해서 성립되는 것이 아니며, 일반적인 재화의 생산, 유통, 소비와 같은 방식으로 유지되는 대상도 아니라는 점을 인식할 필요가 있다. 학문은 계량화할 수 없는 치열한 담론을 통해 그 의미와 가치가 드러나는 대상이기 때문이다.

문화콘텐츠학(과)의 현황

상술한 바와 같이, 2000년을 전후로 탄생한 문화콘텐츠 개념과 더불어 그에 대한 관심은 관련 인력의 양성으로 이어졌고, 이는 대학에서 여러 변화상을 통해 구체화되었다. 우선 현실적인 차원에서, 대학이라는 제도의 특성상 학과의 설립은 학과 정원과 맞물린 문제라는 점을 짚고 넘어가야 한다. 즉, 대학의 전체 입학 정원은 고정되어 있기 때문에, 학과의 신설은 쉽지 않다. 당시 문화콘텐츠에 대한 주목도와 더불어 사회적 요구가 커졌음에도 학과 신설은 쉽게 진행될 수 없었다.

이에 많은 대학은 기존의 학과를 개편하는 방식으로 문제를 해결하고자 했다. 일부 대학은 학과 명칭을 문화콘텐츠학과로 변경하기도 했고, 기존의 학과에 문화콘텐츠 관련 커리큘럼을 추가하는 방식을 취하기도 했다. 혹은 학과를 개편한다 해도 '문화콘텐츠학과'가 아닌 '문화기획학과', '미디어콘텐츠학과'와 같이 학교의 특성이나 사정에 따라 각각 다른 명칭을 부여했다. 물론 이런 차이는 곧 해당 학과의 비전이나 인력 양성의 주된 분야가 무엇인가 그리고 그에 따른 커리큘럼이 무엇인가를 반영하는 지표이기도 했다. 가령, 디지털 콘텐츠 분야, 공연 콘텐츠 분야, 영상 콘텐츠 분야, 디자인 분야, 미디어 기술 분야 등과 같이 특화 영역을 설정하여 인력 양성의 차별화를 모색했다.

하지만 당시 신설되거나 개편된 문화콘텐츠학과 및 관련 학과가 모두 '성공적'이지는 않았다. 물론 학문이나 교육을 성공이나 실패와 같은 성과 혹은 실적 관련 용어로 설명하는 것이 적절치 않을 수 있다. 다만 여기서 성공은 단순히 양적 지표에 근거한 것은 아니며, 학과 운영과 인력 양성의 지속성과 관련된다. 이는 각 학교의 특수한 사정을 별개로 하더라도, 명칭만 '문화콘텐츠'일 뿐이지 실제 학과 운영이나 교육 과정의 내실화로 이어지지 않은 경우도 더러 있었기 때문이다. 이에 분명한 비전과 전략이 부족한 가운데 학과를 설립·운영하던 일부 대학에서는 급기야

폐과하거나 문화콘텐츠가 아닌 다른 영역으로 방향을 선회하기도 했다.

그럼에도 많은 문화콘텐츠 관련 학과가 개선과 차별화를 위해 노력했고, 지금도 이를 실천하기 위해 노력하고 있다. 2021년 대학 정보 공시 기준 '문화콘텐츠'를 포함한 학과(부) 및 전공은 40개다. 그중 인문 사회 계열은 30개, 자연 과학 계열은 1개, 예체능 계열은 9개다.

또한 '디지털미디어콘텐츠'나 '영상 콘텐츠' 등과 같이 '문화콘텐츠'가 아니더라도 '콘텐츠'라는 명칭이 포함된 학과(부) 및 전공까지 포함하면, 전국에 153개에 이른다. 계열별로 살펴보면, 인문 사회 계열 56개, 자연 과학 계열 2개, 예체능 계열 50개, 공학계열 45개이다.

문화콘텐츠학의 특징

문화콘텐츠학은 신생 학문이다. 신생 학문의 특성상, 기존 학문의 자양분을 취사선택하거나 전유하여 학문적 위상과 정체성을 정립하는 것은 당연한 수순이다. 이는 비단 문화콘텐츠학뿐만 아니라, 모든 학문에서 그러하다.

학문을 논의할 때 중요하게 인식되는 개념이나 이론은 '갑자기' 생성되지 않는다. 개념이나 이론은 기존 연구 성과에 대한 비판적 탐색을 통해 당면한 문제에 새로운 이해의 지평을 제공해 줄 수 있는 가능성이 연구자들 사이에서 공유될 때 비로소 학문적 영역에서 의미를 획득하게 된다.

하지만 여기서 짚고 넘어가야 할 점은 그런 학문의 고유성이 반드시 학과라는 대학의 제도 영역 속에서만 설정되는 것은 아니라는 것이다. 다시 말해, '분과 학문'과 '학과'가 반드시 일치하는 것은 아니라는 점이다. 사실 '분과 학문의 주체가 대학의 학과'라는 인식은 근대 이후 보편화된 사회적 통념이기도 하다. 물론 특정 학문을 특정 학과에서만 다루는 경우도 분명 존재한다. 하지만 실제 많은 연구자들의 연구 성과가 학과라는 울타리 안에서만 통용되거나 인정받는 것은 아니다. 또한 대학 밖의 실무나 사회의 다양한 현상이 학과의 범주 속에서만 이해될 수 있는 것도 아니다. 학과 제도는 행정적인 혹은 대학 운영상의 다소 인위적인 구분인 것이며, 언제든 가변적일 수 있다는 점을 이해할 필요가 있다.

이런 관점에서, 문화콘텐츠학은 다양한 기존 학문의 성과를 새롭게 적용 · 해석하는 과정에서 위상을 정립해 오고 있으며, 동시에 연구와 교육이 반드시 학과라는 편재 단위 속에서만 이루어지는 것은 아니라는 점이 주목된다. 이는 앞서 다뤘듯이, 문화콘텐츠에 대한 기존의 여러 학문 영역에서의 관심과 성과가 지속되어 왔다는 점과 문화콘텐츠를 다루는 학과의 명칭이 다양하다는 점에서도 알 수 있는 사실이다.

한마디로 문화콘텐츠학의 학문적 특징은 학제 간 연구(interdisciplinarity)라고 할 수 있다. 학제 간 연구란 특정한 분과 학문에 국한하지 않고 다양한 학문 분야의 융합을 통해 연구가 진행되는 것을 의미한다. 다소 일반론적인 관점에서 말하면, 우리에게 잘 알려진 많은 분과 학문은 그 나름의 고유한 연구 이론과 연구 방법론을 통해 연구와 교육에 활용한다. 하지만 최근 이러한 관습이 서서히 깨지고 있다. 사회가 과거에 비해 더욱 복잡하고 다양해지면서 특정 학문의 관점으로만 설명하거나 분석하기 어려운 사회 문화적 현상들이 빈번하게 나타나고 있고, 따라서 좀 더 통찰력 있는 해석이 요구되기 때문이다. 또한 기존의 학문이 다른 학문 영역들의 연구 이론과 연구 방법론으로부터 완전히 구별 혹은 분리되어 학문적 성취를 이루는 것도 아니다. 이미 학제 간 연구는 특별한 현상이 아니며, 학계에서는 이를 자연스럽게 받아들이고 있다.

따라서 문화콘텐츠학이 학제 간 연구라는 특징을 가진다는 점을 이해하기란 사실 그리 어렵지 않다. 이는 세 가지 점에서 그러하다. 첫째, 문화콘텐츠학이 다루는 문화콘텐츠의 속성상 다양한 학문적 영역과 맞닿아 있기 때문이다. 앞서 문화콘텐츠의 개념을 다룬 장에서 살펴보았듯이 문화콘텐츠는 다양한 영역과 장르를 포함하고, 그에 따른 인접 학문의 성과나 관점을 필요로 한다. 둘째, 문화콘텐츠학의 역사가 그리 오래되지 않았기 때문에 인접한 학문들의 성과나 지식을 계속해서 전유하고 활용하는 과정을 필요로 하기 때문이다. 셋째, 문화콘텐츠 영역은 사람들의 일상 속에서 끊임없이 생성되고 순환되는 특성을 가지기 때문이다. 이는 문화콘텐츠가 가변적이고 예측 불가능하기 때문에 그것을 이해하기 위해서는 학문적 필요에 따라 다른 학문들의 관점으로부터 새로운 통찰을 빌려 올 수 있음을 의미한다.

이런 이유로 문화콘텐츠학은 복합학, 융합학, 종합학, 통합학, 응용인문학 등으로 인식되곤 한다. 어떻게 명명되건 이 같은 용어가 의미하는 것은 문화콘텐츠학이 학제 간 연구의 성격을 띤다는 점이다.

문화콘텐츠학은 무엇을 다루는가

문화콘텐츠학의 학제 간 연구라는 특성은 문화콘텐츠학이 무엇을 다루는가라는 질문에 대한 답을 더욱 어렵게 한다. 학제 간 연구는 다양한 관점을 배우고 응용하는 과정을 수반하기 때문이다. 그럼에도 문화콘텐츠학이 문화콘텐츠를 다루는 지점은 크게 두 가지로 귀결된다. 하나는 문화콘텐츠를 '구성하는 것'에 집중하는 것이며, 다른 하나는 문화콘텐츠를 '이해하는 것'에 집중하는 것이다. '구성하기'와 '이해하기'가 분리된 개념은 아니며, 각각의 관점은 반드시 다른 관점을 요구하며, 동시에 상호 보완적인 의미 쌍을 이룬다. 하지만 이 장에서는 연구와 교육의 관점에서 문화콘텐츠학을 개괄적으로 다루기 위해 이를 의도적으로 구분함으로써 문화콘텐츠학이 무엇을 다루는지에 대한 논의를 분명히 하고자 한다.

문화콘텐츠를 구성하기

문화콘텐츠 개념의 탄생이 문화의 경제적 활용과 산업적 효과와 연관성을 가진다는 점에서, 문화콘텐츠학은 그러한 가치가 내재된 구성물로서 문화콘텐츠를 다룬다. 이러한 논의에서 전제는 문화가 경제적 가치의 원천이라는 점에 있다. 다시 말해, 문화 그 자체가 어떠한 쓰임새를 가질 수 있는가에 대한 질문을 중심으로 하여 문화의 활용 가치를 찾는다. 그리고 문화콘텐츠는 그러한 삶의 방식으로서 문화가 가지는 자원으로서의 가치를 발굴한 이후, 일련의 가공을 통해 새롭게 탄생한 재화로 인식될 수 있다.

따라서 이러한 관점에서의 문화콘텐츠학은 생산, 유통, 소비라는 문화콘텐츠 산업을 강조한다. 물론 그러한 재화가 반드시 산업적 혹은 경제적 활용만이 고려되는 것은 아니지만, 적어도 생산, 유통, 소비라는 순환 과정 속에서 문화콘텐츠가 어떻게 재화로서의 가치를 가지는가에 대한 문제는 매우 중요하게 다뤄진다.

재화로서 문화콘텐츠는 사람들의 다양한 욕구를 충족시켜 주기 위해 구성된 것을 의미한다. 이는 문화콘텐츠가 특별한 방식으로 고안되고 기획된 구성물이라는 점을 부각하는 것이다. 따라서 기획이라는 과정은 문화콘텐츠학에서 매우 중요하게 다루는 영역 중 하나다. 기획이라는 용어의 쓰임새 또한 다양하지만, 적어도 광의의 문화콘텐츠 기획은 생산, 유통, 소비라는 일련의 과정 속에서 문화콘텐츠를 의미 있는 재화로 구성하는 작업을 일컫는다.

이를 다루는 문화콘텐츠학에서 제기할 수 있는 논의를 세분하여 열거하면 다음과 같다. 문화콘텐츠 소재는 어떻게 발굴하는가. 문화는 어떠한 자원적 가치를 가지는가. 사람들은 어떠한 문화적 욕구를 가지고 있는가. 어떠한 기술이 문화콘텐츠를 구성하기 위해 적용되어야 하는가. 문화콘텐츠의 디자인은 어떻게 구성되는가. 문화콘텐츠의 수익 모델은 어떠한가. 문화콘텐츠 창업은 어떻게 하는가. 문화콘텐츠는 어떻게 홍보하는가. 문화콘텐츠 글로벌 비즈니스는 어떻게 하는가. 이와 같은 질문은 문화콘텐츠를 구성물로서 논의하는 교과 과정에서 주로 다루며, 이를 통해 재화로서 문화콘텐츠의 가치를 개발하고 확장하는 데 집중한다.

요약하면, '문화콘텐츠를 구성하기'라는 관점에서 문화콘텐츠학은 창의성과 상상력을 토대로 하여, 고부가 가치를 창출하는 재화로서 문화콘텐츠에 집중하며, 이를 연구하고 교육한다.

문화콘텐츠 이해하기

문화콘텐츠학의 또 다른 지점 중 하나는 '문화콘텐츠를 이해하기'다. 이해(理解)라는 개념은 사실 매우 철학적인 논의를 수반하지만, 여기서는 이에 대해 문화콘텐츠를 분석하고 해석하는 과정에 한정하여 설명할 것이다.

앞서 언급한 바와 같이, 문화콘텐츠는 특별한 과정을 통해 구성된 재화다. 이렇게 문화콘텐츠를 인식하게 되면, 문화콘텐츠라는 용어에서, '문화'와 '콘텐츠' 중, '콘텐츠'에 방점이 놓인다. '문화'가 '콘텐츠'를 수식하는 것이지만, 재화라는 점만을 강조하게 되면 문화콘텐츠는 일련의 산업적 시스템 속의 '상품'이나 '생산물'로서만 논의될 수 있기 때문이다. 하지만 문화콘텐츠가 문화적 속성, 문화적 가치, 문화적 배경 등과 같은 '문화'가 전제된다는 점은, 문화콘텐츠에 대해 여타의 재화와는 다른 특별한 문화적 의미를 내포한 구성물로 이해토록 한다. 재화의 관점에서 한정하여 보더라도, 문화콘텐츠는 경험재라는 특성을 가지며, 그것은 상품 그 자체의 객관적인 속성으로만 설명되기 어려운 다양한 맥락에 대한 논의를 수반한다. 그리고 그 맥락 또한 문화적이기도 하다. 이러한 관점은 결국 문화콘텐츠를 문화에 대한 문제로부터 접근하도록 한다.

문화콘텐츠를 단지 콘텐츠 즉 재화나 상품으로서가 아니라 문화로 바라보도록 한다는 것은 문화에 대해 사회를 구성하는 제 영역 중 하나에 근거하여 논의해야 함을 의미한다. 동시에 이는 절대적이거나 유한한 하나의 가치로서만 환원하여 문화콘텐츠를 설명하는 일을 지양하는 것이다. 이러한 관점은 문화콘텐츠를 경제적 혹은 산업적 관점에서만 규정하는 것이 아니라, 그것이 가지는 역사성, 미적 특성, 수용자들의 인식 그리고 사회 문화적인 의미 등을 통해 다루어야 함을 뜻한다.

이러한 관점을 견지하면서 문화콘텐츠를 다루는 문화콘텐츠학이 제기하는 문제를 열거하면 다음과 같다. 문화콘텐츠의 이야기적 속성과 요소는 무엇인가. 문화콘텐츠의 재미는 어디에서 비롯되는가. 문화콘텐츠는 무엇을 재현하는가. 문화콘텐츠가 재현하는 방식은 어떠한가. 문화콘텐츠의 미학적 가치는 무엇인가. 문화콘텐츠의 장르적 혹은 영역적 특징은 무엇인가. 문화콘텐츠의 역사적 의미는 무엇인가. 문화콘텐츠는 누구의 입장을 반영하는가. 문화콘텐츠는 사회 문화적 문제와 어떻게 맞닿아 있는가. 이와 같은 질문은 문화콘텐츠를 계량적으로 접근하거나 그것의 효과를 논하기 위한 것이 아니라, 그것의 '의미'가 무엇인지를 파악하고자 하는 시도다. 이러한 접근은 문화콘텐츠를 일종의 '텍스트'로서 바라보면서, 그 자체뿐만 아니라 그것을 둘러싼 사회 문화적 맥락 속에서 이해하는 방식이다. 이 과정에서 문화콘텐츠는 비판적이거나 비평적인 관점에서 읽히기도 한다.

결국 '문화콘텐츠를 이해하기'라는 관점은 문화콘텐츠가 우리 일상에서 어떠한 의미를 가지고 있는가를 확인하기 위한 단초를 제공한다. 이러한 관점에서 문화콘텐츠학은 문화콘텐츠가 가지는 문화적 속성과 특성에 집중하며, 그것을 분석, 비평, 비판함으로써 '문화콘텐츠를 이해하기' 위해 연구하고 교육한다. 이것은 '문화콘텐츠를 구성하기' 위해 반드시 필요한 과정이며, 그것과 쌍을 이룬다. 즉, 문화콘텐츠학은 문화콘텐츠의 '구성'과 '이해'의 순환 과정을 동시에 다루는 학문이다.

문화콘텐츠학은 어떻게 하는가

'문화콘텐츠학은 어떻게 하는가' 또한 답하기 어려운 문제다. 문화콘텐츠학뿐만 아니라 모든 학문에서도 이와 같은 질문에 답하기는 쉽지 않다. 또한 문화콘텐츠학은 신생 학문이기 때문에 학문을 수행한 경험자나 학문적 성과 또한 타 학문에 비해 상대적으로 많지 않다는 점도 문제에 대한 해법을 찾기 어렵게 한다. 다만 범위를 좁혀서, 해당 학문을 접하거나 수용하게 되는 입장은 무엇인가를 전제로 질문을 한다면 대략이나마 그 밑그림을 그릴 수는 있을 것이다.

이에 이 장은 '문화콘텐츠학을 어떻게 하는가'라는 질문에 대해서 문화콘텐츠학을 공부하려는 예비 대학생이나 이제 문화콘텐츠학 공부를 막 시작한 학부생을 염두에 두고 다루도록 한다. 그리고 문화콘텐츠학에 대한 전문적인 이론이나 연구 방법론과 같은 내용보다는 문화콘텐츠학을 공부하기 위해 가져야 할 자세나 관점 등을 중심으로 언급할 것이다.

융합적 사고

흔히 문화콘텐츠는 창의력과 상상력의 산물이라고 한다. 그렇다면 문화콘텐츠학도는 어떻게 하면 창의력과 상상력을 발휘할 수 있을까? 혹은 창의력과 상상력은 어떻게 키울 수 있을까? 시중에 나와 있는 여러 저서에서 그것을 개발하는 방법을 소개하고 있으며, 이는 창의력과 상상력 제고에 도움이 되는 것은 분명하다. 하지만 여기서는 그러한 구체적인 테크닉보다는 문화콘텐츠학도의 지향점, 즉 문화콘텐츠를 어떻게 인식하고 바라봐야 하는지를 제시하고자 한다.

주어진 문제를 해결하기 위해서는 새로운 관점의 창의력과 상상력이 필요하다. 단정적으로 말해, 이것은 융합적 사고를 통해 가능하다. 융합적 사고는 고정관념이나 선입견을 배제하여, 겉으로 보기에는 전혀 다르거나 관련성이 없어 보이는 사물, 현상 또는 상황에 대해서 새롭고 독창적인 해석이나 이해를 도모함을 의미한다. 이에, 문화콘텐츠학도는 무엇보다 융합적 사고를 통해 문화콘텐츠를 '구성'하고 '이해'할 수 있어야 한다. 따라서 융합적 사고는 수업이나 교재 등을 통해 학습하는 과정이 수반되는 것이라기보다는 일종의 자세나 태도와 더욱 밀접하다.

문화콘텐츠학이 복합학, 융합학, 종합학, 통합학, 응용인문학 등의 성격을 가지고 있음은 이미 앞에서 언급했다. 융합적 사고와 관련하여, 기존의 전통적인 분과 학문이 해당 학문의 고유한 이론이나 그것에 한정되는 현상의 설명에 집중하는 것과 달리, 문화콘텐츠학도는 다양한 학문 분야에 대한 학제 간 접근과 성취를 지향할 필요가 있다. 즉, 여러 학문에 대해 호기심을 가지고 이를 서로 연결하거나 적용하려는 시도가 필요한 것이다. 이는 개별 학문들의 정보나 지식을 종합적인 관점에서 접근함으로써 구체화될 수 있을 것이다.

이러한 관점에서 융합적 사고는 문화는 물론이며, 정치, 경제, 과학, 기술, 교육, 종교 등 사회의 모든 영역에서 발생하는 현상에 대해서도 외면하지 않고, 언제나 종합적인 관점에서 관심을 가지는 것을 뜻한다. 문화콘텐츠학도는 여러 분야에 개방적인 자세를 가져야 한다. 문화콘텐츠는 단지 특정한 '콘텐츠'의 형태로만 존재하거나 그 자체만의 의미를 가지는 것이 아니기 때문에, 특히 그것을 '구성'하고 '이해'하는 과정에서 일련의 영역과의 관계 속에서 다뤄져야 하는 것이다.

요약하면, 융합적 사고란 여러 정보와 지식을 종합적으로 접근하는 것이며, 이를 통해 창의력과 상상력이 고양된 문화콘텐츠학도로 거듭날 수 있을 것이다.

발로 뛰기와 트렌드에 주목하기

문화콘텐츠의 정의와 별개로, 문화콘텐츠는 일상 속에서 우리가 경험하는 일련의 문화적 실천이며 의미의 총체다. 이러한 문화콘텐츠는 언제나 변화하는 과정에 있으며, 문화콘텐츠 그 자체도 고정된 산물로 존재하지 않는다. 쉽게 말해, 장르나 형태 혹은 영역을 막론하고, 문화콘텐츠는 시시각각 탄생하고 변형되고 소멸한다. 물론 문화콘텐츠 또한 '고전'이라 불릴 수 있는 것들이 존재하며 그러한 것을 다뤄야 하는 것도 분명하지만, 문화콘텐츠학은 '고전'의 영역에만 머무를 수 없다. 문화콘텐츠는 우리 사회나 문화적 조건이 변화함에 따라 생동하는 대상이기 때문이다. 문화콘텐츠의 이러한 특성에 비추어, 문화콘텐츠학도는 '부지런할' 필요가 있다. 이는 언제나 발로 뛰고, 트렌드에 주목해야 함을 의미한다.

우선 발로 뛴다는 것은 문화콘텐츠 현장에 대한 경험의 중요성을 뜻한다. 문화콘텐츠의 현장은 크게 두 가지다. 하나는 문화콘텐츠가 생산되는 곳이며, 다른 하나는 문화콘텐츠가 소비되는 곳이다. 전자는 문화콘텐츠를 생산하는 기업, 기관, 단체 등을 일컫는 것인데, 문화콘텐츠학도는 이러한 작업 현장에 대한 경험을 쌓는 것이 중요하다. 이는 인턴십이나 아르바이트 등과 같은 현장 고용만을 의미하는 것이 아니라, 현장 방문, 답사, 현장 인력과의 관계 형성 등과 같은 포괄적인 경험을 말한다. 대학의 여러 문화콘텐츠학과에서 이와 관련된 교과나 비교과 과정을 운영하고 있으므로, 적극적으로 참여하여 관련 경험을 쌓는 것이 중요하다.

후자인 문화콘텐츠가 소비되는 곳에 대한 문제는 해당 문화콘텐츠가 놓여 있는 현장을 의미한다. 가령, 박물관, 축제, 테마파크 등 공간형 콘텐츠는 그곳에 방문하여 콘텐츠를 직접 경험하는 것, 그리고 영상 콘텐츠 등의 경우에는 해당 콘텐츠를 직접 경험하는 것과 같이 포괄적인 의미에서 소비되는 현장 경험을 뜻한다. 하지만 소비의 현장이 해당 문화콘텐츠를 구매할 수 있는 특정한 '장소'만을 의미하는 것은 아니다. 우리는 다양한 매체를 통해 문화콘텐츠가 소비되고 있는 상황에 대한 이슈나 소식을 접할 수 있는데, 문화콘텐츠학도는 대중이 문화콘텐츠를 어떻게 받아들이고, 공유하고, 재구성하는지 일련의 소비 과정을 이해할 수 있어야 한다. 덧붙여, 최근 문화콘텐츠의 동향에 비추어 보면, 다양한 뉴 미디어 기술의 활용이 점점 커지고 있는데, 그러한 기술의 경향이나 기본 개념을 이해할 필요가 있다.

요컨대, 문화콘텐츠학도에게, 발로 뛰기와 트렌드에 주목하기의 문제는 문화콘텐츠가 놓인 사회 문화적 환경의 변화상을 예의 주시하는 것을 의미한다. 문화콘텐츠는 언제나 우리의 일상에서 생산되고 유통되고 소비되는 대상이기 때문이다. 덧붙여, 문화콘텐츠는 새로운 내용과 형식으로 변화하고 있기 때문에, 문화콘텐츠학은 '현장성'에 대한 주목이 항상 강조되는 학문임을 인식할 필요가 있다.

문화콘텐츠학도의 모델: 스페셜리스트와 제너럴리스트

문화콘텐츠학은 공부할 영역이 매우 넓다. 여기서 재차 그 영역과 장르를 일일이 나열하지 않더라도, 크게 보아 문화콘텐츠는 영상 콘텐츠, 디지털 콘텐츠, 공간형 콘텐츠 등과 같이 다양한 형태로 존재한다. 그리고 각각의 영역은 고유하고 특수한 기술이나 전문 지식을 수반하기도 한다. 게다가 모든 문화콘텐츠는 생산, 유통, 소비의 순환 고리 속에서 재화로서 존재하기 때문에, 각각의 단계에 대한 이해도 필요하다. 그렇다면 문화콘텐츠학도는 이러한 영역을 모두 아우르는 전문가가 되어야 하는가? 혹은 그렇게 될 수 있을까?

이러한 해당 학문의 광범위함 문제는 비단 문화콘텐츠학에만 해당되는 것은 아니다. 모든 학문은 사실 세부 영역을 일일이 나열하면 다양한 내용으로 구성된다. 가령, 인문학의 한 분과 학문인 역사학만 하더라도, 한국사 · 동양사 · 서양사와 같은 지역 구분의 역사, 고대사 · 중세사 · 근대사 · 현대사와 같은 시대 구분의 역사 그리고 사회사 · 경제사 · 문화사 · 여성사 등과 같은 분야사로 세분된다. 이렇듯 분과 학문이라는 것은 공통적으로 다룰 수 있는 대상을 개념화한 것이라는 전제에서 설정된 것이기 때문에, 해당 학문으로 거론될 수 있는 영역 그리고 그것을 구성하는 요소와 관련 지식을 연구하고 배우는 일종의 틀로 이해할 수 있다.

문화콘텐츠학도 이와 마찬가지다. 앞서 문화콘텐츠학의 범위가 매우 넓고, 앞으로도 계속해서 확장될 수 있음을 언급했을지라도, 학문적 경계는 문화콘텐츠라는 특정한 개념으로 수렴된다는 점에서 문화콘텐츠학에서 다루는 영역은 한정된다. 그럼에도 여기서는 문화콘텐츠학도가 문화콘텐츠학을 공부하는 데 다음의 두 가지 모델 중 하나를 지향점으로 삼을 것을 제안하고자 한다. 이것은 문화콘텐츠학도가 장차 문화콘텐츠학을 통해 어떻게 진로를 설정할 수 있는가와 연관되는 문제다.

우선 첫 번째 모델은 스페셜리스트(specialist)다. 스페셜리스트는 특정 분야에 특화된 전문가를 말한다. 문화콘텐츠학에서 스페셜리스트는 어떤 영역이나 장르 혹은 기술 및 과업 분야에 집중하는 인재상이다. 영상 콘텐츠를 예로 들면, 스페셜리스트는 영상 기술 혹은 편집 영역 등에서 전문가를 지향한다. 그렇다고 스페셜리스트가 다른 영역을 등한시해도 되는 것은 아니다. 스페셜리스트만의 특화된 능력을 갖추고 있어야 함을 강조하는 것이며, 특히 최근 경향은 문화콘텐츠가 여러 분야에 걸쳐 상호 인접해 있다는 사실도 잊어서는 안 된다. 다만 스스로 스페셜리스트가 되기로 했다면, 재학 중에도 문화콘텐츠를 다방면으로 학습하기보다는 해당 분야에 집중하고 그에 따른 역량을 갖추어야 향후 진로가 명확해질 것이다.

이와 다른 두 번째 모델은 제너럴리스트(generalist)다. 제너럴리스트는 특정 영역에 국한하지 않고 다양한 분야에 폭넓은 지식을 갖춘 인재상을 말한다. 제너럴리스트가 특정 분야에 집중하지 않는다고 하여, 관련 지식이나 실무 능력이 '얕은' 사람을 말하는 것은 아니다.

가령, 제너럴리스트는 문화콘텐츠 기획 과정에서 보더라도 Pre-Production, Production, Post-Production에 이르는 전 영역을 이해하는 유형이기 때문에 오히려 관리자로서는 더욱 탁월한 능력을 발휘할 수 있다. 만약 제너럴리스트가 전문성이 결여되었다고 과소평가될 수 있다면, 역으로 스페셜리스트는 다른 분야에 대해 적응 능력이 떨어지는 약점이 있는 유형이라고 평가될 수 있다.

따라서 스페셜리스트와 제너럴리스트 중 어떤 유형이 더 좋고 나쁜가를 얘기하는 것은 무의미하다. 나의 지향점과 모델이 무엇인가는 개인이 자신의 특기와 적성을 면밀하게 파악하고 결정해야 하는 것이다. 다만 스페셜리스트는 전문적 사고와 능력이 중요한 키워드인 데 반해, 제너럴리스트는 종합적 사고와 능력이 강조된다는 점에서 차이가 있다. 당연히 이 두 유형 모두 문화콘텐츠의 현장과 실무에 필요한 인재상이다.

문화콘텐츠학의 미래

문화콘텐츠학은 신생 학문이다. 문화콘텐츠의 탄생 또한 예견되었던 것은 아니지만, 우리의 일상에서 문화콘텐츠는 도처에 존재하며 우리는 언제나 문화콘텐츠와 함께하고 있다. 문화콘텐츠는 그 개념이 탄생한 이후로 더욱 확장되는 추세다. 그렇다면 문화콘텐츠를 다루는 문화콘텐츠학의 미래는 어떠할까? 문화콘텐츠를 공부하는 문화콘텐츠학도는 어떠한 비전과 전망을 가질 수 있을까?

문화콘텐츠학도의 진로

문화콘텐츠학도가 문화콘텐츠를 공부한 후, 문화콘텐츠 실무 현장에서 역량을 발휘하여야 하는 것은 당연하다. 문화콘텐츠의 실무 현장은 크게 두 가지 영역으로 나뉜다. 하나는 영리 기관이라 할 수 있는 기업체이며, 다른 하나는 비영리 기관인 공공 기관이다.

우선 기업체는 문화콘텐츠를 기획, 제작, 유통하는 문화콘텐츠 기업을 말한다. 이는 앞서 열거했다시피, 영화, 방송 콘텐츠, 애니메이션, 광고, 게임, 음악 콘텐츠, 웹 콘텐츠, 애플리케이션, 공연, 축제, 테마파크, 박물관, 전시회, 이벤트, 투어리즘 등과 같은 문화콘텐츠의 영역을 직접 다루는 기업이다. 이러한 기업에서 특정 업무를 담당할 수 있다. 구체적으로는 기획자, 제작자, 엔지니어, 마케터 등이 해당한다. 최근에는 직무가 좀 더 세분화되기도 하는데, 여러 직무를 병행하는 수도 있다. 또한 해당 기업체가 문화콘텐츠를 주된 대상으로 다루지는 않지만, 간접적으로 문화콘텐츠와 관련된 부서가 편재되어 있는 경우에도 관련 업무를 수행할 수 있다. 홍보나 마케팅 부서, 문화 및 관련 교육 프로그램 등을 운영하는 부서가 이에 해당한다.

비영리 공공 기관의 경우, 문화콘텐츠학도는 중앙 정부의 문화관광부 산하 문화콘텐츠 관련 공공 기관에 진출할 수 있다. 그리고 명칭은 다소 차이가 있지만 지방 정부에서도 문화 사업과 관련된 문화재단이나 진흥원 등을 운영하고 있다. 이런 공공 기관에 소속되어 문화콘텐츠 관련 정책을 수립하고 집행하는 일을 하거나 문화콘텐츠 기업들과 협업하여 공공 영역에서 문화콘텐츠 관련 업무를 수행할 수 있다.

문화콘텐츠는 창업 분야에서 특히 두드러진다. 영역에 따라 창업에 요구되는 인프라는 차이가 있지만, 디지털 콘텐츠 분야의 경우, 제조업과 같은 다른 산업 분야에 비해 상대적으로 소자본으로 창업이 가능하다. 최근의 디지털 생태계에서는 번득이는 아이디어를 기반으로 틈새시장 혹은 새로운 시장을 발굴하여 비즈니스 모델로 거듭나는 사례를 어렵지 않게 찾아볼 수 있다. 창업은 문화콘텐츠학도라면 반드시 고민해 보고 도전해 볼 만한 무궁무진한 기회의 영역이다.

취업이나 창업 외에 학업에 정진할 수도 있다. 즉, 대학원에 진학하여 문화콘텐츠학을 더욱 전문적으로 연구하여 인력 양성을 위한 교육자의 길을 갈 수도 있다. 앞서 언급했다시피, 문화콘텐츠학은 신생 학문이기에 연구자가 수행할 수 있는 연구 영역과 주제가 매우 다양하다. 이 점은 문화콘텐츠가 갖고 있는 매력 중 하나다. 관련하여, 최근에는 타 분과 학문 전공자가 기존의 연구 성과를 문화콘텐츠학과 연계하여 수행하는 경우도 다수 발견된다.

문화콘텐츠학의 전망

이렇듯 문화콘텐츠는 문화콘텐츠학의 관점에서 연구, 교육되고 있으며, 대학에서도 문화콘텐츠 업계에 진출하는 실무 인력이나 문화콘텐츠 연구자를 계속해서 양성하고 있다. 그렇다면 문화콘텐츠학의 전망은 어떨까?

문화콘텐츠학에서 다루는 문화콘텐츠가 무엇인지는 명확하게 알기 어렵다. 이는 문화콘텐츠라는 개념이 불분명하기 때문이다. 이 책에서는 그에 대한 개념을 일부 제시했다. 여러 학자들이 이에 대한 논의를 지속적으로 수행하고 있다. 즉, 학문으로서 문화콘텐츠에 대한 담론은 아직 종결되지 않았다.

문화콘텐츠가 학문으로 싹트기 시작했을 때, 기존의 분과 학문에서는 우려를 표명하거나 혹은 비판적인 시각을 보이기도 했다. 물론 많은 시행착오가 있었고, 일부 대학에서는 문화콘텐츠학과가 존속하지 못하는 사례도 있었다. 하지만 여전히 많은 사람이 문화콘텐츠학을 공부하고 있으며, 사회적 관심 또한 많은 것이 사실이다. 게다가 문화콘텐츠학이 한국에서 자생하여 정립되고 있는 학문이라는 점은 문화콘텐츠학이 가진 중요한 특징 중 하나다. 물론 해외에도 이와 유관한 연구 분야가 있지만 우리와 같이 문화콘텐츠학으로 이를 접근하는 사례는 거의 없다. 이는 문화콘텐츠학이 보편성과 특수성을 동시에 가지고 있는 학문임을 뜻한다. 이는 여러 연구자와 전공자에게 문화콘텐츠를 학문으로서 접근해야 할 동기를 부여한다.

우리의 현실은 사실 학문보다 훨씬 빨리 변화한다. 문화콘텐츠 영역은 특히 그러하다. 미디어 기술의 발전 속도와 방향 그리고 시시각각 변하는 대중의 문화적 취향과 욕구를 예측하는 일은 매우 어렵다. 이러한 상황에서 문화콘텐츠학의 앞날을 전망한다는 것 또한 쉬운 일이 아니다. 그럼에도 문화콘텐츠학은 그 어떤 학문보다도 우리의 일상과 맞닿아 있다. 모든 것이 문화콘텐츠가 되고 있는 지금, 문화콘텐츠학은 우리의 일상에 변화를 가져다줄 것이고, 더불어 비판적 담론을 제시함으로써 우리 사회에서 계속해서 주목받을 것이다. 문화콘텐츠학을 공부하는 우리는 더욱 치열하게 고민하고 담론의 장에 보다 능동적으로 참여함으로써, 우리 일상을 더욱 빛나게 해야 한다.

생각해 볼 문제

1. 문화콘텐츠학의 학문적 특징은 학제 간 연구(interdisciplinarity)다. 이것이 의미하는 바는 무엇인지 기존 학문들과 연관하여 토론해 보자.
2. '문화콘텐츠를 구성하기'는 산업적 쓰임새나 효과와 연관된다. 그리고 '문화콘텐츠를 이해하기'는 문화콘텐츠에 대한 분석이나 비평 과정을 수반한다. 이와 관련된 커리큘럼이나 개설된 강의는 각각 무엇이 있는지 조사해 보자.
3. 융합적 사고를 향상하기 위한 자신만의 방법이 있으면 소개하고 이에 대해 토론해 보자.
4. 본인은 스페셜리스트와 제너럴리스트 중 어떤 인재가 되길 희망하는

가? 이를 실현하기 위해 어떻게 준비하고 있는지 토론해 보자.

5. 문화콘텐츠의 전망은 어떻다고 보는가? 타 학문과 어떻게 공존하거나 경쟁할 수 있는지 토론해 보자.

03

문화콘텐츠는 원형의 변주다

〈모아나〉와 원형 신화

2016년에 개봉한 디즈니 애니메이션 〈모아나〉는 하와이와 뉴질랜드 등 폴리네시아 지역에 전해 오는 전설을 모티브로 활용했다.

〈모아나〉에는 반신반인(demigod)인 마우이(Maui)와 생명 창조의 여신 테 피티(Te fiti)가 등장한다. 신화에서 마우이는 인간 여성인 타랑가와 바다의 신 탕가로아 사이에서 태어났지만, 바다에 버려졌다. 하지만 할머니가 구조해 키웠고, 후에 영리하고 유능한 어부로 성장한다. 한번은 낚시하다가 바늘이 바닥에 걸려 조상들에게 도움을 요청하자 할머니의 턱뼈로 만든 갈고리를 선물 받는다. 마우리가 갈고리를 끌어 올리자 거대한 땅이 함께 딸려 올라온다. 그 땅이 바로 뉴질랜드 북섬이다. 또 마우이는 생명 창조의 여신 테 피티의 힘을 이용하기 위해 그녀의 심장을 훔친다. 심장을 잃은 테 피티는 세상에 어둠을 풀었다고 한다.

〈모아나〉는 마우이가 여신 테 피티의 심장을 훔치자 어둠의 용암 괴물 테카가 깨어났고, 마우이는 힘의 원천인 갈고리를 잃은 채 섬에 유배되었다고 그려진다. 어둠의 힘으로 인해 모투누이섬이 위기에 처하자 족장의 외동딸로 태어난 모아나가 마우이를 찾아 함께 테 피티의 심장을 되돌려 놓기 위한 모험을 떠나는 이야기로 전설이라는 매력적인 창작 소재를 모티브로 차용했다.

문화 원형, 매력적인 창작 소재

문화 원형은 문화콘텐츠의 매우 중요한 창작 소재다. 원형은 심리학, 민속학, 문화인류학 등 여러 학문 영역에서 사용하는 개념으로, 학문 영역에 따라 각기 다른 의미로 원형 개념을 사용하고 있다. 문화콘텐츠 영역에서는 타 학문에서 사용되던 원형의 의미를 포괄적으로 계승하면서, 동시에 콘텐츠의 창작 소재라는 새로운 의미를 부여하고 이를 문화 원형으로 부르고 있다.

원형 개념과 의미

문화 원형은 우리나라에서 문화콘텐츠가 학문으로 자리 잡으면서 제기된 개념이다. 특히 정부에서 주관한 '문화원형산업'과 관련되어 마치 전통문화나 민속 문화와 유사한 개념으로 이해되었다. 그러나 문화 원형은 전통적인 요소를 넘어서는 의미를 함께 갖고 있다.

문화 원형을 이해하려면 우선 원형의 의미를 살펴봐야 한다. 원형은 일반적으로 근본적인 형식을 의미한다. 가령 추상적 의미의 '옷'이라는 개념으로 많은 실제의 옷들을 포괄할 수 있는 것처럼 원형이란 근본적인 어떤 개념으로부터 수많은 실재적 개체들이 만들어질 수 있는 것을 말한다. 철학적 의미가 문학에 수용되면서 원형은 모험담에 등장하는 영웅과 악당, 연애소설에 등장하는 왕자와 공주처럼 보편성을 갖춘 등장인물이나 일반적 서사 구도를 설명하는 용어로 사용했다.

원형이란 용어가 독특한 학술적 의미를 갖게 된 것은 제임스 프레이저(James George Frazer)의 『황금가지』라는 인류학의 명저와 칼 구스타프 융(Carl Gustav Jung)의 심층심리학 연구가 문학비평에 영향을 끼친 후부터다. 인류학자 프레이저는 세계 각 민족의 신화와 종교의식을 비교 연구한 결과 신화와 의식의 근본적인 양식이 유사하다는 것을 발견했다.

프레이저 이전 시기만 해도 신화 연구는 그리스나 로마 또는 중근동 지역에 한정되어 있었다. 그러나 프레이저는 유럽, 아프리카, 오스트레일리아, 네팔 등 세계 각지의 전설과 신화들을 모아 비교 정리하면서 영혼 불멸과 죽음의 부정, 풍요의 기원 등 인류의 보편적 테마를 추출했고, 그 이야기가 담고 있는 인간의 본질적 유사성을 밝혀냈다. 그가 보기에 이런 테마들은 인간의 기억이 미치지 않은 오래전부터 전승되어 내려온 사유로 인류 사유의 유사성을 보여 주는 증거였다. 프레이저의 연구 이후 신화와 전설은 원초적 인간 정신을 반영하고 있는 사유의 원형으로 이해되었고, 원형적 사유는 국가와 대륙을 넘어서는 보편성과 역사성을 가졌다는 주장이 일반화되기 시작했다.

원형의 개념 형성에 큰 공헌을 한 학자는 심리학자 칼 구스타프 융이다. 그는 자기 자신의 무의식과 수많은 사람의 심리 분석 작업을 통해서 얻은 방대한 경험 자료를 토대로, 원시 종족의 심성과 여러 문화권의 신화, 민담, 동서양의 철학과 사상, 종교 현상들을 비교 고찰했다. 그는 인간 심성에는 자아의식과 개인적 특성을 가진 무의식 너머에 의식의 뿌리이며 정신 활동의 원천이고 인류 보편의 원초적 행동 유형인 많은 원형(Archetype)으로 이루어진 집단 무의식의 층이 있다고 주장했다. 더 나아가 모든 사람의 무의식 속에서 의식의 일방성을 자율적으로 보상하고 개체로 하여금 통일된 전체를 실현케 하는 핵심적인 능력을 갖춘 원형, 즉 자기 원형이 작동하고 있음을 주장한다. 그의 학설은 시대적 문화나 사회적 현상의 심리적 배경을 이해하는 통로로 정신의학이나 심리학, 신학, 신화, 민담, 예술, 문학의 역할을 확대했다. 칼 구스타프 융의 '집단 무의식'이라는 개념은 이후 현대 철학이나 문화인류학에 상당한 영향을 끼쳤다. 물론 그의 무의식이라는 개념 자체를 전체적으로 인정하는 것은 아니었지만, 특정 문화권에서 나타나는 신화, 설화, 상징 등의 내포된 의미를 분석하는 개념으로 집단 무의식이란 개념을 널리 사용하게 되었다.

인류의 집단 무의식이 일종의 원형이란 주장과 함께 신화 연구를 통해 인류 사유의 원형적 구조를 제시한 구조주의자 학자들도 원형 개념 정립과 확장에 크게 영향을 끼쳤다. 대표적인 학자가 클로드 레비스트로스(Claude Lévi-Strauss)다. 그는 사회와 문화를 이해하는 방법으로서 구조주의(Structuralism)를 개척하고 문화상대주의를 발전시킨 프랑스 인류학자다. 그는 저서 『슬픈 열대』에서 나라마다 문화가 다르지만, 더 우월하거나 열등하고 야만적인 문화는 없다고 단언하면서, 서구중심주의와 인종주의 그리고 서구의 오만과 편견을 깨는 데 크게 기여했다. 그는 인간의 삶을 특정한 방식으로 규정하는 보편적 규칙을 찾는 데 노력했다. 원시사회를 통해 보편적 규칙을 탐구하던 그는 원시사회가 공통적으로 가지고 있던 '신화'에 주목했다. 그는 신화를 원시사회에서 해결되지 않는 모순을 상상적으로 해결하려는 이야기로 바라봤다. 이는 인간이 절대 해결할 수 없는 문제를 자연스럽게 이야기 속에서 해결된 것처럼 설명하면서 그 문제에 대한 불안을 줄이려 했다는 것이다. 그는 아메리카 인디언들의 방대한 신화를 분석해 인간 심층에 존재하는 문화 형성 원리, 즉 구조적 무의식의 존재를 확인하고자 했다. 레비스트로스는 현상들 자체의 본질보다는 현상들 사이의 관계와 이 관계들이 속해 있는 체계에 주목한다. 그에 의하면 문화의 다양한 측면들은 많은 요소 사이의 관계, 그 구조적 요소들로 환원될 수 있는 구조적 요소들, 즉 대립, 상호 관계, 교환(치환), 변형이라는 관계들로 환원될 수 있다. 이를 구조주의라 부른다. 민족마다 그리고 시간과 공간마다 다른 사회 체계가 존재하지만, 구조주의는 그 체계에 숨겨져 있는 변함없는 항상적인 구조, 즉 모든 다양한 체계들을 발생시킬 수 있는 보편적 체계를 발견하고자 한다는 점에서 원형과 연결된다.

레비스트로스가 신화의 구조 분석에 주목했던 것과 달리, 현상학에서는 신화의 의미를 전혀 다른 방식으로 찾아 나선다. 가령 미르체아 엘리

그림 3-1 조지프 캠벨, 『천의 얼굴을 가진 영웅』 영웅의 여정 17단계

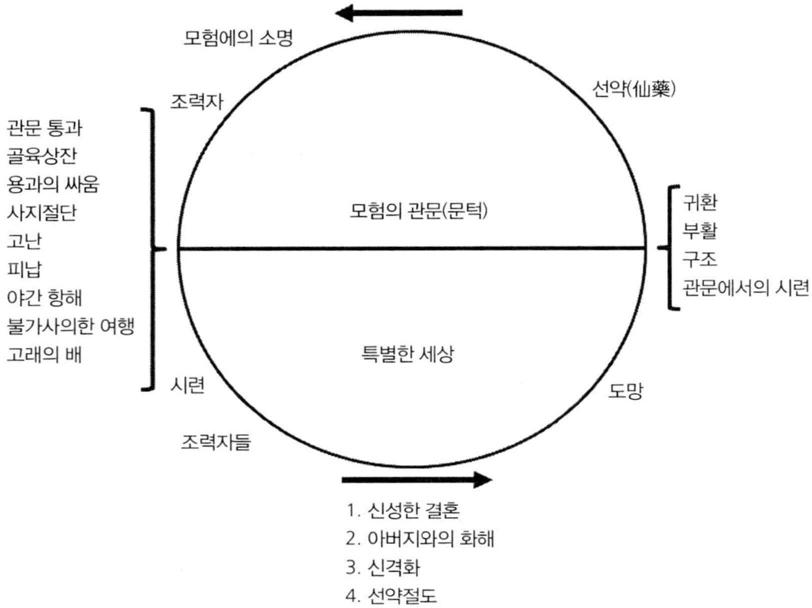

출처: 조지프 캠벨(2004), 『천의 얼굴을 가진 영웅』에서 재정리.

아데(Mircea Eliade)는 종교 현상을 관념적이고 추상적인 개념에 따라 분석하는 것이 아니라, 그것이 인간의 원초적인 경험을 제시하고 있는 것으로 이해한다. 또 엘리아데의 제자인 질베르 뒤랑(Gilbert Durand)은 인간 정신의 구조 속에는 여러 신화적인 요소들이 체계화되어 있다고 본 점에서 레비스트로스의 입장을 수용하고 있다. 그렇지만 뒤랑에게 중요한 것은 형식적 구조가 아니라 내용이었다. 신화는 인간 현상을 구성하는 중요한 뼈대로 기능하고 있다는 것을 두 학자 모두가 동의하지만 한 사람은 신화의 '형식'을 중심으로 원형에 관한 생각을 전개해 나갔고, 다른 한

사람은 신화의 '내용'을 중심으로 원형에 관한 생각을 펼쳐 나갔다는 점에서 차이를 보인다.

뒤랑은 자유로움을 특징으로 하는 상상력과 일정한 틀을 갖춘 구조라는 개념을 결합시켜 '상상계의 구조들'이라는 개념을 만들었다. 그는 인간의 상상력이 무한히 자유로운 것이 아니라 몇 개의 커다란 축을 중심으로 분류할 수 있다고 보았다. 그는 '상상계의 구조들'이라는 개념을 통해 인간을 총체적으로 연구할 수 있는 틀을 세우되 그것이 어떻게 역동적으로 변화하는가를 동시에 고찰한다. 그는 인간의 상상계를 크게 낮의 체제와 밤의 체제로 분류한다. 그는 죽음을 의식하는 유일한 동물이 인간이라고 생각했다. 그리고 그 죽음에 대한 의식이 인간 상상력의 출발이다. 상상력의 낮의 체제는 죽음의 공포를 극대화하고 과장해 결국은 죽음을 퇴치하는 상상력의 영역이다. 이 체제는 대립의 상상력이 작동하며 영웅적 모험, 분리, 정화의 의식과 악과 괴물을 퇴치하는 전투적 무기들이 만들어진다. 상대적으로 밤의 체제는 죽음의 공포를 완화시키는 상상력을 통해 죽음을 극복하려고 한다. 밤의 체제에서는 가치 전도, 순환 등의 상상력을 통해 낮의 체제에서 부정적인 가치가 부여되었던 것에 긍정적인 가치를 부여하고 모순되는 것이 공존하기도 한다. 그는 표상과 원형, 상징에 이르면서 발생과 쇠퇴를 거듭하는 인류학적 도정에서 표상과 원형, 상징을 연결해 주는 것이 신화라고 보았다. 신화는 담론적 성격과 반복적인 성격을 지니고 있어 그 자체로 '종합적인 구조'를 품는 동시에 상상계의 전 구조를 모두 포함하고 있는 인간 상상계의 집합소이기도 하다. 그래서 그는 "신화는 잃어버린 시간을 찾아서 정복되어 낙원의 모험으로 변형된 죽음과 화해하려는 포괄적인 노력이며 바로 그것이 모든 위대한 신화들의 궁극적 의미"(Gilbert Durand, 1960/ 2007)라고 말한다.

원형을 스토리텔링에 활용하게 이끈 학자는 조지프 캠벨(Joseph Campbell)이다. 캠벨은 세계 신화를 이용하여 영웅의 원형적인 모험 구

표 3-1 필 쿠지노의 영웅의 여정 8단계

구분	특징
1	모험으로의 부름(The Call to Adventure)
2	시련의 길(The Road of Trials)
3	자아 탐색(The Vision Quest)
4	여신과의 만남(The Meeting with the Goddess)
5	혜택(The Boon)
6	신비한 도피(The Magic Flight)
7	귀환의 문턱(The Return Threshold)
8	두 세계의 주인(The Master of Two Worlds)

출처: Cousineau, Phil (2003). The Hero's Journey: Joseph Campbell on His Life and Work, Centennial Edition. Stuart L. Brown (foreword). New World Library.

조를 추적했다. 그는 『천의 얼굴을 가진 영웅』(1949)에서 시대와 지역을 막론하고 모든 신화의 근본적인 서사 구조와 진행 단계가 유사하다는 주장을 한다. 그는 그것을 단일 신화(monomyth)라고 불렀다. 캠벨은 이 개념을 연구하면서 사실상 모든 신화의 구조적 유사성을 탐색했다. 각종 신화의 저변에 깔린 동일성이 캠벨의 커다란 주제였으며 영웅의 역할은 주제의 중심 테마였다.

그에 따르면 영웅의 서사 구조는 평범한 일상 세계에서 초자연적인 신비의 땅으로 진입하고, 신비의 세계에서 기이한 힘들과 조우하고 마침내 결정적인 승리를 쟁취한다. 그리고 영웅은 신비한 모험 여정에서 세계를 개선할 수 있는 힘(선물)을 가지고 돌아오는 구조를 갖고 있다고 보았다. 즉 영웅의 여정은 출발(departure) → 전개(initiation) → 회귀(return)의 세 단계로 크게 구분할 수 있다. 그는 영웅의 여정을 다시 17단계로 세분했다. 그러나 영웅의 여정 구조가 도그마처럼 공식화되어서 모든 단계의

표 3-2 크리스토퍼 보글러, 『신화, 영웅, 그리고 시나리오 쓰기』의 12단계

구분		특징
출발 Departure	1	일상의 세계(Ordinary World)
	2	모험에의 소명(Call to Adventure)
	3	소명의 거절 (Refusal of the Call)
	4	스승과의 만남(Meeting with the Mentor)
	5	관문 통과(Crossing the Threshold)
입문 Initiation	6	시험, 협력자, 적(Tests, Allies, Enemies)
	7	동굴 가장 깊은 곳으로 접근(Approach to the Inmost Cave)
	8	시련(Ordeal)
	9	보상(Reward)
회귀 Return	10	귀로(Road Back)
	11	부활(Resurrection)
	12	보물을 가지고 귀환(Returning with the Elixir)

신화적인 서사 구조가 반드시 적용되는 것은 아니며, 어떤 경우에는 핵심적인 몇 가지 단계만 선택해서 신화를 구성할 수도 있다고 보았다.

캠벨 이후 영웅의 신화적 서사 구조에 새로운 것을 추가하거나 간소화하려는 시도들이 계속 있었다. 예를 들어 작가이자 영화제작자인 필 쿠지노(Phil Cousineau)는 『영웅의 여정(Hero's Journey)』(2003)에서 캠벨의 영웅 모험 여정을 8단계로 단순하게 정리했다(표 3-1 참조). 그러나 표 3-1에서 보는 바와 같이 '자아 탐색'이 추가된 것을 제외하면 캠벨의 이론과 크게 다르지 않다.

캠벨의 영웅의 여정 이론이 영화나 애니메이션과 같은 콘텐츠 제작에 좀 더 구체적으로 활용할 수 있게 된 것은 할리우드의 영화제작자이자 시나리오 작가인 크리스토퍼 보글러(Christopher Vogler)가 실무제작 지침

서를 쓰면서부터이다. 그의 지침서는 후에 『신화, 영웅, 그리고 시나리오 쓰기』(2005) 라는 책으로 다시 출판되었고, 많은 콘텐츠 제작자들이 영화 기획과 제작 단계에서 참고하는 필수 도서가 되었다. 그는 캠벨의 원형 신화 구조를 실재 제작 단계에 활용할 수 있도록 12단계로 간략하게 재구성했다(표 3-2 참조).

캠벨은 여러 민족과 사회에서 전해지는 영웅 신화가 거의 일정한 형태를 취하고 있다는 것을 알려 줬다. 즉 태양의 신 아폴로, 동화 속 왕자, 북유럽의 신 오딘, 불교의 부처, 기독교의 예수 등 모든 영웅은 영웅의 모험 여정 구조, 즉 모험을 떠난 주인공이 온갖 역경과 시련을 겪고 무언가를 찾아 자신의 세상으로 돌아오는 구조를 따른다는 것이다. 세계 여러 문화권의 무수한 영웅 신화가 내포하고 있는 모험 여정 구조는 문화콘텐츠에 적극적으로 수용되었다.

예를 들면 〈스타워즈〉(1977), 〈인디아나 존스: 레이더스〉(1981), 〈터미네이터〉(1984), 〈포레스트 검프〉(1994), 〈매트릭스〉(1999), 〈반지의 제왕〉(2001), 〈슈렉〉(2001), 〈아바타〉(2009) 등 우리가 잘 알고 있는 수많은 할리우드 히어로 영화들은 영웅의 모험 여정 구조를 충실하게 반영하고 있다.

디즈니에서 제작한 애니메이션들도 영웅의 모험 여정 구조를 토대로 한 이야기가 주를 이룬다. 가령 〈라이온 킹〉(1994)을 살펴보면 ① 출발 단계에서 주인공 심바는 삼촌 스카의 계략 때문에 아버지를 잃고 소명을 거부한 채 현실 공간을 빠져나온다. ② 입문 단계, 즉 모험의 세상은 영웅의 성장이 이루어지는 공간으로 안전하고 평화롭게 묘사된다. 심바는 조력자인 친구들과 함께 성장한다. ③ 회귀 단계에서 적대자인 스카에 의해 어둠의 세계로 변했던 공간이 심바의 귀환으로 다시 평화의 세상으로 변하게 된다. 영웅의 여정에 맞춘 3단계 원형 구조는 다른 작품에도 적극적으로 적용된다. 〈미녀와 야수〉(1991)의 야수는 마술에 걸려 현실 세계와 격리되어 있다가 벨로 인해 진실한 사랑을 깨닫게 되고 희생을 통한 성장을 거친 뒤 다시 현실로 돌아오게 된다.

원형 서사의 힘은 보편성에 있다. 정서적 만족과 경제적 이익을 동시에 추구하는 문화콘텐츠는 혁신을 추구하는 신선한 스토리를 좋아하지만, 이야기의 구성 방식은 대중이 친숙하게 받아들일 수 있는 원형 서사 구조를 선호한다. 원형 서사에 어떤 민족이나 집단의 내면화된 경험과 삶이 담겨 있기 때문이다. 게다가 원형 서사는 시대의 변화와 함께 끊임없는 반복과 변형을 거듭하면서 보편성을 획득해 왔기 때문에 생명력이 강하다. 여기에 기획자나 작가가 새로운 상상력으로 시대정신에 부응하는 작품을 만들어 내면 독자와 관객의 감동을 불러일으킬 수 있다. 다만 원형 서사를 활용할 때, 단순하게 우리에게 익숙한 원형 서사의 인물들을 사용한다고 작품이 매력을 갖게 되는 것은 아니다. 원형 서사를 활용할 때는 언제나 지금(now) 이곳(here)을 살아가는 사람에게 원형 서사가 가진 의미를 새롭게 환기시켜야 한다.

문화 원형과 가치

앞에서 우리는 심리학, 문화인류학, 기호학 등에서 사용하는 원형의 개념과 의미를 살펴보았다. 여기에서는 상술한 다양한 원형의 의미를 수용하면서도 문화콘텐츠 영역에서 새로운 의미가 부여된 문화 원형에 대해서 살펴보고자 한다.

우리나라에서 사용하는 문화 원형이란 용어는 문화 산업의 진흥을 위한 정부 지원 정책에서 시작했다. 1999년 2월 「문화산업진흥기본법」을 제정하면서 제 31조에 '문화 원형'이란 용어를 사용하기 시작했다. 이후 한국문화콘텐츠진흥원에서 진행하는 프로젝트 용어, 즉 콘텐츠 제작을 위한 '원천 소스'라는 의미로 빈번하게 사용했다. 우리나라에서 문화콘텐츠 학문은 국문, 사학, 민속 등 여러 인문학을 기반으로 디지털 시대와 정보화 시대라는 사회 변화 속에서 탄생했다. 또 문화의 세계화라는 흐름 속에서 민족문화와 지역문화가 지니고 있는 가치가 강조되면서 문화 원형이라 용어는 점차 전통문화 또는 민족과 그 지역의 특징을 잘 담고 있는 문화라는 의미로 확장되었다.

학계에서도 문화 원형에 대한 논의들이 진행되었다. 송성욱의 『문화콘텐츠 창작 소재와 문화 원형』(2005)에 따르면, 문화 원형은 대체로 다음과 같은 성격을 지닌다고 볼 수 있다. 문화원형은 ① 국가 혹은 민족의 구성원이 의식적, 무의식적으로 공유하거나 공감하고 있는 물질적, 정신적 원형이다. ② 그런 공유가 발생하기 위해서는 공시적 합의와 통시적 합의가 동시에 전제되어야 하는 만큼 오랫동안 지속적으로 전승되거나 존재해 온 요소를 포함한다. ③ 여기에는 문화유산(유물), 문화 관습, 설화에서 발견되는 공유 서사 등이 포함된다. ④ 공유되는 성격으로서의 원형의 적용 범위는 국가와 민족을 기반으로 하지만 넓게는 세계 전체에 적용될 수 있으며 좁게는 한 마을이나 특정 공동체에만 적용될 수도 있다. 다시 말해 문화 원형은 한 사회 구성원 모두가 무의식적으로 공유하는 보편적 의식, 정서, 행동이라고 할 수 있다.

그러나 문화 원형이 바로 신화, 역사, 민속과 같은 전통문화와 동일한 개념이라고 오해해서는 안 된다. 역사나 전통문화가 모두 문화콘텐츠의 창작 소재가 될 수 있지만, 문화콘텐츠의 모든 창작 소재가 역사나 전통문화일 수는 없기 때문이다. 사실 창작 소재의 선택 여부와 매력은 기획자나 감독의 개별적 창의력과 상상력에 달려 있다. 그리고 창작 소재는 세상에 존재하는 유무형의 모든 것을 대상으로 한다. 그러나 대량의 자본이 투여되고, 경제적 이익을 추구하는 문화콘텐츠 분야는 사정이 좀 다르다. 경제적 손실을 최소화하기 위한 다각도의 방어기제가 작동한다.

실패 가능성을 최소화하기 위해서 기획 단계에서 경쟁력 있는 창작 소재를 취사선택해야만 한다.

그렇다면 과연 어떤 소재가 경쟁력이 있는 매력적인 소재일까? 문화콘텐츠 영역에서 문화 원형이 갖는 창작 소재로서의 가치는 오랜 역사적 시간 속에서 형성된 보편성과 특수성에 있다. 예를 들어 세종대왕이나 이순신 장군은 한국인이라면 누구나 알고 있는 역사적 인물이다. 보편성의 측면에서 이들은 매우 적합한 창작 소재라 할 수 있다. 문제는 대중이 알고 있는 상식을 넘어서는 놀라운 정보나 관점을 새롭게 제시할 수 있는가에 달려 있다. 즉 보편성 속에서 특수성을 찾아낼 수 있는가의 문제다. 가령 정윤철 감독의 〈대립군〉(2017)은 임진왜란을 시대적 배경으로 하고, 드라마적 생애를 산 선조의 아들 광해군이 주요 인물로 제시된다. 임진왜란과 광해군이 보편적 지식에 가깝다면, 타인의 군역을 대신하는 '대립군'의 존재는 대중에게 잘 알려지지 않았던 정보로 호기심을 유발할 수 있다. 이것이 특수성이다.

한편 세계 문화 산업 시장 차원에서 보면, 우리나라의 신화와 역사와 전통문화는 오히려 매우 특수한 소재다. 우리에게 익숙한 지식이나 정보가 타민족이나 다른 나라 사람들에게는 한국만의 독특한 소재가 될 수 있다. 가령 한국전쟁이나 남북 분단 문제는 우리에게는 익숙한 소재지만 해외에서는 한국적 특수성이 매우 강한 소재라고 본다. 대표적인 사례로 영화 〈공동경비구역 JSA〉(2000)를 들 수 있다. 이 영화는 남북으로 분단된 한국의 특수 상황을 반영했지만, 동시에 이데올로기의 차이를 넘어서면 남북한 병사가 마치 형제 같은 관계임을 보여 주어 휴머니즘이라는 보편성을 획득했다. 다시 말하자면 보편성과 특수성은 상대적이며, 세계시장을 지향하는 문화콘텐츠 산업의 관점에서 보면, 한국의 문화 원형은 특수성을 얼마나 보편적인 이야기로 바꿀 수 있는가가 중요한 것이다. 따라서 한국적 문화 원형 소재가 세계적인 성공을 거두기 위해서는 바로 이와 같은 보편성과 특수성이 절묘하게 결합해야 한다.

세계적으로 성공한 콘텐츠를 살펴보면 특정 문화 원형을 효과적으로 활용하고 있음을 알 수 있다. 가령 영화 〈반지의 제왕〉(2001) 시리즈는 북유럽 신화를 기반으로 하고 있으며, 영화 〈와호장룡〉(2000)은 중국의 무협 이야기를 바탕으로 하고 있다. 이처럼 작품성과 흥행성을 동시에 만족시킨 콘텐츠 중에는 해당 지역의 전통문화에 기반을 둔 경우가 상당히 많다. 해당 지역민들은 자신에게 익숙한 내용을 흥미롭게 풀어낸 콘텐츠이기에 자연스러운 향유가 가능하고, 여타 문명권의 사람에게는 새로운 문화에 대한 호기심을 유발시키는 특수성을 지니고 있기에 눈길을 사로잡는다. 그러나 주의할 점은 문화 원형을 활용할 때, 소재의 특수성을 지나치게 강조해서 문화적 배타성에 가까워지면 오히려 타 문화권에서 배척당할 가능성이 높아진다는 점이다. 문화할인율이 높아지기 때문이다. 따라서 소재의 특수성과 이야기 방식의 보편성이 적절하게 결합할 때 문화콘텐츠의 대중적 성공 가능성이 높아진다고 할 수 있다.

역설적으로 문화콘텐츠의 세계 경쟁력을 확보하기 위해 문화 원형의 민족성이나 지역성을 약화시켜 보편적인 소재로 개발하기도 한다. 가령 그리스 로마 신화처럼 세계적으로 인지도가 높은 신화는 여러 나라에서 만화, 애니메이션, 영화, 드라마로 재가공된다. 중국의 대표적인 소설 『삼국연의』도 한국에서 『삼국지』로 번역되어 높은 판매율을 보였고, 일본 코에이(KOEI)에서 게임으로 개발되기도 했다. 다른 민족이나 지역의 문화 원형을 활용해서 세계적인 상품으로 개발한 대표적 사례가 바로 월트디즈니(Walt Disney)의 애니메이션이다. 디즈니의 애니메이션은 대부분 유럽의 동화를 기반으로 하고 있다. 게다가 1990년대 이후 〈알라딘〉(1992), 〈뮬란〉(1998), 〈모아나〉(2016)에서 볼 수 있듯이, 서구가 아닌 타 문화권의 문화 원형을 적극적으로 차용하는 현상이 두드러진다. 문화 원형의 특수성을 약화시키고, 보편성을 강화하여 다양한 지역으로 진출하려는 의도가 반영되었다 볼 수 있다.

문화 원형과 변주

문화 원형을 콘텐츠 기획에 활용하는 방식은 대체로 두 가지가 있다. 하나는 문화 원형을 그 자체로 콘텐츠로 개발하는 것이고, 다른 하나는 문화 원형을 가공해 대중적 취향에 맞춰 새로운 가치를 부여하는 것이다. 예를 들어 궁궐이나 종교 성지와 같은 역사적 공간은 변함없이 보전되어야 원형의 가치가 크다. 그러나 문화 산업에서 더욱 주목해야 할 것은 새로운 해석과 가공을 통해 문화 원형에 새로운 가치를 부여하는 후자일 것이다.

문화 원형을 새롭게 가공하는 방식은 다시 크게 두 가지를 생각할 수 있다. 하나는 문화 원형의 스토리 구조를 활용하는 것이고, 다른 하나는 문화 원형의 인물을 활용하는 것이다. 우선 스토리 구조를 활용하는 콘텐츠를 살펴보면 장르 영화나 MMORPG 게임을 꼽을 수 있다. 가령 장르 영화 중 최동훈 감독의 〈도둑들〉(2012)은 장르의 문법을 잘 구현한 전형적인 사례다. 이 영화는 여러 전문가가 힘을 합쳐 무언가를 강탈 또는 절도하는 과정을 상세히 보여 주는 하이스트 필름(heist film) 장르에 속한다. 할리우드의 〈미션 임파서블〉(1996), 〈오션스 일레븐〉(2001), 〈인셉션〉(2010)이 모두 유사한 서사 구조, 즉 전문가 집단이 목표를 강탈하는 서사 구조를 따르고 있다. 이 장르의 변주는 대부분 전문가 구성, 강탈 목표, 강탈 방법의 차이에서 일어난다. 대중은 전문가들의 능력과 경찰들의 대응 방식을 지켜보며, 그들 사이에 발생하는 갈등과 충돌의 새로운 변주를 즐기게 된다.

영웅의 모험 여정 구조도 여러 영화에서 차용하는 원형 서사 구조다.

예를 들어 〈스타워즈〉를 제작한 조지 루카스(George Lucas) 감독은 USC영화학교 재학 시절 조지프 캠벨의 책을 읽고, 영웅의 모험 여정 단계를 적용하여 〈스타워즈〉 대본을 썼고, 결과적으로 엄청난 성공을 거뒀다. 이 외에도 워쇼스키(Wachowski) 자매가 감독한 〈매트릭스〉, 미야자키 하야오(宮崎駿) 감독의 〈센과 치히로의 행방불명〉 등이 모두 영웅의 모험 여정 구조를 원형으로 삼고 있다.

게임에서도 문화 원형은 매우 매력적인 세계관을 제시해 준다. 우리나라 게임을 살펴보면 초창기 한국형 MMORPG 게임의 문법을 만든 〈바람의 나라〉(1996)를 주목할 수 있다. 이 게임은 한국의 문화 원형을 토대로 가상 세계 속 고구려를 구현했다. 대다수 문화 원형을 활용한 콘텐츠가 정보 전달에 집중하면서 서사의 즐거움을 실현하지 못한 데 반해서 〈바람의 나라〉는 한국 특유의 스토리를 재창조하는 데 성공하면서 200만 명에 이르는 사용자 수를 기록했다. 중국 MMORPG 게임의 역사는 길지 않지만 주로 중국의 전통 사회를 배경을 제작된다. 특히 중국 고전 신화나 근현대 무협소설을 활용하여 제작되었다. 가령 게임 〈검은 신화:오공(黑神话悟空)〉(2024)은 고전소설 『서유기』를 기반으로 스토리와 캐릭터를 차용하고, 무술과 무협 세계 등 중국 전통문화를 액션 롤플레잉 게임에 잘 접목한 사례고, 모바일게임 〈왕의 영광(王者荣耀)〉(2016)은 중국 전통 신화와 영웅들의 스토리를 원형으로 기획된 게임으로 2017년 모바일 게임 중 세계 최고의 수익을 올렸다.

문화 원형을 활용하는 방식으로 더욱 많이 사용되는 방식은 인물을 활용하는 것이다. 문화 원형으로 꼽을 수 있는 이야기에 등장하는 인물은 대중적인 인지도를 갖고 있다. 가령 주몽, 이순신, 정조, 안중근 등 역사적 인물의 이름은 현대 대중에게 그 인물의 성격과 연관 사건들을 떠올리게 한다. 또 고전소설에 등장하는 홍길동, 전우치, 심청, 춘향 등은 이름만 들어도 인물의 성격과 사건들이 떠오르는 캐릭터들이다. 문화 원형

인물이 등장하는 콘텐츠를 즐길 때, 사람들은 전통적 원형이 어떻게 변주되는지가 궁금할 것이다. 가령 고대소설 『춘향전』을 문화 원형으로 삼아 제작한 김대우 감독의 〈방자전〉(2010)은 춘향과 이몽룡의 사랑 관계를 춘향을 사이에 두고 방자와 이몽룡이 경쟁하는 삼각관계로 변주하면서 새로운 스토리를 만들어 냈다.

역사에 기록된 영웅적 인물이나 기이한 사건도 문화 원형으로 콘텐츠에 적극적으로 활용된다. 가령 역사 드라마의 새로운 지평을 연 〈주몽〉(2006)의 주요 인물은 역사서 『삼국유사』와 『삼국사기』에서 빌려왔다. 그러나 이름만 가져왔을 뿐 대부분은 작가의 상상력으로 재구성된 이야기다. 원형 서사에서 해모수는 하느님의 아들로 유화(柳花)부인과 사통하여 주몽(朱蒙)을 낳게 했다. 『삼국사기』 기록에는 유화부인이 여러 동생과 함께 나가 놀고 있는데 한 사내가 스스로 천제의 아들 해모수라고 하며, 그녀를 웅심산 아래에 있는 집으로 데리고 가서 사통하고는 다시 돌아오지 아니했다는 이야기가 있다. 그런데 드라마 〈주몽〉에서는 해모수가 중국 한(漢)나라에 저항하는 고조선의 영웅으로 그려진다. 또 소서노는 『삼국사기』에 단 한 번 이름이 나오지만, 드라마 〈주몽〉에서는 극을 이끌어가는 중심인물로 변주되었다.

문화 원형의 변주를 대중이 즐기는 이유는 대중문화가 관습화된 수용자의 기대를 부정하거나 파괴하는 고급문화와는 달리 그 기대치를 충족시킴으로써 대리 만족 혹은 안정을 추구하기 때문이다. 그렇기 때문에 대중문화는 수용자가 이야기의 진행 결과를 어느 정도 예측할 수 있도록 구성된다. 향유자는 암묵적으로 합의된 서사를 공유하고 결과를 예측하면서, 일정한 비틀림과 같은 변화에서 참신함을 느낀다.

마지막으로 문화 원형에 대한 오해 중 하나는 문화 원형의 역사성을 오래전 과거 역사로 한정하는 것이다. 문화콘텐츠에서 문화 원형은 다른 말로 표현하면 콘텐츠의 원형이란 말이기도 하다. 즉 어떤 콘텐츠가 대중의 사랑을 받아 높은 인지도를 갖게 되면 다시 하나의 문화 원형이 될 수 있다. 가령 미국 DC코믹스의 만화 주인공 슈퍼맨은 오래된 신화나 민담에서 그 원형을 찾아서는 안 된다. 슈퍼맨은 1938년 만화잡지 ≪액션 코믹스(Action Comics)≫에 처음 등장했다. 이후 지속적으로 슈퍼맨 이야기가 만들어지고, 애니메이션과 영화로 재가공되면서 총알보다 빠르고, 기관차보다 힘세고, 높은 건물도 단숨에 뛰어넘는 강철의 사나이 슈퍼맨 원형이 형성되었다. 또 다른 사례로 크리스마스가 되면 어린이들이 오매불망 기다리는 산타클로스를 꼽을 수 있다. 원래 산타는 지방마다 달랐다. 어느 지방에서는 싸움꾼이기도 했고, 어느 지방에서는 난쟁이였고, 다른 곳에서는 꼬마 요정이기도 했다. 우리가 알고 있는 빨간 옷의 산타는 1931년 코카콜라(Coca-Cola)가 겨울이 되면 콜라 판매량이 감소하자 산타클로스 이미지를 친숙한 이웃집 할아버지 형태로 바꾸고, 붉은 옷의 흰 수염을 가진 캐릭터를 대대적으로 사용하기 시작하면서 정착되었다. 산타클로스가 우리에게 알려 주는 것은 문화 원형이 결코 오래된 과거의 문화유산만을 의미하지는 않는다는 점이다.

문화 원형에서 IP 산업으로 진화

문화 원형을 활용하는 방식은 최근 IP(intellectual property, 지식 재산권) 산업으로 진화했다. IP는 원래 특허, 실용신안, 상표, 디자인 등 지적 활동으로 발생하는 산업 재산권과 저작권을 포함하는 지식 재산권을 일컫는 용어였다. 하지만 문화 산업 영역에서 IP는 문화 원형을 포함해 원천 콘텐츠에 대한 법률적 권리를 기반으로 이를 재가공한 다양한 2차 활용을 통해 수익을 극대화할 수 있는 콘텐츠를 의미한다. 다시 말하자면, 콘텐츠 개발의 원천이란 점에서 문화 원형과 IP는 유사하지만, 법률적 소유권이 있는 것을 IP라고 할 수 있다.

미국 만화 마블 코믹스에 등장하는 아이언맨, 캡틴 아메리카, 토르, 헐크, 포켓몬스터의 피카츄, 한국의 뽀로로와 하츄핑과 같이 유명한 캐릭터는 강력한 영향력을 가진 콘텐츠다. 동시에 새로운 콘텐츠로 확장되었을 때 성공 가능성이 큰 IP이기도 하다. 가령, 미국 마블 코믹스의 만화 캐릭터들은 최근 10여 년 사이에 영화 주인공으로 재가공되어 세계 영화 시장을 석권하고 있다. 마블 코믹스에 등장했던 세계관과 캐릭터, 사건을 확장하여 새로운 세계인 마블 시네마틱 유니버스(Marvel Cinematic Universe, MCU)를 구축했고, 애니메이션과 게임 등 다른 미디어의 콘텐츠로 빠르게 확장했다.

IP를 기반으로 새로운 콘텐츠를 개발하는 방법은 크게 두 가지로 구분할 수 있다. 하나는 이른바 원 소스 멀티 유즈(one source multi use, OSMU)로 불리는 방식이다. 콘텐츠의 원천 소스인 IP 콘텐츠를 여러 미디어의 콘텐츠로 개발하는 방식이다. 디즈니의 애니메이션 〈겨울왕국〉이 흥행한 뒤 인형, 음원, 영화 등으로 콘텐츠 범위를 넓히는 방식이다. 다른 하나는 트랜스미디어(transmedia) 방식이다. 트랜스는 '횡단, 초월'의 의미로 트랜스미디어 방식은 미디어 간 제약을 넘어 이야기를 확장해 가는 형식을 취한다. 앞에서 설명한 OSMU와 차이점은 여러 미디어로 확장할 때 콘텐츠 사이에 세계관을 공유하면서 기존과 다른 이야기로 확장되는 점이다. 즉, 트랜스미디어 스토리텔링은 각 미디어에 담긴 이야기들이 서로 연결되면서도 하나의 독립적인 새로운 이야기가 되도록 하는 개발 방식이다. 대표적인 사례가 마블 코믹스의 독립된 이야기를 연결하여 〈어벤져스〉 영화를 제작하고, 다시 게임을 개발하는 방식이다.

인지도 높은 IP가 여러 미디어로 외연을 넓히면 다양한 효과를 유발할 수 있다. 가령 인기 만화의 캐릭터가 영화, 드라마, 게임 등으로 가공되면 기존 IP를 좋아했던 소비자는 새로운 IP를 통해 확장된 세계를 경험하고, 상상력이 확장되는 쾌감을 맛보게 된다. IP가 확장되면서 세계관을 공유하는 콘텐츠들이 다시 주목받는 경우도 많다. 넷플릭스의 오리지널 드라마 〈위쳐〉(2019)가 큰 인기를 얻자, PC 게임 〈위쳐 3〉(2015)도 발매 당시보다 동시 접속자 수가 늘어났다.

그러나 성공한 IP를 확장한 콘텐츠가 반드시 성공하는 것은 아니다. 게임을 원작으로 한 영화가 종종 혹평을 듣거나, 영화를 원작으로 하는 게임이 별다른 반응을 얻지 못하는 것은 모두 영화와 게임이라는 개별 미디어의 특성을 살리지 못했기 때문이다. 상호작용이 강한 게임과 닫힌 서사 구조를 가진 영화는 스토리텔링 방식이 같을 수 없다. 소설이든 영화든 성공한 IP를 즐기던 팬들은 자신들이 즐기던 IP의 독창성이 유지되길 바란다. 하지만 IP가 확장될 때 기존 IP를 경험하지 못했던 사람들도 즐길 수 있어야 한다. 고유한 독창성에 초점을 맞추면 진입 장벽이 생기고, 대중적 확산에 초점을 맞추면 기존 팬들이 실망하기 마련이다. 따라서 IP의 세계관과 캐릭터에 대한 깊이 있는 이해를 바탕으로 미디어별 스토리텔링 전략을 세우는 것이 필수적이다.

현재 문화 기업들은 다양한 활용성을 가진 강력한 IP를 확보하기 위해 많은 자금을 투자하고 있다. 한국에서 웹툰과 웹 소설 플랫폼이 갈수록 주목받는 이유가 바로 IP를 확보하기 위해서다. 인지도 높은 IP를 보유하면 이를 바탕으로 영화, 드라마, 뮤지컬 등 다른 장르의 미디어로 전환하여 부가 가치를 확대할 수 있기 때문이다. 이처럼 콘텐츠는 보편성을 특징으로 하는 문화 원형에서 배타적 사용 권리를 가진 IP로 진화하고 있다.

문화 원형 활용 사례

문화 원형을 문화콘텐츠 창작 소재로 활용하여 성공한 사례를 살펴보자. 콘텐츠의 성공과 실패 이유를 알기 위해서는 콘텐츠 자체의 완성도와, 그 콘텐츠가 차지하는 사회적 맥락을 동시에 살펴봐야 한다. 스튜디오 지브리(STUDIO GHIBLI)의 스즈키 도시오(鈴木敏夫) 대표는 지브리의 성공을 분석하면서 ① 작품의 높은 완성도, ② 과거에 쌓아 올린 실적, ③ 확고한 방침에 따라 이루어지는 대대적인 홍보를 꼽았다. 또 수전 기넬리우스(Susan Gunelius)는 『스토리노믹스』(2009)에서 〈해리 포터〉 시리즈의 성공 요인으로 ① 우수한 제품, ② 감정적 개입, ③ 티지 마케팅과 지속적 마케팅, ④ 브랜드의 일관성과 확산의 자제를 꼽았다. 이 두 사람의 견해에서 드러난 것처럼 콘텐츠의 성패는 무엇보다 텍스트 자체의 완성도에 달려 있다.

해리 포터는 소설이 문화 원형이자 원천 콘텐츠다. 소설 『해리 포터』도 큰 인기를 누렸지만, 영화 〈해리 포터〉 시리즈를 통해 더 큰 대중성을 확보하게 되었다. 문화 원형의 측면에서 해리 포터 이야기를 살펴보면 다음과 같은 원형 서사의 특성이 잘 배치되어 있다. 첫째, 해리 포터 이야기에는 영국의 스토리 흔적이 강하게 남아 있다. 가령 자신의 혈통을 모른 채 비천하게 자라지만 결국 출생의 비밀을 알게 되고 일련의 시련과 싸워 이겨 영웅으로 거듭나는 주인공 해리 포터는 신화적 영웅 아서(Athur)왕 이야기를 원형으로 삼고 있다. 또 어린아이의 힘으로 강력한 마법사 볼드모트와 맞선다는 점에서 거인을 물리친 잭(Jack the Giant Killer) 이야기가 변주된 것으로 볼 수 있다. 동시에 세상을 구하는 어려운 소명을 책임지고 있는 가장 약한 호빗족의 프로도이기도 하다. 평범한 일상 세계에 감춰져 있는 마법 세계로 진입하는 관문 형식과 분명한 선악 구도는 C. S. 루이스(C. S. Lewis)의 『나니아 연대기』와 매우 유사하고, 거대 악에 맞서는 미약한 주인공의 구도는 J. R. R. 톨킨(J. R. R. Tolkien)의 『반지의 제왕』과 유사하다. 둘째, 살아남은 자, 즉 선택된 자로 태어난 해리 포터의 탄생과 이모네 가족에게 구박을 받는 비정상적 성장 과정, 호그와트 마법 학교에서 볼드모트의 위협을 헤쳐 나가는 과정은 모두 전형적인 영웅 서사의 기본 구조와 일치한다. 셋째, 해리 포터 이야기에는 사생아 모티브의 변형인 '아비 찾기'라는 전통적 주제가 깔려 있다. 해리 포터는 편견에 저항하고, 동료들과 우정을 쌓고 사회를 알아 가게 되지만, 해리의 성장에 지속적인 영향력을 미치며 그를 미래로 안내하는 가장 중요한 코드는 '아비 찾기'라는 주제다(최기숙, 2001). 결론적으로 해리 포터의 마법 이야기는 서구 사회의 기독교적 신화 구조를 바탕으로 선과 악의 갈등과 대립, 선의 궁극적 승리와 선한 세력의 구원 등 대중적 상상력을 잘 투영해 냈다고 할 수 있다.

아시아의 경우 중국 문화 원형을 잘 활용한 콘텐츠로 애니메이션 〈쿵푸 팬더〉(2008)가 있다. 〈쿵푸 팬더〉는 중국을 대표하는 무술 쿵푸와 중국의 대표적인 동물 판다를 소재로 미국의 드림웍스에서 제작한 애니메이션이다. 중국 사회에서 이 콘텐츠는 미국이 중국의 문화 원형을 무단으로 사용하고 훼손한 문화 침공 사례로 지적되기도 한다. 하지만 서구에서 이질적으로 보이는 중국 문화 원형을 어떤 방식으로 활용해 세계적인 문화 상품으로 가공하는지를 살펴보는 것은 매우 큰 가치가 있다. 즉, 아시아 문화 원형의 글로벌 콘텐츠 개발이라는 측면에서 살펴봐야 한다.

첫째, 〈쿵푸 팬더〉는 장면, 캐릭터, 배경 설정에 중국적 문화와 풍경 이미지를 적극적으로 활용한다. 〈쿵푸 팬더〉에서 주목할 점은 이야기 소재, 시각적 요소 등 관객에게 전달되는 것의 대부분은 중국 문화를 모티브로 하고 있지만, 이야기 방식은 전형적인 영웅 모험 여정 구조를 따르고 있다는 것이다. 특히 〈쿵푸 팬더 1〉(2008)은 중국 문화라는 새로운 소재를 접하는 세계 관객들의 몰입을 돕기 위해 대중적으로 친숙한 3막 구조로 구성했고, 보글러의 영웅 서사 12단계와 일치하는 서사 구조를 갖고 있다. 〈쿵푸 팬더〉에서 중국 문화 원형이 매우 돋보이는 요소는 주인공 포를 비롯한 동양적인 분위기를 만들어 내는 캐릭터들이다. 특히 판다는 중국에만 서식해 중국을 대표하며, 주인공의 동료인 호랑이, 학, 원숭이, 뱀, 사마귀의 동작에서 착안한 중국 무술 액션 장면은 소림사 이미지와 함께 중국적 이미지를 만들어 낸다. 또 스승 시푸와 주인공 포 사이의 관계는 전형적인 무협 소설의 사제 관계를 표현하고 있다.

둘째, 애니메이션에서 중국 도교 사상과 희생정신 등 중국적 사상을 적극적으로 그려 내고 있다. 대사부 우그웨이는 장수의 상징인 거북으로 〈도화원기(桃花源記)〉에 나오는 이상향인 무릉도원과 같은 공간에서 살아간다. 또 주인공 푸는 용의 전사로 일세의 영웅이 되지만 신분의 상승이나 세속적인 출세에 연연하지 않고 국수를 만드는 일상으로 복귀한다. 이것은 세속의 명리를 초월해 유유자적하며 사는 것을 이상적 모델로 보는 도교 사상과 닿아 있다.

셋째, 〈쿵푸 팬더 1〉이 중국적 풍경 만들기에 집중했다면, 〈쿵푸 팬더 2〉(2011)는 서구 문화 원형과 이국적 풍경을 융합해 세계적 보편성을 획득하려고 한다. 가령 〈쿵푸 팬더 2〉에 등장하는 공작 '셴'의 성장 과정은 그리스 신화 중 새롭게 태어나는 아들이 장성하면 그 아들 때문에 생명과 왕위가 위태로워질 것이라는 신탁을 받게 되는 오이디푸스 내용과 유사하게 표현되었다. 오이디푸스 콤플렉스로 인해 '셴'은 복수의 감정을 갖게 된 것이다. 또 캐릭터 구성에도 〈쿵푸 팬더 2〉에는 중국의 상징적 동물들뿐만 아니라 코뿔소, 들소, 악어 등 아프리카 대륙의 동물들도 다수 등장한다. 큰 뿔과 우람한 몸집을 가진 코뿔소는 아프리카 초원에 어울리지만, 뿔과 갑옷과 무기에 동양적인 문양과 패턴을 그려 넣어 관객들에게 특정 문화권을 벗어난 신비한 매력을 느끼게 한다. 이 같은 사례는 국경을 넘어 이미 세계적으로 친숙한 그리스 신화나 아프리카의 풍경을 활용해 글로벌 관객들이 중국적 캐릭터들에게 감정이입을 하기 쉽게 하는 장치인 것이다.

〈쿵푸 팬더〉는 할리우드에서 제작된 애니메이션이라는 것이 믿기지 않을 정도로 중국 문화 원형에 대한 세심한 이해와 표현 능력을 보여 준다. 포의 겸손함과 희생, 이기적이기 않은 태도에는 중국 철학과 사상이

깔려 있다. 동시에 이야기 구성 방식으로 영웅의 모험 여정 구도를 채택하면서 세계적인 보편성까지 확보할 수 있었다. 즉, 타 문화 원형에 대한 심도 있는 이해와 보편적인 이야기하기 방식이 매력적인 문화콘텐츠를 제작하는 첫걸음이자 성공의 기본이라는 점을 다시 확인할 수 있다.

생각해 볼 문제

1. 심리학과 문화인류학에서 사용하는 원형이라는 용어와 문화콘텐츠 영역에서 사용하는 문화 원형의 의미를 비교해 보자. 원형 개념은 분명 문화 원형 개념 수립에 기본 관점을 제시해 주지만, 문화콘텐츠 영역의 특성을 모두 담아내지는 못한다. 여러분이 생각하는 문화 원형의 정의와 특성을 토론해 보자.
2. 문화 원형을 문화콘텐츠 창작 소재로 활용할 때 장점은 무엇일까? 문화 원형을 소재로 제작된 많은 콘텐츠들이 대중에게 외면 받는 현상은 무엇 때문일까? 여러분이 경험했던 문화 원형 기반의 지루한 콘텐츠 사례를 찾아보고, 지루함을 느끼는 원인을 찾아보자.
3. 정통 역사서 『삼국지』와 소설로 쓴 『삼국연의』 중 어느 것이 문화 원형일까? 영화 〈적벽대전〉(2008)이나 〈삼국지, 용의 부활〉(2008), 〈삼국지, 명장 관우〉(2011), 〈조조, 황제의 반란〉(2012)과 같은 콘텐츠는 무엇을 창작 소재로 삼았는지 찾아보자. 우리나라 역사서인 『삼국유사』에서 콘텐츠 소재로 사용된 이야기가 있는지도 찾아보자.
4. 문화 원형과 IP(intellectual property, 지식 재산권)의 유사성과 차이점에 대해 논의해 보자. 또 원 소스 멀티 유즈(one source multi use, OSMU) 개발 방식과 트랜스미디어(transmedia) 개발 방식의 차이점이 무엇인지 사례를 들어서 설명해 보자.

참고문헌

김정환(2014). 로컬 이야기 소재의 글로벌 콘텐츠로서의 활용 요건에 관한 연구-미국 애니메이션 <쿵푸팬더> 시리즈의 사례 고찰을 중심으로. ≪한국디자인문화학회지≫, 20호, 153~165. 한국디자인문화학회.

박경하(2004). 한국의 문화 원형콘텐츠 개발현황과 과제. ≪인문콘텐츠≫, 3호, 7~24. 인문콘텐츠학회.

박기수(2010). 소설『해리포터 시리즈』스토리텔링 전략 연구. ≪한국언어문화≫, 42호, 182~208. 한국언어문화학회.

송성욱(2005). 문화콘텐츠 창작 소재와 문화 원형. ≪인문콘텐츠≫, 6호, 75~89. 인문콘텐츠학회.

송정화 외(2016).『문화 원형과 콘텐츠의 세계』. 푸른사상사.

우동우(2015).『문화 원형 콘텐츠의 재발견』. 스토리하우스.

이인화 외(2003).『디지털스토리텔링』. 황금가지.

임학순(2005). 문화 원형 디지털 콘텐츠의 교육콘텐츠 창작 소재 활성화를 위한 정책모델 연구, ≪인문콘텐츠≫, 6호, 181~200. 인문콘텐츠학회.

최기숙(2001). 환상적 마법세계에서의 현실성 유희 :『해리 포터』를 읽는 즐거움과 혼돈. ≪여/성이론≫, 통권 제5호, 235~268. 도서출판 여이연.

Campbell, J.(1949). *The Hero with a Thousand Faces*. Bollingen Foundation and published by Pantheon Books. 이윤기 옮김(2004).『천의 얼굴을 가진 영웅』. 민음사.

Durand, G.(1960). *Les Structures anthropologiques de l'imaginaire*. Paris: Dunod (1re édition Paris, P.U.F). 진형준 옮김(2007).『상상계의 인류학적 구조들』. 문학동네.

Vogler, C.(2007). *The Writer's Journey: Mythic Structure for Writers. Michael Wiese Productions*. 함춘성 옮김(2013).『신화, 영웅 그리고 시나리오 쓰기』. 비즈앤비즈.

04

문화콘텐츠는 스토리텔링이다

스토리텔링과 〈재벌집 막내아들〉

2022년 11~12월까지 JTBC에서 방영한 드라마 〈재벌집 막내아들〉은 최고 시청률 26.9%를 기록하며 한 해 동안 가장 큰 화제성을 보여 준 콘텐츠로 꼽혔다. 2017~2018년 문피아에 연재한 동명의 웹 소설이 원작인 〈재벌집 막내아들〉은 2021~2022년 사전 제작 과정을 거쳤으며, 어느 정도 시간이 흐른 후에 방영되었다. 드라마 첫 회가 방영되기 전 2022년 9월부터는 네이버에서 웹툰 〈재벌집 막내아들〉을 연재하기도 했다. 즉, 하나의 웹 소설이 비슷한 시기에 동명의 드라마와 웹툰으로 새롭게 제작되어 향유된 것으로, 매체의 경계를 넘어 하나의 이야기가 다양한 방식으로 콘텐츠화되어 소비되는 문화 산업의 현장을 확인할 수 있다. 하나의 이야기가 여러 매체를 통해 소비되는 이런 현상을 창구 효과(window effect)나 OSMU(one source multi use)로도 설명할 수 있겠지만, 매체에 따라 달라지는 스토리의 양상과 향유 방식의 차이를 이해하기 위해서는 스토리텔링(storytelling)의 관점에서 접근할 필요가 있다.

이야기와 지식 체계

스토리텔링은 '스토리(story)'와 '텔링(telling)'의 합성어로, 스토리가 형성되고 전달되는 방식을 이론적으로 설명하기 위해 고안된 용어다. 본래 학습자의 주체적인 수업 참여를 유도하기 위한 교육 프로그램의 개발이나 배경 스토리를 만들어서 상품 판매를 촉진하기 위한 마케팅 전략으로서 먼저 활용되다가 지금은 스토리 창작과 관련된 모든 분야를 포괄하는 광의의 개념으로 사용되고 있다. 2006년 미국 사회학자 프란체스카 폴레타(Francesca Polletta)가 언급했듯이, 스토리텔링은 일반적인 스토리 산업 외의 분야에서도 전개되고 있으며, 매년 수만 명가량이 미국스토리텔링네트워크에 가입하거나 미국에서 열리는 200여 개의 스토리텔링 페스티벌에 참가하는 등의 현상이 벌어지고 있다. 스토리텔링은 단발성으로 끝나는 사회적 현상이 아니라 지속적으로 사회 전반에 큰 영향력을 끼치는 개념으로 지금까지 자리매김하고 있는 것이다.

국제스토리텔링센터(International Storytelling Center)의 슬로건처럼 스토리텔링은 인류의 역사와 함께 시작되었지만, 공식적으로 담론화된 것은 1995년 미국 콜로라도에서 열린 '디지털 스토리텔링 페스티벌(Digital Storytelling Festival)'부터라고 할 수 있다. 디지털 스토리텔링 페스티벌은 참가자가 일방적으로 이야기를 전해 듣는 방식이 아니라, 다감각적인 디지털 매체를 통해 이야기를 접하고 직접 창작할 수 있는 상호작용성에 기반을 둔 축제였다. 이런 축제의 정체성을 살리기 위해 내러티브(narrative) 대신 스토리텔링이라는 용어를 전면에 내세웠으며, 디지털 스토리텔링 페스티벌을 기점으로 이야기의 창출과 전달 방식의 환경 자체가 달라졌음이 공론화되었다. 스토리텔링은 기존의 내러티브와 다르게 이야기성, 현장성, 상호작용성이 강화된 이야기에 기반을 두고 있다.

이런 관점에서 보면, 상호작용성을 가능케 하는 디지털 매체의 등장으로 인류의 연원과 함께 시작된 이야기의 향유는 스토리텔링이라는 용어를 매개로 새로운 국면으로 접어들었음을 알 수 있다. 이 말은 인류가 역사적으로 스토리, 내러티브, 플롯 등 그 명칭과 개념을 달리하면서 끊임없이 '이야기'를 향유하며 더 나은 삶과 세계를 지향해 왔음을 의미한다. 이야기를 통해 인간은 자신의 문제를 해결하며 자신을 한계 짓는 모든 제약에서부터 자유로워질 수 있다는 호모 나랜스(homo narrans)가 디지털 시대에도 지속되고 있는 것이다.

그렇다면 '이야기'는 무엇일까? 일찍이 최남선(崔南善)은 이야기가 기록이 생기기 전에 성음(聲音)으로 구구전승(口口傳承)되는 것으로 '사상 전달', '사실 전승'의 가장 중요한 방법이었다고 언급했다. 이야기는 '이약'인데, '약'은 '언어'의 옛말이고 '이'는 연격(連格) 또는 계승(繼承)을 의미하는 설명어로, 이야기는 희랍어 뮈토스(mythos)와 유사한 것이라고 했다. 최남선의 설명에 따르면 이야기는 '구술 언어'로 전승 · 전달되는데, 그것이 단순히 유희의 산물이 아니라 사상이나 사실을 담고 있는 뮈토스라고 정의할 수 있다.

인간의 지식을 거칠게 둘로 분류하면 하나는 로고스(logos)이고 다른 하나는 뮈토스다. 로고스는 논변(論辨)으로, 학술적 인식과 비판을 통해 도출된 지식이다. '-은 …이다'의 구문으로 표현되는 로고스는 명료하고 구체적이다. 우리가 초등학교에서부터 고등학교까지 배운 지식은 대부분 로고스다. 그러나 경험적으로도 알 수 있듯이 로고스적 지식은 언제든지 전복될 수 있는 위험성이 있다. 예컨대, 과거에는 세상을 천원지방(天圓地方)으로 묘사했다. 하늘은 둥글고 땅은 네모났다는 것이다. 그러나 지금은 아무도 그렇게 믿지 않는다. 천동설(天動說)도 마찬가지다. 지구는 가만히 있고 하늘이 그 주위를 돌고 있다는 견해는 한때 정설이었다. 그러나 지금 그렇게 믿는 사람은 아무도 없다. 로고스는 새로운 관점이나 근거, 논리가 등장하면 언제든지 해체되고 재구축될 수 있는 성질의 것이다. 새로운 로고스가 등장할 때마다 지식의 패러다임이 바뀌고 세계를 바라보는 시각이 새로워진다. 로고스는 언제나 도전의 대상이며 비판적 검토의 대상이 되는 지식 체계다.

그에 반해 뮈토스는 '이야기'로 전달되는 지식이다. 뮈토스는 그 자체로 믿어지거나 믿어지지 않을 뿐, 그것에 대한 토론이나 논박은 불가능하다. 학문적 인식이나 사고에서 구현되는 비판적 지식은 로고스로 나타나지만, 서사로 이야기를 풀어내는 뮈토스적 지식은 비판의 대상이 되지 않는다. 예를 들어, '효자 호랑이 이야기'를 구연한다고 가정해 보자. "옛날 옛적에 어느 마을에"로 시작되는 이야기에는 홀어머니를 모시고 사는 효자가 등장한다. 식량을 구하기 힘든 엄동설한에 호랑이 한 마리가 효자의 집에 들어와 홀어머니를 잡아먹으려고 한다. 효자는 기지를 발휘해서 호랑이에게 "아이고, 형님. 어디 갔다 이제 돌아왔습니까?"라고 인사를 올리며, 사실 호랑이는 자신의 친형이었는데 식량을 구하러 산에 들어갔다가 호랑이 가죽을 뒤집어쓰고 호랑이로 변하여 기억을 잃은 채 살아간 것이라고 설명한다. 호랑이는 그 말을 듣고 고개를 갸웃하며 다시 산으로 돌아간다. 그날 이후 밤마다 마당에 토끼나 사슴 고기가 놓여 있었는데, 호랑이가 효자의 말을 믿고 홀어머니와 동생을 위해 식량을 구해 준 것이다. 그렇게 시간이 흘러, 홀어머니가 돌아가시고 호랑이도 늙어 죽게 되었다. 효자는 홀어머니의 묘 옆에 호랑이의 묘도 함께 만들어서 친형처럼 모셨으며, 동네 사람들은 그 호랑이를 '효자 호랑이'라고 불렀다.

효자 호랑이 이야기에서 인간과 호랑이가 말을 주고받는 상황은 "옛날 옛적에"라는 이야기의 관습적인 표현 안에서 자연스럽게 받아들여지게 된다. 이야기가 구연되는 가운데 그 누구도 호랑이가 어떻게 말을 하느냐, 사람이 어떻게 호랑이로 변할 수 있느냐 같은 회의적인 질문을 던지지 않는다. 이야기는 일반적으로 별다른 비판 없이 이야기 그 자체로 받아들여진다. 그러면서 자연스럽게 호랑이와 같은 미물도 부모를 위해 저렇게 애를 쓰는데 하물며 인간은 어떻게 살아야겠느냐라는 본질적인 화두를 던진다. '효도를 해야 한다'라는 당위적인 언표가 아니라 이야기를 들으면 자신도 모르게 효에 대한 반성적 성찰이 가능해지는 것이다.

이처럼 이야기는 기본적으로 '~은 …이다'라는 구문이 아니라 '~은 …하다'라는 구문으로 이루어진다. 더욱이 이야기를 들은 사람은 진위 판정을 거치지 않고 전해 들은 대로 다른 사람에게 말한다. '~은 …하다'라는 사실이 그 자체로 진실로 받아들여지는 상황에서는 여러 가지 의문이나 회의를 사전에 차단하며 그 과정에서 이야기에 내재된 모종의 메시지를 상대방에게 전달하게 된다.

따라서 뮈토스는 강한 담론을 가지는 지식 형태로 간주되기 시작한다. 이런 이유로 이야기는 반박되지 않을 권위를 필요로 할 때 활용되는 경향이 있다. 대표적인 것이 종교의 경전(經典)이다. 『성경』이나 『성서』를 채우는 것은 신(神)의 언어만이 아니다. 인간의 이해 가능한 영역을 초월하는 신의 언어를 온전히 문자로 기록하는 것은 불가능에 가깝다. 그래서 경전에는 직접적인 신의 메시지 대신 이야기를 담아낸다. 어떻게 세계가 창조되었고, 어떻게 인간이 만들어졌고, 왜 인간에게 악이 생기게 되었는지 등을 설명이 아닌 이야기로 풀어내는 것이다.

불교에서는 불립문자(不立文字)라는 용어로 이를 더 직접적으로 보여 준다. '불립문자'는 인간의 언어로 세우지 못하는 불교적 진리를 지시한다. 문자만으로는 이해할 수 없는 불교적 깨달음은 이야기를 통해 전달된다. 그래서 『불경』에도 수많은 이야기가 들어 있다. 『본생경(本生經)』만 봐도 석가가 이 세상에 출현하기 전, 성불하여 부처가 되기 이전의 이야기를 통해 업(業)과 윤회(輪廻), 인연(因緣) 등의 불교적 세계관을 전달한다. 『본생경』에서는 부처가 전생에 보살로서 수행한 일과 공덕을 이야기로 구성함으로써 언어만으로 설명하기 힘든 종교의 진리를 중

생에게 전파한다.

따라서 이야기는 구술 언어를 매개로 인간과 인간을 둘러싼 세계에 대한 총체적인 지식을 담고 있는 뮈토스라는 지식 체계라고 할 수 있다. 마을 단위에서 전승되는 전설은 마을의 유래와 문화 지리를, 국가 단위에서 전승되는 건국 신화는 건국 시조가 새로운 나라를 개창하는 과정을 그려냄으로써 국가의 근원과 정체성을 다음 세대로 전달한다. 이야기는 즐거움을 위해 향유되는 면도 분명 존재하지만 이는 2차적인 기능일 따름이다. 이야기는 본질적으로 앞선 세대의 지식을 후세대로 전달하는 방식에 대해 고민했던 문화적 실천의 결과물이라고 할 수 있다.

이야기의 가치 변화와 스토리텔링의 등장

유발 하라리(Yuval Noah Harari)는 사피엔스의 인지 혁명이 '허구'를 말할 수 있는 언어 능력에서 비롯되었다고 주장했다. 이를 '뒷담화 이론'이라고도 하는데, 허구를 창조할 수 있는 능력으로 인해 사피엔스는 단순한 상상을 넘어서 집단적으로 상상할 수 있는 수준으로 도약할 수 있었다는 것이다. 그 결과 이야기가 만들어질 수 있었고 사피엔스는 이야기를 매개로 삼아 많은 수가 모여 유연하게 협력하는 유례없는 능력을 가질 수 있었다고 보았다. 이야기가 집단을 통합하고 개인에게 각각의 역할과 정체성을 부여하는 기능을 수행했던 것이다.

그리고 이 시기부터 이야기는 종교 의식에 견인되어 수많은 신화를 낳게 되었다. 처음에는 마술적 의식, 다음으로는 종교적 의식에 봉사하기 위해 생겨난 신화는 본질적으로 종교가 낳은 예술과 분리되지 않았다. 의식적인 기능과 분리되지 않았던 이 시기의 예술은 본래적 사용 가치가 주어졌던 종교적 의식에 그 근거를 두고 있었다. 발터 베냐민(Walter

Benjamin)은 이때의 예술적 가치를 '의식(儀式) 가치'라고 불렀다.

그러나 혁명적인 복제 기술이 등장하면서 이른바 진품성 또는 원본성(originality)을 판가름하는 척도가 무너지기 시작했고, 의식 가치를 담보하는 아우라(Aura)가 손상되며 예술의 권위가 해체되기 시작했다. 사진과 영화의 등장을 대표적인 예로 들 수 있다. 예술은 종교에서 벗어나면서 본래 가지고 있던 의식 가치와 다른 방향성을 지닌 가치를 추구하게 되었다. 종교 의식에서 해방된 예술 활동 속에서 생산된 작품들은 전시될 기회를 점점 더 많이 확보하게 되었고, 점차 상업화된 환경 속에서 예술품'들'이 유통되기 시작했다. 이때부터 의식 가치를 밀어내고 '전시(展示) 가치'가 예술의 형식과 내용을 정의하기 시작한 것이다.

이야기 또한 예술의 가치가 변화하면서 신화와 같은 종교 예술에서 벗어나 새로운 형식으로 거듭나기 시작했다. 대표적인 것이 바로 문자의 보편적 사용과 함께 등장한 '문학'이라는 개념이다. 본래 디지털 미디어가 출현하기 전까지 이야기의 전달 방식은 구술 언어와 문자 언어로 대표되는 이원적 전승 언어를 통해 만들어졌다. 이른바 구술성(orality)과 문자성(literacy)으로 이분되는 '대분할 이론'이다. 대분할 이론은 비문자 사회와 문자 사회, 비문자 시대와 문자 시대를 명확히 구분함으로써, 이들 간에 분명한 단절이 있음을 암시한다. 즉, 문자의 발명이 초래한 혁명적 변화가 강조되면서 그 전 시대를 풍미하던 구술성의 시대는 문자성의 시대와 대립적인 것으로 인식된 것이다.

구술성의 시대에는 이야기가 단순히 구술로 지식을 전승하는 것에 머물지 않고, 당시 사람들의 정형화된 사고 체계를 형성하는 데 지대한 영향을 미쳤다. 구술 문화에서 지식은 계속 반복되지 않으면 사라지게 되고, 그래서 정형화된 사고 패턴은 지혜의 효과적인 관리를 위해 본질적인 요소로 자리 잡을 수밖에 없었다.

그러다가 문자가 발명되고 정착하기 시작하면서, 지식의 저장은 반복적인 정형이 아닌 기술된 텍스트에 의존하게 되었다. 구술성의 시대는 비문자 시대로 인식되면서, 결국 말만 할 수 있는 사람과 글도 쓸 수 있는 사람 간에는 세계를 바라보는 지평이 다를 수밖에 없다는 점이 강조되었다. 말을 할 줄 아는 자에게 부여되었던 권력 또한 문자를 아는 자에게 옮겨 가게 되었다. 이야기는 어느새 문해력(literacy)을 어원으로 하는 문학(literature)에 편입되었고, 그 외의 것은 전설이나 고담(古談), 일화 등으로 치부되면서 평가 절하되었다. 문학 속에서 이야기는 잘 짜인 플롯을 기본적인 형태로 가지면서 생산자(작가)와 소비자(독자)를 명확하게 구분하기 시작했고, 저작권과 출판권을 토대로 문자 언어를 다루는 이야기꾼은 작가나 문인이라는 이름으로 문화 권력을 획득하며 문단을 형성하기 시작했다.

20세기까지 구술성/문자성의 이원 체계로 인식되던 전승 매체의 체계가 붕괴의 조짐을 보인 것은 디지털 매체가 등장하면서부터다. 디지털 매체를 구성하는 디지털 언어는 구술적인 속성을 지니면서도 문자적인 형식을 지니고 있다.

표 4-1 구술 언어, 문자 언어, 디지털 언어의 비교

	구술 언어	문자 언어	디지털 언어
일시(-)·지속(+)	-	+	+
단선(-)·입체(+)	+	-	+
일방(-)·양방(+)	+	-	+

출처: 김광욱, 2008, 253쪽.

언어의 체계가 구술 언어와 문자 언어의 2항에서 디지털 언어가 결합된 3항의 체계로 이행하면서, 이제 더 이상 구술성과 문자성은 대립적인 관계에 놓여 있을 수 없게 되었으며, 디지털성이라는 새로운 특징이 지식

의 전승 체계에서 변증법적인 제3의 지점을 확보하게 되었다. 3항의 체계는 서로 대립적으로 보이면서 상보적인 관계에 놓여 있기 때문에, 이제는 구술성 안에서의 문자성, 문자성 안에서의 구술성을 탐색하는 지점까지 이르게 되었다.

그러면서 '이야기하기'가 더 이상 구술 문화의 잔재가 아니라 동시대적 지식 전승 체계로 다시 지위가 상승되기에 이르렀다. 디지털 매체와의 결합을 통해 구술성은 새로운 방식으로 지속 가능한 이야기 만들기를 수행할 수 있었고, 이런 과정이 디지털 스토리텔링 페스티벌을 기점으로 대중적인 관심사로 이어졌다. 스토리텔링을 매개로 이야기의 시대는 잊혀 가던 구술 문화와 새롭게 등장한 디지털 문화가 결합하면서 열리게 된 것이다.

디지털 문화 환경은 구술적 특성(현장성, 재연성, 소통성)을 이야기 향유의 주요 요소로 다시 자리매김시켰다. 생산자(작가)와 소비자(독자)를 명확하게 구분했던 문자 문화의 시대와 다르게 디지털 문화의 시대는 인터넷을 기반으로 한 네트워크 플랫폼을 통해서 생산자와 소비자가 '동시'에 이야기를 향유할 수 있는 환경을 만들었다. 이야기 자료는 디지털화되어 인터넷에 업로드되고 네트워크에 의해 공유된다. 모든 정보는 디지털로 처리되어 데이터 형태로 가상 공간에 저장되고 보관된다. 디지털 문화 환경에서는 이야기의 생산자와 소비자의 경계가 끝없이 가로질러지면서 네트워크와 작품의 경계가 유동적으로 변하게 된다. 이런 유동성은 새로운 형식 속에서 생산자와 수용자가 함께 이야기를 공유하고 또 다른 이야기를 창출하는 새로운 방식을 만들어 낸다. 이제 이야기는 전시가치를 넘어 '공유(共有) 가치'를 획득하게 되는 시기에 이르게 된다.

공유 가치를 확보한 이야기는 그 향유 방식도 어느 정도 수직적인 구조에서 수평적 구조로 바꾸어 놓는다. 생산자와 소비자의 간극이 소거되었다거나 경계가 해체된다는 말은 수평적 구조를 지닌 플랫폼 안에서 이야기가 생산 · 소비됨을 의미한다. 물론, 이야기의 가치가 '의식 가치→전시 가치→공유 가치'로 변화했다고 해서 공유 가치 이전의 의식 가치나 전시 가치가 사라졌다고 할 수는 없다. 새로운 가치의 지평이 열리면서 이야기의 향유 방식이 더욱 입체적으로 변화했다고 이해해야 할 것이다.

그리고 이런 변화의 시기에 맞물려서 등장한 개념이 바로 스토리텔링이라고 할 수 있다. 디지털 언어를 기반에 둔 디지털 문화의 도래, 전시 가치를 넘어 공유 가치를 중시하는 새로운 예술 향유의 환경 등이 스토리텔링의 등장을 가능하게 만든 것이다. 그리고 우리나라에서는 한 가지 요소가 추가적으로 영향을 미치게 되는데, 그것은 바로 문화콘텐츠의 약진이다.

문화콘텐츠는 2001년에 정립된 용어라고 할 수 있다. 그 전까지는 '콘텐츠'와 '컨텐츠'라는 용어가 혼용되었으며, 개념 정의도 명확하게 이루어지지 않았다. 「2001 문화산업진흥 연차보고서」에서 콘텐츠를 문화적 관점에서 바라보기 시작했고, '문화산업진흥 2001년도 추진계획'의 하위 항목에 "주요 문화콘텐츠 산업 진흥거점 확충 및 지원체제 구축"을 삽입하면서 문화콘텐츠에 대한 개념이 구체화되기 시작했다. 그리고 문화콘텐츠진흥원 설립의 의지를 밝힌 '콘텐츠 코리아 비전 21'이 발표되면서 문화콘텐츠에 대한 관심이 전 사회적으로 높아졌다. 즉, 1990년대 후반부터 문화가 상품화가 가능한 대상으로 인식되기 시작하면서 문화콘텐츠나 디지털 콘텐츠와 같은 개념이 거론되기 시작했고, 2001년 한국문화콘텐츠진흥원, 2009년 한국콘텐츠진흥원이 발족하면서 국가적 차원에서의 관리와 지원이 이루어졌다. 이른바 문화콘텐츠 시대가 열린 것이다.

문화콘텐츠에 대한 정의는 '문화적 소재가 구체적으로 가공되어 매체에 체화된 무형의 결과물'로 내릴 수 있다. 문화적 소재에 주목하여 이를 콘텐츠에 체화하기 위해서는 모종의 전략이 요구되었는데 특히 문화적 소재를 '가공'할 때 이야기처럼 풀어 가는 방식에 대한 고민이 여러 방면에서 이루어졌다. 문화콘텐츠는 한 번 사용하고 이에 대한 가성비를 따지는 일반적인 재화와 다르게, 사용자가 문화콘텐츠를 통해 그 안의 이야기를 경험하고 느끼는 경험재 또는 감성재로서의 성격을 가지고 있다. 그래서 사용자는 자신이 처한 상황이나 환경에 따라 문화콘텐츠에서 얻을 수 있는 만족감이 달라질 수밖에 없다. 이런 이유로 문화콘텐츠는 문화적 소재를 가공하는 단계에서부터 사용자의 행동, 반응, 기대치 등의 상호작용을 염두에 두고 기획이 이루어져야 하며, 이는 문화적 소재를 이야기처럼 풀어 나가는 방법론에도 영향을 끼칠 수밖에 없다. 일방향적으로 이야기를 전달하는 것이 아니라 사용자와의 상호작용 속에서 이야기가 체화될 수 있게 유도해야 하는데, 이때 제기된 것이 바로 스토리텔링이었다.

이처럼 스토리텔링은 여러 복합적인 조건 속에서 탄생했다. 디지털 언어와 문화, 공유 가치, 문화콘텐츠라는 세 가지 요소가 이야기를 매개로 단속적으로 관계를 맺으며 스토리텔링이라는 개념이 등장하게 되었고, 오늘날 마치 '열병'처럼 사회 전 분야에 영향을 끼치며 부상하게 된 것이다. 물론 스토리텔링은 아직까지 완성된 형태가 아닌 지속적인 탐구의 대상이며, 그 영역도 점차 확장되고 있는 추세라고 할 수 있다.

스토리텔링의 개념과 원리

스토리텔링은 20세기에 만들어진 용어지만 구술 문화가 지배하던 시기의 '전통적 스토리텔링'까지 그 범주에 넣게 되면 상당히 오랜 역사를 가지고 있다고 해도 과언이 아니다. 더욱이 오늘날 스토리텔링을 적용하는 분야가 계속 확장되다 보니 연구자나 현장 전문가들 사이에서 스토리텔링은 합의된 개념으로 정립되지 못하고 있다. 스토리텔링에 대한 개념 정의는 항상 과도적이거나 유보적일 수밖에 없는 상황이다. 그래서 스토리텔링의 영역을 이분화해서, 학문적 관점에서는 '서사학'으로 보고 스토리의 1차 자료 발굴, 발굴된 자료의 리소스(resource)화 및 데이터 마이닝(data mining) 작업을 수행하고, 창작의 측면에서는 서사 예술 작품을 만드는 '제조업'으로 보고 발굴 · 가공된 자료를 활용하여 상품화하는 작업으로 보자는 의견도 개진되었다. 이분법적인 시각은 비교적 명확하게 용어를 규정할 수 있다는 장점이 있는 반면, 스토리텔링이라는 동일한 용어에 대한 학계와 현장의 인식 차이 그리고 그로 인해 발생하는 의미상의 괴리를 심화할 수 있다는 위험도 존재한다.

서사학과 제조업이라는 구분법보다 스토리텔링에 접근하는 더 효율적인 방식은 '스토리(story)'와 '담화(discourse)'의 관계를 설정하는 것이다. 이야기는 '서사'라고도 부르는데, 서사는 '스토리와 담화로 구성되는 사건들의 재현'이라는 의미를 가지기 때문이다.

스토리텔링의 개념과 정의

기본적으로 '텔링(telling)'이라는 행위는 이야기를 하는 '서술자의 행위'라고 할 수 있다. 이때 문제시되는 부분은 스토리가 담화 이전에 존재하는 것이냐, 아니면 담화를 통해 비로소 스토리가 인식될 수 있는 것이냐 하는 점이다. 스토리는 '사건 혹은 사건의 연속(행위)'이며, 담화가 '재현되고 있는 사건'을 의미한다고 했을 때, 전자는 이미 존재하는 스토리를 어떻게 재조직하는가와 같은 관심과 결부되며, 후자는 어떤 방식을 통해 스토리를 인식할 수 있는가라는 문제에 맞닿아 있다. 스토리가 언제나 담화에 의해서 중개되고 구성된다는 점에서, 스토리는 담화에 의해서만 포착될 수 있다는 관점이 우세하지만, 아직까지 둘 간의 선후 관계는 명료하게 결론을 내릴 수 있는 상황이 아니다.

두 관점 사이의 논쟁은 쉽게 해결되지 않는 성질의 것이지만, 오늘날 스토리텔링이 활용되는 양상을 살펴보면 담화가 스토리에 선행한다고 할 수 있다. 디지털 환경 속에서 이야기가 창출되는 과정은 기존의 이야기에서 새로운 이야기를 또다시 만들어 가는 역동성을 가지고 있기 때문이다. 스토리텔링이 적용된 가장 전통적인 방식인 'OSMU'만 보더라도 원(原) 소스가 되는 원 이야기를 기반에 두고 다양한 영역에서 활용하는 방식을 취하고 있다.

따라서 스토리텔링은 다음과 같은 과정을 거친다. 우선 원 이야기를 수용자가 접하게 된다. 수용자는 이 원 이야기에서 '재현되고 있는 사건' 즉 담화를 경험한다. 수용자는 담화를 통해 나름대로 사건을 정리하고 이를 시간 순서대로 배열하기도 하고 인과 관계에 따라 배치하면서 '사건 혹은 사건의 연속(행위)'인 스토리를 추출한다. 여기까지가 담화에서 스토리를 파악하는 스토리텔링의 첫 번째 단계라고 할 수 있다. 보통 수용자는 자신의 방식대로 이야기를 구성하는 사건을 인물별, 시간별, 공간별, 소재별 등으로 분석하기 때문에 이야기에 얼마나 집중하느냐에 따라, 또는 어떤 요소를 주된 분석틀로 사용하느냐에 따라 추출되는 스토리는 달라질 수 있다.

두 번째 단계는 스토리를 통해 새로운 담화를 창출하는 것이다. 원 이야기의 담화에서 정리한 스토리를 수용자의 관점에 따라 재조합해서 재현하는 것이다. 이때 수용자는 원 이야기에서 추출한 스토리뿐 아니라 머릿속에서 추상화되어 저장되어 있던 다른 이야기의 사건과 스토리를 함께 재조합할 수 있다. 그래서 이때 만들어진 담화는 원 이야기에서 접했던 담화와는 완전히 다른 서사적 양상을 띨 수 있다. 같은 논리로 새로운 담화에서 추출한 스토리는 원 이야기의 스토리와는 다를 수밖에 없다. 스토리와 담화의 관계 속에서 새로운 스토리가 창출되는 지점이다.

그래서 일단 스토리텔링은 다음과 같이 정리할 수 있다. 스토리텔링은 어떤 이야기의 담화에서 스토리를 추출하고, 그 스토리에서 새로운 담화를 생성하는 역동적인 과정이다. 이 과정에서 이야기의 생산자와 수용자는 서로 자리를 바꾸기도 하고, 수용자가 새로운 생산자가 되어 또 다른 수용자에게 이야기를 전달할 수도 있다. 하나의 스토리는 그 스토리를 경험하는 수용자에 따라 서로 다른 담화를 생성함으로써 끊임없이 스토리를 만들어 낸다.

여기서 한 가지 요소를 더 고민할 필요가 있다. 바로 '텔링'이다. 스토리텔링에서 텔링은 두 가지 층위에서 사용된다. 하나는 구술 언어를 매개로 '말하기'라는 표현 양식을 구체적으로 지칭할 때 텔링이라는 표현을 쓰며, 다른 하나는 '말하기'뿐 아니라 '노래하기(singing)', '쓰기(writing)', '행동하기(acting, doing)' 등을 통칭해서 '텔링'을 사용한다. 전자는 스토리를 전달하는 매체가 '말'이라는 점을 강조하는 것이고, 후자는 특정 매체를 강조하지 않고 스토리를 표현하는 방식의 대표 명사로 텔링을 활용하는 것이다. 인류의 역사에서 스토리를 전달하는 매체로 가장 오랫동안 보편적으로 사용했던 것이 '말'이었기 때문에 두잉, 액팅, 라이팅 등이 아닌 텔링을 대표성을 가지는 표현 양식으로 활용하는 것이다.

스토리텔링에서 텔링이 중요한 이유는 '매체' 때문이다. 세이무어 채트먼(Seymour Chatman)이 말했듯이, 담화가 생성되기 위해서는 반드시 매체를 통해 표현되는 과정을 거쳐야 한다. 매체란 인간이 세계와 사회를 인식하는 '매개'이며, 인간이 서로 관계를 형성하는 '체계'라고 할 수 있다. 그러나 오늘날에는 매체를 매개 수단으로 보지 않고 매체에 더 적극적인 의미를 부여하기도 하는데, 예컨대 마셜 매클루언(Marshal McLuhan)은 매체를 '메시지'로 해석한다. 매체가 메시지라는 매클루언의 발화는 매체가 하나의 형식이자 내용임을 보여 준다. 형식 없는 내용은 존재할 수 없다는 것으로, 표현 매체의 조건 자체가 표현 내용으로 이어진다는 것이다. "말은 쓴 것의 내용이고, 쓰인 것은 인쇄의 내용이고,

인쇄는 전보의 내용이다"라는 언급처럼 모든 매체의 내용을 이루고 있는 것은 언제나 또 다른 매체다.

그래서 이야기가 텔링되는 과정에서 매체가 가지는 특성에 따라 이야기 자체가 규제될 수 있다. 매체에 따른 텔링의 방식에 따라 담화가 다르게 생성된다는 것이다. 더욱이 신문, 잡지, 책 등과 같은 인쇄 출판 매체와 라디오, 텔레비전과 같은 전자 매체가 중심을 이루던 올드 미디어(old media)뿐 아니라 컴퓨터, 휴대 전화, 스마트폰과 같은 뉴 미디어(new media)가 등장하게 되면서 각 매체에 적합한 텔링의 방식도 다변화되기 시작했다.

따라서 스토리텔링은 다음과 같이 정의 내릴 수 있다. 스토리텔링은 담화에서 스토리를 추출하고 그 스토리에서 매체의 특성에 맞게 담화를 생성하는 역동적인 이야기 향유 방식이다. 이 구도를 단순화하면 '스토리를 매체를 통해 담화화하는 과정'이라고 할 수 있다.

스토리텔링의 과정에서 생산자와 소비자, 또는 이야기를 접하는 사용자의 참여 방식과 수준에 따라 리니어 스토리텔링(linear storytelling), 확장형 스토리텔링, 인터랙티브 스토리텔링(interactive storytelling)으로 유형화할 수 있고, 이야기를 통해 전달하고자 내용이나 목적에 따라 엔터테인먼트 스토리텔링(entertainment storytelling)과 인포메이션 스토리텔링(information storytelling)으로 분류할 수도 있다. 이야기가 어떻게 전달되고 그 과정에서 사용자가 어떤 역할을 담당하느냐에 따라 단선적 스토리텔링, 계층적 스토리텔링, 대화형 스토리텔링, 객체 지향적 스토리텔링으로 나눌 수도 있다. 오늘날 다양한 문화콘텐츠가 생산되면서 스토리텔링의 유형도 달라지고 있지만, 어떤 스토리텔링이든 특정한 매체적 환경 속에서 스토리를 담화화하는 과정은 공통적으로 발견된다.

표 4-2 스토리텔링의 유형과 특징

스토리텔링 유형	스토리의 특징
리니어 스토리텔링	선형적인 스토리
확장형 스토리텔링	하나의 뿌리에서 여러 가지를 뻗어 나가는 트리 구조의 스토리
인터랙티브 스토리텔링	사용자의 선택과 행동에 따라 형성되는 스토리
엔터테인먼트 스토리텔링	허구적인 이야기를 바탕으로 창조한 스토리
인포메이션 스토리텔링	특정한 정보나 지식을 이야기로 풀어 재창조한 스토리
단선적 스토리텔링	연속된 정보를 순차적 시간에 따라 구성한 스토리
계층적 스토리텔링	사용자가 원하는 정보에 비순차적으로 접근하는 스토리
대화형 스토리텔링	단계별로 구성한 정보를 여러 가지 경우의 수로 조합한 스토리
객체 지향적 스토리텔링	사용자의 참여와 의도에 따라 형성되는 새로운 스토리

스토리텔링의 유형화는 사용자와 매체, 스토리의 관계 속에서 여러 가지 방식으로 시도되고 있다. 다만, 오늘날의 스토리텔링은 '디지털 스토리텔링'과 '인터랙티브 스토리텔링'이 중심을 이루고 있다고 할 수 있다. 디지털 매체 환경 속에서 어떤 방식으로 이야기가 향유되는지, 또는 생산자와 소비자 사이의 상호 관계가 어떤 방식으로 스토리에 영향을 미치는지 등이 스토리텔링을 둘러싼 핵심 논의 사항이라고 할 수 있다.

스토리텔링의 원리와 세계관

더 나아가 오늘날에는 단일 매체 안에서 완료되는 단편적인 이야기뿐 아니라 하나의 매체 안에서 또는 매체의 경계를 넘어 이야기와 이야기가 하나의 세계관을 형성하고 그 안에서 자유롭게 결합되어 더 큰 이야기를 만들어 내는 스토리텔링 기법이 많이 활용되고 있다. 전자를 내러티브 확장이라고 부르고, 후자를 미디어 확장이라고 부른다.

내러티브 확장은 서로 다른 매체가 아닌 동일한 매체와 장르 안에서

표 4-3 내러티브 확장의 종류

구분	내용
프리퀄	본편 이전의 스토리. 전사(前史)
시퀄	본편 이후의 스토리. 후사(後史)
스핀오프	본편의 주인공 외 등장인물이 주역이 되어 펼치는 스토리
사이드 스토리	본편과 세계관을 공유하지만 전혀 별개의 스토리를 다룸

이야기의 확장이 일어나는 것을 의미한다. 전통적인 의미에서 내러티브 확장에는 시퀄(sequel), 프리퀄(prequel), 스핀오프(spin-off), 사이드 스토리(side story) 등이 있는데, 이때 중요한 것은 본편의 스토리가 존재한다는 것이다. 본편을 기준으로 시퀄은 본편의 다음 스토리를, 프리퀄은 본편의 이전 스토리를 다루며, 스핀오프는 본편의 주인공 외 등장인물이 주역이 되어 펼치는 스토리를, 사이드 스토리는 본편과 세계관을 공유할 뿐 전혀 별개의 스토리를 다룬다는 특징이 있다.

그러나 본편이라는 개념 없이 내러티브 확장이 일어나는 경우도 있는데, 와이랩(YLAB)의 웹툰 유니버스 '슈퍼스트링'이 대표적이다. '슈퍼스트링'은 2016년부터 〈웨스트우드 비브라토〉, 〈심연의 하늘〉, 〈테러맨〉, 〈부활남〉, 〈아일랜드〉, 〈신석기녀〉, 〈캉타우〉 등 18개의 웹툰 작품이 하나의 세계관 안에서 거대한 이야기를 만들어 가며 형성되고 있다.

물론, 이야기와 이야기의 결합은 주로 미디어 확장에서 나타난다. 미디어 확장은 하나의 매체에서 다른 매체로 스토리텔링이 확장되는 것을 의미한다. 마블 시네마틱 유니버스(MCU)의 작품들은 이미 미디어 확장의 대표적인 사례로 많이 알려져 있다. 만화, 영화, 드라마 시리즈, 애니메이션 등 수많은 매체를 통해 다양한 인물과 사건을 등장시킴으로써 점차 세계관을 확장해 나가고 있다. 작품 하나로도 완결성이 있지만, 여러

표 4-4 젠킨스의 트랜스미디어 스토리텔링의 원리

구분	내용
확산 가능성	콘텐츠의 내용이 다양한 미디어를 통해 확산되는 것
천공성	사용자들이 콘텐츠에 더 파고들 수 있도록 유도하는 것
연속성	스토리 구성 요소를 일관되게 유지하는 것
다수성	여러 스토리가 연속되면서도 일관된 영역에 놓이는 것
몰입	사용자를 콘텐츠 세계 속으로 불러들이는 것
추출 가능성	스토리가 사용자 일상에 개입될 가능성을 제시하는 것
세계 구축	콘텐츠와 연관된 가상 세계를 구축하는 것
연쇄성	하나의 스토리를 다양한 미디어로 선보이는 것
주관성	캐릭터가 독자적으로 활동 영역을 확대하는 것

매체의 작품을 함께 경험했을 때 단일 작품에서는 포착하지 못했던 이야기를 발견함으로써 사용자가 거대한 이야기 세계를 조우할 수 있게 유도한다. 이를 트랜스미디어 스토리텔링(transmedia storytelling)이라고 부른다.

트랜스미디어 스토리텔링은 미디어 스토리텔링 또는 매체 전환 스토리텔링의 중 하나다. 헨리 젠킨스(Henry Jenkins)에 의해 본격적으로 논의된 트랜스미디어 스토리텔링은 원작을 각색해서 다른 매체로 옮겨 놓는 크로스미디어 스토리텔링(crossmedia storytelling)과는 그 원리가 다르다.

젠킨스는 확산 가능성(spreadability), 천공성(drillability), 연속성(continuity), 다수성(multiplicity), 몰입(immersion), 추출 가능성(extractability), 세계 구축(worldbuilding), 연쇄성(seriality), 주관성(subjectivity)이 트랜스미디어 스토리텔링의 대표적인 원리라고 설명했다.

표 4-5 라이언의 트랜스미디어 스토리텔링의 원리

구분	내용
치환(transposition)	기존의 플롯을 다른 시간적 또는 공간적 배경으로 이동시키는 것
연장(extension)	기존의 이야기가 설정한 사실에 충실하면서 허구적 세계에 새로운 스토리를 더하는 것
수정(modification)	새로운 결말을 만들어 내는 등 기존 서사의 플롯을 변경시키는 것
매시업(mash-up) 또는 크로스오버(cross over)	다른 서사의 인물들을 같은 스토리 세계에 공존시키는 것
삽입(embedding)	하나의 스토리 세계가 가상으로서 다른 스토리 세계에 존재하는 것

하지만 '원리'라는 것은 고정불변의 원칙과는 다르다. 새로운 콘텐츠가 등장할 때마다 기존의 원리로는 포착하기 힘든 새로운 트랜스미디어 스토리텔링의 양상이 나타날 수 있기 때문이다.

예컨대, 마리로르 라이언(Marie-Laure Ryan)은 젠킨스와 다르게 트랜스미디어 스토리텔링을 확장(expansion), 수정(modification), 치환(transposition), 인용(quotation)이라는 네 가지 원리로 설명하다가 이후에 치환(transposition), 연장(extension), 수정(modification), 매시업(mash-up) 또는 크로스오버(cross over), 삽입(embedding)이라는 다섯 가지 원리로 수정하기도 했다.

이처럼 트랜스미디어 스토리텔링의 전략은 정해진 원칙이 있는 것은 아니지만, 스토리텔링의 과정에서 '세계관'을 중요시한다는 점에서 공통적인 모습을 보인다. 세계관은 특정 콘텐츠를 형성하는 배경 설정을 의미하는 것으로 본래 TRPG(table-top role playing game)를 다루는 일본의 서브컬처(subculture)계에서 사용하던 용어가 한국으로 건너와 정착된 것이다. 이와 유사하게 영어권에서는 유니버스(universe)라는 용어를 사용한다. 세계관은 시간적이고 공간적인 배경은 물론이거니와 인종적

특성과 문화, 세계의 법칙 등을 모두 포괄한다. 따라서 튼튼한 세계관의 구축은 다양한 콘텐츠로의 활용 과정에서 가장 중요한 전제 조건이 된다.

세계관은 기본적으로 새로운 스토리의 창출 과정을 유도한다. 라이언은 세계관이 세계성(Worldness)을 갖추어야 한다고 주장했다. 세계성이 형성되기 위해서는 세 가지 조건이 필요한데, 그것은 논리적으로 일관되고, 상상력을 자극할 만큼 충분히 크고, 완전한 것이어야 한다. 이를 거리(distance), 규모(size), 완전성(completeness)이라고 부르는데, 이 세 가지 조건을 통해 구축된 세계성은 경험하는 것을 충족시키는 정신적 재현을 가능하게 만든다. 세계성 안에서 텍스트는 서사성을 가질 수 있게 되며, 그것이 세계성의 대표적인 기능이다. 세계성은 내러티브 확장이나 미디어 확장 과정에서 다수의 스토리 사이에서 높은 관계성을 형성한다.

세계성의 또 하나의 기능은 이야기를 접하는 사용자의 몰입을 유지시켜 준다는 것이다. 이야기 안에서 환상적인 요소나 비현실적인 설정은 실제 세계와 분명한 거리가 있다. 그러나 이런 환상이나 비현실은 세계성이 구축되면 충분히 상상 가능하며 내적으로 일관된 논리를 만들게 된다. 이야기의 세계가 구조적으로 논리적 결함을 낳더라도 그 모순은 특정한 영역에서만 제한된다. 그리고 그런 논리적 허점은 이야기 세계 전체를 오염시키지 못한다. 사용자는 논리적 허점을 눈감아 주고 일반적인 추론 과정을 통해 나머지 스토리를 경험해 간다. 세계성이 허용하는 한 이런 종류의 모순은 '세계관'과 사용자의 '몰입'을 양립할 수 있게 한다.

이처럼 최근에는 스토리텔링에서 세계관 구축과 세계성 확립이 가장 중요한 화두로 떠오르고 있다. 본래 스토리텔링에서는 캐릭터를 중심으로 스토리를 이끌어 내는 것이 일반적이었다. 월트 디즈니 컴퍼니가 오늘날까지 거대한 콘텐츠 왕국을 구축할 수 있었던 이유 또한 미키 마우스와 도널드 덕을 중심으로 한 자사의 인기 캐릭터들이 있었기 때문이다. 이런 캐릭터의 인기를 바탕으로 월트 디즈니 컴퍼니는 방대한 범주의 프랜차이즈 사업을 전개하며 이야기 세계를 확장해 나갔다. 그러나 오늘날 트랜스미디어 스토리텔링이 일반화되면서 '캐릭터 관리' 못지않게 '세계관과 스토리 관리'가 중요한 영향을 미치게 되었다. 캐릭터 중심에서 세계관 중심으로 스토리텔링의 무게 중심이 이동하고 있는 것이다.

스토리텔링의 역설과 실천적 가능성

스토리텔링은 세계성을 확보한 세계관에서 스토리를 확장해 나가며 거대한 이야기 세계를 구축하는 방향으로 활용되고 있다. 그런데 세계관은 콘텐츠의 배경 설정이기 때문에 세계관을 통한 스토리의 창출은 어떤 특정 콘텐츠나 산업 분야에 국한되지 않고 다양하게 진행되고 있다. 협상, 연설, 리더십, 브랜딩 등 일상적인 혹은 실용적인 층위의 담화들에서도 스토리텔링이 적극적으로 활용되고 있는 것이다. 스토리텔링은 이제 이야기를 만들어 대중을 사로잡고자 하는 정치, 경제, 경영, 마케팅, 문화산업 분야의 효과적인 감성 유혹 장치로 기능하고 있다.

그런데 스토리텔링이 다방면에서 활용되면서 점차 스토리텔링은 뮈토스라는 지식을 확립하고 전달하는 이야기로서의 정체성보다 문화콘텐츠의 창작 기술 내지 전략으로서의 성격에 더 가까워지고 있다. 스토리텔링이 기술적 차원에 국한됨으로써 이야기를 존재가 아닌 기법으로 낮추고 이야기의 실용성과 상업성에만 주목하게 된다는 비판에서 자유로워질 수 없게 된 것이다. 창작 도구로서의 스토리텔링은 이야기의 사회문화적 함의에 대해 말하거나 지식과 가치를 제시할 수 있는 힘을 잃어버리게 된다.

특히, 스토리텔링이 다양한 매체를 통해 구현된다는 점에서 이런 문제점은 더 심각해진다. 매체는 기존의 담화를 무분별하게 수용자에게 주입하는 경향이 있기 때문이다. 매클루언은 "모든 미디어는 부주의한 사람들에게 기성 개념을 주입해 버리는 힘을 갖고 있다"고 표현하기까지 했다. 사람들은 자신들이 주체적으로 이야기한다고 하지만, 사실 그 이야기는 사회의 지배력에 예속된, 더 나아가 오히려 개개인을 억압하는 이야기일 가능성이 있다.

스토리텔링이 의미가 있는 것은 내러티브적 지식(뮈토스)이 과학적 지식(로고스)을 대체하고 이질적인 작은 이야기들의 놀이가 거대 서사의 정당화 담론이 붕괴된 자리를 점유할 수 있게 해 주기 때문이다. 스토리텔링은 새롭게 등장한 디지털 매체에 의존하면서도 매체가 수용자를 지배하려는 일방향적 담화에서 벗어나는 힘을 산출해야 한다. 즉, 지배적 이야기에 대항해 '다른 이야기'를 말하고 이를 통해 공감의 유대를 확장해 나감으로써 개인과 개인을 둘러싼 사회를 변화시켜 나갈 수 있는 힘을 스토리텔링을 통해 확보해야 한다는 것이다. 스토리텔링의 실천적 가능성은 여기에서 비롯되며, 스토리텔링의 궁극적인 지향도 이와 무관할 수 없다.

스토리텔링의 시대는 권위적 전문가에 의해 전달되는 억압적 담화가 아니라 무수한 개인들의 삶에서 상연된 이야기가 활력을 얻고, 자기 목소리를 지니지 못하고 괄호 속에 숨겨졌던 다수의 주체가 자기 이야기를 말하는 능력을 복원하는 시대다. 내러티브 확장과 매체 확장의 방법론, 매체를 전환하며 이야기를 확장해 나가는 트랜스미디어 스토리텔링의 원리를 이해하는 것도 중요하지만, 스토리텔링을 통해 오늘날의 이야기 향유 방식과 매체의 특징을 올바르게 파악함으로써 스토리텔링이 하나의 도구로 전락되지 않도록 유의해야 할 것이다.

생각해 볼 문제

1. 오늘날 지역문화콘텐츠 개발을 위해 스토리텔링이 많이 활용되고 있다. 자신이 활동하고 있는 지역에서 스토리텔링의 원 소스로 활용할 수 있는 대표적인 이야기가 무엇인지 찾아보고 어떻게 스토리텔링을 할 수 있을지 생각해 보자.
2. 매체에 따라 스토리가 담화화되는 방식이 달라질 수 있다. 같은 이야기지만 매체에 따라 다르게 표현된 문화콘텐츠를 찾아보고 왜 그런 차이가 발생하게 되었는지 매체의 관점에서 생각해 보자.
3. 내러티브 확장과 미디어 확장을 확인할 수 있는 콘텐츠를 사례로 들고, 그것이 어떤 방식으로 세계관을 공유하고 이야기를 확장하고 있는지 생각해 보자.
4. 트랜스미디어 스토리텔링을 통해 구축된 문화콘텐츠를 대상으로 삼아서 젠킨스와 라이언이 정리한 스토리텔링의 원리 중 어떤 것이 적용되어 있는지 생각해 보자.
5. 매체가 기존의 담화를 수용자에게 무분별하게 주입하고 있는 사례를 찾아보고, 어떤 스토리텔링을 통해 그런 일방향적인 담화를 극복할 수 있을지 생각해 보자.

참고문헌

고려대학교 아세아문제연구소 육당전집편찬위원회 편(1973). 조선역사통속강화 개제. 『六堂 崔南善全集』 2. 현암사.

김광욱(2008). 스토리텔링 개념. ≪겨레어문학≫ 41. 겨레어문학회.

류은영(2009). 내러티브와 스토리텔링: 문학에서 문화콘텐츠로, ≪인문콘텐츠≫ 14. 인문콘텐츠학회.

매체철학연구회(2005). 『매체철학의 이해』. 인간사랑.

박기수 · 안숭범 · 이동은 · 한혜원(2012), 문화콘텐츠 스토리텔링의 현황과 전망. ≪인문콘텐츠≫ 27. 인문콘텐츠학회.

박진(2013). 스토리텔링 연구의 동향과 사회문화적 실천의 가능성. ≪어문학≫ 122. 한국어문학회.

발터 베냐민, 반성완 편역(1983). 『발터 베냐민의 문예이론』. 민음사.

서성은(2018). 트랜스미디어 스토리텔링의 캐릭터 구축 전략 연구 -영화 <신과함께> 시리즈를 중심으로. ≪인문콘텐츠≫ 51. 인문콘텐츠학회.

송효섭(2008). 구조, 그 모자람과 넘침: 프로프와 레비스트로스 설화학의 대립적 관점. ≪기호학연구≫ 24. 한국기호학회.

송효섭(2009). 『해체의 설화학』. 서강대학교 출판부.

송효섭(2010). 스토리텔링의 서사학. ≪시학과 언어학≫ 18. 시학과언어학회.

이지영(2018). 『BTS 예술혁명: 방탄소년단과 들뢰즈가 만나다』. 파레시아.

태지호(2016). 문화콘텐츠 연구 방법론의 토대에 대한 모색. ≪인문콘텐츠≫ 41. 인문콘텐츠학회.

Abbott, H. P.(2002). *The Cambridge Introduction to Narrative.* Cambridge University Press. 우찬제 외 옮김(2010). 『서사학 강의: 이야기에 대한 모든 것』. 문학과지성사.

Chatman, S.(1978). *Story and discourse: narrative structure in fiction and film.* Cornell University Press. 홍재범 옮김(2019). 『이야기와 담화』. 호모루덴스.

Harari, Y.(2015). *Sapiens: a brief history of humankind.* Harper. 조현욱 옮김(2015). 『사피엔스』. 김영사.

Lincoln, B.(1999). *Theorizing Myth: Narrative, Ideology, and Scholarship.* The University of Chicago Press. 김윤성 · 최화선 · 홍윤희 옮김(2009). 『신화

이론화하기: 서사, 이데올로기, 학문』. 이학사.

Ryan, M-L.(2013). Transmedial Storytelling and Transfictionality. *Poetics Today* 34:3.

Ryan, M-L.(2019). From Possible Worlds to Storyworlds: One the Worldness of Narrative Representation. ed. Alice Bell & Marie-Laure Ryan. *Possible Worlds Theory and Contemporary Narratology*. University of Nebraska Press.

Salmon. C.(2008). *Storytelling: La machine à fabriquer des histoires et à formater les esprits*. La Découverte. 류은영 옮김(2010). 『스토리텔링: 이야기를 만들어 정신을 포맷하는 장치』. 현실문화.

05

문화콘텐츠는 체험과 공감이다

전기 조명 시대에도 양초는 팔린다

19세기 말 토머스 에디슨(Thomas Edison)이 백열전구를 상용화한 이래 전기를 이용한 조명 기술은 나날이 발전해 왔다. 에너지 소모를 획기적으로 줄인 LED 조명이 등장했고 개인의 스마트폰으로 방 안의 조명 밝기를 조절하는 기능도 보편화되었다. 그러나 전기 조명 이전에 주로 사용되던 양초의 판매량은 크게 줄지 않았다. 미국의 양초 제조업체들은 매년 2조 원 정도의 판매고를 올리고 있다. 첨단 기술이 속속 등장하는 시대에 왜 양초의 인기는 식지 않는 것일까. 촛불을 켠다는 것은 감성을 자극하는 행위이며, 단순한 체험이 아닌 의미 있는 경험을 유발하기 때문이다.

촛불을 밝힌 저녁식사 자리는 형광등이나 LED 조명을 켤 때보다 훨씬 로맨틱하다고 느끼는 것이 인간의 감성이다. 특히 화재 사고 발생 위험에도 불구하고 분위기를 조성하느라 방 안 가득 촛불을 켜 놓고 프로포즈를 하는 습관은 사라지지 않고 있다.

체험 경제의 시대

체험(experience)이라는 용어가 주목을 받고 있다. 신체적 경험을 통한 새로운 지식의 습득 방식을 가리키는 체험은 문화콘텐츠 분야의 주요 화두로 떠오르기 시작했다. 이제는 디지털 기술이라는 온라인 요소, 관광산업이라는 오프라인 요소와 다각적으로 결합하면서 소비자들의 마음을 움직이는 효과적인 방법으로 주목을 받고 있다.

체험과 경험의 구분

인간은 살면서 수많은 행위를 한다. 걷고 뛰고 먹고 말하며, 기대고 끌어안고 소리치고 부딪치며, 바라보고 쓰다듬고 읽고 눕는다. 육체적 행위는 감각을 통해 강렬한 자극을 유발한다. 한참을 앉아 있다가 일어나서 적당한 속도로 걸으면 근육이 움직이며 몸이 가뿐해지지만, 먼 거리를 달리면 호흡이 가빠지고 심장박동이 빨라지면서 피로가 몰려온다. 밝은 빛은 눈을 찡그리게 하고, 특이한 소리는 귀를 기울이게 하며, 부드러운 천은 나도 모르게 손으로 쓰다듬게 된다. 신체감각은 감성 또는 감정을 유발해서 기분을 바꿔 놓고 생각에도 영향을 준다. 달콤한 음식을 먹으면 행복한 기분이 들고, 잘못한 벌로 매를 맞으면 고통과 함께 불행함이 느껴진다.

이렇듯 행위에서 감각으로 또 감성으로 이어지는 과정을 가리켜 '체험'이라 한다. 체험은 직접 겪어 보는 행위를 가리키는 말이지만 이것이 반복되고 누적되면 '경험'으로 발전해서 일종의 지식으로 작용한다. 영어권에서는 이 모두를 '익스피어리언스(experience)'라고 통칭해서 사용한다. 라틴어 어원은 시도(peritus)로부터(ex) 얻어낸 것을 가리킨다. 의문에 직접 부딪혀서 답을 알아내려는 시도와 실험 그 자체가 지식의 원천이 된다는 뜻이다. 반면에 독일어에서는 체험과 경험을 서로 구분한다. 시각, 청각, 후각, 미각, 촉각 등 신체감각을 통해 감정이나 감성이 유발되는 일을 에얼레브니스(Erlebnis), 즉 체험이라 부르는데, 이 체험이 반복되고 누적되어 마침내 체화된 지식으로 발전하는 현상을 에어파룽(Erfahrung), 즉 경험이라 한다.

우리말에서도 체험과 경험은 의미가 약간 다르다. 체험은 직접적으로 겪어 보는 행위와 과정 그 자체를 가리키지만, 경험은 실제 체험을 통해 지식이나 깨달음을 얻는 경우에 사용한다. 우유를 이용해서 치즈를 직접 만들어 보는 것은 '체험 학습'이라 하고, 온갖 사건을 겪으며 연륜과 노하우가 쌓인 사람은 '인생 경험'이 풍부하다고 말한다. 관광이나 레포츠처럼 신체감각을 동원하는 분야는 '체험 산업'이라 부르는 반면에, 제품이나 웹사이트의 사용이 의미 있는 기억이 되도록 유도하는 요소는 '사용자 경험'이라 한다.

체험과 경험을 구분하는 이유는 '의미'를 부여하기 위해서다. 별다른 중요성을 가지지 못하던 단순한 신체 행위도 감각을 거쳐 의미 있는 감성을 유발할 때는 체험이라 불린다. 체험이 경험으로 발전해 개인의 지식으로 작용할 때는 '의미 있는 경험'이라는 표현을 사용한다. 체험과 경험을 통해 의미가 만들어지고 강조되는 과정은 인간의 생활과 삶에 특별한 순간이 된다. 영국의 정신과 의사 로널드 랭(Ronald Laing)은 인간을 '경험의 총체'로 규정했다. 경험이 쌓이면 결국 개인적인 변화와 전환이 일어나게 되고 자신과 주변 세계에 대한 관점까지 바꿔놓는다. 다시 말해 중요한 체험을 겪기 전의 상태와 그 이후의 상태는 분명히 다르다는 것이다.

특이한 체험이나 잊을 수 없는 경험을 겪은 사람은 그 사건에 더 크고 깊은 의미를 부여하게 마련이다. 문화콘텐츠 분야에서 체험과 경험이 주목을 받는 이유가 여기에 있다. 알버르트 보스베이크(Albert Boswijk)는 긍정적인 감정을 불러일으키는 체험이 '의미 있는' 또는 '잊을 수 없는' 경험이 되는 과정을 통해 경제적 부가가치가 창출된다고 보았다. 체험 이전과 이후의 상태가 확연히 다른 콘텐츠가 있다면 소비자는 긍정적인 평가를 내릴 것이고 그만큼 인기를 끌면서 부가 가치 창출에도 유리해진다. 체험 경제(experience economy) 또는 체험 산업(experience industry)이 각광을 받는 것도 이런 파급력 때문이다.

경험재 개념의 등장

체험 경제 개념은 1970년 필립 넬슨(Philip Nelson)의 연구에서 출발했다. 인간 욕망의 물질적 수단을 재화(goods)라 부르며, 경제학에서는 재화의 종류를 구분할 때 '-재'라는 단어를 붙인다. 사회 구성원 모두가 혜택을 누리면 공공재, 특정한 개인만 소유할 수 있으면 사유재라 한다. 오래도록 반복해서 사용할 수 있으면 내구재, 한 번 쓰면 없어지는 경우는 단용재가 된다. 욕망 충족을 위한 직접적 · 최종적인 소비에 쓰이면 소비재, 이를 생산하는 과정의 기반이 되는 토지와 노동은 생산재, 생산의 중간 산물로 쓰이는 인프라나 설비는 자본재라 부른다.

넬슨은 소비자가 가지는 정보를 기준으로 새로운 개념의 재화를 고안해 냈다. 소비자는 가격이나 품질 등 상품의 특성을 알아내기 위해 여러 정보를 수집하는데, 구매하기 전부터 상품의 특성을 분명히 알 수 있다면 탐색재(search goods)라 부를 수 있다. 반면에 구입을 한 후에 직접적으로 경험을 해봐야 비로소 상품의 특성을 알게 된다면 경험재(experience goods)에 해당된다. 탐색재에 해당하는 의류, 스포츠용품, 가구 등은 구매를 결정하기 전에 기능을 테스트함으로써 상품의 특성을 분명히 인식할 수 있다. 그러나 음식, 음료, 약품 등의 경험재는 돈을 지불하고 구매를 한 이후에야 품질을 파악할 수 있다.

넬슨은 탐색재와 경험재를 비교해 다음과 같은 결론을 도출했다. 첫째, 경험재는 탐색재보다 독점 가능성이 높다. 둘째, 경험재는 탐색재에 비해 타인의 추천에 큰 영향을 받는다. 셋째, 경험재는 탐색재와는 다르게 유사 업체들이 가까이 모여야 전체 매출이 상승하는 집적(clustering)의 효과가 크지 않다. 결국 경험재는 소비자가 얻을 수 있는 정보의 양과 정확도에 따라 가치 판단이 달라질 수밖에 없다. 탐색재는 기능에 비해 가격이 낮을 때 판매량이 늘어나지만 경험재는 상품에 대한 정보가 별로 없는 상황에서 가격이 낮을 경우에 오히려 의심을 불러일으키기 쉽다. 그만큼 상품이나 기업의 신뢰가 중요하다.

체험 콘텐츠가 만든 새로운 시장

넬슨의 아이디어는 1998년 B. 조지프 파인 2세(B. Joseph Pine II)와 제임스 길모어(James H. Gilmore)의 기고문에 의해 본격적인 파급력을 갖게 됐다. 기존의 경제학에서는 가치 창출에 따른 상품의 가격 상승을 원자재(범용품), 재화(제조품), 서비스의 3단계로 구분했다. 원자재의 가격보다는 이를 이용해 만들어 낸 재화의 가격이 높으며, 재화에 관련된 서비스를 제공함으로써 그 가격을 더욱 높일 수 있다.

그런데 파인과 길모어는 이보다 더 높은 가치를 창출해 내는 제4의 단계로 '체험'을 제시하면서 "체험 경제의 시대가 왔다"고 주장했다. 원자재(범용품)가 대체 가능한 상품이고 재화(제조품)가 유형의 상품이라면 서비스는 무형의 상품이라 할 수 있다. 서비스보다 발전한 체험은 '기억할 만한 상품'이라는 새로운 범주의 특징을 가진다. 참고로 'experience'라는 동일한 표현을 사용했지만 넬슨의 개념은 '경험재'로 번역되는 반면에 파인과 길모어의 아이디어는 '체험 경제'로 소개되었다.

커피의 사례를 통해 체험 경제를 살펴보자. 원자재(범용품)인 커피 생두는 한 컵 가득 담아도 가격이 1~2센트에 불과하다. 말리고 볶고 갈아서 포장해 재화(제조품)로 판매하면 비슷한 무게가 5~25센트로 가격이 높아진다. 이 상품을 이용해 뜨거운 커피를 만들고 잔에 담아 적당한 장

그림 5-1 경제적 가치의 발전

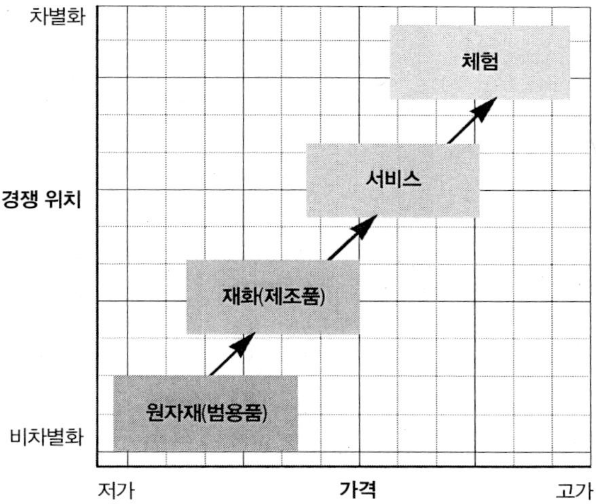

출처: Pine, J. Jr. & Gilmore, J. H., 1998, p.97.

소에서 제공하는 서비스는 50센트에서 1달러의 가치를 창출한다. 여기서 한 단계 더 나아가 고급 호텔의 커피숍이나 유명 관광지의 노천카페에서 커피를 마시면 5달러에서 15달러까지 비용을 지불 한다. 어떤 단계에서 소비하느냐에 따라 수십 배에서 수백 배에 달하는 가격 변동이 발생하는 셈이다.

체험 경제의 시대에는 남들과 차별화되는 색다른 체험만으로 예전에는 상상도 못할 가치를 창출한다. 프랑스 파리에는 수많은 카페가 있지만 그중에서도 철학자 커플 장폴 사르트르(Jean-Paul Sartre)와 시몬 드 보부아르(Simone de Beauvoir)가 자주 찾아 특히 유명해진 두 곳이 있다. 이들은 레 되 마고(Les Deux Magots)와 카페 드 플로르(Café De Flore)인데, 평범한 카페에서 1~2유로에 마실 수 있는 커피 한 잔이 여기

그림 5-2 파리의 유명 카페 '레 되 마고'

출처: 위키피디아.

서는 4～5유로를 넘는다. 커피라는 상품의 품질보다는 유명한 카페에 들렀다는 체험 욕구를 충족시킨 가격이다. 만약에 유명 배우 조지 클루니나 인기가수 설현이 직접 커피를 뽑아 들고 와서 5분 동안 함께 마시며 대화를 나누는 카페가 있다면 커피 한 잔에 얼마까지 지불할 수 있을까. 잊지 못할 경험을 만들어 주는 만큼 상품의 가격도 천정부지로 높아질 것이다.

상품이 아닌 체험에 돈을 낸다

대다수의 문화콘텐츠는 경험재의 특성을 가진다. 경험재는 직접 체험해 보기 전까지는 상품의 가격과 품질의 관계를 판단하기 어렵다. 서적, 음반, 방송, 영화 등은 미리 돈을 내고 구매 계약을 맺어야만 체험해 볼 수 있다. 책을 살 때는 다 읽고 나서 돈을 지불하는 것이 아니라 우선 돈을 내서 내 것으로 만들어야만 내용이 충실한지 알아볼 권리가 부여된다. 영화를 보고 나서 가격을 매기는 것이 아니고 입소문만 믿고 티켓을 구매해야만 입장해서 감상하고 재미있는지를 판단할 수 있다. 드라마나 예능 등의 방송 프로그램은 전체 분량이 공개되지도 않았는데 미리 판매 계약이 체결된다.

경험재의 특성이 강한 분야에서는 똑같은 상품을 대량으로 판매하는 제조업과 달리 소비자를 만족시키는 체험의 여부가 핵심 매력으로 작용한다. 예를 들어 대형 마트에서는 시식 코너를 운영하면서 공짜로 음식을 나눠 준다. 비슷한 품질과 가격대의 수많은 식재료들이 나란히 진열되어 있어서 직접 먹어 보기 전까지는 어느 것이 나은지 결정하기 어렵기 때문이다. 일단 맛을 보고 마음에 들면 가격이 비싸도 주저 없이 선택한다. 체험을 이용하면 가격의 장벽도 뛰어넘을 수 있다. 대표적인 체험 산업이라 할 관광 분야에서는 동일한 지역을 방문하는데도 여행사마다 프로그램마다 가격이 다르다. 어떤 체험과 경험을 제공하느냐에 따라 수만 원에서 수백만 원까지 가격 폭이 차이난다.

기술의 발달은 원자재를 재화로 탈바꿈시켰지만, 서비스가 탄생하고 체험 요소가 주목을 받는 것은 감성의 영역이다. 체험은 상품이나 제품처럼 정적인 가치를 지니지 않고 주변 상황이나 사회적 맥락에 따라 동적인 양상을 보인다. 신체 행위를 통해 사람과 대상 또는 주변 환경 간에 상호작용이 활발해지고 긍정적인 기분이 유발된다면 새로운 시장이 형성될 수도, 전통적인 산업이 지속될 수도 있다.

체험 경제에 의해 새로운 시장이 형성된 예로 생일파티 관련 산업을 꼽을 수 있다. 1950년대까지만 해도 미국에서는 부모님이 밀가루, 계란, 설탕으로 직접 케이크를 만들어 파티를 벌였다. 이때는 개당 10~20센트의 원자재 차원의 수요만 존재했다. 그런데 1960년대와 1970년대에는 설명서의 지시대로 따라 하기만 하면 만들 수 있도록 1~2달러짜리 케이크믹스를 만들어 파는 기업이 등장했다. 이들은 원자재를 판매하는 기업보다 이윤의 폭이 컸다. 1980년대가 되자 직접 만들기보다 제과점과 제빵점에 전화를 걸어 주문하는 집이 늘어났다. 케이크 가격은 10~20달러로 원자재에 비해 이미 100배의 가격대가 형성되었다. 지금은 생일 파티 자체를 준비하고 진행해 주는 업체들이 등장했다. 비용은 100~200달러로 원자재의 1000배에 달한다. 그런데도 체험 경제의 규모와 종류는 줄어들 기미가 보이지 않는다. 체험 요소는 원자재, 상품, 서비스의 가격 상승을 뛰어넘을 만큼 큰 가치를 창출해 낸다. 문화콘텐츠도 경험재로서 특별한 체험을 제공할수록 기존 산업과는 차원이 다른 시장을 창출할 수 있다.

콘텐츠 체험 요소의 강화

체험 마케팅이 본격적인 효력을 발휘하려면 체험이 의미 있는 경험으로 자리 잡아야 한다. 의미 있는 경험은 그 이전과 이후의 심리 상태를 서로 달라지게 한다. 유명 관광지에 가서 분위기를 느껴 본 사람의 정서는 직접 가 보지 못한 사람과 확연히 차별되기 때문에 세계적인 불황에도 관광 산업은 성장 그래프를 그린다. 평소 먹는 음식보다 훨씬 비싼 가격을 내고 줄을 길게 서더라도 맛집을 꼭 방문하는 이유도 마찬가지다. 체험 요소를 이용하는 콘텐츠는 반드시 체험 이전의 상태와 이후의 상태가 완전히 달라지도록 자극할 필요가 있다.

체험 이전과 이후의 심리 상태 변화

체험을 기점으로 해서 그 이전과 이후의 심리 상태가 확연히 구별될수록 강렬한 체험 또는 의미 있는 경험이라 부른다. 콘텐츠 체험이 소비자의 심리 상태를 변화시키는 메커니즘은 이야기 속 주인공의 변화를 추적하는 서사학적 분석과 일맥상통한다. 이를 이용하면 체험 요소를 강화시키는 방법을 찾아내는 데 도움이 된다.

구조주의에서 출발한 서사기호학(narrative semiotics)에서는 이야기 속 주인공이 처한 최초 상태(initial state)와 결말 부분의 최후 상태(final state)가 대립적인 하나의 쌍을 구성할 때 서사물의 조건이 성립하다고 판단한다. 예를 들어 결핍 상태에서 출발한 주인공은 이야기가 진행되면서 여러 경험을 하고 결말에 가서는 해소 상태에 도달한다. 부족 상태에서 출발했다면 충족 상태가 완성되어야 이야기가 종료되는 것이다. 물론 비극 장르에서는 해소와 충족에 도달하지 못하지만, 최후 상태를 가상으로 상정해야만 미완의 안타까움이 커지면서 카타르시스 효과가 극대화된다는 점에서 크게 다르지 않다.

기호학자 알기르다스 그레마스(Algirdas Greimas)는 이야기가 진행되는 동안 주인공의 상태가 여러 단계의 변화를 거치며 최초 상태에서 최후 상태로 이동하는 통시적인 과정을 '서사 도식(narrative schema)'으로 정리했다. 최초 상태의 주인공은 여러 차례의 시련(test)를 겪으며 처음과는 정반대가 되는 최후 상태로 나아간다. 콘텐츠 체험에서도 소비자를 마냥 편안하게 유지시킬 것이 아니라 가벼운 시련을 겪게 하는 편이 효과적이다. 체험에 도전하는 사람을 처음에는 부드럽게 대했다가 1차 시련에서는 점차 낯선 환경에 노출시키고, 2차 시련에서는 단계별로 극복 가능한 정도의 상황을 제시해서 적극성을 유도하며, 3차 시련에서는 몰입을 강화하는 동시에 약간 어려운 과제를 부여함으로써 최종 통과의 쾌감을 느끼게 하는 식이다. 그러면 처음에는 낯설고 서먹해하던 콘텐츠에 대해 호감과 애착이 생기면서 체험 이전과 이후의 심리 상태가 정반대로 바뀐다.

그림 5-3 최초 상태에서 최후 상태로 옮겨 가는 서사 도식

조력 요소의 강화를 통한 효과적 체험 기획

서사 도식은 시간 순에 의한 통시적 진행을 표시하는데, 이를 순서가 아닌 공시적인 구조로 전환시킨 것이 '행위소 모델(actantial model)'이다. 이야기 속에서 여러 등장인물이나 등장 요소들은 각각 고유한 기능(function)을 발휘한다. 주인공에게 임무를 부여하는 사람, 주인공을 따라다니며 도와주는 캐릭터, 주인공의 앞길을 막고 훼방을 놓는 요소 등이다. 그레마스는 이들 각 요소를 행위소(actant)라 불렀으며, 이야기를 구조를 '발신자-수신자', '주체-대상', '조력자-적대자'의 3개 축을 이루는 6개 행위소로 압축했다(그림 5-4 참조).

첫째로, 발신자(sender)-수신자(receiver)의 행위소 축은 핵심 메시지를 전달하고 이를 접하게 되는 관계다. 대상의 중요성을 강조하거나 제안하는 인물은 발신자가 되며 이 메시지를 전달받은 사람을 수신자라 한다. 신데렐라 이야기를 예로 들면 왕실이라는 발신자는 궁중 연회라는 핵심 사건을 준비하고 이를 전국에 알린다. 소식을 들은 나라 안팎의 인물 전부는 수신자가 된다. 그러나 소식을 들었다고 해서 모두가 연회에 참석하는 것은 아니다. 평민이라서 참가 자격이 없는 사람도 있고, 신데렐라처럼 귀족인데도 상황 때문에 참가하지 못하는 경우도 있다.

둘째로, 주체(subject)-대상(object)의 행위소 축은 이야기의 본격적 진행을 드러낸다. 수신자 중에서 핵심 사건에 대해 관심을 가지고 의지력을 발휘하는 사람은 능동성과 적극성을 가진 주체로 변모한다. 주체가 손에 넣고자 하는 대상은 이야기가 진행되는 동안 주인공의 핵심적인 변

그림 5-4 행위소 모델의 3개 축 6개 행위소

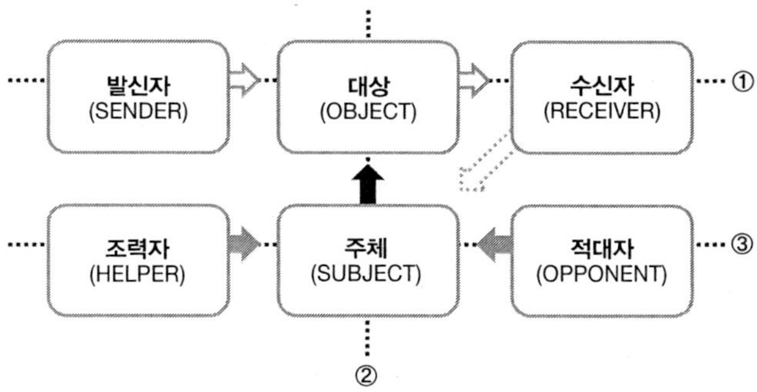

화를 유발한다. 대상은 단순한 사건, 물건, 사람이 아니라 특별한 가치(value)를 내재하며 이를 깨닫는 사람만이 수신자에서 주체로 변모할 수 있다. 신데렐라가 연회 참가를 포기했다면 수신자에 머물렀겠지만, 방법을 찾아내 궁전을 찾아간 덕분에 왕자를 만나 결혼할 수 있었다. 신데렐라는 아버지라는 가족을 잃었기 때문에 자신의 의지할 만한 새로운 가족을 찾아야 했고, 그런 절실함 덕분에 왕자의 짝을 찾는 연회에 참석하는 의지력을 발휘했다.

셋째로, 조력자(helper)-적대자(opponent)의 행위소 축은 주인공이 주체로서 대상을 획득하거나 추구하는 과정을 도와주거나 가로막는다. 신데렐라의 연회 참석을 위해 옷을 만들고 마차를 마련해 준 요정과 동물들이 조력자이고, 참석하지 못하게 하기 위해 고된 일을 시키고 불가능한 과제를 내려 준 계모와 언니들이 적대자다.

행위소 모델을 특정 콘텐츠의 체험 마케팅에 적용해 보자. '발신자'는 기업, '수신자'는 잠재 소비자가 되며 '대상'은 체험 콘텐츠를 의미한다. 잠재 소비자 중에서 콘텐츠의 가치를 알아보고 능동적 구매 행위를 실행

그림 5-5 체험 콘텐츠의 행위소 모델

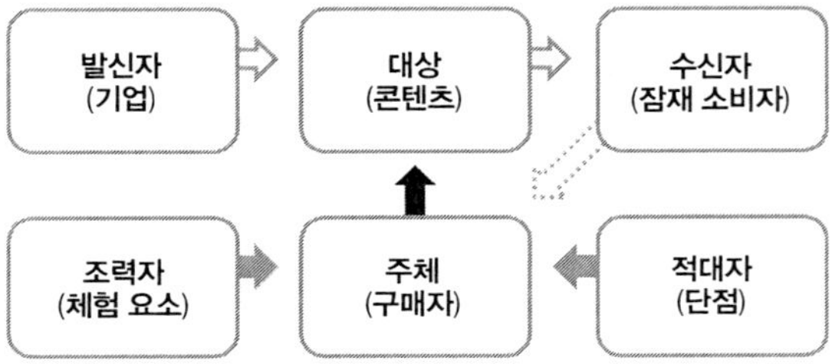

하는 경우가 있다면 '주체'로 간주할 수 있다. 홍보, 광고, 마케팅 등의 행위와 체험 요소의 강점들은 '조력자'로 작용해 소비자의 구매 행위를 촉진하며 이에 반대되는 단점 요소들은 '적대자'로서 콘텐츠 매출을 저하시킨다. 그런데 수동적 수신자 상태에 있는 잠재 소비자를 능동적 주체 상태인 콘텐츠 구매자로 변화시키려면 체험 콘텐츠라는 대상 자체가 굉장한 경험을 제공해야 한다. 체험 효과를 극대화시킬 수 있는 조력자 요소를 정교하고 강렬하게 기획함으로써 단점을 잊게 만드는 것이 중요하다.

콘텐츠의 성공을 위해서는 대상을 손에 넣었을 때 얼마나 큰 기쁨과 즐거움을 줄 수 있는지 소비자가 분명히 인식하게 만들어야 한다. 체험 콘텐츠의 경우에는 해당 체험의 이전 상태와 이후 상태가 완전히 다르다는 점을 강조해야 한다. 이야기 속 주인공이 목표를 달성할 때 독자가 즐거움을 느끼듯이 현실의 소비자 또한 자신이 콘텐츠를 직접 체험해야만 의미 있는 경험이라는 핵심 가치를 획득할 수 있음을 적극적으로 부각시켜야 한다.

이를 위해서는 최초 상태에서 최후 상태로 진행하는 동안 여러 차례의 체험을 통해 자연스러운 상태 변화를 이끌어내는 것이 바람직하다. 콘텐츠를 처음 접한다면 시식, 시음, 시운전 등의 시도를 통해 경계심을 풀게

하고, 구매를 통해 본격적인 체험을 할 경우 지금까지와는 완전히 다른 세계로 옮겨가는 듯한 기대감을 불러일으켜야 한다.

출시 이후 단계에서의 조력 요소 강화

문화콘텐츠를 만들어 내는 제작 과정은 흔히 3단계의 프로덕션에 따라 구분한다. 영화와 드라마 등 영상 콘텐츠 제작에서 유래한 이 구분법은 '제작 전 단계(pre-production)', '제작 본 단계(main-production)', '제작 후 단계(post-production)'로 나뉜다. 전 단계에서는 기획, 설계, 투자, 캐스팅 등의 작업이 이루어지고 본 단계에서는 실제 촬영이 진행된다. 후 단계는 촬영을 마친 뒤 시작되는 편집 작업을 주로 가리키는데, 작품 완성 이후의 배급, 홍보, 마케팅도 포함된다.

지금까지 문화콘텐츠학은 제작자의 입장에서 더 많은 부가가치를 창출하는 것을 목표로 삼았다. 그러나 체험은 온전히 소비자의 영역이므로 제작 후 단계 중에서도 완성된 콘텐츠를 시장에 내놓는 출시(launching) 이후의 단계들을 자세히 들여다볼 필요가 있다. 콘텐츠가 제작자의 손을 떠나는 순간 소비자의 냉철한 판단 앞에 서기 때문이다.

출시 이후의 콘텐츠는 크게 세 가지 조건을 조력자 요소로 설정해 강화시켜야 성공에 가까워진다. 첫째는 발견성(discoverability)이다. 비슷한 콘텐츠가 수없이 쏟아지는 상황에서 어떻게 소비자들의 눈에 띌 것인지를 고민하기 위한 개념이다. 2012년 프랑크푸르트국제도서전에서 본격적으로 제기되어 주목을 받았다. 책은 지난 수천 년 동안 정보와 지식을 담는 매체로 군림해 왔다. 그러나 현대는 풍요와 과잉의 시대다. 인터넷의 보편화와 스마트폰의 보급으로 인해 언제 어디서나 손쉽게 정보를 접하고 지식을 얻는다. 출판 시장의 경쟁도 그만큼 치열해졌다. 우리나라에서만 매월 3000종의 서적이 출간되는 상황에서 소비자들에게 발견되지 않는 콘텐츠는 살아남기 어렵다. 중요한 또는 특이한 것들을 선별해서 보여 주는 콘텐츠 큐레이션(content curation) 기법이 주목받기 시작한 것도 발견성을 높이기 위해서다.

둘째는 사용성(usability)이다. 직관적인 디자인을 통해 사용법을 명쾌하게 제시하는지 판단하기 위한 개념이다. 컴퓨터 분야에서는 소비자를 사용자(user)라 지칭하는데 이들 대부분은 제작자인 프로그래머에 비해 하드웨어와 소프트웨어에 대한 지식이 부족하다. 조금이라도 애매한 부분이 있으면 사용자들은 쉽게 혼란을 느끼고 마치 장벽에 부딪힌 듯 우왕좌왕하게 된다. 사용성이 높은 콘텐츠는 직관적인 구성과 진행을 통해 진입 장벽을 낮춰서 소비자들이 부담 없이 제품을 구매하고 이용하도록 도와준다.

셋째는 쾌적성(amenity)이다. 콘텐츠를 소비하고 즐기는 행위가 긍정적인 감정 상태를 유발하는지 점검하는 개념이다. 대표적인 체험산업으로 꼽히는 관광 분야에서는 발견성과 사용성 이외에도 쾌적성이 소비자 판단의 핵심 조건이 된다. 유명 관광지라 하더라도 방문객이 너무 많거나 식당 종업원이 불친절하거나 숙소의 화장실이 지저분하면 다시 가기가 꺼려진다. 적정 수준의 또는 그 이상의 쾌적성을 제공한다면 콘텐츠가 가진 매력을 전달하는 데 큰 도움이 된다.

체험 요소는 소비자들의 감정을 긍정적으로 전환시키는 역할을 한다. 콘텐츠를 출시한 이후 소비자가 겪게 될 발견성, 사용성, 쾌적성의 3단계에서 불편함이나 당황스러움을 초래하면 구매를 꺼리거나 부정적 평가를 내리기 쉽다. 이들 세 개 조력자 요소를 강화시키는 것이 수동적 수신자 상태인 잠재 소비자가 능동적 주체 상태인 실제 구매자로 변모해서 핵심 대상인 콘텐츠 체험에 적극적으로 뛰어들게 만드는 방법이다.

그림 5-6 관심, 공감, 몰입, 동일시로 이어지는 심리 변화

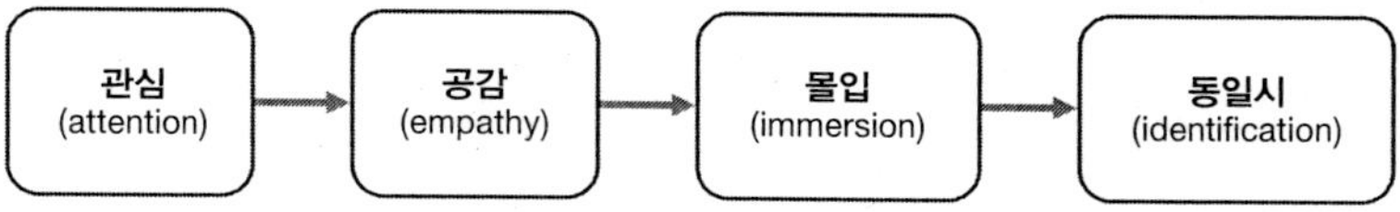

문화콘텐츠는 공감이다

체험 요소는 행위나 감각이 특정한 감정을 유발할 때 본격적으로 효력을 발휘하기 시작한다. 리처드 래저러스(Richard Lazarus)와 버니스 래저러스(Bernice Lazarus)가 주장한 것처럼 감정은 개인의 산물이다. 개인적인 연관성이 없는 콘텐츠에는 심리적인 연쇄반응이 일어나기 어렵다. 바꿔 말하면 소비자는 자신과 밀접한 관련이 있어 보이는 콘텐츠에 적극적으로 반응한다는 의미다. 어떤 식으로든 '자기 자신과의 관련성'이 있을 때 콘텐츠나 이야기를 즐기고 빠져든다. 콘텐츠 체험을 통해 긍정적 정서를 유발하는 과정에서 중요하게 작용하는 것이 '공감'이다. 문화콘텐츠의 성공 비결을 이해하려면 미디어심리학의 관점에서 이용자들의 공감 현상을 분석할 필요가 있다.

공감하는 인간, 호모 엠파티쿠스

공감은 인간이 가진 본능 중의 하나다. 공감을 통해 우리는 타인의 처지를 이해하고 나의 느낌을 상대방에게 전달할 수 있다. 동정(sympathy)은 나와 남이 서로 다르다는 전제를 깔고 있는 데 비해서 공감(empathy)은 나와 남이 근본적으로 같은 처지에 놓일 수 있음을 인정한다. 진화의 시각에서 보면 인간은 공감 능력 덕분에 사회의 규모를 확장시키고 복잡한 인프라를 유지할 수 있었다. 사회학자 제러미 리프킨(Jeremy Rifkin)은 공감이 사회적 유대를 강화시키는 접착제 역할을 해 왔다며 인간을 호

모 엠파티쿠스(Homo empathicus), 즉 공감의 존재로 규정했다. 생물학자 파울 에를리히(Paul Ehrlich)와 심리학자 로버트 온스타인(Robert Ornstein)은 국가라는 유사 가족의 거대한 상상 공동체를 탄생시키고 동일한 문화적 규범 안에 있는 사람들을 하나로 묶는 힘으로 공감을 지목했다.

심리학자 허버트 랭펠드(Herbert Langfeld)에 따르면 공감은 "타인의 감정적 상황과 자신의 감정적 상황이 완전히 일치되는 것"으로 정의할 수 있다. 공감이라는 용어는 독일 철학자 로베르트 피셔(Robert Vischer)가 1872년 처음 사용한 독일어 명사 '아인퓔룽(Einfülung)'에서 유래했다. 동사형 '아인퓔렌(einfülen)'은 ein, 즉 '내부'와 fülen 즉 '느낀다'가 결합된 단어로서 '타인의 마음 안으로 들어가서 함께 느낀다'는 의미를 함축하고 있다. 미학적인 대상을 감상할 때 주체의 마음속에서 유발되는 기분과 심리를 가리키는 개념이다. 그리스어로는 엠(em), 즉 내부와 파토스(pathos), 즉 열정을 결합해 '엠파테이아(empatheia)'라 표기하는데 이를 영어로 변환한 것이 엠퍼시(empathy), 즉 공감이다. 한자어로도 공감은 함께(共) 느낀다(感)는 뜻을 지니며 '감정이입'으로 바꿔 부르기도 한다.

사회심리학자 마크 데이비스(Mark Davis)는 공감을 '인지적 공감'과 '정서적 공감'으로 구분했다. 다른 사람의 심리적인 관점이나 태도를 자발적으로 받아들이는 행위나 책, 영화, 희극 등의 허구적인 인물의 느낌이나 행동에 자신을 상상 속에서 결합시키는 행위는 인지적 공감에 속한다. 타자지향적인 동정을 느끼고 불행한 타인에 대해 관심을 갖는 경향이나 다른 사람의 불행이나 고통을 보면 마음이 불편해지고 고통스러워지는 경향 그리고 정서적 공감에 속한다. 문화콘텐츠를 처음 접해서 정보와 서사를 받아들일 때는 이야기 속 등장인물들의 관점을 취해서 당시의 상황을 상상해 보는 인지적 공감의 수준에 머무른다. 그러나 공감의 정도가 깊어질수록 등장인물들의 상황에 적극적으로 관심을 보이고 마음의 고통을 느끼는 정서적 공감의 수준에까지 도달한다. 인지적 공감에서 정서적 공감으로 발달할수록 수용자의 몰입도가 높아지며 결국에는 공감을 지나 동일시 현상에까지 이르게 된다. 스토리 장르를 중심으로 한 문화콘텐츠의 파급력 뒤에는 공감이라는 핵심 효과가 자리하고 있다.

공감과 동일시를 유도하는 문화콘텐츠

사람들은 시공간을 초월해 서로 연결되고 싶어 하며 또 공유하고 싶어 한다. 미디어의 연결로 인해 인류는 다양한 문화를 즐겨왔다. 인류의 진화 과정에서 그림, 연극, 문학, 음악, 춤, 게임 등 재미와 즐거움을 주는 장르는 지금까지도 살아남아 문화콘텐츠라는 이름으로 불리고 있다. 사진과 영상을 디지털 파일로 복제 전송해 방 안에서 편하게 감상하는 시대가 도래했지만, 한자리에 모여서 영상을 보며 다함께 울고 웃는 극장 시스템과 영화 장르는 여전히 강력한 문화적 파급력을 가진다. 자신이 좋아하는 가수의 콘서트를 감상하거나 선호하는 팀의 스포츠 경기를 응원할 때도 다 같이 모여 환호성을 지르며 감정을 교류한다.

문화와 콘텐츠를 감상하고 체험하는 동안에는 단순히 즐기는 상태를 넘어서 몰입을 통해 심취되는 단계에까지 이르기도 한다. 특히 드라마나 영화처럼 실제 일어날 가능성이 높은 이야기로 꾸며지는 콘텐츠 장르는 타당성, 과장, 극화 등이 작용해 사람들의 감정을 더 쉽게 건드린다. 다양한 이야기 장르를 통해 사람들은 자신의 상황을 투사하거나 특정 인물에 몰입해서 자신이 극 중의 사건을 직접 경험하는 느낌을 받기도 한다. 자신이 동일시하는 극 중 인물이 그동안 원하던 것을 마침내 성취했을 때는 대리 만족을 느끼기도 한다. 드라마나 영화 속의 인물에 공감하고 감정이입을 해서 함께 기뻐하고 분노하기도 한다.

감정이입과 동일시가 심해지면 수용자는 자신이 이야기 속 등장인물이라 생각하게 된다. 등장인물이 처한 상황을 자신의 상황으로 인식하면서 감정적인 동화가 일어난다. 이런 생각이 심해지면 유명 가수나 배우와 특별한 관계가 되기를 바라는 '연애 망상(erotomania)' 증상이 나타난다. 우리말로는 이 현상을 처음 연구한 프랑스 심리학자 가에탕 드 클레랑보(Gaëtan de Clérambault)의 이름을 따 '드클레랑보 증후군'이라 불리기도 한다. 기본적으로는 팬덤(fandom)에 기반한 일종의 동일시 욕구에 속하기에 콘텐츠의 성공을 좌우하는 동력이 된다. 대부분의 상품은 소비자의 관심을 불러일으키는 것을 우선 목적으로 한다. 문화콘텐츠는 스토리텔링이라는 효과적 방법 덕분을 이용해 한 발 더 나아가 공감을 불러일으키고 몰입을 유발한다. 최종적으로는 소비자들이 콘텐츠 또는 콘텐츠 스토리와 동일시해서 지속적인 팬덤을 형성하고 장기적인 충성을 유발한다.

비극 콘텐츠의 공감 활용

공감 현상을 일으키는 콘텐츠는 이용자에게 긍정적인 정서를 유발하고 동일시를 일으킴으로써 단기적으로는 만족감을 주고 장기적으로는 충성도를 높인다. 공감 중에서도 큰 효력을 발휘하는 것은 감정을 극대화시키는 희극(comedy)과 비극(tragedy)의 콘텐츠다. 희극은 유쾌하고 긍정적인 감정을 직접적으로 불러일으키는 반면에, 비극은 부정적인 감정을 유발하는 바람에 피해야 하는 것으로 인식되기 쉽다. 그러나 카타르시스 작용을 통해 강렬한 정서를 불러일으킨다는 점에서 비극 콘텐츠 또한 제작자가 관심을 가질 만하다.

카타르시스를 유발하는 비극

공감과 동일시라는 현상이 재미와 즐거움을 느낄 때만 발생하는 것은 아니다. 희극이 웃음을 유발하고 밝은 표정을 유도하는 것은 맞지만, 긍정적인 심리 상태를 만들 수 있는 유일한 방법은 아니다. 비극도 희극과 유사한 효과를 낼 수 있다.

스토리텔링과 관련된 격언으로 "장애물이 생길 때 이야기가 시작되고, 장애물이 사라지면 이야기도 끝이 난다"는 말이 있다. 이야기 속의 장애물은 이야기 바깥의 독자들에게 고난, 슬픔, 안쓰러움을 유발한다. 주인공이 장애물을 뛰어넘어 마침내 성공해 해피엔딩에 다다를 때 독자가 쾌감을 느끼는 것도 일종의 비극적 요소를 활용한 장치라 할 수 있다. 또한 주인공이 장애물을 극복하지 못하고 비참한 결말을 맞이할 때도 독자는 깊은 상심에 빠졌다가 다시 감정을 회복하는 과정에서 일종의 정화 작용을 겪는다.

이렇게 타인의 비극과 고통을 함께 느끼고 체험하는 것도 엄연한 문화콘텐츠가 된다. 아리스토텔레스가 쓴 '시학(Poetics)' 연작도 희극을 다루기 이전에 비극의 작용 원리부터 설명한다. 비극을 소재로 한 문학작품과 영상 콘텐츠는 카타르시스(catharsis)라 불리는 심리 현상을 유발한다. 아리스토텔레스는 비극 장르가 연민과 공포를 불러일으킴으로써 감정의 카타르시스를 유도한다고 분석했다. 비극은 공감으로 시작되어 동일시까지에 다다른 수용자의 몰입 상태에 파국적 결말을 제시하기 때문이다.

감정의 활성화에 의한 카타르시스 작용

카타르시스에 의한 감정의 전환은 제임스 러셀(James A. Russell)이 제안한 감정의 구분을 이용해 설명할 수 있다. 사람이 느끼는 여러 감정을 유쾌-불쾌의 가로축과 활성-비활성의 세로축을 교차시켜 4개 사분면으로

그림 5-7 러셀의 감정의 4분면

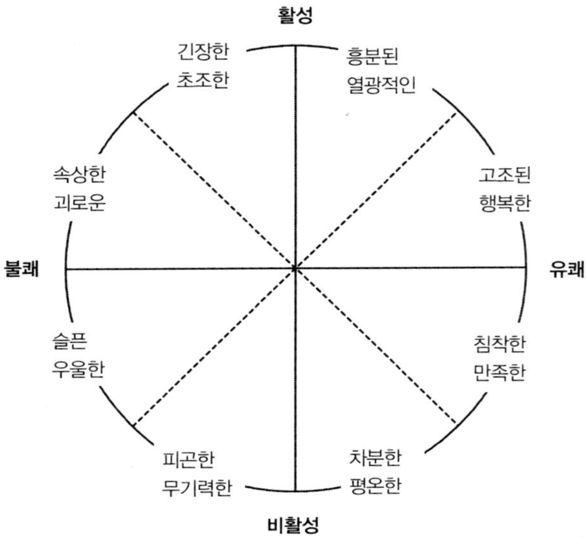

출처: Russel, 2003, p.148.

나누어 배치한다. 유쾌의 수치가 강할수록 긍정적인 감정이 유발되며 활성의 수치가 강할수록 강렬한 감정이 일어난다.

유쾌한 감정이 활발한 '유쾌-활성 영역'에는 흥분, 열정, 흥겨움, 행복 등의 감정이 위치하며, 불쾌한 감정이 활발한 '불쾌-활성 영역'에는 긴장, 불안, 혼란, 괴로움이 위치한다. 유쾌한 감정이 들지만 활발하지는 않은 상태인 '유쾌-비활성 영역'에는 평안, 만족, 느긋함, 차분함이 위치하고, 불쾌한 감정이 들지만 활발하지는 않은 '불쾌-비활성 영역'에는 슬픔, 우울, 피곤, 무기력이 위치한다.

비극을 감상하면 불쾌-비활성 영역에 있던 슬픔이 활성화되면서 혼란과 긴장으로 변화하다가, 결국에는 유쾌의 영역인 흥분과 열정으로 전환되면서 카타르시스 작용이 일어난다. 감정을 적극적으로 활성화함으로써 상태의 전환을 이루는 것이다. 슬픈 영화를 보며 눈물을 흘리는 체험 이후에는 기분이 우울해지기보다 오히려 개운해지게 마련이다. 특히 주인공의 안타까운 처지에 공감할수록 동일시가 강해지면서 콘텐츠에 대한 애착도 함께 높아진다.

비극 콘텐츠를 체험할 때 오히려 긍정적 정서가 유발되는 것은 프리츠 하이더(Fritz Heider)가 '균형 이론(balance theory)'으로 설명한 바 있다. 심리적으로 긴장한 상태에서는 편안한 상태로 회복하려는 본능이 있기 때문에 불균형이 느껴지면 해당 요소에 변화를 줌으로써 균형 상태를 되찾으려 한다. 예를 들어, 콘텐츠의 스토리 진행에서 갈등이 극에 달할수록 불균형 상태의 서스펜스가 강해져 시청자들은 안타까운 감정을 느끼게 된다. 동시에 드라마의 갈등 구조가 해결되면 시청자의 불균형 상태가 균형 상태로 돌아가면서 더 강한 카타르시스를 느끼고 즐거움도 그만큼 커진다.

안전한 비극을 이용한 다크 투어리즘

슬픔을 유발하는 부정적인 문화콘텐츠를 경험함으로써 긍정적인 정서를 획득하려는 인간 심리의 아이러니에 대해 골든버그 등(Goldenberg et al.)은 영화 장르가 위협적이지 않고 안전한 환경 속에서 공포와 마주할 기회를 제공하기 때문에 두려움을 주는 영화나 비극적인 소설이 호소력을 갖는다고 분석했다. 가와카미 아이(川上愛)의 슬픈 음악 실험을 통해 이해의 실마리를 찾을 수 있다. 일본에서 실시된 이 실험에서 음악가와 일반인이 섞인 44명의 자원자를 모집해 슬픈 음악과 즐거운 음악을 들려주었다. 감상 후 피실험자들은 다양한 감정이 나열된 단어 목록을 보고 '음악에 대한 느낌'과 '자신의 감정 상태'를 표현하는 단어를 하나씩 골랐다. 슬픈 음악을 들었을 때는 기분이 나빠지지 않고 오히려 좋아져서 비

그림 5-8 다크 투어리즘의 비극 스펙트럼

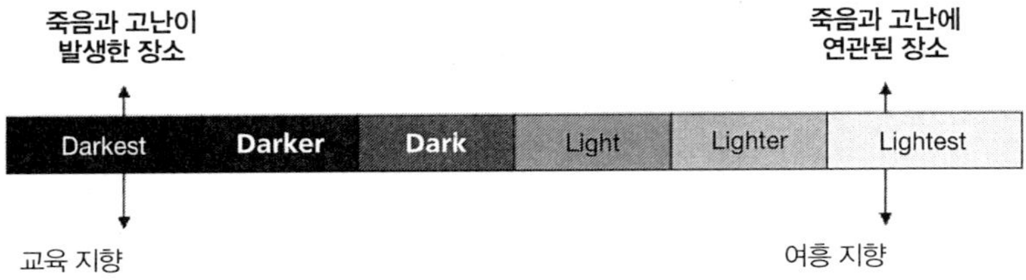

그림 5-9 다크 투어리즘 대상지의 콘텐츠 스펙트럼 재구성

극적 감정이 낮아지는 것으로 관찰되었다. 고양된 감정은 그대로였지만 낭만적인 감정과 평온한 감정은 오히려 높아졌다. 음악적인 훈련을 전혀 받지 못한 일반인들도 동일한 카타르시스 효과가 나타났다. 음악이 나타내는 비극은 내가 현실에서 직접 겪지 않기 때문에 긍정적인 정서가 유발되는 것이다.

이런 '안전한 위험'을 이용한 체험 콘텐츠가 다크 투어리즘(dark tourism)이다. 다크 투어리즘 개념을 최초로 제안한 존 레넌(John Lennon)과 맬컴 폴리(Malcom Foley)는 "죽음이나 재난과 관련된 장소를 회상, 교육, 그리고 엔터테인먼트의 목적으로 방문하는 것"으로 정의했다. '다크 투어' 또는 '비극 답사'로 불리기도 하는 다크 투어리즘은 현재 위험한 지역을 방문하는 것이 아니라 과거에는 비극이 발생했지만 지금은 안전해진 곳을 찾아가는 행위다. 다크 투어리즘을 통해 공감과 동일시 효과를 극대화하려면, 관람자가 안전한 상태에서 타인의 비극을 가상으로 체험해야 한다. 실제로 위험이 발생할 수 있는 지역을 방문하는 것은 공감이 아닌 공포심을 키울 뿐이다.

안전한 위험을 체험하는 다크 투어리즘이 언제나 심각한 소재만을 다루는 것은 아니다. 윌리엄 마일스(William Miles)는 실제 죽음의 현장이 된 '더 어두운(darker)' 장소가 있고 간접적으로 비극과 연관된 '더 밝은(lighter)' 장소가 있다고 분석했다. 필립 스톤(Philip Stone)은 이를 발전시켜 다크 투어리즘의 스펙트럼을 '가장 어두운(darkest)' 대상지에서 '가장 밝은(lightest)' 대상지까지 총 6단계로 구분했다.

비극적인 역사와 이야기가 담긴 장소라면 어디든 다크 투어리즘의 대상지가 될 수 있다. 비극을 연상시키는 약간의 연결점만으로도 공감과 카타르시스의 작용이 발생하기 때문에 반드시 죽음과 재난의 현장일 필요는 없다. 비극을 직접적으로 다루는 장소들은 '어두운' 대상지가 될 만하다. 죽음을 직접적으로 연결시키는 묘지와 위령비 등 추모지는 '가장 어두운' 대상지이고, 비극의 역사가 담겨 있으나 이외의 사건들도 함께 겪은 역사 유적은 '더 어두운' 대상지에 속하며, 비극을 한 섹션으로 취급하는 뮤지엄이 있다면 '보통 어두운' 대상지가 된다.

반면에 콘텐츠화한 곳은 '밝은' 대상지가 된다. 당시의 비극적 상황을 체험하도록 장치를 마련해 놓은 체험관은 '보통 밝은' 대상지에 속하고, 이를 스토리텔링 방식의 공연으로 보여 주면 '더 밝은' 대상지가 되며, 웃고 즐길 수 있는 테마파크 등을 조성하면 '가장 밝은' 대상지가 된다. 유의할 것은 발생한 지 얼마 되지 않은 비극은 밝은 대상지에 포함시킬 경우 사회적인 반론을 유발할 가능성이 있다는 점이다. 반면에 오래전의 역사적 사건들은 밝은 측면의 콘텐츠화를 통해 지역 활성화의 수단으로 사용할 수 있다.

생각해 볼 문제

1. 원자재, 제품, 서비스의 단계를 지나 체험 경제 개념을 통해 더 높은 부가가치를 창출한 콘텐츠는 무엇이 있을까? 소비자들은 체험에 얼마나 많은 비용을 지불할 수 있을까?
2. 체험 이전과 체험 이후가 확실히 구별되려면 콘텐츠가 이용자들에게 잊을 수 없는 인상을 남겨야 한다. 최신 기술을 이용해서 시선을 사로잡고 강렬한 기억을 심어 주는 방법은 무엇이 있을까?
3. 비극 콘텐츠는 공감을 카타르시스로 전환시켜 흡인력을 발휘한다. 그렇다면 희극은 어떠한 방법으로 이용자들에게 만족감을 주는 것일까?
4. 공감을 극대화시켜 몰입과 동일시를 유발하는 문화콘텐츠 또는 스토리텔링 사례로는 무엇이 있을까?
5. 다크 투어리즘은 비극을 관광의 대상으로 삼는다는 비판을 받을 우려가 있다. 그렇다면 우리나라의 여러 지역 중에서 '더 밝은' 또는 '가장 밝은' 다크 투어리즘 대상지로 선정할 수 있는 장소는 어디가 있을까?

참고문헌

김우성(2012). 『브랜드와 고객체험』. 이담북스.

나은영(2016). 『미디어심리학』. 한나래.

박성희(2004). 『공감학』. 학지사.

박인철(2003). 『파리 학파의 기호학』. 민음사.

송희영·배은석·임동욱(2015). 「문화콘텐츠를 통한 비극적 지역사의 다크 투어리즘 활용 전략-프랑스 방데를 중심으로」. ≪예술경영연구≫, 34. 181~207.

Boswijk, A., Peelen, E., & Olthof, S.(2012). *Economy of experiences.* European Centre for the Experience Economy.

Ehrlich, P. R. & Ornstein, R.(2010). *Humanity on a tightrope: Thoughts on empathy, family, and big changes for a viable future.* 고기탁 옮김(2012). 『공감의 진화』. 에이도스.

Pine, J. Jr. & Gilmore, J. H.(1998). Welcome to the experience economy. *Harvard Business Review, 76*(6), 97~105.

Pine, J. Jr.(1999). *The experience economy: Work is theatre & every business a stage.* 김미옥 옮김(2010). 『체험의 경제학』. 21세기북스.

Kawakami, A., Furukawa, K., Katahira, K., & Okanoya, K.(2013). Sad music induces pleasant emotion. *Frontiers in Psychology, 4*(311), 1~15.

Lennon, J. & Foley, M.(2000). *Dark tourism.* Cengage Learning EMEA.

Nelson, P. (1970). Information and consumer behavior. *The Journal of Political Economy, 78*(2). 311~329.

Richard S. Lazarus, R. S. & Lazarus, B. N.(1996). *Passion and reason: Making sense of our emotions.* 정영목 옮김(2013). 『감정과 이성』, 문예출판사.

Rifkin, J.(2009). *The empathic civilization: The race to global consciousness in a world in crisis.* 이경남 옮김(2010). 『공감의 시대』. 민음사.

Russell, J. A.(2003). Core affect and the psychological constrution of emotion. *Psychological Review, 110*(1), 145~172.

Schmitt, B. H.(1999). *Experiential marketing-How to get customers to sense, feel, think, act, and relate to your company and brands.*
윤경구·신원학·금은영(2013). 『번 슈미트의 체험 마케팅』. 김앤김북스.

Stone, P. R.(2006). A dark tourism spectrum: Towards a typology of death and macabre related tourist sites, attractions and exhibitions. *Tourism, 54*(2). 145～160.

Sundbo, J. & Sørensen, F.(2013). *Handbook on the experience economy.* Edward Elgar Pub.

06

문화콘텐츠는 기획이다

철저한 기획의 산물 K-pop 아이돌

K-pop에 대한 세계적인 호응이 지속되고 있다. K-pop의 국제적인 위상을 증명이라도 하듯 2020년 방탄소년단과 블랙핑크의 노래들이 빌보드 차트 1위에 오르기도 했다. 이 외에도 많은 가수와 그룹이 K-pop의 세계적 호응을 이끌고 있다. 심지어 국내보다 해외에서 더 높은 인지도와 인기를 누리는 가수와 엔터테이너도 등장하고 있다.

한때 댄스 음악을 중심으로 활동하는 한국의 아이돌은 일본 아이돌의 아류나 따라 하기로 인식되고, 부족한 가창력을 립싱크로 무마하거나, 몸매나 섹시 댄스와 같은 말초적인 성적 매력으로만 호소하는 다소 저급한 볼거리로 치부되기도 했다.

하지만 지금의 K-pop 아이돌은 세계적으로 많은 인기를 누리며, 산업적으로도 크게 성장했다. 노래와 춤, 메시지로도 인정받고 있다.

K-pop 아이돌의 성장 배경에는 한국 엔터테인먼트 회사들의 기획과, 기획을 바탕으로 한 훈련, 기획의 실행이 자리하고 있다. '칼군무'라고 일컫는 자로 잰 듯이 일치하는 안무는 이런 기획과 훈련을 보여 주는 상징적인 사례다.

아이돌 양성 시스템을 갖춘 기획사는 철저한 시장 조사와 분석을 거쳐 엔터테이너를 양성한다. 선발부터 콘셉트, 안무, 노래, 의상, 인성과 태도, 그룹 안에서 담당할 역할, 홍보 · 마케팅 전략, 음원 출시 시기와 데뷔 시기, 활동 매체까지 거의 모든 것을 기획하고 그에 따라서 훈련하고 수행한 결과가 지금의 K-pop이라고 할 수 있다.

기획의 역사

용어의 역사: 기획(企劃), 계획(計劃)

문화콘텐츠 기획에 다가가기 위해 '기획'이나 '계획'이라는 용어가 과거에는 어떻게 사용되었는지 잠시 살펴보자. 특정한 용어의 등장은 그 용어가 담고 있는 개념이 생겨났음을 나타낸다. 그리고 그 개념의 등장은 시대의 변화와 필요성을 반영하기 때문에 용어 사용의 역사적 흔적을 파악하면서 그 용어의 등장 배경과 개념에 '문화적으로' 접근할 수 있다.

과거에 특정한 용어가 사용된 용법은 고문헌을 통해 추적해 볼 수 있다. 우리나라에는 유네스코 세계 기록 유산으로 등재되어 있는 『조선왕조실록』이라는 찬란한 기록 유산이 있다. 『조선왕조실록』은 한글로 완역되었고, 누구나 웹사이트에 접속해 쉽게 찾아볼 수 있도록 제공되고 있다. 충실한 데이터베이스 작업 덕택에 『조선왕조실록』과 국립중앙도서관의 검색을 통해 '기획'과 '계획'의 사용 예를 어렵지 않게 확인할 수 있다.

먼저, '기획'을 찾아보자.

『조선왕조실록』에서 '기획(企劃)'이란 말은 찾을 수 없다. 한자를 바꾸어 '기획(企畫)'으로 검색해 보아도 원문에서 사용한 사례가 없다. 이로써 조선 시대에는 '기획'이라는 단어를 사용하지 않았음을 미루어 짐작할 수 있다.

국립중앙도서관 웹사이트에서 검색해 보면, 가장 오래전에 사용한 기획(企劃)이라는 용어를 1911년 11월 23일 자 ≪경남일보(慶南日報)≫의 "만인유구기획(滿人外搆企劃)"이라는 제목의 기사에서 볼 수 있다. 당시 베이징에서 위안스카이를 살해하려는 기획이 있었다는 소식을 전하는 이 기사에서 '기획'은 지금과 같은 의미로 사용되었다.

그림 6-1 《경남일보(慶南日報)》 1911년 11월 23일 자 "만인유구기획(滿人外搆企劃)" 기사

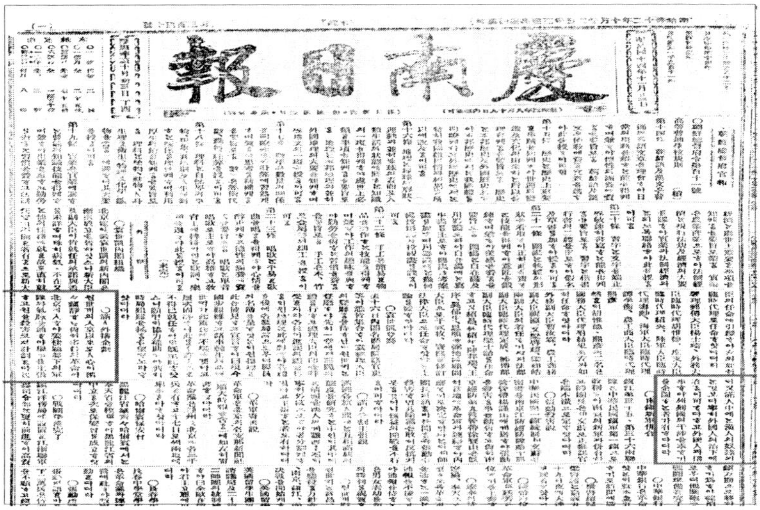
慶南日報

출처: 국립중앙도서관(https://www.nl.go.kr/NL/). 검색일: 2021년 8월 2일.

이 기사 이후로 불에 탄 청엄사의 재건 기획에 관한 기사 "고찰재건기획(古刹再建企劃)"(≪매일신보≫, 1912년 7월 5일), 쑨원이 중화국의 건설을 기획한다는 기사 "남북분립기획(南北分立企畫)"(≪매일신보≫, 1913년 6월 3일) 등에서 지속적으로 '기획'을 볼 수 있다. 한자 '企畫'과 '企劃'이 뒤섞여 사용되었다.

기사 외의 문헌에서는 1931년의 『保健上より見たる正しき陸上競技』이라는 문서의 서지 정보에서 '기획'의 사용을 볼 수 있다. '보건의 관점에서 볼 때 올바른 육상 경기' 정도로 번역할 수 있는 이 문헌은 토키와생명보험회사기획부(常磐生命保險會社企劃部)가 만든 것으로 나와 있다. 이후로 『미국의 농업교육 기획안(米國に於ける農業教育の企劃

案)』(1932년) 등의 문헌에서 '기획(企劃)'이라는 용어를 확인할 수 있다. 조선총독부가 1939년 11월에 기획부를 신설한 것으로 보아(한국민족문화대백과사전) 행정 분야에서는 대략 1930년대에 '기획'이라는 용어를 사용하기 시작한 것으로 볼 수 있다.

『조선왕조실록』에서 '기획'은 볼 수 없지만, '계획'은 확인할 수 있다. 『조선왕조실록』에서 계획은 '計畫'과 '計劃'의 두 가지로 쓰였다. 한자어로 살펴보면, 오늘날 계획의 의미와 조선 시대 계획의 의미는 약간 차이가 있다. 여러 국어사전에서 확인해 보면, 요즘 사용하는 계획의 한자어는 대부분 '計劃'이다. 『조선왕조실록』에서 한자어 '計畫'과 '計劃'을 모두 볼 수 있지만, 현재와 같은 의미로는 '計畫'이 좀 더 적합하게 사용되었다고 볼 수 있다. 주로 사용하는 한자가 다르다는 점이 『조선왕조실록』의 '계획'과 현대의 '계획'에서 볼 수 있는 작은 차이이다.

『조선왕조실록』에서 '計畫'과 '計劃'을 모두 찾아보았다.

'計畫'은 가장 먼저 『태종실록』 18권의 1409년 기록에서 찾을 수 있다. '계획일정, 금거계지호(計畫一定, 今遽改之乎)'이고 번역은 '계획이 한번 정해졌는데 지금 갑자기 고치겠는가?'이다. 두 번째는 1425년 『세종실록』 30권에서 볼 수 있다. '경기임차사, 무요무폐계획이문(卿其任此事, 務要無弊計畫以聞)'으로, 번역하면 '경이 이 일을 맡아서 힘써 폐단이 없게 하는 계획을 세워 아뢰라'다. 위의 예를 포함하여, 『조선왕조실록』 원문에는 '計畫'이 79회 쓰였다. 대부분 지금 사용하는 '계획'의 의미와 같이 '미리 준비하다', '방법을 구상하다' 정도의 뜻으로 쓰였다.

반면 지금 쓰고 있는 한자 '計劃'은 조금 다른 의미로 쓰인 경우를 많이 볼 수 있다. '計劃'은 『조선왕조실록』 전체에는 47회 쓰였다. 처음 볼 수 있는 '計劃'은 1510년 『중종실록』 '통계획수(通計劃數)'라는 구문에서 볼 수 있다. 대략 '(활쏘기를 하여) 맞힌 활을 세다'라는 의미로, '세다'라는 의미의 계(計)와 '획'이라는 의미의 획(劃) 그대로 '획을 세다'라는 의미로 사용했다. 1517년 『중종실록』 29권에는 '금상하진심계획(今上下盡心計劃)'이라는 문장이 있다. '지금 상하가 마음을 다하여 계획한다'의 의미다. 이때에는 지금의 계획과 유사한 의미로 쓰였다고 볼 수 있다. 그 뒤로도 나오는 '計劃'은 '획을 세다', '점수를 매기다' 등과 같이 산술적 의미로 사용한 경우가 많고, 몇몇은 '미리 준비하다', '방법을 구상하다'의 의미로 쓰였다. 조선 시대에는 두 가지 의미를 혼용하여 사용한 것으로 보인다.

이상으로 미루어, '기획'이라는 용어는 대한제국 시대나 일제 강점기에 사용하기 시작하였고, 사용하기 시작한 초기에는 한자 '企劃'과 '企畫'을 모두 사용한 것으로 볼 수 있다. 두 한자가 모두 사용되다가 일정한 시기에 '企劃'으로 통일된 것으로 보인다. '계획'은 조선 시대 초기부터 사례를 확인할 수 있는데, 다만 지금과 다르게 '計畫'을 많이 사용했다. 오늘날 자주 사용하는 '計劃'은 '계산하다', '(획을) 세다', '점수를 매기다' 등의 의미로 사용하다 차츰 지금과 같은 의미로 전환되었다.

기획의 등장과 전개

인간의 거의 모든 생각과 생각을 통한 행위는 기획이라고 할 수 있음을 앞에서 살펴보았다. "기획의 역사를 더듬어 올라가면 유사 이래의 오랜 인간 행위라고 할 수 있겠지만 과학, 도시화 및 유토피아와 관련되어 있는 르네상스 시대부터 특히 연결되고 있다."(권병찬 외, 1993) 기획이 특히 르네상스와 연결되는 것은 신의 창조물에 종속되었던 인간이 스스로 세상을 만들어 갈 가능성과 능력을 인식하기 시작한 시기가 대략 르네상스 시대이기 때문이다.

강태룡은 기획에 관한 이론이 발전한 요인을 '산업 혁명과 사회주의 사조', '도시 기획의 발전', '자유방임주의의 반성', '대공황 수습의 필요성', '제1 · 2차 세계대전의 경험', '각국의 경제 개발 계획 추진', '사회 과학의 발달'로 나누어 제시한다(강태룡 외, 1999). 강태룡이 제시한 요인들 중에서 '사회주의 사조', '도시 기획의 발전', '자유방임주의의 반성', '제1 · 2차 세계대전의 경험', '사회 과학의 발달'은 사회 체계나 가치 내지는 국가의 체계적 운영에 관한 기획 이론의 발전과 직접적으로 관련되어 있다. '산업 혁명', '대공황 수습의 필요성', '각국의 경제 발전 계획 추진'이라는 요인은 국가 단위의 경제에서 발생하는 요인으로, 이것들 역시 국가의 운영 체계나 정책에 관한 기획에 포함된다고 할 수 있다. 따라서 전체적으로 보면, 국가와 사회 체계의 이론으로 기획론이 발달되었다는 설명이다.

20세기까지 '기획'에 관한 이론은 근대 국가의 등장 이후에 논의되기 시작하였고, 주로 국가의 정책이나 운영에서 정책 수립과 실천 방법, 목표 달성에 이르는 과정을 다루는 분야였다. 1990년대까지만 해도 시중에서 볼 수 있는 '기획론'을 다룬 도서들은 국가의 정책이나 행정 분야의 효율적 목표 수립과 관리에 관한 것이 대부분이었다. 그러나 공공 분야에서 시작된 '기획'은 차차 국가 정책, 정치, 경제, 사회 등 포괄적인 분야를 넘어, 도시, 생태, 공간, 노동, 금융, 복지, 문화 등 보다 세분화된 영역에서 그 특성을 고려한 기획론으로 발전하고 있다.

산업이 발달하고 기업이 성장함에 따라서 '기획'은 경영 분야에서 중요하게 다루어졌다. 기업 경영에서 기획이 중추적 역할을 수행하게 되는 본격적인 기획 경영의 시대는 대략 1960년대다. 조동성은 경영학의 발전 과정을 '생산 관리 시대', '조직 관리 시대', '마케팅 관리 시대', '기획 관리 시대', '전략 경영의 시대'로 구분한다. 그리고 1959년에 미국이 경기 불황 국면에 접어들자, 기업들이 미래의 시장 경기 예측에 지대한 관심을 쏟지 않을 수 없게 되었고, 이에 따라 미래 환경의 측정과 경영 계획 수립을 담당하는 기획실 제도를 도입했다고 한다. 그리고 1973년 석유 파동을 계기로 웬만한 중소기업까지도 기획실 제도를 도입, 운영하게 되었다고 기업 활동에 기획이 자리 잡게 되는 과정을 설명한다(조동성, 1993).

오늘날 가장 일반적으로 기획을 접할 수 있는 곳은 기업이라고 할 수 있다. '기획부', '기획서', '기획안', '전략 기획', '상품 기획', '광고 기획' 등 기업의 경영에는 기획과 관련한 수많은 업무와 부서가 있다. 그러나 앞에서 조동성이 정리한 것과 같이 기업의 경영에 본격적으로 기획을 도입한 것은 역사적으로 그리 오래되지 않았다. 그러나 기업의 중요도가 빠르게 커지고, 더불어 경영의 역할과 기능이 점차 기업 이외의 사회 분야 전반으로 확장되면서 이제는 사회 대부분의 영역에서 '기획'을 체계적으로 정립하고 있다. 오늘날에는 '기획'을 거의 모든 분야에서 중요하게 다루고 있으며, 각 영역의 '기획'은 다른 영역의 기획과 유사점과 차별성을 확보하면서 보다 공고하게 체계화되면서 발전하고 있다. 최근에는 국가 · 기업 · 사회 기관의 차원을 넘어서 개인의 영역에서도 '기획'이 받아들여지고 있다.

'기획'은 사고에 바탕을 두고 이러한 체계화의 요구와 인식을 구체적으로 구현하는 과정에서 중요한 역할을 수행하는 핵심 축으로 작용한다. 추상적인 관념이나 이상, 가치 체계는 기획을 통해 각종 제도와 법, 교육 등으로 구체화되어 나타난다. 따라서 기획의 본질은 구체적인 실현의 모색이고 기획의 역할은 결과로써 드러난다. 그러므로 인간이 세상을 변화시킬 수 있다는 자각을 시작한 이후에 사회의 구축을 추구하는 과정에서 필연적으로 기획이 드러난다는 결론은 당연한 귀결이다.

사람이 어떤 생각이나 발상을 실현하려면, 여러 방향이나 방법을 고안하고 그중에서 가장 적절하다고 생각되는 것을 선택한다. 순간순간 고려해야 하는 조건과 고안한 방법의 가짓수는 매번 천차만별이다. 이렇게 관념으로 존재하는 인간의 생각과 그 생각이 구체적인 실천이나 결과로 구현되는 과정은 결코 필연적이지 않다. 이렇게 생각과 실현의 과정이 단선으로 연결되지 않는다는 사실은 '기획'이 의미를 갖게 되는 중요한 이유다. 인류는 기획을 통해 다양한 방향과 방법을 모색하고, 그중에서 일정한 것을 선택하여 세상을 만들어 간다. 즉 인간은 기획을 통해서 살아간다고 할 수 있다. 이렇게 인간의 인식과 구현의 연결이 필연적이거나 단선적이지 않기 때문에 '기획'은 존재 근거와 가치 근거를 갖는다. 만일 공을 하늘로 던지면 언젠가 땅에 떨어지는 것과 같은 필연적인 관계가 '의식'과 '구현' 사이에 존재한다면, 굳이 '기획'은 존재할 필요가 없다. 생각하고 기획하고 실천하지 않아도 그냥 그렇게 되기 때문이다. 그렇지만 우리가 살고 있는 사회는 이러한 필연과는 다소 거리가 있다. 그러므로 '기획'이 단순히 하나의 공정을 시작하여 마무리하는 일련의 과정의 설계라는 일반적인 설명은 기획을 너무 협소하게 보는 관점이 될 수 있다(이종훈, 2009).

문화콘텐츠와 기획의 접합

불과 십여 년 전만 해도 많은 사람이 '문화콘텐츠'라는 단어를 어색하게 생각했다. 한자와 영어의 합성어가 그리 많지 않았을 때이고, 실제 영어권의 일상적 사용과는 다소 괴리가 있는 콩글리시라거나 외래어 남용이라고 비판하기도 했다. 하지만 '재테크'나 '금메달', '은메달'과 같이 한자와 영어의 합성어가 전혀 없는 것은 아니다. 한자어와 영어의 합성을 문화콘텐츠의 융합적인 성격을 드러내는 현대적 조어 방식이라고 여길 수도 있다. 게다가 말이란 일상에서 익숙하게 사용하는 시점이 되면 조어 방식의 옳고 그름보다는 의미 소통의 유용성이 더 중요해지기 마련이다.

문화콘텐츠 기획을 문화콘텐츠 제작이나 생산 과정에서 초기에 수행하는 공정의 한 단계 정도로 이해할 수 있다. 문화콘텐츠라는 단어가 어색했던 만큼이나 문화의 영역과 '기획'의 접합도 그리 간단하지는 않다는 것을 이해할 필요가 있다. 이는 정부의 정책이나, 기업의 경영, 제품의 생산이나 기술 개발 등과는 다르게 문화콘텐츠가 '문화적' 속성을 지니기 때문이다. 즉, 많은 문화콘텐츠가 상품이라는 속성을 포함하지만 단순하게 문화콘텐츠를 상품으로만 간주하기는 어렵다. 문화콘텐츠는 상품의 성격 외에도 다양한 속성을 동시에 가지고 있으며, 따라서 문화콘텐츠 기획도 여타 다른 분야의 기획과는 조금 다른 측면을 고려할 필요가 있다.

문화콘텐츠와 문화 산업이 크게 성장하면서 영화, 게임, 애니메이션, 음악, 공연 등 문화콘텐츠의 각 영역에서 기획의 개념이나 방법 등을 다룬 많은 연구 논문과 책도 쏟아지고 있다. 하지만 아직은 행정이나 경영 분야에서 이루어져 온 기존의 기획론을 별다른 고민 없이 문화콘텐츠에 적용하는 경우가 대부분이다. 이러한 현상은 '문화콘텐츠는 곧 산업이며, 상품이다'라는 등식으로 이해하기 때문에 생긴다. 이러한 방식에 따르면, '문화콘텐츠 기획'은 상품을 생산하기 위한 '아이디어의 도출'과 생산한 상품의 매출을 올리기 위한 '판매 방법과 수단에 대한 계획을 세우는 일' 정도의 수준에 머무를 수밖에 없다. 그러나 문화콘텐츠는 대량 생산에 의지하는 공산품이나 소비와 이윤을 가장 중요한 목적으로 하는 상품 판매와는 조금 성격이 다르다. 따라서 '문화콘텐츠 기획'에 기존의 다른 분야에서 축적된 논의를 그대로 이식할 수는 없다.

분야를 막론하고 '기획'의 근저에는 '의도된 목표 설정'과 '목표를 달성하려는 방법'과 '효율성'이 전제 조건으로 자리 잡고 있다. 그런데 이러한 '기획'의 개념은 경우에 따라서 '문화'와 '종교', '학문' 등 인문 분야에서는 받아들이기 어려운 요소가 될 수 있다. 예를 들어 '문화의 목표', '목표한 문화를 달성하기 위한 효율적 방법' 등은 자율성과 다양성이 중요한 문화의 차원을 떠나 정치적 · 경제적 구호가 되기 쉽다. 따라서 문화의 영역에서 이루어지는 기획에 대한 논의는 문화의 본질을 고려하여 다른 분야에서는 그다지 다루지 않는 지점까지 좀 더 포괄하여 고민할 필요가 있다(이종훈, 2009).

제국주의 시대에는 서구의 문화를 기준으로 삼아 여러 국가나 민족의 다양한 문화를 한 줄로 세우고, 그 우열을 따질 수 있다고 보았다. 이러한 관점은 문화를 진보나 발전의 결과나 과정으로 보는 시각이다. 하지만 이러한 관점은 서구 제국주의가 무너지면서 함께 기각되었다. 더 이상 다양한 문화를 선진과 후진으로 나누고 차별하는 것이 타당하지 않다는 것이 현대적인 인식이다. 다양한 문화의 존재와 가치, 존엄성이 개별적으로 인정받는 상호 존중의 시대가 도래하면서 문화는 자연스럽게 형성되는 것으로 의미가 전환되었다. 문화가 자연스럽다는 말은 자율성을 바탕으로 다양하게 형성되고 그래서 각각의 문화나 문화적 행위가 그 자체로 독자적인 가치를 지니고 있다는 말이다.

따라서 문화콘텐츠가 문화를 담고 있다든가, 문화와 상호작용하며 조금씩 새로운 문화를 만든다든가, 혹은 문화의 표현물이라고 보면, '누군가 의도를 가지고 문화콘텐츠를 통하여 인위적으로 문화를 일정한 방향으로 몰고 간다는 것이 과연 타당한 것인가', 혹은 '보다 나은 문화콘텐츠, 더 올바른 문화콘텐츠라는 개념은 무엇인가'라는 물음이 필요하다. 즉 당장에는 기획을 적절한 목적을 설정하거나 효율적인 방법을 구상하는 행위로 이해할 수 있지만, 조금 더 넓게 보아, 기획이란 무엇인가를 잘 만들기 위한 행위, 혹은 더 나은 발전을 도모하는 행위를 의미한다고 본다면, 기획과 문화가 접합하면서 더 잘 만들어진 문화콘텐츠, 더 발전된 문화콘텐츠, 혹은 더 나은 문화, 더 올바른 문화라는 우열의 개념이 작동할 수도 있다는 말이다. 그래서 문화콘텐츠에서 기획을 논할 때에는 능률이나 효율 외에도 문화와 기획의 결합은 어떠한 방향으로 가는가와 같은 문화를 고려한 질문을 먼저 고민할 필요가 있다.

문화콘텐츠와 기획의 접합에서 발생하는 위와 같은 고민에 좀 더 쉽게 다가가기 위해 잠시 예술에서 기획에 대하여 생각해 보자. 지금도 '문화예술'이라는 말이 쉬이 쓰이고, 영화, 음악, 공연, 드라마 등 문화콘텐츠에 속한다고 보는 많은 하위 영역이 전통적으로 예술의 영역에도 포함되어 있다. 이처럼 문화의 중요한 요소로, 또 문화의 주요한 산물로 꼽히는 예술 분야에서 기획을 어떻게 이해해 왔는지를 살펴봄으로써 우회적으로나마 문화콘텐츠와 기획의 관계에 좀 더 접근할 수 있는 단초를 얻을 수 있다.

'문화는 무엇인가?'에 집중했던 레이먼드 윌리엄스(Raymond Williams)는 문화라는 개념이 등장하고 변화하는 과정에서 보이는 예술의 의미에 대하여 살펴보았다. 윌리엄스에 따르면, 여러 세기 동안 창조로서의 예술이라는 관념은 신과 일종의 경쟁 관계라는 의미에서 신성 모독적인 것으로 비치곤 했다. 그러나 르네상스 이후로 인간의 창조에 대한 새로운 관념이 등장했다. 창조의 관념은 르네상스의 새로운 사고의 일부로 출현했으며, 오늘날까지 이어져 내려오는 흐름의 시초가 되었다(Williams, 2007). 서양의 예술사를 보면, 고대 그리스 이후로 근대 이전까지 예술과 기술을 그다지 분리하여 인식하지 않았다. 영어 'art'의 어원이 되는 라틴어 'ars'는 그리스어 'techne'의 번역어로 우리말로는 '솜씨'나 '재능', '기술' 정도로 볼 수 있다(Tatarkiewicz, 1999). 고대 그리스 · 로마 시대에 예술은 이상향의 모방을 추구했다. 창조라는 개념보다는 이상향을 잘 구현하는 기술적 완성이 예술이 궁극적으로 이르러야 할 지점이었다. 그 후 중세 시대에는 신의 피조물로서 인간이 발휘하는 창조성은 자칫 신에 대한 도전이 될 수 있다고 인식되었다. 그러나 인본주의가 싹튼 르네상스에 이르러 지금과 유사한 창조적 행위가 인정받기 시작했다. 그리고 르네상스 이후에 예술은 기술과 분리되었고, 인간의 창조성이 발현된 독특한 영역으로 인식되기 시작했다.

그러나 인간의 예술적 창조성이 인정받기 시작한 후부터 오늘날에 이르기까지 예술적 창조의 계기는 지금 논의하고 있는 기획과는 조금 다른 방향으로 이해되었다. 모든 창조는 신의 의지에 따른 결과물이라는 신

중심의 사유가 르네상스 이후에 천천히 변하여 인간의 창조성을 찬양하기에 이르렀지만, 당시에 생각한 인간의 예술적 창조는 특별히 천부적 재능을 부여받은, 인간의 한계를 뛰어넘은 천재들의 영역이었다. 지금도 널리 명성이 알려진 음악가, 화가, 시인, 소설가, 극작가, 가수, 배우 등의 높은 기량과 창조성을 얘기할 때 그들의 창조성을 천재성과 동일시하는 것이 이와 같은 맥락이다. 오늘날에도 예술적 창작을 천재적 재능의 산물로 보는 견해는 넓게 퍼져 있다.

그렇다면 천부적 재능을 통한 창작은 어떻게 시작될까? 시장을 분석하고, 경쟁력 있는 아이템을 찾고, 목표를 설정하고, 주어진 조건과 환경을 파악하고, 결과에 이르는 효율적인 방법을 찾는 체계적인 과정으로 이루어지는 것일까? 실상 오늘날 일반적으로 이해하는 이와 같은 기획은 꽤 오랫동안 지배적이었던 예술적 창조 행위의 시작에 대한 이해와는 다소 거리가 있다. 고전적인 예술관에서 바라볼 때 예술가의 기획은 영감이나 직관에 가깝기 때문이다. 인간적 영혼과 사유를 걷어 내고 불현듯 찾아온 시적 영감, 감상, 느낌, 소회 등에 자신을 맡기고 설명할 수 없는 창조적 열정으로 구현하는 작업의 시작을 지금 말하는 기획이라고 하기에는 다소 어긋나는 부분이 많다. 최근에는 예술 창작에도 기획을 적용하는 것이 어색하지 않다. 하지만 일반적으로 적용하는 기획의 의미인 목적 달성이나 효율성 등을 예술가의 작업에 그대로 반영하기는 여전히 쉽지 않다. 그래서 만약 문화콘텐츠를 창작자의 창작품으로 볼 경우 문화콘텐츠의 기획을 사회의 정책이나 경영 분야의 기획과 동일시하기는 어렵다.

간단히 예술적 창작의 시작에 대한 낭만주의나 영감론의 관점을 통해 기획의 의미를 인간의 창조성과 연결하여 이해할 때에는 좀 더 깊은 논의가 필요함을 보았다. 즉 목적과 효율적 방법과 같이 기존의 다른 분야에서 다루어 온 기획의 개념을 문화와 문화콘텐츠에 접합하기 위해서는 인간의 창조성과 연결하여 생각해 볼 필요가 있고, 이 경우에 문화콘텐츠와 기획의 접합은 국가 정책이나 기업 경영의 기획과 조금 다른 방향의 과제를 맞이하게 된다.

이러한 이유로 문화콘텐츠에서 기획에 접근하기 위해서는 문화-문화콘텐츠-기획의 삼각관계를 고려하면서 기획의 등장과 개념, 문화콘텐츠의 등장과 의미를 연결하여 살펴볼 필요가 있다.

문화콘텐츠에서 기획이란

기획의 의미

'기획은 무엇인가'라는 물음에는 사전적으로 '일을 꾀하여 계획하다', '앞으로의 일을 미리 헤아려 작정하다' 정도로 쉽게 답할 수 있다. 그러나 가만히 생각해 보면, '헤아리다'는 무엇이며, '작정하다'는 무엇인지 등에 대한 의문이 떠오른다.

먼저, 기획의 의미에 내포되어 있는 '헤아리다'에 대하여 생각해 보자. 어떤 대상이나 현상, 목적 등에 대하여 헤아린다는 것은 '수를 센다'거나 '짐작하여 가늠한다'거나 '미루어 생각한다'는 것을 말한다. 이 모든 행위에는 공통적으로 체계적인 사고나 실천이라는 의미가 담겨 있다. 수를 센다는 것은 수학의 체계가 있다는 것을 전제로 하고, 짐작, 가늠, 미루어 생각한다는 말도 현상을 체계적으로 이해하는 것과 사고의 체계가 있다는 것을 상정한 말이다.

인간의 행위 중에서 아무런 체계 없이, 다시 말해서 생각이나 인식 없이 하는 행위는 무의식적인 버릇이거나, 입력이나 명령대로 움직이는 기계의 작동과 같은 것이다. 이러한 행위는 기획이나 기획한 행위라고 할 수 없다. 즉, '기획'에는 체계적 사고나 체계적 실천과 같은 체계성을 갖춘 사고와 행위라는 의미가 있다. 다만 각각의 대상이나 사안에 따라서 체계의 복잡함이나 수준, 방향에서 차이가 날 뿐이다.

그리고 모든 기획은 아직 없는 것이나 아직 일어나지 않은 일을 대상으로 한다. 이미 일어난 일을 일어나게 하거나, 이미 존재하는 사물이 생겨나도록 기획하지는 않는다. 즉, 미래를 대상으로 한다는 것과 체계적으로 접근한다는 의미를 종합하여 기획의 의미를 찾을 수 있다. 따라서 기획이란 아직 없는 것, 혹은 일어나지 않은 일에 체계적으로 접근하는 사고, 태도, 행위를 말한다고 정리할 수 있다.

그런데 미래와 체계만으로 인간의 기획을 온전히 설명할 수 있다고 하는 것은 섣부른 단정일 수 있다. 미래에 대한 체계적인 접근은 인간만의 전유물이 아니기 때문이다. 많은 동물에게서도 미래에 대한 체계적인 실천을 확인할 수 있다. 개미를 예로 들면, 브라질에서는 거의 영국 면적에 비견될 만한 크기의 개미집이 발견되기도 했다. 이러한 개미집은 식량 창고, 알을 키우는 방, 여왕개미가 알을 낳는 방 등 매우 체계적으로 구성되어 있으며, 온도나 습도, 외적의 침입이나 자연재해에도 잘 견딜 수 있는 기능을 갖추고 있음이 과학적 탐구로 밝혀졌다. 개미의 건축술은 인간의 그것에 비견될 만큼 잘 짜여 있고 미래에 닥칠 재난도 잘 헤아려 체계적으로 준비한다. 집단행동을 하는 동물들에게서도 미래를 대비한 체계적인 기획과 실천을 어렵지 않게 찾아볼 수 있다. 무리 지어 사는 동물들은 대개 무리 안에 서열이 존재하고 서열에 따른 체계적인 행위 질서가 있다. 서식지 이동을 하거나 사냥을 할 때에 서열에 따라서 각자의 역할을 체계적으로 수행한다. 찾아보면 단독 생활을 하든 군집 생활을 하든, 미세한 미생물부터 인간에 가까운 포유동물까지 대부분의 생물은 각각 나름대로 매우 체계적인 방식으로 살아가고 이러한 체계로 미래에 대비하여 생존한다. 이처럼 미래에 대한 체계적인 준비나 대비, 혹은 목적의 달성은 비단 인간만의 독창적 활동이 아니다. 체계와 미래만을 조건으로 보면, 기획이란 모든 생물의 보편적인 활동이라고 할 수 있다.

그러나 아주 체계적이고, 복잡하고, 미래의 생존에 잘 대비하는 방식임에도 불구하고, 우리는 개미의 건축, 철새들의 수만 리에 이르는 이동, 혹은 서식지를 이동하는 늑대나 협동 사냥을 하는 사자의 행위를 '기획'의 산물이라고 하지 않는다. 오히려 아주 단순하더라도 '오늘 무슨 옷을 입고 출근할까', '점심에 무엇을 먹지'와 같은 일을 기획이라고 한다. 미래를 향한 동물의 체계적인 생활과 당장 아침에 입을 옷을 고민하고 결정하는 행위에는 무슨 차이가 있을까? 다시 말해서 인간의 기획은 무엇일까?

인간의 기획

모든 생물이 기획적인 생존을 하듯이 모든 인간도 기획을 한다. 그러나 모든 생물이 기획적인 행동을 한다고 해서 그것을 다 기획이라고 하지는 않는다. 인간이 하는 고민은 그것이 아주 사소하더라고 기획이라고 하지만, 아무리 복잡한 체계를 갖추고 있다고 해도 동물의 행위는 기획이라고 하지 않는다. 이는 체계와 미래 외에도 인간의 기획에는 동물과 다른 근본적인 차이가 있기 때문이다.

특별히 전문적인 기획자가 아니더라고, 혹은 기획 업무의 담당자가 아니더라도 일상의 순간순간 누구나 기획을 한다. 오히려 무의식적인 행동이나 습관과 같은 행위를 제외하면 거의 모든 행위가 기획된 행위라고 할 수 있다. 심지어 아무 일도 하지 않고 있을지라도 머릿속에서 한순간도 기획을 놓지 않는다. '무슨 옷을 입을까', '무엇을 먹을까', '어디로 갈까', '좋다고 할까 싫다고 할까', '오늘까지 다 마무리해야겠다' 등 이 모든 생각이 다 기획이다. 따라서 큰 범위에서 기획은 모든 인간의 보편적 사유 방식이며 실천 방식이다. 즉, 모든 인간은 기획한다.

생각하는 능력의 유무를 동물과 인간이 하는 기획의 차이점으로 생각해 볼 수도 있다. 꽤 오랫동안 생각하는 능력을 인간과 동물을 구분하는,

인간만이 가지고 있는 고등한 능력이라고 여겨 왔다. 데카르트의 최종적인 선언인 '나는 생각한다. 고로 존재한다(cogito, ergo sum)'와 같은 사유에 대한 신념은 이성적 사유가 인간으로 존재함을, 그리고 인간임을 증명하는 최종적인 명제처럼 받아들였다. 인류는 이러한 철학에서 비롯한 이성주의를 토대로 오늘날에 이르는 사회를 구축하고 기술의 진보를 이루었다. 그러나 최근에는, 낮은 수준이지만 동물들도 생각을 하고, 지능이 있으며, 감정을 느낀다는 주장이 점차 설득력을 얻고 있다. 그래서 단지 생각하는 능력만으로 기획을 설명하기는 어렵다. 사고력보다는 좀 더 인간의 기획에 접근하는 특성을 찾아 인간의 기획이 무엇인지에 다가갈 필요가 있다.

다시 한번 개미집을 생각해 보자. 개미의 집은 매우 체계적이고 미래를 준비하는 실천일 수는 있다. 그러나 인간의 집과 다르게, 지금 볼 수 있는 개미집은 수천 년 전의 개미집과 큰 차이가 없다. 구조도 기능도 재료나 건축 도구도 큰 차이가 없을 것이다. 또한 수천 년 후의 개미집을 예상해 보아도 별로 달라질 것 같지 않다. 사자의 사냥법도 그러하고 늑대의 군집 생활도 그러하다. 하지만 인간의 기획은 그렇지 않다. 인간의 주거는 불과 몇천 년 만에 나뭇가지와 흙으로 얼기설기 지어 놓은 움집에서 최첨단 기능을 갖춘 마천루로 변했다. 지금도 매번 새로운 건축을 기획하고 있다. 인간의 실천은 동물과 다르게 매번 새롭게 진행된다. 이전의 결핍이나 단점을 극복하고 이를 보완한 기획을 수립한다. 이런 변화를 통해 더 나은 효율성이나 생산성 향상, 가치의 실현 등에 다가간다. 혹은 반복의 지루함을 피해 새로운 것을 찾아내고, 그 과정에서 진보를 이룩하거나 재미와 쾌락을 얻거나, 때론 실망과 좌절을 맛보기도 한다.

사전적 의미만으로는 파악하기 어려운, 인간이 하는 기획의 특성은 같은 기획의 반복이 아니라는 점이다. 인간의 기획은 동물과는 달리 언제나 새롭다. 무엇을 기획한다고 할 때, 이전의 것을 그대로 옮겨 오는 것을 기획이라고 하지 않는다. 이는 인간의 기획이 인간의 '창조성'에서 비롯된다는 것을 말한다.

새로움이라는 기획의 근본적 속성에 이르는 이 대목에서 한 가지 주목해야 하는 것이 있다. 인간은 언제나 기획을 하며, 그 기획은 억지로 새롭게 하려 하지 않아도 항상 자연스럽게 새로울 수밖에 없다는 것이다.

문화콘텐츠 기획의 작용

기획의 핵심이 창조, 창의성, 새로움이라는 것을 인식하고 나면, 비로소 다른 분야의 기획과 문화콘텐츠의 기획의 주요한 변별점을 구상할 수 있다. 그리고 이 변별을 통해 기존의 정책 기획이나 경영 기획, 상품 기획과는 차별되는 문화콘텐츠 기획의 설계에 다가갈 수 있다.

정책의 기획이나, 경영의 기획, 기술 개발의 기획은 주로 가치의 실현이나 생산성의 향상이라는 비교적 뚜렷한 목표를 추구한다. 여기에서 '뚜렷한'이라는 의미는 쉽게 정량적으로 측정이 가능하거나 이전과 비교하여 한 단계 발전했다는 진단이 가능하다는 의미라고 보아도 크게 어긋나지 않는다. 그러나 문화콘텐츠의 영역에서 추구하는 중요한 새로움인 재미는 진보나 발전의 정도를 측량하는 것이 그리 쉽지 않다. 혹은 다양성과 자율성을 근간으로 하는 문화의 개념과 기획이 접합하는 과정에서 창출되는 재미는 애초에 정량적인 판정이 불가능한 영역일 수도 있다. 이러한 어려움이 문화콘텐츠 기획에 대한 접근을 버겁게 하거나, 혹은 다른 영역의 기획 방법에 쉽게 편승하려는 행위의 원인이 되기도 한다.

'문화콘텐츠 기획'은 구체화로 나아가 '이성', '의미' 등과 더불어 '감성', '상상', '육체'에 대한 개인의 욕구를 만족시켜서 '즐거움'을 주는 '문화콘텐츠'를 형상화한다. '모든 콘텐츠는 구체적으로 형성화된 결과물이다. 넓은 범주의 콘텐츠는 '인간의 다양한 기술적 기반을 통해 생각이나 느낌을 구체적으로 구현하거나 실천한 생각의 결과물'이라고 할 수 있다. 그리고 문화콘텐츠는 '인간의 이성적 사고와 감성적 정서, 즉 문화를 다양한 기술적 기반을 통해 구체적으로 형상화한 결과물'이다. 영화도, 음악도, 방송도, 애니메이션도, 게임도, 문화재도 문화를 기반으로 해서, 구체적 형상화의 과정을 통과하여 실체로 탄생해야 '콘텐츠'로서 인식될 수 있기 때문이다.

'구체적 형상화'는 소설이나 그림, 영화를 만들 때 흔히 사용하는 개념이다. 어떤 생각이나 느낌을 시각, 촉각, 청각 등으로 감지하고 인식할 수 있도록 하는 것으로 추상을 실체로 만들어 내는 것이다. 그리고 예술적 표현에 대한 논의에서 오래전부터 익히 알려진 개념이다. 문화콘텐츠라고 불리는 대부분의 세부 영역에서 구체적 결과물이 '형상화'의 단계를 거친 결과라는 인식은 각 개별 분야에서 이미 오래전부터 정립되어 있었다. '시적 형상화', '문학적 형상화', '시각적 형상화', '청각적 형상화', '공감각적 형상화' 등의 용어가 어색하지 않은 이유가 여기에 있다. 문화콘텐츠의 개별 작품이나 개별 분야를 보면 '문화콘텐츠'와 '형상화'는 불가분의 관계에 있다는 것을 쉽게 알 수 있다(이종훈, 2009). 형상화라는 것은 현상을 그대로 재현하는 것에서부터 특이한 추상 능력, 감각적인 연상에 이르기까지를 망라한다. 형상화는 시각과 청각은 물론, 후각과 미각, 몸의 감각까지 동원해서 이루어지기 때문에 우리는 내면의 눈, 내면의 귀, 내면의 코, 내면의 촉각과 몸, 감각을 사용할 구실과 기회를 만들어야 한다. 또한 형상화할 때 마음에 떠오른 모든 이미지는 다른 전달 수단으로 변환될 수 있어야 하는데, 그 전달 수단은 말, 음악, 동작, 모형, 회화, 도형, 영화, 조각, 수학, 논문 등 매우 다양하다(Robert S. Root-Bernstein & Michele M. Root-Bernstein, 2008).

문화콘텐츠가 문화를 기반으로 한 구체적 형상화의 결과물이라는 속성을 통해 문화콘텐츠 기획에서 기획의 작용과 역할을 생각할 수 있다. 문화와 문화콘텐츠라는 결과물은 필연적인 고리에 의해서 이루어지지 않는다. 문화와 문화콘텐츠는 단선적으로 연결된 것이 아니라 인식과 구현이라는 측면에서 지속적인 상호작용을 통해 복합적으로 관계한다. 문화콘텐츠 기획은 이러한 관계의 작용에서 축으로 작용한다. 마치 자동차 엔진의 동력을 바퀴에 전달하여 구동력을 실현하도록 축을 연결하는 것과 유사하다. 사유나 아이디어, 영감이나 느낌이 구체적인 형상화로 구현되는 과정을 연결하고 작동하도록 하는 것이다. 가치를 반영한 사회를 구현하는 과정에서 정책 기획이 이성과 합리, 보편성을 추구하고자 하는 가치의 인식과 사회 사이를 연결하는 작용을 한다면, 문화콘텐츠 기획은 문화와 문화콘텐츠를 연결하고 문화적 소통을 가능하도록 하는 상호작용이라고 할 수 있다(이종훈, 2009).

문화콘텐츠 기획의 방향

새로움을 향해 가는 인간의 기획은 몇 가지 방향으로 나누어 볼 수 있다. 민주주의나 복지와 같은 사회적 실천의 기획은 인권이나 인간성 향상 등의 가치를 추구한다. 과학적 탐구의 기획은 진리나 사실을 향한다. 기술의 발전은 효율이나 편리함을 추구한다. 기업의 경영 기획은 이윤이나 지속 가능성을 기획한다.

물론 국가의 정책이 가치를 효율적으로 달성하는 방법을 강구한다는 측면에서 가치와 효율을 동시에 추구할 수도 있고, 기업이 이윤을 확대하기 위하여 과학적 연구나 기술 개발을 기획할 수도 있다. 그리고 여기에 더하여 인간의 기획 중에는 특히 지루함의 기피를 포함하여 재미나 쾌락을 추구하는 기획이 있다. 반복적이고 익숙한, 그래서 아주 안정적인 일상을 의미 있게 만드는, 그래서 삶을 생동하게 하는 새로운 재미의 기획이다. 이것은 한계가 거의 없이, 거침없는 상상과 창의성을 펼치는 문화콘텐츠의 기획이 다른 분야의 기획과 독특하게 차별성을 가지는 특성이다. 새로운 재미와 의미를 향한 인간의 창의적 활동이 문화콘텐츠 기획의 핵심이다. 그리고 문화콘텐츠를 만든다는 것은 이러한 재미를 형상화하여 공유하고 소통한다는 말이다.

문화콘텐츠와 매우 많은 영역을 공유하고 있는 예술과 단적으로 비교하면, 문화콘텐츠는 창조만큼이나 소통에도 큰 방점을 찍고 있다. 그리고 그 소통의 중심에는 재미가 자리 잡고 있다. 물론 아무도 모르게 혼자만의 재미를 만드는 것에도 의미를 부여할 수 있다. 그러나 혼자만의 재미를 구현하는 것을 문화라고 하지는 않는다. 문화가 여러 사람이 어울려 만드는 것이라고 한다면, 문화콘텐츠는 분명 소통하는 재미, 재미의 소통을 의미한다. 이러한 의미에서 '문화콘텐츠 기획'은 재미를 향해 간다. 따라서 문화콘텐츠를 기획한다는 것은 인간의 재미를 찾고 그것을 구체적인 형상화를 통해 구현하는 일이 된다.

그렇다면 문화콘텐츠 기획이 추구하는 재미는 무엇일까? 오늘날에는 많은 사람이 재미가 생동하는 삶의 원동력이라는 점을 대체로 인정하지만, 얼마 전까지만 해도 재미를 중요하게 여기거나, 학술적으로 논의하는 일은 드물었다. 지금도 인간의 재미에 대한 학문적 접근은 매우 미흡하다. 그러나 그동안 축적된 논의에서 몇 가지 재미의 방향을 추려 볼 수는 있다.

대중 예술의 통속성을 긍정의 가치로 보고자 한 박성봉은 '웃음의 해학성', '성의 관능성', '폭력의 선정성', '몽상의 환상성', '눈물의 감상성'을 통속성을 대표하는 다섯 가지 요소로 추렸다(박성봉, 1995). 박성봉은 통속성을 만드는 이러한 하위 속성을 대중 예술의 성격으로 제시했지만, 이 속성들은 여러 문화콘텐츠가 구현하는 재미의 방향이라고 해석할 수 있다. 영화의 장르로 보면, 코미디, 에로, 액션, 판타지나 SF, 멜로의 구분과 일치한다.

영화나 소설, 드라마를 염두에 두고 생각해 보면, 박성봉이 제시한 다섯 가지 통속성에 더하여 몇 가지 재미의 방향을 추가할 수 있다. 공포 영화나 스릴러 영화가 선사하는 '긴장과 공포감', 그리고 문화콘텐츠 소비의 중요한 동기가 되는 '호기심 유발'과 '정보'도 문화콘텐츠가 향하는 재미의 세부적인 방향에 포함된다.

로제 카이와가 제시한 놀이의 네 가지 유형도 문화콘텐츠가 제공할 수 있는 재미의 유형이라고 볼 수 있다. 로제 카이와는 아곤(agon), 알레아(Alea), 일링크스(Ilinx), 미미크리(Mimicry)를 놀이의 유형으로 정리했다. 경쟁을 말하는 '아곤'은 스포츠나 겨루기와 같이 일정한 규칙 안에서 승부를 가르는 놀이를 말하고, '주사위 놀이'를 뜻하는 라틴어 '알레아'는 확률이 작용하는 운에 결과를 맡기는 놀이를 말한다. 현기증을 뜻하는 '일링크스'는 롤러코스터나 현란한 기예와 같이 일시적으로 평상시와 다른 신체적 경험을 유발하는 놀이나 극도의 몰입을 요구하는 놀이를 말한다. 흉내를 뜻하는 '미미크리'는 소꿉놀이와 같은 역할 놀이의 유형으로 잠시 다른 사람이 되는 경험을 토대로 하는 놀이를 말한다(Caillois, 1994). 그리고 이러한 놀이의 유형은 하나의 콘텐츠에서 복합적으로 구현될 수 있다.

박성봉이나 카이와가 제시한 통속성의 하위 범주나 놀이의 유형 외에도 실제로 일상에서 경험할 수 있는 재미의 종류는 무척 많다. 허무 개그와 같이 어이없는 상황이나 반전도 재미를 주며, 가끔은 징그럽거나 혐오스러운 대상에서 재미를 느끼기도 한다. 혹은 향유자를 압도하는 풍광이나 평화롭고 소박한 아름다움에서 재미를 느끼기도 한다. 또 사단칠정론에서 말하는 측은지심(惻隱之心), 수오지심(羞惡之心), 사양지심(辭讓之心), 시비지심(是非之心)의 사단이나 기쁨(喜), 노여움(怒), 슬픔(哀), 두려움(懼), 사랑(愛), 미움(惡), 욕망(欲)의 칠정도 재미의 일면이 될 수 있다. 욕하면서도 보는 막장 드라마나 분노를 일으키는 특정한 빌런 캐릭터가 주는 재미도 문화콘텐츠가 선사하는 중요한 재미다.

생각해 볼 문제

1. 문화콘텐츠 기획은 사람들이 원하는 것을 찾아내는 것에서 시작하는 경우가 많다. 사람들이 문화콘텐츠에서 무엇을 원하는가는 그 사람들이 구성한 문화의 방향을 말해 주기도 한다. 문화콘텐츠를 향유하는 사람들은 문화콘텐츠에서 무엇을 발견하거나 누리기를 원하는가?
2. 문화콘텐츠 기획에서 필수적으로 고려해야 하는 사항은 무엇인가? 불현듯 떠오른 영감이든, 철저한 시장 조사를 통해 구해 낸 아이템이든 무엇을 문화콘텐츠로 만들기 위해서는 꼭 형상화하는 제작 과정이 뒤따른다. 문화콘텐츠 기획은 제작 과정에 대한 설계를 포함한다. 제작 과정에서 꼭 필요한 요소들이 무엇인지 생각해 보자.
3. 좋은 쾌락과 나쁜 쾌락에 대하여 논의해 보자. 쾌락은 오래전부터 철학적 논의의 대상이었다. 문화콘텐츠 기획이 즐거움을 향해 간다면 꼭 필요한 쾌락, 좋은 쾌락, 멀리해야 할 쾌락이 있는지, 그 기준은 무엇인지 논의가 필요하다.
4. 자본은 문화콘텐츠 기획에서 어떻게 작용하는가? 문화의 산업화에 대한 찬반 논쟁이 아직도 끝나지 않았다. 일상에서도 이에 대한 갈등은 답을 내리기 어렵다. 산업 구조에서, 창작자의 입장에서, 향유자의 입장에서, 윤리와 이익을 고려하여, 자본이 문화콘텐츠 기획에서 어떤 역할을 수행하고 있으며, 그 역할의 긍정적 측면과 부정적 측면은 무엇인지 논의해 보자.
5. 기획을 문서로 만든 기획서에는 어떤 내용이 어떤 체계를 가지고 들어가는 것이 좋을지 생각해 보자. 기획을 구체화한 것이 기획서라고 볼 때, 어떤 기획서가 잘 만들어진 기획서이고, 기획서를 작성하는 과정에서 유의해야 할 것은 무엇인지 토의해 보자.

참고문헌

강태룡 외(1999). 『기획론』. 대왕사.

권병찬 외(1993). 『기획론』. 법문사.

박성봉(1995). 『대중 예술의 미학』. 동연.

조동성(1998). 『21세기를 위한 경영학』. 서울경제경영.

조선왕조실록. http://sillok.history.go.kr/

이종훈(2009). 『문화콘텐츠 기획의 개념과 함의』. 동국대학교 석사학위논문.

이종훈(2015). 『창의적 융섭으로서의 문화콘텐츠』. 동국대학교 박사학위논문.

한국민족문화대백과사전. 한국학중앙연구원. http://encykorea.aks.ac.kr/

Caillois, R.(1958). *Les jeux et les hommes: Le masque et le vertige.* Folio Essais. 이상률(1994). 『놀이와 인간』. 문예.

Root-Bernstein, R. S. & Root-Bernstein, M. M.(2001). *Spark of genius: the thirteen thinking tools of the world's most creative people.* Boston, Mass.: Houghton Mifflin Co. 박종성 옮김(2008). 『생각의 탄생 : 다빈치에서 파인먼까지 창조성을 빛낸 사람들의 13가지 생각도구』. 에코의서재.

Tatarkiewicz, W.(1976). *Dzieje sześciu pojęć.* 손효주(1999). 『미학의 기본 개념사』. 미술문화.

Williams, R.(1961). *The Long Revolution.* New York: Harper & Row London: Chatto & Windus. 성은애 옮김(2007). 『기나긴 혁명』. 문학동네.

07

문화콘텐츠는 산업 정책이다

3년씩 돌아오는 도서 정가제 찬반 논쟁

도서 정가제는 2003년 「출판 및 인쇄문화산업진흥법」에 근거해 도입된 법으로 당시에는 온라인 서점에만 적용했다. 2007년부터는 「출판문화산업진흥법」으로 개정되면서 신간의 기준이 출간 후 1년에서 18개월 이내로 변경됐고, 온라인뿐만 아니라 오프라인 서점에서도 10%까지만 할인이 가능해졌다. 2014년 모든 종류의 도서는 정가 10%까지만 할인이 가능하도록 개정되었고, 법률에 따라 3년마다 재검토를 진행해 2017년과 2020년에 도서 정가제 유지와 폐지를 놓고 큰 홍역을 치렀다. 2021년 도서 정가제 일부 개정안은 현행 발행일로부터 18개월에서 12개월로 완화하되, 국가, 공공 기관, 지방자치단체, 공공 도서관에 간행물을 판매하는 자는 정가의 10% 이내의 가격 할인만 허용하도록 하였다. 도서 정가제 폐지를 주장하는 측은 상품 중 유일하게 도서에만 정가제를 적용하는 것은 불합리하고, 특히 대형 출판사만을 위한 정책이며, 신인 작가의 진입을 어렵게 하는 악법이라고 주장한다. 하지만 도서 정가제는 문화체육관광부 소속 13개 출판 관련 사단 법인은 물론 한국서점조합연합회와 작가 관련 단체 등 출판 생태계에 있는 모든 단체가 적극 지지하는 정책이다. 특히 1인 출판사나 지역의 출판사나 서점이 공정한 경쟁을 위해 반드시 필요한 정의로운 정책이라고 믿는다. 다만, 독자들은 예전처럼 반값 도서나 1+1 같은 할인 서비스, 북축제 때 덤핑으로 책을 샀던 과거의 아련한 기억은 추억으로 남겨 두어야 한다. 무엇보다도 2023년 헌법 재판소는 도서 정가제를 합헌 결정했다.

문화 정책의 개념

문화 정책은 국가와 민족의 정체성을 상징하는 가장 뿌리가 되는 국가 기본 정책 중의 하나다. 문화 정책이 전통문화나 문화 예술 분야에 치중되었다면, 산업화 이후 문화 산업이 등장하면서 문화 + 산업의 개념으로 변화하고 있다. 한국은 대통령 선거가 직선제로 바뀐 1987년부터 5년마다 문화 정책이 바뀌었다. 교육을 백년대계라고 흔히 말하듯 문화 정책도 긴 호흡이 필요한데 정치가 문화를 담지 못하고 있다.

문화 정책의 개념

프랑스의 문화부 장관을 지낸 앙드레 말로(André Malraux)는 '문화의 민주화(déocratisation culturelle)'를 프랑스의 문화 정책으로 주창했다. 『인간의 조건(La condition humaine)』(1933)을 쓴 소설가로 더 유명한 말로가 말하는 문화의 민주화란 "모든 사람에게 문화적인 차원에서 현실적인 평등을 보장해 누구나 똑같이 문화 자산을 접할 수 있는 것"을 말한다. 즉, 문화적 상대주의(relativisme éalitaire)에 입각해 소외 계층이나 지역 등에 창작의 기회를 지원해야 한다는 입장이다.

문화의 민주화처럼 '문화민주주의(cultural democracy)'는 "문화 예술을 고급 예술, 순수 예술에 국한하지 않고, 모든 사람은 창조적 소양(creative mind)을 가지고 있으므로 그들 스스로 자신의 예술을 만들 수 있도록 역량을 개발하고 참여(participation)"해야 한다고 말한다. 문화의 민주화 혹은 문화민주주의는 경제 민주화나 창조 경제처럼 익숙한 용어지만 개념이 명쾌하지는 않다. 하지만 부지불식간에 문화의 민주화는 우리의 삶 깊숙이 자리하고 있다.

일반적으로 정책이란 "공공 문제를 해결하는 정부의 결정된 행동방침"을 의미한다. 정책의 목적은 "인간 사회의 근본적인 문제 등을 해결해 인간 존엄성을 보다 충분히 실현"하는 데 있다. 그렇다면 '문화 정책'이란 무엇인가? 김문환(1996)은 문화 정책이란 "국가가 문화 활동의 근간으로 마련하는 행정적이고 재정적인 조치와 절차 등 시행원칙의 총체를 의미한다"고 말했다. 임학순(2003)은 문화 정책을 "문화 예술의 발전과 국민들의 문화 복지 수준 향상을 위한 정부의 행위와 상호작용"이라고 정의했다. 박광무(2013)는 협의의 문화 정책을 "정신적 가치를 추구하는 정신문화의 영역과 예술적, 심미적인 상상력과 과학기술을 조합한 창조행위와 예술적 창조성을 기반으로 창조적 부가 가치를 산출하는 행위를 포함한 삶의 제반 양식과 수단으로서의 과정과 결과를 함께 일컫는 것"으로 규정한다. 따라서 문화 정책은 '문화'에 대한 '정부'의 개입 혹은 일련의 조치를 뜻한다. 문화 정책은 문화 그 자체 혹은 문화를 매개로 한 인간 사회의 문제를 해결하기 위한 일련의 공공의 조치이자 정부의 행위다.

문화콘텐츠의 국가 체제 발전 과정

문화국가의 개념을 최초로 설정한 사람은 『독일 국민에게 고함』을 쓴 피히테(Fichte)다. 그는 통일된 독일을 이상국가로 건설하기 위해 교육이 절대적으로 중요하다는 점과 교육 그 자체를 국가의 목적으로 삼아 문화국가, 민족국가를 수립하고자 했다. 문화 정책을 주관하는 정부 조직은 문화체육관광부다. 현재의 문화체육관광부는 1948년 11월 문교부에 설치된 문화국과 공보처에 뿌리를 둔다. 1961년 설치된 공보부가 1968년 문화공보부로 확대되면서 문화 정책의 서막이 열렸고, 노태우정권 때 비로소 문화부로 자리매김한다. 초대 문화부 장관은 이어령이었다. 1990년 문화부가 조직되면서 본격적인 문화 정책이 시행되었다.

문화와 문화콘텐츠가 다르듯 문화 정책과 문화콘텐츠 정책은 다르다. 문화콘텐츠 정책을 주관하는 부처는 1994년 5월 문화체육부에 신설된 문화 산업국이다. 믿기 힘들지만 문화 산업국은 영화 〈쥬라기 공원〉 덕에 태어났다. 1990년 발표된 존 마이클 크라이튼(John Michael Crichton)의 동명소설 『쥬라기 공원(Jurassic Park)』을 스티븐 스필버그(Steven Spielberg)가 메가폰을 잡고 영화화한다. 소설은 이미 천만 부 이상 판매된 베스트셀러였고 스필버그의 SF적인 상상력과 뛰어난 특수효과를 더해 〈쥬라기 공원〉(1993)은 영화사에 한 획을 긋는 업적을 남긴다. 최고의 문화 상품으로 자리매김한 〈쥬라기 공원〉 한 편의 가치가 현대자동차 150만 대를 수출한 금액보다 높다는 평가가 회자되면서 문화 산업에 대한 관심이 고조되었다. 결정적으로 대통령이 참석한 국가과학기술자문회의에 이런 사실이 보고되면서 결과적으로 문화체육부 산하에 문화 산업국이 신설된다.

1998년 김대중 대통령은 취임사에서 문화 산업을 새로운 국가의 기간산업으로 인식하고 문화 산업의 육성을 시대적 과제로 천명한다. 김대중 정부(2003~2007)는 문화 산업의 법적, 행정적, 제도적 근거를 마련하기 위해 '문화산업진흥기본법'을 제정하고 1999년 '문화 산업발전 5개년계획'을 발표한다. '문화 산업발전 5개년계획'은 영상, 게임, 음반, 방송, 출판, 패션과 디자인, 도자기 등 7대 전략 부문을 선정하고, 제도 정비, 재원 확보, 전문 인력 양성 등 문화 산업의 전반적인 기반을 구축하는 것을 내용으로 했다. 2000년 '문화 산업발전 5개년계획'을 확대 발전한 '문화 산업비전 21'을 다시 발표하면서 해외시장 개척 등 국가 경쟁력 강화와 국가 기간산업화를 추진한다.

문화 산업이 한국 사회에 한창 자리 잡고 있을 무렵 문화콘텐츠라는 용어가 등장한다. 1990년대 후반 ICT 산업이 발전하면서 디지털과 문화 산업이 결합된 의미로 문화콘텐츠라는 용어가 널리 사용되었다. 그 결과 2001년 '콘텐츠코리아 비전21'이라는 최초의 문화콘텐츠 산업 고유 정책이 수립된다. '콘텐츠코리아 비전21'의 핵심 추진 과제는 '문화산업진흥기본법'과 '저작권법'을 개정해 시대에 맞게 법령과 제도를 정비하고, 한

표 7-1 정부별 콘텐츠 산업 정책

구분	연도	정책	주요 내용
김영삼 정부	1993~1997	신한국 문화 창달 5개년 계획	• 문화 산업 진흥을 위해 문화 산업 자문단 구성 • 영상 산업 중점 육성(「영상진흥법」 제정)
	1997	문화비전 2000	• 문화 산업 육성 및 산업의 문화화 • 지역 문화 활성화, 한국 문화 세계화
김대중 정부	2000	문화 산업비전21	• 문화 산업 정보 네트워크 구축 및 전문 인력 양성 체제 확립으로 문화 산업 육성 • 문화 기술 개발 지원으로 민간 부문 경쟁력 강화 • 수출 전략 상품 개발과 해외 진출 강화로 독창적이고 세계적인 문화 상품 개발
	2001	2001 콘텐츠코리아 비전21	• 디지털 시대를 맞아 문화 산업 법제 정비 • 문화콘텐츠 전문 인력 양성 확대 • 해외시장 진출 거점 확보 • 세계 시장 진출 확대
노무현 정부	2005	문화강국(C-KOREA) 2010 비전	• 한류 세계화를 통한 국가 브랜드 파워 강화로 2010년 세계 5대 문화 산업 강국 실현 • 디지털 융합 시대 핵심 문화콘텐츠 산업 육성, CT 개발, 문화 산업 인력 양성 등으로 국제 수준으로 육성
이명박 정부	2011~2013	제1차 콘텐츠산업 진흥 기본 계획	• 콘텐츠 산업 투자 재원 확충, 범정부적 융합 콘텐츠 개발 • 콘텐츠 분야 청년 고용 확대, 창의 인재 양성 등으로 청년 일자리 창출
박근혜 정부	2014~2016	제2차 콘텐츠산업 진흥 기본 계획	• 콘텐츠코리아 랩 설립 등 콘텐츠 분야 인재 양성 및 지원 강화 • 범부처 해외진출협의회 구성, 콘텐츠 산업 수출 확대 • 대기업과 중소기업 간 협력 강화, 저작권 관리 체계 구축
문재인 정부	2017~2022	제3차 콘텐츠산업 진흥 기본 계획	• 창작, 유통이 상생하는 콘텐츠 생태계 조성 • 1인 창조기업을 지원하고, 공정한 문화콘텐츠 제작 환경을 구축 • 4차 산업 혁명 시대를 선도하는 미래형 콘텐츠 육성 • 융합 콘텐츠 인재 양성을 통해 일자리 창출
윤석열 정부	2023~2027	제4차 문화 기술 연구 개발 기본 계획	• 신기술 기반 콘텐츠 산업·기업 육성 • 모두가 누리는 문화 창작·향유 환경 조성 • 현장 중심의 정교한 문화 기술 연구 개발(R&D) 체계 구축

출처: 김규찬, 2015 재구성.

국문화콘텐츠진흥원을 설립해 콘텐츠 창작 역량을 확충하는 것이었다. 또한 이때부터 주요 대학은 문화콘텐츠 관련 학과를 개설하기 시작한다.

노무현정부(2003~2007)에 들어오면서 문화콘텐츠 산업을 10대 전략 산업 중 하나로 선정하고, 문화 산업에서 문화콘텐츠로 개념의 전환이 본격적으로 이루어졌다. 문화콘텐츠 정책을 국내에서 해외로 본격적으로 눈을 돌린 시기이기도 하다. 또한 디지털 융합 시대를 맞이해 CT(Culture Technology) 분야를 육성하고 한류의 세계화를 본격적으로 시행했다. 2001년 문화 산업국은 미디어산업국과 분리되고, 2007년 문화 산업본부(문화산업진흥단, 문화미디어진흥단)로 출범한다.

그리고 이명박정부(2008~2012)가 출범하면서 2008년 정보 통신부를 폐지하고 디지털 콘텐츠 업무를 문화부로 이관하면서 문화콘텐츠 산업실(콘텐츠정책관, 저작권정책관)과 미디어정책국 체제로 운영하게 된다. 또한 2009년 한국문화콘텐츠진흥원, 한국방송영상산업진흥원, 한국게임 산업진흥원, 문화콘텐츠센터, 한국소프트웨어진흥원 디지털 콘텐츠사업단 5개 기관이 통폐합되면서 한국콘텐츠진흥원이 설립된다. 그리고 이명박정부는 문화 산업 정책 대신 문화콘텐츠 산업 정책 혹은 콘텐츠 산업 정책이라고 명칭을 규정했다.

한국콘텐츠진흥원은 흩어져 있던 주요 문화 산업 관련 주요 기관을 통폐합하면서 그야말로 문화콘텐츠의 최고 산실이 된다. 2000년 전후 인터넷의 등장으로 인한 정보 통신의 혁명, ICT 산업의 발전은 문화콘텐츠 탄생의 기반이 되었다. 정부는 관련 법규를 정비하고 정부 조직을 개편하면서 빠르게 세계 조류에 편승하게 되었고 덕분에 한국이 문화 산업의 선두에 서는 단초를 마련하게 된다.

이런 배경 속에서 2010년에는 변화된 콘텐츠 산업 환경에 따라 기존 '온라인디지털 콘텐츠산업발전법'(2002.1.14 법률 제6603호)이 '콘텐츠 산업진흥법'으로 전면 개정되었다. 결과적으로 콘텐츠 관련 주요 법은

'문화산업진흥기본법'과 '콘텐츠산업진흥법'으로 이원화되면서 혼란을 야기하고 있다.

박근혜정부(2013~2017)가 출범한 2013년 이후 디지털 콘텐츠 업무 중 일부는 미래창조과학부로 재이관되고, 문화 융성 기조에 맞게 통합문화콘텐츠 산업실(콘텐츠정책관, 저작권정책관, 미디어정책관)로 직제가 정비된다. 박근혜정부는 역대 정부 중에서 문화를 국정 기조에 편입한 첫 번째 정부라는 점에 큰 의의가 있다. 문화 융성은 "모두가 향유하는 문화 기반 마련, 문화와 산업의 융합 등에 부합하는 문화 · 예술 · 체육 지원 확대"가 핵심 정책이다. 하지만 박근혜게이트로 인해 문화 산업의 주무 부처인 문화체육관광부와 한국콘텐츠진흥원의 위상과 역할에 심각한 위협을 받았다. 창조 경제나 콘텐츠 산업 같은 용어에 부정적 의미가 더해져 새로운 용어의 발명이나 재개념화를 위한 연구가 이루어질 시점이다.

문재인정부(2017~2022)는 문화콘텐츠 산업실을 폐지하고 콘텐츠정책국, 저작권국, 미디어정책국으로 나뉘어 업무를 담당한다. 새로운 정책 의제에 대한 문화적 대안을 마련하고 통합 · 조정 능력을 강화하기 위해 미래문화전략팀을 신설했다. 문화 산업 관련 국정 과제는 '공정한 문화 산업 생태계 조성 및 세계 속 한류 확산'으로 정했다. 특히 문화콘텐츠 산업 혹은 콘텐츠 산업에서 '문화 산업'으로 회귀한 점이 주목할 점이며, "창작, 유통이 상생하는 문화 산업 생태계 조성"을 목표로 1인 창조 기업을 지원하고, 공정한 문화콘텐츠 제작 환경을 구축하며 융합 콘텐츠 인재 양성을 통해 일자리 창출과 연계하는 정책을 펼치고 있다. 특히 문재인 대통령은 방탄소년단(BTS)를 문화 특사로 임명해 국가 위상 제고에 힘쓰는 등 파격적인 행보를 보이고 있다.

윤석열 정부는 제4차 문화 기술 연구 개발 기본 계획을 발표했다. 기본 계획은 「문화산업진흥기본법」 제4조에 근거해 콘텐츠, 문화 예술, 저작권, 스포츠, 관광 등 문체부 전 분야의 연구 개발 업무를 아우르는 최상위 계획이다. 기술 기반 콘텐츠 산업·기업 육성을 위해 첫째, 모두가 누리는 문화 창작·향유 환경 조성, 둘째, 현장 중심의 정교한 문화 기술 연구 개발(R&D) 체계 구축이라는 두 가지 주요 전략을 내세우고 있다.

한국과 해외의 문화콘텐츠 정책

문화콘텐츠는 그 자체가 하나의 상품이기도 하다. 문화 상품도 국제 통상 무역의 영향을 많이 받기 때문에 국가 간의 많은 협정과 법률이 상충되는 경우가 종종 있고 불공정 거래를 통해 통상 마찰을 겪는 경우도 있다. 따라서 선진국의 문화콘텐츠 정책을 살펴보는 것은 의미가 있다.

한국과 EU

대우 김우중 회장의 자서전『세상은 넓고 할일은 많다』(1989)는 그해 최고의 베스트셀러가 되었다. 반도 국가의 국민들에게 글로벌 마인드를 각인시키고, 우리 기업의 글로벌 전략과 웅비하는 우리 상품을 보면서 자긍심을 갖기에 충분했다. 하지만 30년이 지난 21세기 대한민국은 대우나 김우중을 잊은 지 오래며 생경한 이들 이름은 유물이 되어 버렸다.

한국은 무역이 50%를 차지하는 무역 의존국가다. 문화 상품도 국제 통상 무역의 영향을 많이 받기 때문에 국가 간의 협정서 중 하나인 자유무역협정(FTA, Free Trade Agreement)는 매우 중요하다. 이런 맥락에서 한국의 FTA 체결 현황을 살펴보는 것 또한 의미 있다. 2004년 칠레와 첫 FTA가 발효됐다. 우리의 제1 교역 대상국인 중국과는 2015년에 발효되었고, 2위인 아세안과 2007년, 세계 최대 경제권인 EU와 2011년 발효되었다. 2017년 현재 54개국(EU 28국, 아세안 10국 등 포함)과 FTA가 발효되고 있다.

특히 문화 산업에서 주목할 시장은 EU다. 한국과 EU는 FTA를 체결하면서 '문화협력의정서'를 별도의 부속서로 작성했다. 시청각 공동제작을 포함한 문화 전반의 협력을 규정하고 있는데, 공동 제작물에 대하여 한-EU 양측은 쿼터 제한 등에 혜택을 부여하고, 문화 전문가 교류, 공연 예술, 출판, 문화유산 보호 관련 협력을 규정하고 있다. 또한'문화협력의정서'는 '문화다양성협약'에 기반을 두고 있는데, '문화협력의정서' 서문을 보면 이 의정서의 성격을 잘 알 수 있다.

> 유네스코 협약을 효과적으로 이행하고 그 이행의 틀 내에서 협력할 의도로 그 협약의 원칙에 기초하여 그 협약의 규정들과 맞는 조치를 개발한다. 문화 산업의 중요성과 문화적, 경제적 및 사회적으로 가치 있는 활동으로서의 문화 상품 및 서비스의 다면적인 성격을 인정하고, 이 협정에 의해 지지되는 과정이 공평한 성장과 양 당사자 간의 경제, 무역 및 문화 협력 강화를 증진하기 위한 세계적인 전략에 기여함을 인정한다.

'문화협력의정서'에서 가장 예민하고 큰 비중을 차지하는 부분은 시청각 부문이다. 프랑스는 시청각 서비스는 무역 자유화에서 제외할 것을 강력하게 주장하는 국가 중 하나다. 출판 협력 부분에서는 박람회와 세미나 개최, 공동 출판 및 번역 증진, 전문가 교류 등 간명하고 추상적인 협력을 규정하고 있는 반면에 시청각 부문의 협력은 구체적이고 큰 비중을 차지하고 있다.

'문화협력의정서'에서 규정하는 시청각의 공동 제작물이란 "의정서상의 조건에 따라 우리나라와 EU 제작자들에 의해 공동으로 투자 · 제작된 시청각물"을 의미한다. 예를 들면, 애니메이션의 경우 EU 회원국 3개국 이상이 참여하고 양측의 재정 · 기술 · 예술적 기여도가 각각 35% 이상이어야 한다. 영화, 드라마, 다큐멘터리 등의 시청각물은 EU 회원국 2개국 이상이 참여하고 양측의 재정 · 기술 · 예술적 기여도가 각각 30% 이상이어야 한다.

이처럼 한 · EU FTA의 부속 문서인 '문화협력의정서'는 양자 간 협력의 형식적 근거를 제공하고 있다. 문화 산업은 국제 통상 문제와 유네스코의 '문화다양성협약'이 상충하는 측면이 강한데, 이런 문제를 완충하는 연결 고리 역할을 하고 있다. 마지막으로 시청각 공동 제작을 촉진하는 역할을 한다. 물론 한계도 있다. 의정서(protocol)이기 때문에 구속력이 약하고, 제한적 · 상대적인 규범의 성격을 띠고 있다. 그리고 시청각 공동 제작에 대한 비중과 노력에 비해 문화와 환경이 차이가 크고, EU 국가 단위로 온도차가 커 공동 제작에 한계가 있다.

주요 선진국의 문화 정책

문화 정책과 문화 산업에 대한 주요 선진국 정책의 공통점과 차이점을 국가별로 살펴보면 다음과 같다.

미국은 15개의 행정부로 구성되어 있지만, 문화나 문화 산업을 전담하는 부는 아예 없고 간접 지원만 한다. 다만, 다양한 방법으로 저작권 보호에 주력한다. 상무부 산하에 지적재산권사무소가 있고, 국토안보부에도 미국지적재산권조정센터, 저작권청 등이 있다. 미국은 국내는 물론 세계적인 저작권 보호 체계를 구축하고, 주정부 차원에서 세제 혜택, 공공 지원, 지원금 보조 및 융자 등 간접적인 지원 정책을 펼치고 있다. 미국은 미디어 · 엔터테인먼트 산업 분야의 자율성을 가장 높은 가치로 여긴다. 문화 산업과 예술을 분리하고, 시장 원리를 존중하며 정부의 관리와 규제, 검열 등은 최소한의 개입을 원칙으로 해 민간 주도의 문화 산업 성장을 주도했다. 이런 원칙과 지원이 현재 미국을 미디어 · 엔터테인먼트 산업 강국으로 만들었다.

영국의 문화 정책이 본격적으로 추진된 시기는 1997년 문화미디어체육부가 설치되면서부터다. 영국 산업의 근간을 이루던 제조업과 중공업은 아시아 신흥 국가의 추격으로 1980년대 이후 급속히 쇠퇴했다. 이에 영국 정부가 창조 산업과 서비스 산업으로 국가 중점 산업의 추를 옮겨가기 시작한 것이다. 창조 산업(도시) 육성 정책을 통해 낙후된 도시를 재생하는 정책에 집중하고 있으며, 2014년 '창조산업전략'이라는 국가 발전 전략을 수립해 창조 산업을 구체적으로 지원 발전할 수 있도록 적극 지원하고 있다. 하지만 2016년 6월, 국민투표에서 브렉시트가 결정되는 바람에 영국의 EU 탈퇴가 확정되었고, 2020년 1월 예정대로 EU를 탈퇴했다.

일본의 문화 정책을 주관하는 곳은 문부과학성이고, 문화청에서 문화예술, 문화 산업, 문화재를 담당한다. 그리고 이채롭게 경제산업성의 상무정보정책국 문화정보관련산업과에서 문화콘텐츠 관련 사무를 일부 담당하고 있다. 한국에서 2010년 「콘텐츠산업진흥법」을 제정한 것과 같이 일본은 2004년 「콘텐츠촉진법」을 제정해 운용 중에 있다. 일본의 대표적인 문화 정책은 아베정부의 '쿨재팬(クールジャパン, Cool Japan)'이다. 아베정부는 '지적재산입국선언' 이후 조직과 법·제도를 정비해 콘텐츠 강국으로 복귀하기 위해 적극 지원하고 있다. 영국과 일본은 과거의 화려한 콘텐츠 산업 국가의 위상을 탈환하기 위해 민간과 정부가 적극적으로 협력하고 있다. 하지만 아베정부의 잇따른 실책과 지나친 우경화 등으로 일본의 국격은 계속 실추되었고, 뒤를 이은 시가 총리도 도쿄올림픽을 역대 최악의 메가이벤트로 만들면서 추락하는 일본을 막진 못했다.

중국 문화 산업의 주무부처는 문화부와 국가신문출판광전총국이였으나 2018년 대부제 개혁을 통해 기존의 국가신문출판광전총국은 폐지했다. 대신 국가광파전시총국을 신설했으며, 신문출판 등은 중앙선전부로 이전하는 등 다원화되었다. 중국 문화부가 문화 분야를 전담하는 행정 기구의 성격이 강하다면, 국가광파전시총국은 문화 산업의 관리·감독 기관의 성격이 강하다. 중국은 문화 산업을 핵심층, 외곽층, 관련층으로 구분한다. 예를 들어 음악을 공연하는 가수나 노래는 핵심층이지만, 음반을 제공하는 온라인 서비스는 외곽층, 악기나 음반 관련 CD나 카세트테이프는 관련층이다. 중국은 또한 자국의 콘텐츠를 보호하기 위해 외국 콘텐츠의 규제를 강화하고 있고, 자국의 콘텐츠도 중국 정부의 관리·감독 범위 안에 두기 위해 규제와 촉진을 함께 적용하고 있다. 중국은 저작권의 개념이 여전히 미약하고, 지역 간의 격차가 크기 때문에 균형 있는 지역 문화 발전에 매진하고 있다. 특히 지역 문화 산업을 육성하기 위해 특별한 정책을 추진하고 있는데, 소수민족의 문화를 보호하는 데 머물지 않고 이들이 거주하는 지역을 관광지로 개발하고 그들의 소품을 문화 상품으로 개발하는 등 맞춤형 발전 전략을 추진하고 있다.

한국의 문화 정책 쟁점들

영화 산업에서 스크린쿼터, 게임 산업에서 강제적 셧다운제, 관광과 일상생활에서 젠트리피케이션은 한국 문화 정책의 성패를 가름하는 쟁점들이다. 국가가 어떤 정책을 수립하느냐에 따라 산업을 옥죄는 규제가 될 수도 있고 촉진하는 진흥책이 될 수도 있다.

스크린쿼터제

2003년 〈실미도〉가 첫 천만 관객을 넘으면서 한국 영화의 천만 관객 시대를 열었다. 인구 5000만의 국가에서 천만 관객을 모을 수 있다는 것은 대단한 일이다. 역대 최고 흥행작인 〈명량〉(2014)은 1765만 명에 달하는 관객을 모았다. 역대 천만 관객 영화 중 〈아바타〉(2009)와 〈겨울왕국〉(2013)을 제외하면 모두 한국 영화라는 점도 주목할 점이다. 이렇게 한국 영화의 전성기를 만든 원동력에는 스크린쿼터(Screen Quota)가 있다.

스크린쿼터의 정식 명칭은 '한국 영화 의무상영제'이며, 영화를 상영하는 극장에 특정한 영화를 일정 비율 이상 의무적으로 상영하도록 강제하는 제도를 가리킨다. 스크린쿼터는 국내시장에서 국내 영화의 외국 영화와의 경쟁을 제한함으로써 외국 영화에 의한 국내 영화 시장의 잠식을 막고 자국의 영화 산업을 보호하는 대표적인 배타적 문화 정책이다. 이 제도는 영국에서 처음 시작했다. 1927년 영국의회는 '영화헌장(Cinematograph Act)'을 제정해 영국 영화를 30% 이상 상영하는 규정을 정했다. 이후 프랑스, 이탈리아, 브라질, 한국, 파키스탄 등 일부 유럽 국가와 아시아 · 남미 국가에서 시행하게 된다. 한국은 1966년 제2차 「영화법」 개정 때부터 외국인의 영화업을 불허하고 스크린쿼터를 통해 해외 영화의 상영을 제한함으로써 제작과 상영 부문에서 한국 영화를 보호하는 규정을 넣었고, 1967년 1월부터 본격적으로 시행했다.

1986년 아시아게임과 1988년 서울올림픽 전후로 한국 사회의 큰 변화를 겪는다. 해외 문화를 개방하고 해외여행을 자유화하는 등 문호를 열기 시작했다. 1985년부터 해외 영화 수입도 자유화되고 1988년에는 할리우드의 UIP 직배사가 진출하면서 한국 영화계는 큰 변화를 맞이한다. 1994년 이후 다시 보호 정책을 강화하지만, 2006년에 이르러 대폭 완화 축소하는 등 스크린쿼터는 시대에 따라 강화와 완화를 반복하면서 여전히 한국 영화를 보호하는 대표적인 정책으로 자리매김하고 있다.

2011년 국회 비준을 통과한 한미 FTA 협상 때 스크린쿼터 의무 상영일은 146일에서 절반으로 줄여 74일이 되었다. 저작권 보호도 기존 사후 50년에서 70년으로 강화되는 등 한국에 불리하게 적용되었다. 1990년대 UIP로 대변되는 할리우드 영화의 공세에도 불구하고 한국 영화가 발전하고 국민의 사랑을 받을 수 있었던 버팀목도 스크린쿼터의 역할이다.

또한 2005년 '문화다양성협약'을 맺으면서 스크린쿼터제의 정당성을 국제적으로 공인받았다. 그간 스크린쿼터제는 WTO와 GATT 같은 통상 무역과 상충되면서 지나친 보호주의라는 멍에를 안고 있었다. 그런데 문화다양성 협약의 체결과 함께 이런 멍에에서 자연스럽게 벗어날 수 있었던 것이다.

반면에 해외의 우수한 예술영화를 관람할 기회를 관객에게 제한하고, 저질 국산 영화를 양산하는 부작용도 낳았다. 특히 저급한 조폭 영화가 난무하고 완성도가 떨어지는 속편 제작으로 인해 일부 상업 영화만 성장하는 폐해를 낳자 영화계 스스로 자성과 반성의 목소리를 높이기도 했다. 스크린쿼터가 한국 문화 산업의 간판인 영화 산업을 보호하는 정책임에는 틀림없다. 하지만 문화선진국이자 문화다양성을 주창한 프랑스나 캐나다 같은 국가는 통상 압력 때문이 아니라 스스로 스크린쿼터를 철폐했음을 잊어서는 안 된다.

강제적 셧다운제

한국 콘텐츠산업 수출 규모 중 50% 이상을 차지하는 분야는 게임이다. 출판, 애니메이션, 음악, 영화, 방송 등 모든 콘텐츠의 수출액을 합해도 게임 수출액에 미치지 못한다. 게임은 음악, 드라마와 더불어 한류 확산의 첨병 역할을 하고 있지만 역할에 비해 정책 지원은 미미하다.

중국은 한국 게임 기업에 가장 많이 투자하는 국가 중 하나다. 중국 ICT 기업 텐센트는 2014년 넷마블게임즈에 5330억 원을 투자해 3대 주주가 되었고, 라인과 함께 네시삼십삼분에 1300억 원을 투자했다. 텐센트는 핀란드 게임 개발사 슈퍼셀을 일본 소프트뱅크로부터 86억 달러(약 10조 원)에 인수했다. 전 세계 스마트폰용 소프트웨어 기업 중 가장 큰 매출을 올리는 슈퍼셀을 텐센트가 인수한 것이다. 텐센트가 중국정부의 지원에 힘입어 전 세계 경쟁력 있는 게임 회사를 인수 합병 등을 통해 세계 최대의 모바일 게임 기업으로 성장하는 동안 한국의 게임 정책은 뒷걸음치고 있었다.

PC방 게임 조사 전문 기업 게임트릭스 통계에 따르면, 2021년 인기 온라인 게임은 〈리그 오브 레전드〉, 〈서든 어택〉, 〈피파온라인4〉, 〈배틀그라운드〉 등이다. 모바일 게임 다운로드 수는 2019년 하반기 대비 17% 상승한 260억 건으로 크게 성장했고, 소비자의 지출은 2019년 하반기 대비 11% 늘어난 2020년 상반기 360억 달러(한화 약 43조 원)를 기록했다. 이러한 현상은 코로나19로 인해 재택에 머무르는 시간이 늘어남에 따른 상호작용이 컸다.

모바일 빅데이터 기업인 모바일인덱스에 따르면, 2020년 국내 모바일 게임 앱 거래액은 5조 3291억 원으로, 2019년보다 24% 증가했다. 〈2020 대한민국 게임백서〉는 2020년 국내 게임 시장규모를 약 17조 원이고, 2021년 18조 2683억 원 수준으로 전망하고 있다. 온라인 게임의 주춤하고 모바일 게임의 성장에는 강제적 셧다운제가 큰 역할을 했다.

강제적 셧다운제는 16세 미만 청소년들의 게임 중독을 예방하기 위해 심야 시간대(자정~오전 6시)에 온라인 게임 접속을 제한하는 제도다. 이 제도에는 태생적으로 많은 허점을 안고 있다. 우선, 해외 게임과 모바일 게임은 규제에서 제외된다는 허점이 있다. 즉, 국내 온라인 게임만 단속하는 역차별적인 게임 규제 정책인 것이다. 2012년부터 시행된 강제적 셧다운제는 여성가족부와 일부 국회의원이 추진한 정책이다. 이명박정부에서 시작된 게임 규제 정책은 문화 융성을 국정 기조로 내걸었던 박근혜정부에서도 '게임=마약'이라는 인식하에 규제를 이어갔다. 이외에도 게임 산업을 규제하는 정책은 많다. 문화체육관광부 산하 게임물관리위원회와 민간의 게임콘텐츠심의등급분류위원회로 이원화된 정책 또한 문제다. 지나치게 행정적인 소모가 심하고, 사실상 사전 검열이라는 근본적인 문제도 안고 있다.

결국, 2021년 셧다운제는 10년 만에 폐지되었다. 2021년 11월 강제적 셧다운제가 시행되었고, 2014년 헌법 재판소는 강제적 셧다운제를 합헌 결정했다. 하지만 온라인 게임에서 모바일 게임으로 패러다임이 전환되고 마인크래프트 논란이 불거지면서 셧다운제 폐지가 가시화되었고, 메타버스와 생성형 AI 등 기술이 발전하면서 무용론이 대두되었다. 이에 2021년 9월 문화체육관광부와 여성가족부가 게임 시간 선택제를 도입하면서 논란과 악법의 상징이었던 셧다운제는 역사의 뒤안길로 사라졌다.

게임을 규제하는 셧다운제는 한국에만 있는 악법이었다. 베트남과 중국 등 일부 국가에서 시도했으나, 명의 도용 등 더 많은 사회 문제를 야기해 결국 실패했다. 강제적 셧다운제는 잘못된 문화 산업 정책의 상징이었고, 결국 폐지되었다.

젠트리피케이션과 문화 정책

중국 베이징에는 따산즈798예술구(大山子798艺术区, 이하 798)가 있다. 1950년대 세워진 공장 지대로 1980년대부터 쇠락하자 2000년대부터 예술가들이 모여들기 시작했다. 값싼 임대료와 넓은 공간은 가난한 예술가에게 창작 작업소로 제격이었다. 798은 베이징의 문화 아이콘으로 자리 잡았으나 관광지로 유명해지면서 임대료는 치솟고, 주차 문제와 소음 문제로 젊은 예술가들이 하나둘씩 798을 떠나게 되었다. 이런 현상을 젠트리피케이션이라고 한다.

젠트리피케이션은 1964년 영국의 사회학자 루스 글래스(Ruth Glass)가 창안한 용어로 런던 번즈베리(Barnsbury) 지역에 있는 상업지구의 변화를 연구하면서 창안했다. 젠트리피케이션은 영국의 상류계층을 의미하는 'gentry'에서 파생된 용어로 사전적 의미는 "낙후된 구도심이 활성화되면서 사람들과 돈이 몰리고, 결과적으로 원주민이 밀려나는 현상"을 뜻한다. 젠트리피케이션의 진행 과정은 이렇다. 낙후된 도시나 지역에 영세업자가 유입되고 정부는 지원 정책을 내놓는다. 입소문을 타면서 유동 인구는 증가하고, 임대료는 치솟게 되면서 영세한 입주민과 거주민은 밀려나게 된다. 결과적으로 지역의 특색과 정체성은 사라지고 획일화된 상업 공간만 남게 된다.

닐 스미스(Neil Smith)는 젠트리피케이션의 핵심 발생 요인을 임대료 상승으로 규정하고, '임대료격차이론(rent gap theory)'을 통해 현재의 임대료 수입과 잠재적인 임대료 수입 간의 격차가 가장 클 때 젠트리피케이션이 발생한다고 주장했다. 샤론 주킨(Scharon Zukin)은 젠트리피케이션의 문화적 맥락에서 해석한 최초의 연구자로 1950년대에서 2000년까지의 뉴욕의 맨해튼, 즉 로어 맨해튼(Lower Manhattan)의 상황을 문화적 현상으로 분석했다.

한국에서도 최근 젠트리피케이션이 사회 문제로 부상하고 있다. 이태원 경리단길, 홍대입구와 신촌 일대, 신사동 가로수길 등이 젠트리피케이션 현상이 일어나고 있는 대표적인 장소다. 홍대입구는 출판사와 디자인 작업실, 인디밴드 등이 모여 문화가 살아 숨쉬는 장소였다. 그러나 클럽 문화가 확산되면서 카페, 옷가게, 모텔, 먹자골목, 멀티플렉스 영화관 등 전형적인 유흥가로 변모하게 되었다. 결과적으로 인디밴드와 출판사 등 영세 입주민과 거주민은 상수동, 동교동, 서교동 등 홍대 외곽으로 밀려나게 되었다. 반면에 젠트리피케이션을 극복한 사례도 있다. 성동구는 2015년 지자체 중 최초로 젠트리피케이션 방지 조례(상가임차인 보호를 위한 조례)를 채택했고 중구, 강남구, 도봉구 등 다른 지자체도 조례를 채택했다. 마포구 연남동 경의선책거리는 또 다른 성공 사례다.

해외에도 젠트리피케이션을 방지하는 정책이 있다. 독일은 지역 평균 임대료의 10% 이상을 올리지 못하게 하는 렌털 브레이크(rental brake) 제도를 시행하고 있다. 캐나다 몬트리올에서는 부동산기업이 임대료 상승을 주도하자 예술가를 보호하고, 그들에게 다음 세대까지 장기 임대 계약을 제공할 수 있도록 지원 정책을 마련했다.

젠트리피케이션으로 유사한 개념으로 투어리스티피케이션(touristi-fication)이 있다. 역시 문화 정책과 관련된 도시 현상 중 하나다. 관광을 뜻하는 투어(tour)와 젠트리피케이션(gentrification)의 합성어로 '주거 지역이 관광지화되면서 기존 거주민이 이주하는 현상"을 말한다. 전주 한옥마을과 서울 북촌 한옥마을, 통영 동피랑, 부산 감천문화마을 등이 대표적이다. 거주민의 피해가 속출하자 2016년 서울 이화동 벽화마을은 주민들 스스로 벽화를 지워 버렸다.

프랑스는 투어리스티피케이션를 극복하는 방법으로 400개의 보호 상업 구역을 설정해 마켓, 세탁소, 정육점 등 거주민에게 꼭 필요한 시설의 임대료를 지원하고 있다. 이런 프랑스의 정책은 우리에게 시사하는 바가 크다.

해외의 문화 정책 쟁점들

문화다양성협약은 프랑스를 중심으로 미국의 일방주의에 제동을 거는 중요한 정책 중의 하나다. 미키마우스법은 미국과 유럽이 공통으로 적극적으로 추진하는 대표적인 선진국 법이다. 오히려 미국보다 유럽에서 70년 연장을 먼저 주도했다.

문화다양성협약

유네스코는 1991년 '문화와 개발을 위한 세계위원회'(WCCD, World Commission on Culture and Development)를 설립했다. WCCD는 1995년 『우리의 창조적 다양성(Our Creative Diversity)』이라는 보고서를 출간한다. 이 보고서는 1992년 채택된 '생물다양성협약(Convention on

Biological Diversity)'에 뿌리를 두고 있다. 각각 인간을 비롯한 다양한 생명의 종이 진화하는 자연적 생태계와 인간이 창의를 갖춘 문화적 생태계의 가치를 담았다는 점에 큰 의의를 갖는다.

문화 다양성은 1999년에 열린 제30차 유네스코총회에서 '지구화 시대에서 문화와 창의성(Culture and Creativity in a Globalized World)'을 주제로 열린 문화장관원탁회의를 통해 처음 제기되었고, 2001년 파리에서 열린 제31차 유네스코 총회에서 비구속적인 '문화 다양성 보편 선언문(Universal Declaration on Cultural Diversity)'이 채택됨으로써 세계적인 이슈가 되었다.

'문화 다양성 보편 선언문'은 "세계인권선언 및 기타 국제적으로 승인된 국제규약에서 천명한 인권과 기본 자유의 충실한 이행을 확약"하고 있다. '문화 다양성 보편 선언문'은 서문과 본문을 포함해 총 12조항으로 구성되어 있으며, 각 회원국이 선언문 배포를 위해 필요한 실행 계획이 덧붙여 있다. 주요 내용은 문화 다양성의 정체성, 다원주의를 존중하고, 문화다양성과 인권, 문화다양성의 창의성, 문화다양성의 국제연대를 강조하고 있다.

이렇게 유엔 회원국이 문화 다양성을 선언하게 된 배경에는 세계화(globalization)로 인해 세계 곳곳에서 벌어지는 문명의 충돌을 완화하고 문화다원주의(cultural puralism)를 확대하자는 의도가 있다. 물론 미국 등 일부 국가의 반대는 강력했다. 하지만 2005년 10월 20일 '문화적 표현의 다양성 보호와 증진 협약(Convention on the Protection and Promotion of the Diversity of Cultural Expression, 이하 문화다양성협약'을 채택했다. 제33차 유네스코 총회에서 찬성 148개국, 반대 2개국, 기권 4개국으로 채택되었다. 반대국은 미국과 이스라엘이었다. 2007년 3월 18일 발효된 유네스코의 '문화다양성협약'은 예외 없는 자유무역을 주장하는 국제무역협정과 문화 상품의 특수성을 강조하는 문화적 예외주의가 상반된 입장을 보이고 있다. 주요 쟁점은 '문화적 예외'을 인정하느냐 여부다. 예전에는 예술적인 영화나 시청각 창작물에만 문화적 예외를 적용했으나, 문화다양성협약은 다양한 인류 사회의 기준이 되는 가치와 사회적 관습의 총체를 통합하는 명료한 인류학적 토대를 강조하고 있다.

프랑스 주도로 이루어진 '문화다양성협약'은 미국의 일방적인 문화패권주의에 제동을 거는 역할을 했다. 하지만 문화적 예외는 단순히 국경으로 표현되는 지역적 구분에 의한 문화의 보호를 통해 문화적 고립이나 지역적 이기주의를 보호하려는 한계를 가질 수 있다. 이런 한계를 발전적으로 논의하기 위해 수동적인 문화적 예외 개념에서 능동적인 문화다양성 개념으로 대체함으로써 원래 취지를 살려야 한다. 또한 문화적 다양성은 시나 소설을 담는 출판이나 미술과 고전음악과 같은 순수 예술 분야에서는 창작의 다양성을 의미하지만, 영화와 같은 대중을 상대로 하는 문화 상품에서는 창작의 다양성보다 오히려 소비의 다양성 확보가 더 큰 의미가 있다. 즉 문화의 다양성은 문화를 보호하기 위함이지 결코 산업을 보호하는 방패가 될 수 없는 것이다.

그런 의미에서 '문화다양성협약'은 WTO와 GATT와 밀접한 관계가 있다. 문화 상품과 문화 서비스는 문화적 창작물이라는 측면과 무역 통상의 상품이라는 측면이 병존한다. 따라서 '문화다양성협약'은 국제무역에 관한 협정인 GATT과 WTO 협정에 의한 규율도 동시에 받는다. 관련 내용은 '문화다양성협약' "제20조 다른 조약과의 관계: 상호지원성, 보완성 및 비종속성"에 적시되어 있다. WTO는 1995년 GATT를 대체하기 위해 등장한 국제기구로 회원국들 간의 무역 관계를 정의하는 수많은 협정을 교통정리하고 관리 · 감독하는 기구다. GATT는 제2차 세계대전이 막바지에 이른 1944년 창설된 협정으로 관세무역일반협정이다. WTO와 달리 유형의 기구가 없는 무형의 기구로 '무조건 최혜국대우 공여원칙'을 준수하고 있다.

일반적으로 협정 때마다 협정한 지역이나 주도적인 역할을 한 인명의 이름 뒤에 '라운드'라고 부른다. 우루과이라운드가 대표적이다. 우루과이라운드에서 주목할 만한 협정 내용은 서비스 · 지적재산권 · 무역관련 투자 등 새롭게 부상하는 신규 산업에 대한 국제 규범을 정했다는 점이며, 문화 산업과 밀접한 관련이 있다. 또한 문화와 국제 통상의 관계가 이슈로 두드러진 것도 우루과이라운드이며, 프랑스가 '문화는 무역의 논의에서 제외'해야 한다고 주장해서 영화 등 시청각 분야 등의 협의가 교착 상태에 빠진 것도 우루과이라운드였다.

저작권 보호 기간과 '미키마우스법'

월트디즈니는 1925년 토끼를 소재로 한 애니메이션 〈행운의 토끼 오스왈드(Oswald the Lucky Rabbit)〉를 발표한다. 반응은 폭발적이어서 큰 성공을 거둔다. 하지만 투자자와 격한 갈등으로 인해 오스왈드의 저작권은 배급사인 유니버설영화사로 넘어갔다. 월트디즈니는 이 일로 캐릭터의 가치와 저작권의 중요성을 깨닫게 된다. 오스왈드를 교훈삼아 탄생한 캐릭터가 미키 마우스다.

1928년 단편 애니메이션 〈프레인 크레이지(Plane Crazy)〉에 미키 마우스가 처음 등장한다. 데뷔 무대에서 큰 반응이 없던 미키 마우스는 같은 해 제작한 8분짜리 유성 애니메이션 〈증기선 윌리(Steamboat Willie)〉에서 큰 인기를 끌면서 전 세계 애니메이션의 역사를 새로 쓴다. 당시 미국 '저작권법'에서 규정한 저작권 보호 기간은 75년이었다. 1928년 창작된 미키 마우스는 2004년부터 저작권이 해제돼 누구나 자유롭게 저작권을 사용할 수 있게 되었다. 저작권에 민감한 월트디즈니는 적극적으로 저작권을 연장하는 법을 제정하기 위해 전 방위 로비를 벌이기 시작한다. 월트디즈니는 하원의원 13명 중 10명, 상원의원 12명 중 8명에게 합법적인 로비를 벌였으며, 선거운동에만 80만 달러 이상을 기부했다.

결국 소니 보노(Sonny Bono) 상원의원은 '저작권기간연장법(Copyright Term Extension Act)'을 발의해 1998년 10월 7일 미국 의회 상하원을 통과하고, 10월 27일 클린턴 대통령이 법안에 서명해 발효된다. 정식 명칭은 '저작권기간연장법'이지만, 소니 보노 의원이 발의해서 '소니보노법'이라고 부르며, 디즈니의 강력한 로비에 빗대어 '미키마우스법'이라고도 부르기도 한다.

'저작권기간연장법'을 적극적으로 지지하는 미국영화협회(MPAA, Motion Picture Association of America)의 회장 잭 발렌티(Jack Valenti)는 "저작권 소유자들로 하여금 기존 저작물의 보존과 복구와 같은 지속적 관리와 투자를 가능하게 하면 이것이 결국 소비자에게 이익이 될 것이며 나아가 미국의 무역수지 흑자 유지를 위해 꼭 필요하다"고 주장했다.

'저작권기간연장법'을 반대한 측은 학자들이 많다. 미국의 저작권법 학자인 피터 자스지(Peter Jaszi)는 "미국 저작권법은 공유 영역을 유지하는 일에 끊임없이 노력했기에 우수성을 가질 수 있었으며 전 세계 시장에서 미국 작품들이 엄청난 경쟁력을 가지고 성공할 수 있다"라며 공공 저작권의 중요성을 강조하면서 반대 입장을 보였다. 스탠퍼드대학교의 로런스 레시그(Lawrence Lessig) 교수는 "저작권자들이 입법 로비를 해 보호 기간을 연장하려는 노력이 새로운 작품의 창작을 위해서가 아니라 독점 기간을 늘려 이익을 취하려는 것으로써 공중의 공유 영역에 대한 침탈"이라며 신랄하게 비판했다. 케임브리지대학의 장하준 교수는 "선진국들이 지적재산권을 인정하지 않고 침해와 표절 모방이라는 사다리를 통해 발전했음에도 개도국들에게는 지적재산을 자율적으로 이용할 권리를 제한하고 지적재산권의 보호를 강조하는 것이 자국들이 밟고 올라온 사다리를 개도국들이 이용하지 못하도록 걷어차는 행위와 같다"고 비판하고 있다.

결과적으로 저작권의 보호 기간은 '베른조약'에서 사후 50년을 규정하고 있으나, 이보다 긴 저자 사후 70년으로 연장하는 것이 국제적 추세다. EU는 미국보다 빠른 1995년에 저자 사후 70년으로 저작권을 연장했다. 주요 선진국 중에서 일본과 캐나다만 저자 사후 50년을 채택하고 있다. 한국은 한미FTA를 진행하면서 저자 사후 50년에서 70년으로 저작권 보호 기간이 연장되었다.

할리우드, 발리우드, 찰리우드

할리우드는 미국 영화 산업의 중심지이자 세계 영화 산업의 상징이다. 1920년대에 이미 할리우드 주변에 위치한 50개 스튜디오에서 제작한 영화가 미국 영화의 90%를 차지할 정도로 영향력이 컸다. 1930~1940년대에 이름만 들어도 알 만한 콜럼비아(Columbia), 파라마운트(Paramount), 워너브러더스(Warner Brothers), 유니버설(Universal), 20세기폭스(20th Century Fox) 등의 영화사가 이곳에 둥지를 틀었다. 영화사와 제작사가 할리우드로 모이자 영화를 꿈꾸는 감독, 배우, 작가, 음악가, 촬영기사, 기타 스태프 등이 몰려들기 시작했다. 영화 관련 산업과 자본, 대학 등 연구기관이 몰리면서 할리우드는 거대한 영화 산업 클러스터를 이루었고, OSMU와 트랜스미디어를 최적화할 수 있는 마케팅 조건도 갖추게 되었다.

할리우드는 자본과 정부의 정책 지원을 통해 성장했다. 제2차 세계대전 당시 할리우드는 국민들이 전쟁 의지를 고양할 수 있도록 전쟁영화를 만들었다. 제2차 세계대전이 끝난 후에도 이런 흐름에는 변함이 없었다. 베트남전쟁 때도 할리우드는 반전 여론을 무력화하기 위해 전쟁 영웅의 삶을 그린 영화를 다수 제작했다. 1980년대로 넘어 오면서 〈람보(First Blood)〉(1982)나 〈코만도(Commando)〉(1985) 같은 영웅적인 군인 캐릭터를 앞세워 군부에 대한 좋은 이미지를 각인시키는 역할을 했다. 할리우드 영화제작자는 1년에 200여 편의 영화제작 지원을 펜타곤에 요청하고 펜타곤은 이 중 3분의 2를 들어주면서 할리우드와 미국 국방부의 공생관계를 계속해 나갔다. 〈트루 라이즈(True Lies)〉(1994) 같은 영화에서 아랍인들을 항상 테러리스트로 묘사하고 미국은 영웅적으로 그림으로써 할리우드는 미국이 만드는 세계화 정책에 동조했다.

할리우드는 거대 자본과 시장을 무기로 규모의 경제를 이끈다. 할리우드의 영화 산업은 또한 흥행 산업이자 도박 산업이다. 열 편 중 일곱 편이 적자고 두 편은 손익분기를 간신히 맞추고 한 편만이 성공을 거둔다. 물론 한 편의 성공이 나머지 아홉 편의 적자를 훌쩍 뛰어 넘는 수익을 가져다주는 일도 흔하다. 그러다 보니 PPL(Product PLacement, 간접 광고)는 영화 산업의 주요한 수입원이다. 영화 〈매트릭스〉에서 현실 세계와 가상 세계를 연결하는 매개체가 바로 휴대 전화인데, 그게 바로 삼성의 휴대 전화이며, 007시리즈에 단골로 나오는 자동차 추격 신에 등장하는 차는 BMW다. 이 모두 PPL이다. 영화 속 PPL의 전설은 스티븐 스필버그의 〈ET〉(1982)에 등장하는 허쉬 초콜릿 PPL이다. 영화가 개봉 후 전년도 대비 65% 판매량이 상승했다. 이처럼 할리우드는 자본을 대변한다.

미국의 할리우드가 있다면 인도에는 발리우드(Bollywood)가 있다. 인도는 세계 여섯째로 큰 영화 시장이다. 문맹률이 70%에 달하고 교육과 TV 보급률이 낮아 상대적으로 문화 산업 중 유독 영화 산업에 집중되는 경향을 보인다. 발리우드 혹은 '볼리우드'라고 부르는데, 봄베이(Bombay)와 할리우드(Hollywood)의 합성어다. 봄베이는 1995년부터 뭄바이(Mumbai)로 명칭이 변경되었다. 인도 영화 시장은 연간 2000편의 영화를 제작한다. 매출량에서는 미국이 1위, 중국이 2위지만 제작 편수는 인도가 1위다. 연평균 12%의 성장률을 보이고 있으며, 연간 티켓 판매량은 40억 장으로 미국의 두 배가 넘는다. 2019년 발리우드의 영화 규모는 36억 달러에 달할 것으로 예상되는데, 열악했던 영화관이 점차 멀티플렉스로 형태가 바뀌면서 영화 시장은 향후 급성장할 것으로 보인다.

발리우드 영화의 특징은 영화, 뮤지컬, 콘서트, 무용이 합쳐져 나타나는 스토리와 이야기의 흐름과 상관없이 느닷없이 등장하는 춤과 노래다. 화려한 의상과 군무, 남녀 배우의 노래와 합창 등은 한국 관객은 물론 전 세계 관객에게 적응하기 힘든 패턴이지만, 어느덧 마력으로 다가와 인도 영화에 푹 빠져들게 만들었다. 인도 영화 중 '맛살라' 장르가 발전할 수밖에 없는 요인은 인도 정부의 강력한 규제정책 때문이다. 영국의 지배를 받을 때부터 식민지 규제가 뿌리 깊게 강했고, 종교와 신분 등 소재와 주제의 규제가 많고 내용의 검열도 심한 편이다.

2009년 개봉한 〈세 얼간이〉와 2014년 개봉한 〈피케이: 별에서 온 얼간이〉, 그리고 〈당갈〉(2016), 〈RRR〉(2022) 등은 한국에서도 큰 인기를 끌었다. 그럼에도 발리우드 영화는 여전히 한계를 안고 있다. 다민족에 종교의 용광로인 인도는 민족과 종교 소재는 금기로 한다. 큰 사회 문제와 갈등을 야기할 수 있기 때문이다. 스크린 수도 문제다. 미국은 100만 명당 스크린 수가 125개인 반면 인도는 7개에 불과하다. 공급이 수요를 따라가지 못하는 경제 구조를 안고 있는 것이다. 그럼에도 인도는 매년 1000여 편의 영화를 제작하는 영화 강국이다.

2015년 개봉 당시 인도 최고의 제작비를 투입하여 제작한 〈바후발리: 더 비기닝〉(2015)은 인도 영화의 모든 흥행 기록을 깨면서 큰 인기를 끌었다. 제작비는 18억 루피였고 수익은 65억 루피에 달했다. 1편의 성공을 등에 업고 2편은 〈바후발리: 더 컨클루전〉(2017)은 제작비 25억 루피, 흥행 수익은 181억 루피에 달해 인도 최고의 영화이자 프렌차이즈 문화상품으로 자리매김했다. 〈바후발리〉는 영화를 원천콘텐츠로 드라마, 애니메이션, 소설, 만화, VR콘텐츠 등 다양한 OSMU 마케팅 전략으로 확장되었다.

세계적으로 위상이 높아진 한국 영화와 인도 영화의 협업도 활발하다. 원빈 주연의 영화 〈아저씨〉(2010)는 〈록키 핸썸(Rocky Handsome)〉(2016)으로 리메이크되어 그 가능성을 보였고, 〈수상한 그녀〉(2014)는 〈오! 베이비〉(2019)로 리메이크되어 인도에서 큰 반향을 일으켰다. 하지만 그 이전에는 〈올드보이〉, 〈추격자〉, 〈달콤한 인생〉 등은 무단으로 리메이크된 사례도 있다. 과거 한국의 드라마가 인도에 무단으로 방영되는 사례는 흔했다. 최근 한국과 인도 간의 교류가 활성화되면서 콘텐츠 저작권의 기류도 많이 바뀌었다. 인도 거대 TV기업 지네트워크(Zee Network)는 드라마 〈태양의 후예〉와 〈꽃보다 남자〉를 수입해 자사의 여러 채널에 배급해 큰 인기를 끌고 있다.

그 외에도 실리우드(Siliwood)와 찰리우드(Chollywood)도 있다. 실리우드는 1990년대 중반에 등장한 용어로 실리콘 밸리와 할리우드를 합친 말이다. 실리콘밸리의 디지털 기술과 할리우드의 엔터테인먼트가 결합한 융합 현상이다. 1975년 조지 루카스가 설립한 특수 촬영 스튜디오 회사 ILM(Industrial Light & Magic)이 실리우드를 대표하는 스튜디오다. ILM은 약 40년 동안 〈스타워즈(Star Wars)〉(1977, 에피소드 4)부터 프리퀄 시리즈 3편과 시퀄 시리즈 3편을 담당했다. 또한 마블 시네마틱 유니버스를 만들었는데 〈어벤져스〉 1~4편은 물론 〈아쿠아맨〉, 〈블랙 위도우〉, 〈정글 크루즈〉 등을 제작했다. 이 외에도 〈미션 임파서블〉 시리즈, 〈미이라〉 시리즈, 〈트랜스포머〉 시리즈, 〈캐리비안의 해적〉 시리즈 등 할리우드 최고의 영화를 제작했다. 이처럼 기술과 영화의 만남으로 대변되는 영화를 실리우드라고 한다.

실리우드는 할리우드 중심의 미국 영화 산업에 작은 변화를 주었다. 영화 산업에 적극 지원하는 캐나다로 할리우드의 디지털 기술이 이전하게 된 것이다. 이유는 세제 혜택과 지원이다. 캐나다 정부는 영화 산업을 적극 육성하고 일자리 창출과 미국의 선진 기술을 습득하기 위해 지원 정책을 펼쳤다. 예를 들어 캐나다인 6명만 고용해도 200만 달러를 지원해준다. 캘리포니아주는 영국, 아일랜드, 독일, 스페인, 프랑스 등에 인력과 고급 기술이 유출되는 것을 막고자 최대 25%의 세제 혜택을 주는 등 적극적인 영화 산업 보호 정책을 펼치고 있다.

찰리우드는 중국(China)과 할리우드(Hollywood)의 합성어로 중국 영화 산업과 할리우드를 결합한 신조어다. 2010년 이후 완다, 텐센트, 알리바바 등 중국 최고의 기업이 영화 시장에 뛰어들면서 중국 영화 산업은 가장 핫한 문화 산업 분야가 되었다. 중국 정부는 영화 산업 발전을 위해 2015년 '영화산업촉진법(映畵産业促进法)'을 제정했다. 이 법을 기반으로 영화 산업 종사자들에게 세금 우대 혜택을 제공하고, 정부 차원의 특별기금을 마련하는 등 지원을 아끼지 않고 있다. '영화산업촉진법'은 중국 문화 산업 중 첫 번째 법률이라는 의미는 있으나 규제와 제약이 많은 법이기도 하다. 창작의 자유를 규제하고 중국식 사회주의를 우선하기 때문에 시대착오적인 측면이 강하다.

그럼에도 중국 영화 산업은 매년 20~30% 이상 성장하고 있다. 2017년 59억7900만 위안을 벌어 중국 역대 최고의 흥행작이 된 〈전랑(战狼) 2〉는 광풍처럼 중국 애국주의 영화 시장을 열었다. 2022년 개봉한 〈장진호(长津湖)〉는 한국전쟁을 배경으로 한 영화로 애국주의 영화의 끝판왕이다. 〈장진호〉는 8억9940만 달러를 벌어들이면서 중국 최고 흥행작으로 자리매김했다.

3위는 2021년 개봉한 저예산 코미디 영화 〈니하오, 리환잉(你好, 李焕英〉(2021)이다. 2021년 3월 이미 50억 위안을 넘었으며, 〈나타지마동강세(哪吒之魔童降世)〉의 기록을 앞질러 역대 3위로 올랐다. 〈니하오, 리환잉〉은 중국 역사상 최단 시간에 50억 위안을 돌파한 영화라는 진기록도 세운 판타지 · 코미디 영화다.

4위는 놀랍게도 애니메이션 〈나타지마동강세〉(2019)다. 도교에 등장하는 호법신을 소재로 중국 영화 산업에 한 획을 그은 것으로 평가받는다. 〈나타지마동강세〉는 『서유기』를 벗어난 소재로, 애니메이션이라는 장르가 역대 4위의 흥행을 했다는 점은 중국 영화의 확장 가능성을 보여준다. 5위는 〈유랑지구(流浪地球)〉(2019), 6위는 〈탐정당인(唐人街探案) 3〉(2021) 순이다.

중국 ≪글로벌타임스≫에 따르면, 2020년 하반기 영화 시장 1위는 북미에서 중국으로 순위가 바뀌었다. 이러한 요인은 코로나19가 결정적이다. 중국은 2020년 하반기부터 영화관을 오픈한 반면 미국은 정상적인 업무가 힘든 상황이다. 결과적으로 중국의 매출은 19억2700만 달러, 북미는 19억2500만 달러로 중국에 1위를 내주었다. 이 같은 상황은 2021년에도 지속되었다. 2021년 아이맥스차이나의 영화 사업 주가는 88% 폭등했고, 알리바바 픽처스가 34%를 넘었다. 〈니하오, 리환잉〉처럼 초대박 영화가 등장하는 중국 영화 시장의 질주는 계속될 것으로 보인다.

≪캣츠아이 전문판≫ 데이터에 따르면, 2023년 중국 영화 시장의 누적 흥행은 36억4000만 위안(한화 6626억2560만 원)을 넘어 북미 박스 오피스 성적을 제치고 세계 단일 시장 박스 오피스 1위를 차지했다. 세계 영화 규모는 중국, 북미, 독일, 한국, 프랑스, 일본, 영국, 인도, 스페인, 오스트레일리아 순이다.

생각해 볼 문제

1. 문화 정책, 문화콘텐츠 정책의 개념은 무엇이고, 문민정부 이후 한국 문화 정책이 어떻게 변화해 왔는지 논의해 보자.
2. 미국, 영국, 일본, 중국, EU 등 주요 선진국의 문화 산업 정책의 특징에 대해 논의해 보자.
3. 한국의 문화 산업 정책 중 스크린쿼터제와 강제적 셧다운제가 문화 산업에 미친 긍정적인 부분과 부정적인 부분을 나눠 논의해 보자.

4. 세계의 국가는 프랑스를 중심으로 문화 다양성을 중시하는 국가와 미국을 중심으로 한 문화통상주의 국가로 나눌 수 있다. 영화 산업 측면에서 보호와 개방 어느 쪽이 한국 문화 산업의 미래에 이익인지 논의해 보자 .
5. 미국 중심의 영화 산업이 중국과 인도로 그 중심축이 변화하고 있고, 한국도 영화 강국으로서 활약이 눈부시다. 포스트 코로나 이후 글로벌 영화 시장에 대한 예측과 전망을 논의해 보자.
6. 도서 정가제는 전반적으로 독자에게 불리하고 출판사와 서점에 유리한 정책이라는 평가를 받는다. 출판 시장이 급속히 하락하는 상황에서 출판 시장을 지키기 위해 도서 정가제는 산업을 보호하는 좋은 정책인지 아니면 자본주의 사회에서 공정성에 위배되는 반자본주의적인 정책인지 찬반으로 나눠 논의해 보자.
7. 중국과 한국의 애국주의 영화의 공통점과 차이점을 비교해 보자.

참고문헌

김규찬(2015). 『문화 산업 정책 20년 평가와 전망』. 한국문화관광연구원.
김규찬(2016). 『한-EU 문화협력위원회 핵심의제 개발연구』. 한국문화관광연구원.
김문환(1996). 『미래를 사는 문화정책』. 나남.
권응상(2019). 『중국의 대중문화』. 차이나하우스.
박현석(2006). UNESCO 문화다양성협약과 WTO 협정의 충돌 문제. ≪국제법학회논총≫, 51권 1호, 41～66.
심상민(2013). 콘텐츠정책 새 흐름. ≪인문콘텐츠≫, 30호, 67～97.
안태근(2017). 『한국 합작영화 100년사』. 스토리하우스.
양경미(2014). 『스크린쿼터로 본 한국 영화정책』. 스토리하우스.
의나 · 정재균(2014). 문화다양성: 인터넷 시대 아시아의 기회. 『한중인문학포럼 발표 논문집』(130~142쪽). 한중인문학포럼.
이건웅(2019). 『콘텐츠와 K출판의 미래』. 스토리하우스.
이건웅 · 최승호(2020). 『트랜스미디어 시대의 문화산업과 문화상품』. 북코리아.
이한영(2008). 『유네스코 문화다양성협약의 쟁점 및 한계』. 법무부 국제법무과.
임학순(2003), 『창의적 문화사회와 문화정책』. 진한도서.
장하준(2004). 『사다리 걷어차기』. 부키.
콘텐츠문화학회(2021). 『중국 문화산업의 이해』. 차이나하우스.
한국문화관광연구원(2015). 『주요 국가 문화 산업 정책 연구』. 한국관광연구원.
한국출판정책연구회(2021). 『한국 출판산업의 이해』. 북코리아.
한국콘텐츠진흥원(2013). 『세계 창조산업 전략과 시사점』. 한국콘텐츠진흥원.
한국콘텐츠진흥원(2014). 『2015 콘텐츠산업통계』. 한국콘텐츠진흥원.
한국콘텐츠진흥원(2016). 『2015년 연간 콘텐츠산업 규모』. 한국콘텐츠진흥원.
황인영(2010). 미국의 저작권 보호기간 연장에 관한 쟁점과 그 국제적 함의. ≪민주법학≫, 44권, 161～197. 민주주의법학연구회.
네이버 지식백과. terms.naver.com/문화체육관광부. mcst.go.kr
유네스코한국위원회. unesco.or.kr/한국콘텐츠진흥원. kocca.kr
중국망(2023). https://www.cmnews.kr/

08

문화콘텐츠는 대중문화다

칸, 아카데미, 빌보드의 단골손님이 된
한국의 문화콘텐츠!

영화 〈기생충〉이 칸 영화제와 아카데미에서 동시 수상할 때, 'BTS'가 빌보드 뮤직 어워드 수상으로 주목받기 시작할 때, 해외는 물론 한국 팬들조차 놀랐던 때가 불과 몇 해 전이다. 이후 〈미나리〉, 〈오징어 게임〉은 물론 '뉴진스', '피프티 피프티' "APT." 등 다양한 분야의 한국 문화콘텐츠가 지속적으로 전 세계의 관심을 받고 있다. 이처럼 심심치 않게 전해 오는 한국 작품 · 아티스트의 수상 소식은 단지 몇 개의 상을 받는가, 해당 문화권의 언론과 평론가들을 만족시켰는가 등 콘텐츠 자체에 대한 분석을 넘어 한국 대중문화, 나아가 한국 자체에 대한 관심으로 확대되고 있다.

한류(韓流), K-Contents를 넘어 K-Culture로까지 불리고 있는 한국의 문화콘텐츠! 문화 자체보다 한국이라는 나라를 알리는 마중물로 사용되어 온 이러한 개념들이 어느덧 글로벌 대중문화의 주변에서 중심으로 조금씩 자리 잡고 있다. 뉴스를 통해 수상 소식에 깜짝 놀라던 모습에서 조금씩 익숙해지는 요즘, 달라진 우리를 발견하게 된다.

대중과 대중문화

언어는 시대를 반영하기 마련이다. 그래서 이전에 없던 단어가 필요에 의해 생겨나고 생명력을 다하면 사라지는 과정이 반복된다. 문화 예술 분야도 마찬가지여서, 시대에 따라 새로운 개념이 생성되고, 기존 단어도 다른 뜻으로 변하곤 한다. 따라서 세대나 지역, 문화권 등 사용 주체들의 입장에 따라 차이를 보이는 개념의 다층적 의미를 살펴보는 일은 중요하고 또 흥미롭다. 그런 점에서 지금부터 살펴볼 대중문화라는 기표는 문화콘텐츠와 함께 오늘날 흔히 사용되는 용어라는 점에서 적절한 사례라 할 수 있다. 먼저 대중문화의 주체이자 대상인 대중에 대해 살펴보자.

대중과 대중문화에 대한 지배적 관점

개념의 생성과 변화의 측면에서 대중문화는 분명 문제적 개념이라 할 수 있다. 대중문화는 그 개념이 먼저 사용되던 서구 사회는 물론이고, 일제강점기 언론 등에서 쓰기 시작해 한국전쟁 이후 급격히 확산된 한국의 경우도 그 목적이나 사용자의 해석에 따라 다른 의미를 지녔다. 대중문화는 말 그대로 대중(大衆, Mass/Popular)과 문화(文化, Culture)라는 개별 단어가 합쳐진 복합어다. 먼저 문화는 영어로 '경작, 재배하다'라는 의미의 라틴어 동사 Colere(명사: Cultra)에서 파생한 단어로 인간의 감정과 사상이 합쳐져 이루어 낸 정신적, 물질적 산물의 총합 정도로 해석할 수 있다. 즉, 생존 차원의 개념을 넘어선 사회적 존재로서의 인간 특성을 나타내는 개념이라 할 수 있다.

한편, '대중'은 특별한 목적, 구분 없이 일상에서 흔히 볼 수 있는 우리 주변 대부분의 사람들 정도로 정의할 수 있다. 대중에 대한 관심은 산업혁명 이후 급격히 늘어난 인구와 그로 인한 자본 축적, 도시화 등 사회 변화에 따른 새로운 계급을 표현하는 과정에서 시작되었다. 다른 대륙에 비해 이러한 변화가 먼저 일어난 서구 사회에서 대중(Mass)은 자본주의 발달과 정치 제도의 변화 등 오랫동안 유지되어 온 계급 사회의 붕괴와 함께 생성된 새로운 계층을 의미했다. 그러나 당시 대중이란 말은 독립적 의식이 부족하고 사회 문화적 수준이 낮아 다른 사람의 의견에 동조하는, 주체적이지 못한 사람들을 표현하는 부정적 의미로 쓰였다. 특히 20세기 이후 신문, 잡지, 방송 등 우리가 흔히 '미디어'라고 말하는 다양한 대중 매체(Mass media)가 급격히 확산하면서 이를 통한 대량 생산, 대량 소비 특성을 가진 대중문화(Mass culture)가 발달하게 되었다. 특히 이와 같은 자본, 기술, 트렌드 중심의 특성으로 인해 기존의 예술 지향적 관점에서 집중적인 비판의 대상이 된 것이다.

대중과 대중문화에 대한 당시 서구의 담론과 관련한 이론가들은 19~20세기 사회 변화의 역동성만큼이나 다양했다. 물론 이들은 대중문화를 문화의 영역에서만 독립적으로 바라본 것은 아니었고, 이데올로기(ideology)나 체제의 변화와 함께 복합적인 사회 현상으로서 대중과 대중문화를 다루었다. 그중 대표인 집단이 테오도어 아도르노(Theodor W. Adorno)와 막스 호르크하이머(Max Horkheimer)로 대표되는 프랑크푸르트학파다.[1)] 이들의 연구는 급변하는 사회 속에서 정치적 강압과 문화적 종속에 대한 비판이 주를 이루었다. 이들은 대중문화를 대중에 의한 자발적 개념으로 '오해'하지 않기 위해 '문화 산업(Culture Industry)'이라는 단어를 사용했으며, 대중문화가 질적 차이를 양적 차이로, 인간적인 것을 사물적인 것으로, 같지 않은 것을 같은 것으로 환원하여 사람

---

1) 이들은 독일 프랑크푸르트 지역의 대학에서 출범한 연구소 출신의 학자들로서 당시 독일, 이탈리아, 러시아 등 전 파시즘(Fascism)의 급성장과 이상적 사회주의의 동시다발적 몰락 속에서 지배 계급에 대한 도시 노동자와 농민 등 바로 그 대중에 대한 절망과 비판을 중심으로 사회를 분석했다.

들에게 부정적인 영향을 준다고 주장했다(김창남, 2010). 이를 통해 무기력해진 대중은 변화보다 현실에 안주하고, 자극적 상품으로서의 대중문화는 고된 현실을 잊는 도피 기제로 소비된다는 것이다.

물론 신분이 높고 자본이 풍부했으며, 그에 따라 정보, 향유 기회를 독점하던 기존의 고급 예술과 다르게 '보통' 사람들에게 일상에서 다가가야 했던 대중문화는 가능한 한 많은 사람에게, 최대한 저렴하게 '팔려야'했다. 대중문화와 관련된 당사자들이 지금까지도 예술적 가치보다 돈에만 관심을 보인다는 비판을 받는 이유가 바로 여기에 있다.

그들은 이렇게 상업적 목적에 의해 생산, 소비되는 대중문화가 필연적으로 창조적 예술성을 확보하기 어렵다고 비판했다. 달리 말해, 이마누엘 칸트(Immanuel Kant)가 사용한 인간의 창조적, 감성적 사고의 소산물로서의 '도식(Schema)'을 변질, 파괴한다는 것이다. 일상적 삶 속의 수많은 질료, 즉 시공간의 인식과 경험을 통해 획득한 데이터를 체계적으로 정리한 순수한 개념으로서의 도식이 사라진다는 것이다. 예를 들어, 다양한 대중음악 장르는 그 특성에 맞게 도식화된다. 리듬, 멜로디, 가사, 연주 모든 부분에서 트로트와 힙합은 구분되고, 그들끼리는 유사함을 드러낸다. 영화도 마찬가지다. 공포 영화, SF 영화, 멜로 영화 등 장르의 특성을 따라가는 작품이 일반 대중에게 사랑받을 확률이 높다. 쉽게 말해, 다양성을 상실하고 예상되는 결말로 대중을 안심시키듯 정형화되는 것이다. 흥미롭게도, 칸트의 창조적 상상 체계로서의 스키마는 오늘날 '뻔한' 형식으로서 도식(圖式)이란 의미로 혼용되고 있는 것이다.

이처럼 대중문화는 수준 높은 예술 작품에 비해 창의적 사고가 결여된 채 그저 많이 팔기 위해 평범한—사실은 수준 낮다고 여겨지는—사람들에게 전달되던 표피적, 도식적 상품에 지나지 않는다고 공격받아 왔다.

대중문화는 왜 항상 논쟁의 대상인가

대중문화를 둘러싼 논쟁은 단순히 문화적 차원에만 기인하지 않는다. 계급, 빈부, 인종, 지역 등 다양한 '차이'에서 제기되어 온 사회적 차원의 문제다. 대중과 대중문화라는 말은 그것이 부정적 의미에서 시작되었던 역사적 상황 속에서 각기 다양한 의견이 있었고, 이 또한 시대에 따라 변하고 있다.

같은 시대, 다른 생각 !

당시 대중문화에 대한 대부분의 비판 속에서도 일부 다른 생각을 가진 사람들이 있었다. 대중문화를 예술만의 문제가 아니라 기술과 자본의 변화 등 사회적인 분야로 확장하여 둘 사이의 관계를 통한 분석이 필요하다는 것이다. 먼저 산업, 즉 양적인 측면에서 자본과 상업화의 비판에 대한 피에르 부르디외(Pierre Bourdieu)의 자본에 대한 구분을 살펴보자.

그는 자본(capital)을 다음 네 가지로 구분해 사회 문화를 설명했다. 즉, 경제(economical) 자본, 사회(social) 자본, 문화(cultural) 자본, 상징(symbolic) 자본이다. 경제 자본은 말 그대로 일상에서 사용하는 화폐로서의 가치를 의미하고, 사회 자본은 지연, 학연 등 사회적으로 형성된 관계, 즉 네트워크에 의한 능력이다. 문화 자본은 교육 등을 통해 성취되는 문화 예술에 대한 미적 능력을, 마지막으로 상징 자본은 이러한 세 가지 자본에 의해 형성되는 사람에 대한 신용, 명예 등의 가치를 말한다.

그는 이 중에서 문화 자본을 중요시했는데, 돈이 많고 인맥이 훌륭해도 결코 쉽게 획득하기 어려운 것이 문화 예술을 통한 능력이라는 것이다. 그는 이러한 문화 자본에서 가장 중요한 것이 각자 환경에 의해 체화된(embodied) 성향과 취향을 의미하는 '아비투스(Habitus)'라고 말한다. 문화 예술적 취향을 통해 사람들 사이에 다양한 층위가 형성되고, 기존 계급과 소유를 공고히 하려는 시도가 이루어진다는 것이다. 뮤지컬보다 오페라가 음악 수준이 더 높다고 주장하거나, 혹은 뮤지컬에서도 주연 배우나 익숙한 노래보다 남들이 잘 알지 못하는 음악 감독과 연출에 대해 평가하는 등, 타자와 나를 구별 짓는(distinction) 시도가 이에 해당한다.

부르디외는 대중문화를 고급문화와 분리하려는 이전의 공고한 문화 연구적 전제를 비판하며, 이런 구분이 순수하게 문화 예술의 차원에서 형성되는 것이 아니라고 주장했다. 즉, 문화 예술적 취향은 감성이나 미학적 차원에서만 분석되는 것이 아니라 사회 · 경제적 차원 등에 의해 다분히 계급적일 수밖에 없다는 점을 강조했다는 점에서 흥미롭다.

다음으로 예술, 즉 질적 차원에서 기술 발달의 시대에 순수한 예술성의 가치를 분석한 발터 베냐민(Walter Benjamin)과 이런 예술 작품의 일상적 경험을 중시한 주장한 게르노트 뵈메(Gernot Bohme)에 대해 살펴보자.

먼저 베냐민은 프랑크푸르트학파와는 다른 관점에서 문화 현상을 해석했다. 그는 대중문화를 긍정 혹은 부정이라는 이분법적 관점으로만 해석하지 않고, 비판적 견해뿐만 아니라 이러한 기술이 가져다준 새로운 가능성에 주목했다. 그가 제시한 아우라(Aura)는 그리스 신화 속 아름다운 여성의 이름에서 유래한 단어로 예술 작품에서 발현되는 신비롭고 영적인 분위기로 해석할 수 있다. 베냐민은 새로운 기술에 의한 미디어 발달이 예술 작품의 고유한 미적 분위기를 방해하게 되는, '아우라의 몰락'을 주장한다. 특히 당시 모더니즘 계열 예술 작품들이 인쇄 · 출판 기술 향상에 의해 복제 · 재생산되면서 희소성에 따른 질적 가치로서 원본(original)만이 확보 가능한 심미성이 변형되어 기존의 신비로움, 일종의 신성한 가치를 상실했다는 것이다.

베냐민은 아우라가 두 가지 측면에서 발생할 수 있다고 말하는데, 바로 제의(祭儀)적 가치와 전시(展示)적 가치다. 먼저, 제의적 가치는 세상에 단 하나뿐인 고유성으로서의 아우라를 의미한다. 고급문화로서의 예술 작품은 그것이 있는 곳에서, 그것을 소유한 사람에 의해서만 확인할 수 있는 유일한 것이었다. 따라서 복제할 수 없을뿐더러 독점 가능한 가치를 가진 것이어서 이런 고유성이 문화적 가치는 물론 사회적 · 정치적 권력이 되기도 한다. 그러나 사진과 영상 등 기술을 통해 무한 복제 · 재생산이 가능해진다면 작품의 아우라는 소멸한다. 어딜 가나 쉽게 볼 수 있는 '복제된' 〈모나리자〉 〈반가사유상〉은 더 이상 신비롭지 않은 '장식품'이 될 수 있기 때문이다. 그 복제품을 살 수 있는 돈만 있다면, 원작의 소유자와 유사한 문화적 만족감까지 얻을 수 있는 환경이 가능해진다. 이런 상황이 지속되어 진열대 위의 상품처럼 언제든 소유 가능한 상태가 되면 제의적 가치는 사라지고 전시적 가치만 남게 된다.

그러나 베냐민은 이러한 전시 가치를 부정적으로만 해석하지 않았다. 소수에 의한 독점 탈피와 향유의 확대라는 측면에서 긍정적인 변화로 간주하였으며, 단지 이것이 정치적 폭력과 권력 유지 등 문화 이외의 힘에 의해 변형되고 악용되는 것을 우려한 것이다.

흥미로운 점은 대량 생산과 복제가 단순히 문화의 저변을 넓히는 것에 그치지 않고, 오히려 그 원본의 희소성과 가치를 더욱 높여 주는 역설적 상황을 만들기도 한다는 것이다. 지역과 문화권, 향유 환경, 시간과 비용 등 다양한 걸림돌을 제거하고 만나게 되는 원본으로서의 문화콘텐츠는 복제된 것과 분명 구별되기 때문이다. 세계적인 팝 스타가 있다고 가정하자. 최고의 음질과 화질을 가진 문화 상품이 이미 내게 있어도, 만약 그가 내 앞에서 공연하는 것이 현실이 된다면 우리는 복제품에서 느낄 수 없는 살아 있는 아우라를 경험할 수 있는 것과 같다.

베냐민은 이러한 두 가지 층위의 아우라를 모두 긍정적으로 해석할 수 있다는 점을 주장했다는 점에서 의미 있다. 더불어 그는 이런 아우라가 반드시 특정 장소와 시간에만 나타나는 것이 아니라 일상의 문화 예술 환경에서도 발현될 수 있다고 말한다. 세계적인 작가의 작품이 아니더라도, 그것이 원본인지 모조품인지 확인하지 않더라도, 쉽게 볼 수 없더라도 어떻게든 확인할 수 있는 우리 주변의 모습들 모두 각자의 아우라를 가지고 있다는 것이다. 이런 의미에서 아우라는 단지 그 대상이 예술 작품과 같은 독창적이고 고유한 영역의 존재에서만 확인되는 것이 아니라 진품이든 아니든, 라이브든 녹화든 내가 그것을 체험하고 있다는 것을 확인하는 순간 작동 가능한 개념이라 할 수 있다. 즉, 무엇을 보았는가의 문제보다 무엇을 느꼈는가가 더 중요할 수 있다. 이러한 베냐민의 일상적 아우라 개념은 뵈메를 통해 구체화된다.

뵈메는 베냐민의 아우라가 반드시 예술 작품을 통한 특별한 순간을 통해서만 얻어지는 것이 아니라 일상의 경험을 통해 가능하다고 말한다. 예술적 체험이나 작품 등과 관계없는 상태에서 아우라를 느낄 수 있다는 그의 주장은 베냐민의 일상적 아우라 개념에서 한 발 나아간다. 베냐민은 아우라를 원본으로서의 예술 작품 혹은 쉽게 보기 어려운 광경 등 익숙하지 않은 대상에서 발견되는 개념이라고 보았지만, 뵈메는 대중에게 익숙한 일상의 영역에서도 발현 가능한 개념으로 보았다.

그는 이것을 '분위기(atmosphere)'라고 말했는데, 이런 분위기에 대한 관심이 인간의 감성적 영역에서 발견되는 예술의 범위를 확장할 수 있다고 주장했다. 즉, 일상과 예술을 분리하려는 이분법적, 관념적, 추상적 사고방식을 비판하고 아름다움과 같은 미학적 개념이 추상적이거나 관념적일 필요가 없으며, 그때의 분위기는 객관 · 주관의 이분법적 개념으로 설명되지 않는 다원적 개념이어야 함을 강조한다. 따라서 예술적 감성은 우리와 분리된 예술 작품으로서가 아니라 삶과 함께해야 한다는 것이다. 이것은 일상적 영역으로서의 대중문화와 밀접한 관계를 갖는다. 복잡하거나 어렵지 않게 접할 수 있는 대중문화를 통해 우리는 일상에서의 감성적 분위기를 경험할 수 있는 것이다.

지금까지 살펴본 대중문화, 대중 예술에 대한 다양한 시선을 통해 우리는 흥미로운 사실을 발견하게 된다. 즉, 이런 다양한 이론이나 이론가가 특별히 다른 시대를 살지 않았다는 점이다. 20세기, 근대로부터 분리되는 현대 사회의 시작과 기술과 미디어 발달 등 복잡한 변화가 낳은 다양성은 대중문화의 특성과 결합하여 확산되었다. 이처럼 대중문화 개념에 대한 논의는 그 시작부터 단지 문화 예술의 영역에 국한된 것이 아니라 그 특성상 사회 전반에 걸쳐 영향을 주고받으며 지속되어 왔다. 그리고 급변하는 오늘날 현대 사회에서도 다양한 해석을 낳고 있는 '살아 있는' 문제적 단어임을 확인하게 된다.

달라진 시대, 달라진 생각!

앞서 살펴본 것처럼 대중문화 개념은 당시 사회 분위기, 문화 환경 등 다양한 요소에 의해 규정되었고, 다양한 의미로 해석되어 온 문화적 신조어임을 알 수 있다. 이런 측면에서 오늘날 대중문화가 어떤 의미로 사용되고 있는지 살펴보는 것은 중요하다. 시대가 변해도 대중문화라는 개념은 왜 아직까지 논쟁의 대상이 되고 있는가? 대중과 대중문화는 수많은 뉴미디어가 확산되는 오늘날에도 과연 불변의 개념인가?

부정적이고 때로는 경멸적 의도로까지 사용되어 온 대중문화 개념은 시대에 따라 자연스럽게 변하고 있다. 그리고 그 중심에는 다양한 뉴 미디어 발달과 문화 산업의 가속화, 그에 따른 대중의 위상 변화 등이 있다. 비판의 원인으로 지적되어 온 다양한 변화가 새로운 대중문화 개념 성립의 가능성으로 변신하는 역설적인 상황이 된 것이다. 오늘날 대중문화의 개념을 변화시키고 있는 특성을 살펴보면 대략 다음과 같다.

먼저, 대중문화는 다양한 뉴 미디어를 통해 무한대로 확산되고 있다. 매스 미디어가 말 그대로 처음으로 대중에게 확산되었던 19세기 이후가 서구 사회 대중문화의 시작인 것처럼, 인터넷과 모바일로 대표되는 21세기 뉴 미디어 확산은 새로운 문화 패러다임을 형성하고 있다. 사람들은 더 이상 신문과 라디오 뉴스를 기다리거나 TV 앞에 앉아 있지 않고 뉴 미디어를 통해 즉각적으로 지식과 정보를 습득하고 문화를 향유한다. 스마트폰과 첨단 기기를 통해 즐기는 대중문화는 지위, 빈부, 지역, 성별 등의 '차이'를 감지하기 어렵다. 이런 흐름에서 대중문화는 모든 면에서 더 이상 경계를 구분하기 어려울 지경이고, 비판의 대상으로서가 아니라 좇아가기 바쁜 흐름이 된 것이다.

다음으로 대중문화는 단지 문화로서만 작용하는 개념이 아니게 된 지 오래다. 물론 비판적 의미에서 과도한 상업성은 오늘날도 지속되고 있지만, 부정적 측면으로만 보기에 규모나 파급 효과가 이미 그 차원을 넘어선 상황이다. 물론 모든 것을 돈이나 성과 등과 연관 지어 해석하는 것은 문화를 대하는 올바른 방식이 아니다. 물신주의(物神主義)에 대한 비판적 담론의 기능과 역할 또한 여전히 유효하다. 그러나 이전과 비교할 수 없을 만큼 성장한 문화 산업은 단순히 돈의 문제를 넘어 새로운 일자리와 그로 인한 경제적 가치 창출, 무엇보다 대중에게 선택받은 문화적 가치 등의 측면에서 긍정적인 부분 또한 분명 존재한다는 것을 잊어서는 안 된다.

마지막으로 이를 통한 대중 자체에 대한 개념의 변화를 들 수 있다. 계급 사회를 지탱하던 권력과 부, 그리고 이에 따른 지식과 정보, 자본의 독점은 뉴 미디어와 문화 산업의 성장으로 크게 변화했다. 앞서 언급한 것처럼 정보 획득과 접근 방식이 용이해졌고, 시간과 비용도 과거에 비해 거의 들지 않는 수준이 되었다. 이는 특히 문화 예술 분야에서 두드러지는데, 돈과 권력을 가진 소수의 전유물로서의 '고급 예술' 지향 시대는 사실상 사라진 듯 보인다. 물론 자본 만능주의 시대에 취향에 따라 이러한 향유 방식은 어쩌면 더 공고해졌을지 모르지만, 적어도 대중문화라 부를 수 있는 일상의 문화는 접근이나 비용 등 모든 면에서 한층 가깝게 자리하고 있는 듯하다.

이런 상황에서 서로를 구분 짓는 하나의 방법으로 사용되던 문화적 계급은 오늘날 급격히 소멸해 가고 있다. 이 지점에서 부정적 의미의 대중(mass)은 지배 계급에 대한 저항을 바탕으로 보다 능동적 주체로서 긍정적 의미를 가진 새로운 의미의 대중, 즉 'The popular'로 변하게 된 것이다. 이때의 대중은 과거에 비해 더 많은 자본을 문화에 투여할 수 있고, 다양한 정보를 쉽게 획득해 영향력을 확대하고 있다. 더 많은 돈을 지불해야만 질 좋은 정보를 얻을 수 있던 과거에 비해 온라인(모바일)을 중심으로 하는 새로운 환경에 힘입어 비용과 정보 사이의 비대칭성이 상당 부분 제거되고 있다.

이상에서 살펴본 바와 같이 오늘날의 대중과 대중문화는 과거와 많은 차이가 있다. 우매한 군중의 mass culture에서 인기 있는 popular culture로 전환된 데서 알 수 있듯이, 언어는 시대를 반영하고 그 변화는 지극히 당연한 과정이다. 이에 더해, 이러한 대중문화와 밀접한 관계를 가지며 오늘날 '한국에서만' 사용되는 흥미로운 개념, 문화콘텐츠에 대해 살펴보자.

대중문화와 문화콘텐츠 개념

일상의 대중문화는 저마다 다른 이름, 다른 특성을 갖고 발전해 왔다. 대중문화는 향유 방식이나 지역, 문화권 등의 차이는 물론이고 시대 특성에 의해서 구분되기도 한다. 그런 의미에서 지금부터 살펴볼 문화콘텐츠는 오늘날 대중문화 영역에서 가장 주목받는 개념이라 할 수 있다.

문화콘텐츠는 한국에서 문화 산업의 성장과 그에 따른 정책이 시작된 1990년대 초반 이후 조금씩 사용되기 시작한 용어로, 「문화산업진흥기본법」 제2조 4항에서는 "문화적 요소가 체화된 콘텐츠"로 정의한다. 이는 인간의 문화적 감성이 다양한 미디어에 탑재된 모든 종류의 문화 산물이라고 요약할 수 있다. 이는 해당 법령의 목적처럼 문화산업 지원 및 육성을 위한 '실질적 동기'와 함께 인터넷을 바탕으로 한 다양한 멀티미디어 기술이 대중문화에 적용되기 시작한 '사회문화적 환경'이 함께 작용한 결과다. 즉, 대중문화의 성장과 함께 다양한 부가 가치에 대한 관심이 커지고 이를 활용, 공유할 수 있는 환경이 일상화되면서 자리 잡은 개념이다. 그렇다면 오늘날 문화콘텐츠는 대중문화와 어떤 관계를 갖고 있는가?

대중문화 개념이 시대별 의미 변화에도 불구하고 지속적으로 사용되고 있는 것처럼, 문화콘텐츠도 짧은 역사에도 불구하고 확산과 변화를 거듭하고 있다. 이제 문화 산물, 문화 상품과 같은 기존의 단어는 모두 문화콘텐츠라는 의미로 수렴되는 듯하다. 문화콘텐츠는 특유의 확장성을 갖고 있기에 더욱 그렇다. 문화나 예술과 관련된 다양한 원천(original source)에 콘텐츠가 결합하여 새로운 의미가 생성되기 때문이다. 역사 문화콘텐츠, 지역 문화콘텐츠, 복고 문화콘텐츠 등 특유의 결합 능력을 가진 문화콘텐츠는 사실 문법에도 맞지 않고, 도무지 범위를 정할 수도 없다. 상업성과 예술성, 창작과 유통 등이 혼재된 명확하지 않은 단어라는 비판에도 불구하고 문화콘텐츠는 대중은 물론 연구자나 기획자, 그리고 예술가까지 모두가 사용하는 단어가 되었다. 바로 이러한 특성이 대중문화와 문화콘텐츠가 긴밀하게 연결되는 부분이라 할 수 있다. 일상에서 흔히 접하는 소재나 장르를 기술을 활용해 사람들에게 전달하는, 그럼으로써 감성으로서의 문화적 특성은 물론 유형의 경제적 가치까지 창출해 내는 복합적 문화 산물로서 기능하고 있는 것이다. 그렇다면 오늘날 문화콘텐츠 홍수 속에서 앞서 살펴본 대중문화에 대한 논의는 과연 어떤 의미가 있을까?

일반적으로 대중과 대중문화에 대한 개념이 주로 개념과 형식 차원에서 논의되었다면 문화콘텐츠는 적용과 소통 차원을 중심으로 논의되고 있다는 점에서 구별된다. 그러나 대중문화에 대한 긍정, 부정의 근거로 사용된 상업성, 예술성, 역사성 등의 개념이 변화하면서 이러한 논쟁도 점차 줄어들고 있다. 특히 한국의 경우 정책적 지원과 부가 가치 확산이 논의의 중심이 되던 1990년대 이후 문화콘텐츠와 같은 새로운 개념이 확산되면서, 적어도 부정적 의미로서의 대중문화에 대한 인식은 상당 부분 사라지게 되었다.

물론 아직도 순수 예술과 대중 예술의 구분은 존재한다. 모든 것이 문화콘텐츠가 되어 버린 오늘날 소수만 누릴 수 있는 문화적 산물은 오히려 희소성이 강해진 측면도 있다. 그러나 그것이 대중문화, 그리고 문화콘텐츠에 대한 경멸이나 존재 자체를 부정하는 것은 아니다. 대중문화 영역 대부분이 문화콘텐츠를 통해 발현되고 있는 현실을 통해 이것이 법처럼 산업 진흥을 위해서만이 아님을 알 수 있다. 바로 오늘날 대중이 일상에서 접하는 문화적 요소가 기술과 산업에 밀접하게 연관되어 있기 때문이다. '콩글리시' 같은 문화콘텐츠라는 독특한 개념의 일상화는 100년 전 확산된 대중문화가 그랬던 것처럼 우리가 원하는 향유 방식의 특성이 적용된 살아 있는 단어라 할 수 있다.

문화콘텐츠와 대중문화의 공통 특성

대중문화와 문화콘텐츠의 특성을 비교하는 일은 서로에 대한 이해는 물론 사람들이 향유하는 문화 산물로서의 콘텐츠를 이해하는 데 필수적이다. 여기서는 문화콘텐츠와 대중문화 사이에 공통적으로 드러나는 문화적 성질을 크게 네 가지로 나누어 살펴보고, 이를 통해 두 개념이 현대 사회의 특성과 어떻게 연동되는지 알아보도록 하겠다.

감각성

모든 문화 산물이 그러하듯 문화콘텐츠는 기본적으로 감각적 특성을 갖는다. 이성과 논리에 의한 정신적 학습도 아니고, 힘과 속도에 의한 신체적 운동력도 아닌 창의력으로 3만들어지고 감성적 기호에 의해 향유되기 때문이다. 이러한 특성은 단순히 현대 사회의 특징으로만 보기 어렵다.

인류는 본능적으로 감각 기능을 극대화하며 살아 왔다. 수렵과 채집 중심의 시대에는 멀리 보고 자세히 들으며 사냥을 하고 적으로부터 생명을 보호해야 했다. 이 과정에서 시각과 청각 등 인간의 오감은 본능적인 확장이 필요했다. 그리고 인간만의 특성이라 할 수 있는 문화와 예술 활동에도 그대로 적용되었다. 4500년 전 피라미드와 5만 년 전 인류 최초의 살레이 동굴(Saléh cave) 벽화 등 고대 문명의 발달은 본능으로서 인간의 감각성을 문화 예술로서의 그것으로 전이시켰고, 정착 생활과 국가 형성 등 집단생활을 시작하면서 확대되었다. 그리고 문화콘텐츠와 대중문화가 중심에 있는 21세기에 이러한 현상은 더욱 강화되고 있다.

앞서 살펴본 문화콘텐츠의 정의에서 보듯 '문화적 요소가 체화'되기 위해 감각성 적용은 필수적이다. 우선 '문화적 요소'라는 말은 콘텐츠의 감각적 특성의 면에서 당연한 개념이 된다. 문화콘텐츠는 수학 공식이나 법률 등 확정된 범위 안에서만 작동하는 개념이 아니다. 음악이나 소설을 창작해 사람들과 공유하고 그것들 통해 감성을 표출하는 행위는 결코 논리적으로 해석될 수 있는 영역이 아니기 때문이다.

'체화(體化)'라는 단어 또한 마찬가지인데, 문화콘텐츠는 말 그대로 몸으로 느끼는 대상이기 때문이다. 예를 들어 앨범 등으로 즐긴 음악을 라이브 콘서트를 통해 눈과 귀로 직접 목소리를 확인할 수 있을 때 확보되는 다른 차원의 감성은 지극히 감각적 영역이다. 더구나 공연마다 배우나 가수의 목소리는 동일하지 않고, 그것을 향유하는 관람객의 감정 상태도 매 순간 다를 수밖에 없기에 다양한 층위의 감성적 경험을 하게 된다. 이처럼 문화콘텐츠는 이성으로서의 '머리'가 반응하는 것이 아니라 감성, 감각으로서의 '몸'이 반응하는 특성을 가진 감각적 개념이다.

물론 감각성의 필수 전제는 관심을 보이고 좋아하는 문화콘텐츠이어야 한다는 점이다. 관심 없거나 흥미를 보이지 않는 콘텐츠가 몸에 각인되기란 사실상 불가능하다. 이런 측면에서 대중문화는 문화콘텐츠의 감각성을 최대한 표현한 문화 산물이라 할 수 있다. 이처럼 현대 사회는 인간의 본능 차원에서의 감각성을 바탕으로 다양한 외부 환경의 변화가 더해진 시대, 즉 이성 중심의 사회에서 감성 중심의 감각 사회로 이동하고 있다.

매체성

대중문화 개념에 대한 변화처럼, 오늘날 문화콘텐츠가 일상이 된 이유 중 하나는 앞서 살펴본 것처럼 기술 발전에 따른 미디어의 변화를 들 수 있다. 따라서 과거와 현재, 문화권과 국가 등 시간과 공간을 초월해 접할 수 있는 문화콘텐츠는 감성적 차원의 접근에 더해 이것들을 가능케 한 기술과 향유 환경 등에 대한 분석이 필수적이다. 특히 대량 생산이나 복제가 쉽게 허용되지 않는 순수 예술 분야와 달리 이러한 향유 방식이 익숙한 대중문화의 경우 그 특성은 더욱 강하게 나타난다.

환경적 관점에서 문화콘텐츠가 발신자에서 수신자로 전달되고 확산하는 과정은 크게 기획 및 제작 과정과 향유 과정의 두 가지로 이루어진다. 먼저, 오늘날 기술이 배재된 문화콘텐츠 제작을 상상하기란 쉽지 않다. 첨단 기술로 아이디어를 현실화하는 단계는 물론이고 제작 과정 외에도 콘텐츠를 홍보하는 과정에서도 매스 미디어뿐만 아니라 SNS 등 다양한 뉴 미디어 활용은 이제 필수이기 때문이다. 더구나 애초 기획을 위한 자료 수집 등의 기초 작업 역시 뉴 미디어를 통해 이루어진다는 점에서 더욱 그러하다.

다음으로 향유 과정에서의 미디어 활용인데, 오늘날 뉴 미디어에 탑재되지 않은 문화콘텐츠를 찾아보기란 어렵다. 미디어 활용에 관한 계층간 격차가 점점 줄어들고 있는 오늘날, 신문 대신 스마트폰으로 뉴스를 검색하고, TV 대신 유튜브를, 극장 대신 넷플릭스를 즐기는 등 새로운 기술을 적용한 향유 환경의 변화는 더 이상 새롭지 않다. 그렇다면 이러한 미디어 환경의 변화는 문화콘텐츠와 대중문화의 매체성에 어떤 영향을 가져오고 있는가?

미디어는 인류 역사와 함께 발달해 왔다. 문자가 없던 시절, 사람들은 입에서 입으로 이야기를 전해야만 했다. 문자가 생기고 종이와 인쇄 기술이 발달하며 책이라는 새로운 미디어를 통해 시와 소설을 향유했다. 수백 년간 지속되어 온 인쇄 중심의 문화 향유는 녹음(음성)과 녹화(영상) 등의 전자 기술의 개발로 말이나 글로 발신자의 생각을 해석하지 않고 미디어를 통해 목소리와 몸짓을 확인하는 방식으로 변화되었다. 그리고 이 시기를 기점으로 대중문화로서의 문화콘텐츠는 급속도로 확산되었다. 매스 미디어 확산과 콘텐츠 제작의 용이성 등이 기술 발전이라는 공통분모를 배경으로 하여 확산된 것이다.

100여 년 전 소설 속 상상의 세계가 책에 머무르지 않고 영화로 구현되고, 오늘날 첨단 웨어러블(wearable) 기기를 통해 온몸으로 경험하는 뉴미디어가 문화 향유의 중심이 되었다. 그 안에서 문화콘텐츠는 미디어와 플랫폼에 더욱 의존하게 되었고, 대중문화의 표현 방식은 미디어의 기본적 기능은 물론 사안마다, 콘텐츠마다 개인 혹은 집단별로 접속(access), 반응(reaction), 소통(interaction)하는 새로운 의미의 매체성으로 나타나고 있다.

문화콘텐츠의 미디어 활용은 앞으로도 강화될 것이다. 20세기 매스미디어가 대중문화에 끼친 영향력은 여전하다. 사람들은 미디어 트렌드에 따라 새로운 소통 수단에 눈과 귀를 돌릴 뿐, 미디어를 배제한 일상은 상상하기 어렵다. 시대가 바뀜에 따라, 그리고 그 시대가 필요로 하는 미디어 트렌드에 따라 뉴(new) 미디어에서 올드(old) 미디어로 자리가 바뀔 뿐이다.

산업성

문화콘텐츠 특성을 둘러싼 담론 중에서 가장 논쟁적인 것은 상품으로서의 문화, 즉 상업성에 관한 문제일 것이다. 그중에서도 특히 대중문화와 연관해서 논쟁의 정도가 심하다. 문화콘텐츠라는 단어 자체가 한국에서 산업화를 전제로 생성된 신조어임에도 불구하고, 콘텐츠가 상업성만을 강조하면 바람직하지 않다는 의견이 여전하다. 흥미로운 점은 BTS와 같은 K-Pop 스타나 〈뽀로로〉, 〈아기 상어〉와 같은 애니메이션 속 캐릭터 등이 엄청난 외화를 벌어들이는 뉴스를 볼 때면 그 태도는 또 쉽게 바뀌곤 한다는 사실이다. 그렇다면 과연 문화콘텐츠에서 경제적 가치는 어떻게 다루어야 하는가? 더불어 그 중심에 있는 대중문화의 상업성 문제는 어떤 관점에서 바라봐야 할 것인가?

우선, 콘텐츠를 생산하는 기획・제작자들의 입장을 살펴보자. 문화콘텐츠의 대표적 특성인 '고위험 고수익(high risk high return)'은 이미 익숙한 개념이다. 콘텐츠 산업은 성공에 대한 불확실성과 트렌드의 급변 등 일반 산업과는 전혀 다른 특성을 보이기 때문이다. 흥미로운 점은 일반적으로 사람들이 위험보다는 수익에만 관심을 갖는다는 사실이다. 고수익이라는 달콤한 단어 속에 가려진 커다란 위험에 대한 분석은 상대적으로 부족하다. 고위험을 감수하고 투입이 결정된 자본이 회수되지 못하는 경우가 흔한 현실에서 사람들의 선택을 받기 위한 장치는 어쩌면 필수적이다. 이 같은 특성이 대중문화에 대한 끊임없는 비판의 근거가 되지만 상품으로서의 콘텐츠와 일상 영역에서 즐기는 대중문화는 상업성을 배제하기 어려운 것이 현실이다.

다음으로 향유자 입장을 보자. 수많은 콘텐츠가 쏟아지는 상황에서 대중은 더 이상 자본과 권력에 조종당하는 존재가 아니다. 원하는 것에는 주저 없이 커다란 대가를 지불하지만, 재미를 주지 않는 문화콘텐츠에는 단 한 푼의 비용도 지불하지 않는다. 수많은 콘텐츠가 쏟아지지만, 수신자들은 획일적 선택보다 개별적 관심에 따른 향유를 선호한다. 이런 '냉혹한' 관심은 기존 자본주의 소비 체계를 전복하고 있다.

전통적 자본주의에서는 상품에 대한 유무형의 사용 가치(value in use)에 시간과 비용을 지불했다. 유사 기능을 가진 상품이라면, 가장 저렴한 상품을 구매하는 것이 일반적이다. 그러나 문화 상품은 다르다. 좋아하는 영화, 뮤지컬 등에서 이른바 'N차 관람'이라는 비합리적 소비가 익숙한 분야임을 우리는 잘 안다. 사실 문화 예술의 소비는 애초에 그런 것인지 모른다. 순수 예술은 또 어떠한가? 유명 화가의 그림이 수십억 원에 거래될 때, 대부분의 사람은 나와 다른 가치를 소비한 사람의 합리성을 이해하지 못한다. 즉, 예술과 문화콘텐츠로서의 산업적 가치 모두 우리의 이성적 판단을 넘는 차원의 문제다.

심지어 오늘날은 '문화를 상품화'하는 차원에서 '상품을 문화화'하는 차원으로까지 변화하며 산업성이 가속화되고 있다. 물론, 지나친 상업화에 대한 비판은 유념해야 한다. 그러나 '기능'에 의한 소비가 아니라 '기호'에 의한 소비가 낯설지 않은 대중문화에서 좋은 소비와 나쁜 소비로 구분하는 것 자체가 과연 의미가 있을까? 또한, 몇 번을 보고 얼마를 소비했든 만족하고 있다면, 아니 더 많은 시간과 비용을 언제든지 준비하고 있다면, 그것이 무조건 '나쁜' 것일까? 어쩌면 BTS의 경제적 가치가 얼마고, 생산 유발 효과가 얼마라는 뉴스에 애국심 반, 부러움 반 반응하는 기존의 관성과 질서는 문제가 없는 것일까?

산업성으로서의 문화콘텐츠는 사실 소비자인 대중의 냉정한 평가가 걸러 낸 값진 결과일지도 모른다. 다만 과도한 상업성으로 비판받지 않는 발신자와 수신자의 기본적인 자세와 안목이 필요할 뿐이다. 결국 대중문화도, 문화콘텐츠도 오늘 우리가 살아가는 시대를 비추는 거울이고, 어제의 우리를 발견하는 근거가 되며, 내일을 전망하는 단초가 되기 때문이다.

시대성

대중문화는 당대의 사회 분위기를 반영하고, 이렇게 만들어진 문화콘텐츠를 향유하며 사람들은 욕망을 충족한다. 이 일련의 과정은 문화가 정서적 차원에서 해석될 뿐만 아니라 사회적 측면에서 살펴봐야 할 주제임을 일깨운다. 시대를 반영하지 않은 콘텐츠는 성공하기 어렵고, 어쩌면 생겨나지도 않을 것이다. 아무리 사회가 분화되고 집단보다 개인이 중시되는 사회에서도 사회적 동물로서의 인간의 특성은 결코 변하지 않는다. 오직 나만 즐기는 문화란 애초에 존재하기 어려운 이유다. 즉, 모든 문화예술은 기본적으로 사회적 재현물인 것이다. 미메시스(mimesis) 관점에서든, 예술가 자신의 창의적 정서가 반영된 성격 이론적(personality theory) 관점에서든 마찬가지다. 특히 작품에 의미를 부여하고, 해석을 통해 미적 성취감을 얻는 것이 중요한 순수 예술과 다르게 일상의 영역을 다루는 대중문화와 문화콘텐츠는 대중의 감성을 그대로 표현해 낸 문화적 산물이므로 시대성을 내재할 수밖에 없다.

예를 들어 〈기생충〉과 〈오징어 게임〉을 통해 현대 자본주의 사회의 새로운 계급화와 이기주의 등 부조리를 표현하고, 〈미나리〉를 통해 이민자의 현실을 투영하듯 문화콘텐츠는 현실을 드러내기도 하지만, 우리가 접하는 콘텐츠를 통해 때로는 몰랐던 현실을 새롭게 형성하기도 한다. 단지 울고 웃는 현실 도피의 기제로만 작용하는 것이 아니라 직접적으로 사회를 표현하거나 변화시킬 수 있는 것이다. 혼돈과 갈등의 순간, 〈Imagine〉과 〈임을 위한 행진곡〉 같은 노래가, 〈쉰들러 리스트〉와 〈도가니〉 같은 영화 한 편이 국면을 전환시킬 수 있음을 우리는 역사를 통해 경험해 왔다. 문화콘텐츠의 사회적 역할은 때로는 우리 감성을 자극하여 사회나 거대 담론이 해결하지 못한 문화적 에너지를 촉발하고, 때로는 시대에 관한 성찰을 통해 단순한 콘텐츠가 제시하지 못한 사회상의 반영과 변화를 도모하는 것이다(노창현, 2019, 152쪽). 물론 모든 콘텐츠가 항상 세상의 변화를 목적으로 만들어진다는 의미는 결코 아니다. 그러나 보편적이고 동시대적인 가치를 감성이라는 공통 소재를 활용해 만들어진 콘텐츠는 시대를 배제할 수 없는 사회적 산물이 되는 것이다.

지금까지 문화콘텐츠와 대중문화를 연결할 수 있는 공통 특성에 대해 살펴보았다. 이로써 대중의 감각성을 바탕으로 다양한 미디어에 탑재되어 수신자에게 전달되는 문화콘텐츠는 문화적 성질은 물론이고 산업으로서의 가치, 그리고 사회적 산물로서의 시대성을 고루 포함한 개념임을 확인할 수 있었다.

대중문화 주체로서의 향유자

문화콘텐츠가 무엇인가 하는 논의는 각자 입장에 따라 다를 수밖에 없다. 창의성, 예술성, 상업성, 정치성 등 다양한 관점에서 다양한 해석이 가능하기 때문에 확실한 정답은 없다. 어쩌면 대중문화가 문화콘텐츠로 발현되는 환경에서 사실 가장 중요한 주체는 다름 아닌 향유자, 즉 대중 그 자체인지도 모른다.

고급 대 저급의 차원에서 순수 예술과 대중 예술이라는 이분법이 여전한 것처럼, 대중문화에 대한 부정적 태도가 완전히 사라지진 않았다. 상업성 심화, 창의성 결여 등 실제로 지적받아 온 문제가 여전한 것도 사실이다. 그러나 이러한 관점은 다분히 발신자적 입장에 치우쳐 있다. 과연 오늘날 향유자가 쉽게 조종당하는 'mass'로서의 대중인가? 수많은 콘텐츠가 극히 일부를 제외하면 선택받지 못한 채 사라지는 상황에서 대중의 역할은 아직도 제한적인가?

오늘날 대중은 권력과 돈, 전문 지식 등에 압도되지 않는다. 생산자적 소비자라는 뜻의 '프로슈머(prosumer)'는 벌써 식상한 단어가 되었다. 창조적 소비자를 뜻하는 '크리슈머(cresumer)', 자신만의 편집 방식으로 변형하여 사용하는 '큐레이슈머(curasumer)', 그리고 '짜빠구리'와 같은 매뉴얼을 조정하여 새로운 방식으로 소비하는 '모디슈머(modisumer)' 등 발신자 영역에 적극적으로 개입하고 있다. 특히 기술 발달과 동시에 중요시되는 경험으로서의 문화콘텐츠가 일상 체험의 주요 수단이 되어가는 오늘날, 향유자 영역은 기존 경계를 이미 넘어서고 있다. 수전 손태그(Susan Sontag)는 이미 반세기 전『해석에 반대한다』(1966)에서 해석만이 예술에 대한 완벽한 이해라고 여기던 관성을 거부하고 수신자의 몰입에 의한 체험으로서의 문화 향유를 주장했다. 관람, 작가 의도에 대한 분석이 감성적 예술 향유의 전유물이었던 기존 관념에서 탈피, 수신자가 직접 체험을 통해 어떻게 느끼는가에 주목했던 것이다. 환경에 쉽게 휘둘리지 않으며 콘텐츠를 통해 대중문화 향유 방식을 스스로 주도하는 독립적이며 동시에 모든 것에 관계하는 주체로서의 대중인 것이다.

물론 수신자가 완벽한 판단 능력을 갖고 대중문화를 이끌어 간다고 단언할 수는 없다. 여전히 헤게모니를 행사하는 권력자나 자본가에게 유린당할 수 있는 우리를 목격하게 된다. 그러나 이는 과거 대중문화를 비판하던 시대와는 사뭇 다른 모습이라 할 수 있다. 대중은 이제 아무렇게나 소비하고 쉽게 조종당하지 않는다. 영화 평론가, 음악 전문 기자, 혹은 교묘한 상술 등으로 선택을 어렵게 하던 시대는 저물어 가고 있는 듯하다. 역설적으로 평론가가 예술성을 비판하는 콘텐츠는 오히려 재미있고, 예술적이라며 추천하는 작품은 지루하거나 어려울 것으로 예상하고, 때로는 상술만으로 소비자를 현혹하는 기업을 가차 없이 비난하는 소비자의 모습을 흔히 볼 수 있지 않은가?

이제 우리는 대중문화와 문화콘텐츠에 대한 생각을 다시 정리할 필요가 있다. 대상에 대한 분리, 경계, 차별성 등 '다름'을 통해 자신을 발견하고, 차이를 통한 구분이 불확실한 현대 사회를 비교적 안전하게 버틸 수 있는 방편이 되던 시대는 지났다. 개념으로서의 '경계'를 넘어서고, 문화와 기술의 '융합(convergence)'이 일상이 되는 오늘날, 우리에겐 단지 다르거나 같거나가 아니라 대중문화와 문화콘텐츠가 흘러가는 현상 자체를 바라보는 새로운 자세가 필요하다. 모든 것을 아우르는 듯한 모호함은 자칫 문화 예술의 층위(level)를 구분 짓기 어렵게 하고, 해석과 설명을 어렵게 만들기도 한다. 그러나 20세기 대중문화 논쟁이 그랬던 것처럼 AI, 챗GPT(Chat GPT)와 대화하는 것이 점점 익숙해지는 사회에서 그것이 무엇이고, 언제 다가올 것이냐의 문제보다 그것이 '왜', 그리고 '어떻게' 우리에게 영향을 주고 있는지를 바라보는 것이 문제의 핵심임을 알아야 한다.

문화콘텐츠가 창조적 예술성은 물론이고 나와 내 주변 사람들에게 여가 시간을 채워 주는 '재미'가 된다면, 힘들고 지친 삶의 '위로'가 된다면, 아니면 단순한 '욕망'의 손쉬운 해결책이 된다면, 우리의 시간과 비용은 결코 아깝지 않을 것이다. 존엄한 인간으로서의 가치를 버리는 것이 아니라 평범한 일상에서의 대중, 그 또한 당연히 '우리' 대중이라는 것을 인정한다면, 문화콘텐츠는 대중문화가 확실하다!

생각해 볼 문제

1. 이 글을 바탕으로 '대중'이라는 말이 들어가는 사회, 문화 분야의 단어

들 중에서 어색한 것은 무엇이고, 그 이유는 무엇인지 생각해 보자.

2. 대중문화의 위상 변화 속에서, BTS 등 대중 예술인의 병역 의무 이행 관련 논란이 있었다. 오랫동안 유지되어 온 순수 예술인과 엘리트 체육인에 대한 기준과 연관하여 비교해 보자.
3. 대중문화와 문화콘텐츠의 공통점으로 제시된 네 가지 특성 이외에 또 다른 공통 특성은 어떤 것이 있을지 고민해 보자.
4. 역할과 위상의 변화 속에서, 문화콘텐츠 향유 주체로서 과연 대중이 모든 대중문화의 흐름을 선도하고 있는가를 비판적 시각으로 성찰해 보자.

참고문헌

강준만(2014). 『대중문화의 겉과 속』. 인물과사상사.

김상남 외(2020). 『언택트 시대 콘텐츠, 새로운 소비자를 욕망하다』. 크린비디자인.

김창남(2010). 『대중문화의 이해』. 한울아카데미.

나송희 외(2021). 『ALL ABOUT 문화콘텐츠』. 나무자전거.

노창현(2019). 『대중음악 복고현상에서 문화기억의 작동방식 연구』. 동국대학교 영상대학원 박사학위논문.

박성봉(2015). 『대중 예술 진정성의 미학』. 북쌤.

Adorno, Th. W.(1970). *Ästhetische Theorie*. 홍승용 옮김(1997). 『미학이론』. 문학과지성사.

Alexander, V. D.(2003). *Sociology of the Arts: Exploring Fine and Popular Forms*. Wiley-Blackwell. 최샛별 · 한준 · 김은하 옮김(2010). 『예술사회학』. 살림.

Frith, S., Straw, W., & Street, J.(2001). *The Cambridge companion to pop and rock*. Cambridge University Press. 장호연 옮김(2005). 『케임브리지 대중음악의 이해』. 한나래.

09

문화콘텐츠는 기술 융합이다

SF영화도 방정식을 풀며 찍는다

우리나라에서 영화가 상업적으로 대성공을 거두었는지를 말할 때 흔히 쓰이는 기준은 '천만 관객'이다. 외국 영화 중에서 관객 수가 천만 명을 넘긴 경우는 〈아바타〉, 〈겨울왕국〉, 〈인터스텔라〉 등 세 편이다. 그중 〈인터스텔라〉는 천체물리학 이론에 기반을 두고 블랙홀을 시각적으로 구현해 내 화제를 모았다. 세계적 이론물리학자 킵 손(Kip Thorne) 교수는 거대 블랙홀 '가르강튀아'의 역학을 방정식으로 도출했고, 컴퓨터그래픽 업체 더블네거티브(Double Negative)는 기초과학 전공자들을 직원으로 채용해서 슈퍼컴퓨터 작업으로 실제 블랙홀에 가까운 장면을 만들어 냈다. 제작 경험은 논문으로 정리해 정식으로 발표했다. 이제는 단순히 아이디어가 좋거나 신기하다고 해서 영화가 흥행하지는 않는다. 디지털 기술과의 적극적 융합이 성공의 비결이 되는 시대다.

융합의 시대, 콘텐츠의 탄생

2016년 3월, 우리나라 사람들은 망연자실한 사건 앞에 할 말을 잃었다. 세계 정상급의 바둑기사 이세돌 9단이 구글 딥마인드의 소프트웨어 알파고(AlphaGo)에게 4대1로 완패한 사건이었다. 1990년대부터 인간은 체스, 퀴즈, 포커 대회에서 슈퍼컴퓨터에게 줄줄이 패했다. 그래도 바둑만큼은 인간 고유의 창의성이 지배하는 영역이라고 믿어 왔는데 그마저도 깨진 것이다. 이후 인공지능(AI)은 우려와 경계의 대상이 되었고 사회 전 영역에서 디지털 기술에 대한 관심이 높아졌다. 이런 변화는 문화콘텐츠 분야에도 큰 영향을 끼쳐서, 전 분야에 걸쳐 융합의 중요성이 강조되는 상황이다.

융합의 발생과 교역 지대 이론

15세기 후반 유럽인들이 지구 곳곳으로 탐험을 떠나면서 '대항해시대'라 불리는 세계적 교류가 시작되었다. 아프리카와 인도를 지나 동쪽으로 항해하던 포르투갈인들은 16세기에 남중국해와 일본까지 진출했다. 중국은 무역 창구로 대륙 최남단 광둥(廣東)성을 개방했고 유럽 각국의 상인들이 남중국으로 몰려들었다. 19세기에는 무역 이익을 독점하기 위해 전쟁까지 벌어졌다. 결국 마카오(澳門)와 홍콩(香港) 등 광둥성의 항구 도시들이 유럽의 손에 넘어갔다. 이때 중국의 상인들은 짧은 영어 단어들을 나름의 발음으로 소화했다. 그중에 상업, 사업, 장사, 영업, 업무를 뜻하는 영어 단어 '비즈니스(business)'는 중국어와 섞이며 '피진(pidgin)'이라는 발음으로 변형되어 쓰였다. 이후 피진은 서로 다른 언어를 사용하는 두 집단이 '교역 지대(trading zone)에서의 교류를 위해 만든 혼합 언어를 가리키는 용어가 되었다.

서로 다른 언어를 사용하는 두 집단이 교역 지대에서 공존하게 되면 여러

그림 9-1 교역 지대에서 의사소통 체계의 발전

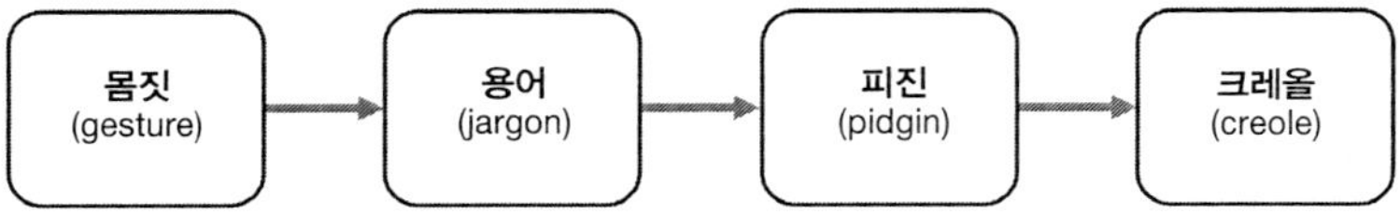

단계의 소통이 시도된다. 처음에는 손짓 발짓 등 몸짓(gesture)으로 대화를 시도하다가, 거래에 중요한 용어(jargon)들이 반복 사용되면서 교류가 원활해진다. 시간이 더 흐르면 두 언어의 특성을 모두 반영해 피진(pidgin)이라는 독특한 현상이 생겨나고, 교역 지대에서 나고 자란 아이들 아예 새로운 언어인 크레올(creole)을 만들어 사용한다. 교류와 융합도 이런 식의 중간 단계를 거치면서 다양해지고 정교해진다.

피터 갤리슨(Peter L. Galison) 하버드대학교 교수는 피진과 크레올을 만드는 교역 지대의 특성을 과학 분야에 적용해서 융합을 일으키는 과정을 규명했다. 교역 지대는 "서로 다른 두 분야가 만나서 공통의 언어를 만들고 발전시키면서 협력해 나가는 공간"으로 정의할 수 있다. 전공이 다른 연구자들이 한자리에 모이면 여러 방법으로 이론과 도구를 사용하게 되고 이 과정에서 새로운 아이디어와 시도가 발생하면서 이전과는 구별되는 경향이 탄생하게 된다.

물론 이런 교류가 언제나 효과적인 것만은 아니다. 새로운 언어가 만들어지고 이것이 공동체의 헤게모니를 차지하기까지는 오랜 시간과 수 없는 시행착오를 겪게 된다. 게다가 융합이 자발적이 아닌 강제적으로 요구될 수도 있으며 유사한 분야가 아닌 완전히 다른 체계가 만날 경우 심한 반목이 생길 수도 있다. 그럼에도 교역 지대에서는 언제나 융합이 발생한다. 서로 다른 분야를 뒤섞고 연결해 새로운 것을 만들어 내는 현상이 마치 인간의 본능적 행동인 양 생각될 정도다.

해리 콜린스(Harry Collins)는 교역 지대에서의 융합 현상을 동종적 ·

그림 9-2 교역 지대에서 발생하는 융합 현상의 패턴

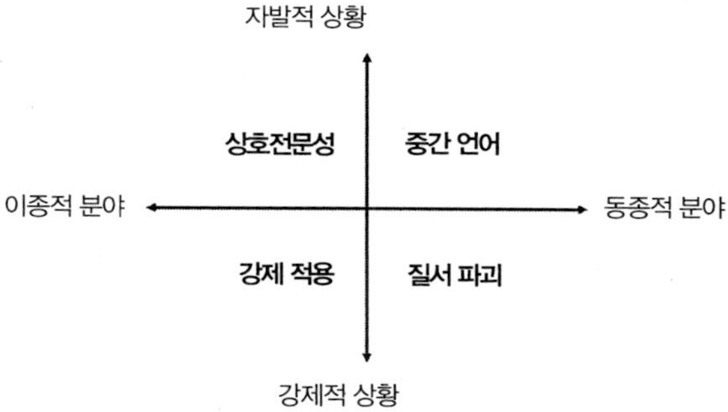

출처: Russel, 2003, p.148.

이종적 분야 및 자발적 · 강제적 상황에 따라 네 가지로 구분했다. 자발적 상황에서는 동종 융합이 피진과 크레올 등의 중간 언어를 만들어 내고, 이종 융합은 분야별 전문성 강화와 상호 교류를 촉진한다. 반면에 강제적 상황에서는 동종 융합에 의해 기존 질서가 파괴되고 새로운 체제가 구축되며, 이종 융합에 의해서는 새로운 방식이 강제적으로 적용되는 경향이 있다. 문화콘텐츠의 탄생과 발전의 과정에서도 이렇듯 다양한 융합 현상이 목격된다.

기술 간 융합의 활성화

융합은 어디서나 발생하지만 이를 적극적으로 고민하고 연구해 온 곳은 테크놀로지(technology), 즉 기술 분야다. 현대에 들어 기술의 발전 속도가 빨라지면서 창조적 파괴(creative destruction)라 부르는 혁신이 빈번하게 발생하기 때문이다. 기술 혁신은 주로 결합(結合), 수렴(收斂), 융합(融合)의 세 가지 측면으로 나타난다.

첫째, 결합(combination)은 서로 다른 것을 합쳐서 더 큰 개념을 만들거나

더 나은 결과를 낼 때 사용하는 용어다. 기술 결합은 18세기 산업혁명 이후 지속적으로 발생해 왔다. 건축, 생활 도구, 무기 등 거의 모든 분야에서 서로 다른 기술이 결합되어 발전을 이뤄 왔다.

둘째, 수렴(convergence)은 각기 다른 특성 중 공통점이 있는 것을 묶어 한곳에 집중시킨다는 의미다. 기술 수렴은 1963년 네이선 로젠버그(Nathan Rosenberg) 스탠퍼드대학교 교수가 처음 주창했다. 19세기 들어 금속 가공 기술이 여러 분야에서 쓰이면서 공통적인 한계에 부딪히자 이를 돌파하는 과정에서 극도로 전문화된 기업들이 등장했는데, 문제를 해결하는 과정은 모두가 비슷하게 수렴되더라는 것이다. 현재에도 마찬가지다. 시각적 이미지와 청각적 음향을 다루는 기술은 각자 발전하다가 지금은 디지털이라는 공통된 영역에서 만나는 수렴 현상이 발생했다.

셋째, 융합(fusion)은 서로 다른 요소들이 녹아서 하나인 양 합쳐진다는 뜻이다. 기술 결합과 기술 수렴이 유사한 분야에서 주로 발생하는 반면에, 기술 융합은 관련이 없는 듯한 기술을 섞어서 완전히 새로운 국면을 창출한다. 1991년 고다마 후미오(児玉文雄) 도쿄대학교 교수는 기술 혁신의 패턴이 기존에는 동일한 분야에서 해결책을 찾는 돌파(breakthrough) 방식이었으나 최근에는 상이한 분야를 융합(fusion)시키는 방식이 늘어난다고 분석했다. 1960년대에 일본에서 기계 기술과 전자 기술을 합쳐 메카트로닉스(mechatronics)라는 새 분야를 탄생시킨 것이 하나의 예다. 이런 구분법은 1990년대 이후 디지털 기술을 중심으로 산업구조가 재편되면서 점차 혼용되기 시작했다. 2000년대에 들어서자마자 미국과 유럽도 기술 융합을 핵심으로 미래 전략을 발표했다.

2002년 미국 국립과학재단(NSF, National Science Foundation)은 50여 명의 연구자들을 토론시켜 『인간 능력 향상을 위한 융합 기술(Converging Technologies for Improving Human Performance)』이라는 보고서를 완성했다. 과거에는 서로 다른 영역에 속했던 나노 기술(NT,

Nano-technology), 생명 기술(BT, Bio-Technology), 정보 기술(IT, Information Technology), 인지과학 기술(CT, Cognitive Technology)이 이제는 하나의 기술처럼 융합되어 나노의학(N-B), 의생명정보학(B-I), 인지컴퓨팅(C-I) 등의 신분야를 탄생시켰으므로 NBIC라는 한 단어로 표현 가능하다는 것이다.

2004년 유럽위원회(EC)는 『융합기술: 유럽 사회의 미래 만들기(Converging Technologies: Shaping the Future of European Societies)』라는 보고서를 발표했다. 이 보고서는 융합 기술(CT)에서 한 단계 더 나아가 '유럽 지식 사회를 위한 융합 기술(CTEKS, Converging Technologies for the European Knowledge Societies)'로 발전시켰다. 앞서 미국의 발표가 기술중심주의에 매몰되었다는 비판을 듣자 종합적인 융합 사회를 제시하기 위해 사회학, 인류학, 철학, 지리학, 환경학까지 모두 포함시킨 것이다. 기술과 사회가 박자를 맞추며 함께 발전하고 진화해야 한다는 주장이다. 이런 점에서 우리나라의 문화 기술과 문화콘텐츠의 발전 사례는 국가 정책 차원의 융합으로서 주목할 만하다.

그림 9-3 미국 국립과학재단의 NBIC 융합 모델

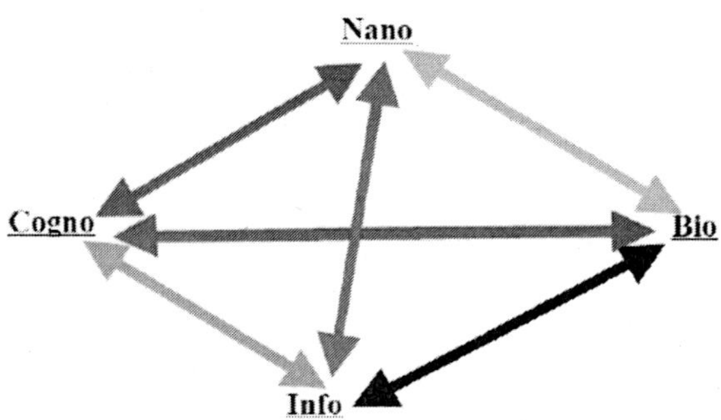

그림 9-4 유럽위원회가 융합 대상으로 파악한 학문 분야들

Nano-(나노) Bio-(생명) Info-(정보) Cogno-(인지) Socio-(사회) Anthro-(인류) Philo-(철학) Geo-(지리) Eco-(환경) Urbo-(도시) Orbo-(우주) Macro-(거시) Micro-(미시)

문화 기술(CT) 개념의 등장

1994년 10월 초, 일본 나고야 국제회의장에서 2000여 명이 모인 가운데 세계도시산업회의(世界都市産業会議)가 개최되었다. 주로 공업에 의존하던 나고야의 산업구조를 어떻게 변화시켜야 미래 변화에 대비할 지 각계 전문가의 의견을 듣는 자리였다. 여러 연사들 가운데에는 우리나라 KAIST의 원광연 교수도 있었다. 원 교수는 국내에서 첨단전자 엔터테인먼트 심포지엄을 진행하며 영화, 애니메이션, 음악, 게임 분야에서 디지털 기술의 역할이 늘어나는 데 주목하고 있었다. 나고야 회의에서는 이를 바탕으로 '문화 기술(Culture Technology)'이라는 개념을 세계 최초로 주창해 화제를 모았다.

문화 기술은 디지털 기술을 이용해 문화 예술 산업을 발전시키자는 실용적 전략을 담고 있다. 구체적으로는 다음의 네 가지 접근법을 포함한다. 첫째는 실용적 접근으로서 문화와 예술 관련 산업을 위한 디지털 기술을 개발한다. 둘째는 이론적 접근으로서 디지털 모델링과 계산학적 이론을 통해 문화와 예술에 접근한다. 셋째는 공학적 접근으로서 이공계 분야의 기술을 개발하는 데 문화와 예술을 이용한다. 넷째는 인문사회학적 접근으로 디지털 기술에 의한 사이버스페이스의 문제들을 논의한다. 종합하면 문화 예술과 이공계 기술 간의 융합을 통해 기존의 무형적 요소들을 구체적 결과물로 전환시키는 시도인 셈이다.

KAIST를 중심으로 한 문화기술 연구와 융합 시도는 국가정책에도 큰 영향을 미쳤다. 2001년 8월 김대중정부는 우리나라 경제를 이끌어갈 전략 기술을 선정하는 자리에 원 교수를 초빙했다. IT(정보 기술), BT(생명 기술), NT(나노 기술), ST(Space Technology, 우주항공 기술). ET(Environmental Technology, 환경 기술) 등 과학기술을 위한 연구 개발 예산에 CT(문화기술)까지 포함시켜 '6대 국가 핵심 기술'로 키우겠다는 것이다. 이어 2003년 8월에는 CT 기반의 '디지털 콘텐츠'가 '10대 차세대 성장 동력 산업'으로 선정되었고, 이때부터 문화콘텐츠는 기술 융합을 핵심 기반으로 발전하기 시작했다. 2005년 KAIST 문화기술대학원이 정식으로 설립된 이후로 문화콘텐츠 관련 학과의 등장이 이어졌다.

문화콘텐츠는 이렇듯 태생적으로 융합적인 특성을 가진 채 출발했다. 인문, 예술, 마케팅 등 다양한 분야 간의 결합으로 발전한 문화콘텐츠학 또한 기술 융합을 배제할 수 없는 상황에 다다랐다. 한국콘텐츠진흥원의 『콘텐츠 산업백서』가 집계하는 방송, 게임, 영화, 만화, 애니메이션, 캐릭터, 음악 산업, 패션 산업, 출판, 광고 시장 중 디지털 기술 없이 존속 가능한 분야는 거의 없다. 문화콘텐츠가 시대의 변화를 고려하고 대중의 요구에 발맞추기 위해서는 인문학적 발상의 중요성과 더불어 첨단 디지털 기술과의 융합도 함께 추진해야 하는 시대가 되었다.

인문 예술과 과학기술의 융합

아이폰을 탄생시킨 스티브 잡스(Steve Jobs)는 2011년의 프레젠테이션에서 "기술(technology) 자체로는 충분하지 않으며, 우리의 가슴을 노래하게 하는 인문 예술(liberal arts and humanities)과 결혼해야 한다"고 강조했다. 일부에서는 "인문학의 우수함을 인정했다"거나 "예술 없는 기술은 무모하다"고까지 해석하기도 했지만, 잡스가 결혼(marry)이라는 표현을 사용한 것은 인문 예술이나 기술 중 어느 하나의 우수성을 내세우려던 것이 아니라 '융합'을 강조하기 위해서다. 디지털 기술로 만들어진 하드웨어와 인문 예술이 반영된 소프트웨어가 결합한 사례들은 앞으로도 인류의 문화를 풍성하게 해 줄 것이다.

기술 개념의 발전사

기술은 다양한 의미를 지니고 있다. 한자어로 기(技)와 술(術)은 본래 사람이 지닌 재주와 발상, 즉 테크닉(technique)을 가리켰다. 그러나 현대에는 거대 기업이 보유한 최첨단의 역량, 즉 테크놀로지(technology)를 뜻하기도 한다. 테크닉과 테크놀로지는 테크(tech)를 공통 어원으로 갖는데, 원래는 기술뿐만 아니라 예술을 함께 가리키는 말이었다.

고대 그리스에서 '테크(τέκ)'는 목수가 집을 짓는 과정에서 목재를 이리저리 짜 맞추는 행위를 가리키는 표현이었다. '테크를 지닌 사람'이라는 뜻으로 목수를 테크톤(τέκτον)이라 했는데 시간이 흐르면서 대장장이, 장인, 선장 등 기술자가 지닌 지식과 노하우를 테크네(τέχνη)라 불렀다. 테크네는 일종의 가치중립적인 개념으로서 단순한 기술력을 넘어서서 사람의 능력, 수완, 기술을 넘어서 시인이 시를 잘 쓰고 음악가가 연주를 잘하는 현대의 예술 개념까지도 포함하는 넓은 개념이다.

그리스의 문화와 지식이 로마로 넘어오면서 테크네는 라틴어로 테크니쿠스(technicus)라 불리기도 했고 아르스(ars) 또는 아르테스(artes)라는 유사한 의미를 지닌 단어로 번역되기도 했다. 이 과정에서 여러 가지의 기술이 구분되어 쓰였다. 농업, 건축, 군사, 요리, 항해, 무역 등 특정 직업군을 양성하는 실용적인 기술은 '아르테스 메카니카이(artes mechanicae)', 즉 기계적 기예로 굳어졌다. 반면에 음악, 문학, 수사학, 기하학, 수학 등 노동에 포함되지 않고 엘리트 교육에 쓰이는 학문적 기술은 '아르테스 리베

그림 9-5 기술 개념의 발전과 융합 트렌드

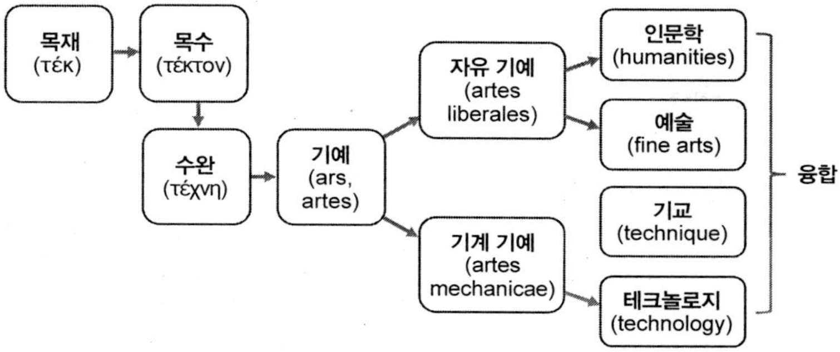

랄레스(artes liberales)', 즉 자유인을 위한 기예로 분화 발전했다. 이런 구분법은 오늘날에 이르러 과학기술과 인문 예술, 즉 이공계와 인문계로 나누는 근거를 제공했다.

물론 현대에 사용되는 기술이라는 표현은 개인의 능력으로서 테크닉이 아닌 과학기술이나 공업 기술 또는 기술 문명 자체로서 테크놀로지를 가리키는 경우가 많다. 테크놀로지라는 단어 유래는 1772년 독일의 과학자 요한 베크만(Johann Backmann)이 체계적인 지식을 가리키는 그리스어 테크놀로기아(τεχνολογία)에서 차용해 독일어 테히놀로기(Technologie)를 만든 데서 출발했다. 그럼에도 불구하고 예술과 기술 사이의 구분은 혼용되는 경우가 많다. 복잡하고 정교한 기술이나 수완을 표현할 때 "예술 수준이다"라고 말하는 일이 흔하다.

현대에 들어와 생겨난 문화콘텐츠학의 특성을 살펴봐도 인문학과 예술 간의 경계가 모호하고 기술 융합을 자연스레 유도하고 있음을 알 수 있다. 문화 기술(CT)은 그 자체로는 과학기술에 속하지만 영향력과 연관성을 고려하면 인문 예술과 분리되어 있다고 단언할 수 없다. 앞서 언급

그림 9-6 마이브리지의 연속 촬영 사진

출처: 위키피디아.

했듯이 문화콘텐츠의 여러 분야 중에 기술 융합을 전적으로 배제한 채 존속 가능한 경우는 찾아보기 어렵기 때문이다.

영상 분야의 기술 융합 과정

콘텐츠의 기술 융합의 사례로 '영상' 분야를 살펴보자. 미국 스탠퍼드대학교를 세운 릴런드 스탠퍼드(Leland Stanford)는 1872년 승마 애호가들과 논쟁을 벌였다. 말이 전속력으로 달릴 때 네 다리가 전부 공중에 떠 있는 순간이 잠깐이라도 있는가 하는 질문에 서로 대답이 다른 것이다. 이에 저속 촬영(time-lapse) 기법으로 유명한 에드워드 마이브리지(Eadweard Muybridge)에게 연구를 맡겼다. 1877년 마침내 연속 촬영 기법을 개발한 마이브리지는 1882년 장총 모양의 연속 촬영 사진기를 개발한 프랑스 생태학자 에티엔 쥘 마레(Etienne-Jules Marey)와 더불어 동영상의 시대를 열었다. 이후 1895년에는 뤼미에르 형제(Auguste &Louis Lumière)가 '영화'라는 새로운 장르를 선보였고, 1897년에는 에디슨이

동영상 재생 방식인 키네토그래프(kinetograph)를 발명했다.

신기한 기술에 불과했던 동영상은 이제 기술 융합의 대표 사례이자 문화 예술을 선도하는 콘텐츠가 되었다. 특히 컴퓨터그래픽의 발전 덕분에 상상의 이미지를 현실에서 그대로 구현하는 일이 가능해지면서 영화, 드라마, 애니메이션, VR, 홀로그램 등 다채로운 콘텐츠가 쏟아지고 있다. 물론 사람이 직접 하나하나 그려서 오려붙이는 방식으로 영상을 만들 수도 있다. 그러나 고해상도의 이미지 센서가 장착된 촬영 장비가 경량화되고 원하는 장면을 마음대로 그려내는 소프트웨어가 보편화된 현대사회에서는 기술을 배제한 콘텐츠로는 산업화가 어렵다.

방송도 기술의 총체이자 결과물이면서 문화적인 영향력의 핵심에 놓여 있다. 방송 미디어의 중심은 라디오에서 TV로, 지상파에서 케이블TV로 바뀌어 왔으며, 2000년대 이후로는 초고속 인터넷을 통해 고화질의 영상물을 제공하는 IPTV가 집집마다 보급되었다. 최근에는 네트워크 상태가 좋지 못한 상태에서도 고화질을 유지하는 코덱(codec) 기술이 발달하면서 TV, 컴퓨터, 모바일을 가리지 않는 영상 서비스로 대체되기 시작했다.

대표적으로 넷플릭스(Netflix)는 1998년 설립 이후 비디오 대여 시장 등 기존의 질서를 파괴하며 화제를 모으고 있다. 이제는 영화, 드라마, 다큐 등 영상물을 서비스하는 데 그치지 않고 넷플릭스 오리지널(Netflix Original)이라는 자체 제작물을 선보이는 상황이다. 봉준호 감독의 영화 〈옥자〉(2017)는 극장 개봉과 넷플릭스 서비스를 동시에 시작해 칸영화제에서 거센 논쟁을 불러일으켰다. 영화만을 상영하던 개봉관은 오락 시설을 갖춘 멀티플렉스 형태로 탈바꿈하면서 아직은 권력을 유지하고 있지만, 언젠가는 기술과 배급망을 함께 갖춘 온라인 영상 서비스에게 밀려날 우려가 있다.

기술 융합의 사회적 파급력, 스마트폰

기술 융합이 문화콘텐츠뿐만 아니라 사회현상 전반에까지 영향을 미친 극적인 사례로는 '스마트폰'을 꼽을 수 있다. 스마트폰은 하드웨어라는 기기와 부품, 소프트웨어라는 프로그램과 애플리케이션, 이를 통한 모바일(mobile) 시대의 개막까지 역동적인 융합을 보여 준다. 2010년대를 뜨겁게 달군 대표적인 디지털 화두이며 삼성, 애플, 구글, HTC, 화웨이 등 세계 각국의 IT 기업들이 천문학적인 자금을 쏟아 붓는 분야다.

스마트폰은 '피처폰'이라는 단어를 대체하는 과정에서 생겨났다. 피처폰은 하나의 주된 기능을 특징(feature)을 내세운다. 단순한 멜로디만 쓰이던 휴대전화 벨소리에 64폴리, 128폴리를 도입해 복잡한 음색을 표현하거나, 초록색의 흑백 액정 대신에 QVGA, TFT LCD 등 컬러 화면을 적용하고 이를 대대적으로 홍보하는 식이다. 그러나 스마트폰은 다채로운 기능을 혼자서 수행해 낸다. 일반 스피커 못지않은 음색을 내면서 화질은 TV보다 낫고, 디지털카메라 수준의 사진과 동영상 촬영이 가능하다. GPS 센서와 자이로 센서를 내장해서 가상현실(VR) 또는 증강현실(AR) 기기로 쓰이기도 한다. 말 그대로 스마트(smart)한 기기다.

스마트폰의 등장이 중요한 이유는 하드웨어 기기 자체보다는 새로운 문화를 만들어 내고 전방위적인 융합을 촉진한다는 데 있다. 사회적으로 스마트폰의 보급은 모바일(mobile) 시대를 불러왔다. 언제 어디서나 인터넷에 접속해서 정보를 주고받는 유비쿼터스(ubiquitous) 생활이 가능해졌다. 은행이나 주식 등 금융 업무도 영업소를 직접 방문하지 않고 스마트폰으로 처리하는 사람들이 늘어났다. 누구나 자기만의 화면을 가지고 다니는 N스크린 시대도 열렸다. TV 드라마를 보는 도중에 배경음악을 검색해 저장하거나 몇 번의 클릭만으로 물건을 구매하고 금액을 결제하는 일이 당연해졌다. 스마트폰과 유사한 기능을 발휘하는 태블릿PC까지 등장하면서 개인용 데스크톱 컴퓨터의 판매량은 하강 곡선을 그리기 시작했다.

스마트폰의 소프트웨어는 아이오에스(iOS)와 안드로이드(Android) 등 특정 운영체제(OS) 위에서 작동하는데, 운영체제를 개발한 기업은 막대한 경제적 이익뿐만 아니라 거대한 문화적 파워까지 거머쥘 수 있다. 예를 들어 애플은 폐쇄적인 생태계를 고집하고 있음에도 매출과 수익이 해마다 늘어난다. 애플의 기기에서 작동하는 소프트웨어는 앱스토어를 통해서만 판매와 구매가 가능한데도 전 세계 개발자들이 선호한다. 이들이 벌어들인 수익은 2017년 6월 기준으로 누적 집계 700억 달러를 돌파했다. 애플이 제공하는 음악 서비스는 아이폰과 맥 등 애플 기기에서만 들을 수 있음에도 매년 20% 내외의 높은 매출 성장을 이어가고 있다.

기기에 특화된 문화콘텐츠의 진화

문화콘텐츠 분야에서도 스마트폰의 기능을 활용한 사례들이 만들어지고 있다. 가장 큰 수익을 올리는 분야는 게임인데, 스마트폰에 내장된 다양한 센서를 적극 활용하고 있다. 사용자의 위치는 GPS 센서가 감지하며, 방향은 지자계 센서가, 회전은 자이로 센서가, 기울기는 중력 센서가, 움직임은 동작 인식 센서가 감지한다. 이를 이용하면 기존의 스크롤 방식을 넘어서서 사용자의 동작을 인식해 실시간으로 반영할 수 있다.

레이싱 게임인 〈니드포스피드(Need for Speed)〉(2014)는 자동차 핸들을 돌리듯이 팔을 기울일 때 화면 속 스포츠카도 방향을 틀어 일체감과 몰입감을 높여 준다. 증강현실 게임인 〈포켓몬고(Pokémon GO)〉(2016)는 카메라 기능을 켜고 도시 곳곳을 돌아다니며 현실 배경과 겹쳐서 나타나는 몬스터를 잡게 해 준다. 낚시 게임인 〈빅피쉬(Big Fish)〉(2010)는 스마트폰을 손에 쥐고 낚싯대를 던지고 당기는 듯한 동작을 하면 이를 인식해 물고기를 잡는 화면을 보여 주며 진동 장치를 통해 이른바 짜릿한 손맛을 느끼게 해 준다.

그림 9-7 모바일 기기의 실내 위치를 감지하는 비콘

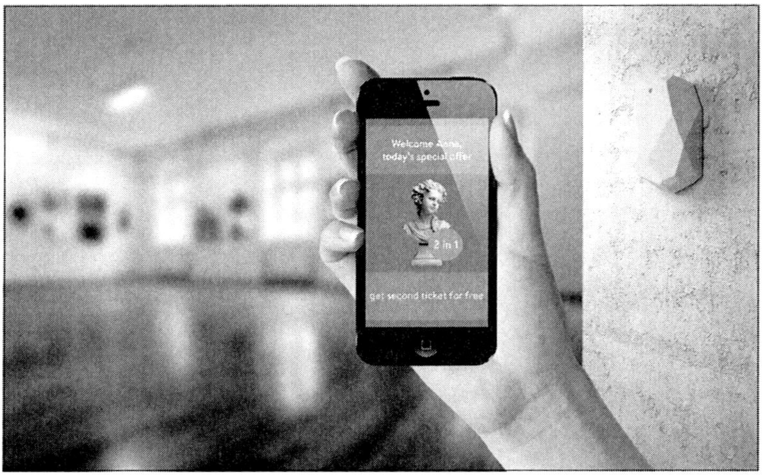

스마트폰은 관광산업에서도 사용된다. GPS 센서를 이용한 위치기반 서비스(LBS)를 이용하면 관광지를 방문했을 때 문화재나 명소 근처에서 알람이 울리고 시청각 자료를 통해 역사적 배경이나 얽힌 이야기를 설명해 준다. 박물관이나 미술관 등 뮤지엄을 관람할 때는 앱을 통해서 작품에 대한 추가 설명을 보거나 들을 수 있다. 작품 설명에 붙은 QR 코드를 찍거나 실내에서의 위치를 감지하는 비콘(Beacon) 기능을 이용해 자동으로 오디오 가이드가 진행되기도 한다.

SNS 기능과 결합해 새로운 방식을 시도하는 뮤지엄들도 늘어나는 추세다. 프랑스는 2014년부터 뮤지엄 전시 작품의 사진 촬영을 허락하도록 정책을 바꾸었다. SNS를 통해 적극적으로 공유하고 홍보하는 것이 문화예술 진흥에 도움이 된다고 판단한 것이다. 온라인 투표를 통해 전시 작품과 위치를 결정하는 갤러리들도 등장했다.

모바일의 시대는 사회 전반과 문화콘텐츠 분야에 전폭적인 변화를 가져다주었다. 모바일 트렌드에 발 빠르게 대처한 곳은 영향력을 유지하겠지만, 스마트폰 전용 페이지를 만들지 않는 기업과 기관들은 소비자들에게 외면을 받고 있다.

기술 융합에 대한 시선들

기술의 발달은 새로운 사회현상을 불러일으키게 마련이다. 최신 기술이 제공하는 신속함과 편리함은 일상생활을 쾌적하게 만들어 주지만 급속한 변화로 발생하는 지식 격차와 인간 소외의 문제는 현대사회의 병폐로 지적되기도 한다. 최근에는 인공지능이 비약적으로 발전하면서 로봇이 인간의 일자리를 빼앗을 거라는 공포가 확산되기도 하고, 노동력이 대체되면서 인간은 오히려 더욱 인간다운 삶을 살게 될 거라는 낙관이 등장하기도 한다. 기술은 인간에 유리하게 작용할까 아니면 결국에는 파멸을 가져다줄까.

인간 중심의 평가: 기술 애호와 기술 혐오

최신 기술을 적극적으로 받아들이는 사람, 계층, 국가들이 있다. 근대까지는 왕실과 귀족이 과학자들을 후원하고 새로운 기술을 가장 먼저 받아들였다. 토머스 휴스(Thomas P. Hughes)에 따르면, 기독교를 중심으로 새로운 국가를 건설한 미국은 "신이 세상을 1차로 창조했으나 세세한 부분까지 다듬지는 못했으므로 인간이 제2의 창조를 통해 살기 좋은 곳을 완성해야 한다"는 기술중심적 사고방식을 표방해 왔다.

오늘날에는 얼리어답터(early adoptor)라 불리는 사람들이 최신 기술을 적극적으로 체험하고 받아들이면서 사회 전체의 분위기를 주도하고 있다. 이렇게 기술에 대해 호의적인 입장을 테크노필리아(technophilia), 즉 '기술 애호'라 부른다. 사랑이나 애정을 뜻하는 그리스어 '필리아'는 심리적 경향을 설명할 때 접미사로 사용된다. 기술을 선호하는 사람에게는 테크노파일(technophile), 즉 '기술애호가'라는 표현을 쓴다.

반면에 최신 기술에 대해 부정적인 입장을 취하고 문제점을 지적하는 사람이나 집단도 있다. 미국의 기독교 일파인 아미시(Amish) 공동체는 전기, 전화, 컴퓨터 등 현대 기술을 거부하기로 유명하다. 우리나라에서도 스마트폰 보급이 늘어나던 사회현상 속에서 오히려 피처폰을 고집하는 사람들이 있었다. 이렇게 기술에 대해 부정적인 입장을 테크노포비아(technophobia), 즉 '기술 혐오'라 부른다. '포비아'는 공포나 거부감을 의미한다. 기술에 대해 부정적인 태도를 유지하는 사람은 테크노포브(technophobe), 즉 '기술혐오자'라 부른다.

기술애호가들은 인류 문명이 기술과 함께 발전해 온 것처럼 미래 사회 또한 기술의 도움을 통해 긍정적이고 낙관적으로 만들어 갈 수 있다고 주장한다. 때로는 기술에 대한 숭배와 남용이 지나쳐서 인간적인 면이 부족한 모습이 연출되기도 한다. 반대로 기술혐오자들은 기술만 맹신하다가 문명의 파국이 닥칠 수도 있음을 경고하는 역할을 한다. 때로는 새로운 지식의 습득을 거부하다가 디지털 격차(digital divide) 같은 부정적 사회현상을 촉발하기도 한다.

슈퍼 히어로 영화를 통해 기술 애호와 기술 혐오의 대립을 파악할 수 있다. 마블(Marvel)의 〈어벤저스(Avengers)〉 시리즈에서 아이언맨은 첨단 기술이 집약된 수트를 입고 인간의 능력을 극한으로 끌어올리지만 세상에 대한 통제 욕심이 지나쳐 결국에는 울트론이라는 악역을 탄생시키기도 한다. 반면에 캡틴아메리카는 인간애의 범위를 넘어서는 행동을 경계하고 아이언맨의 기술 숭배를 비판한다. 〈캡틴 아메리카: 시빌워〉 편에서는 둘이 충돌해 결국 어벤저스팀을 붕괴시키는 대전투가 벌어진다. 라이벌 기업인

DC코믹스(DC Comics)의 〈배트맨 대 슈퍼맨(Batman vs. Superman)〉 시리즈에서도 비슷한 대립이 발생한다. 배트맨은 기술의 힘을 빌린 온갖 무기와 장비들을 사용하는 반면에 슈퍼맨은 태양에너지를 받아들인 육체의 능력으로 대부분의 문제를 해결한다.

기술 애호나 기술 혐오는 어느 것이 낫거나 못하다고 할 수 없지만 현재와 미래의 경향을 판단하는 데는 도움이 된다. 어떤 입장에 서느냐에 따라 시각이 달라지기 때문에 사회문제에 대한 분석 능력을 기르는 데도 적용할 만하다. 인공지능 기술에 대해 테크노필리아 측에서는 미래 사회를 바꿔놓을 선의의 도구로 여기지만, 테크노포비아 측에서는 영화 〈터미네이터〉에서처럼 인간을 말살시키려는 기계의 탄생으로 바라본다. 문화콘텐츠가 기술과 융합하는 추세에 대해서도 기술 애호의 입장에 설지 아니면 기술 혐오의 말이 맞다고 할지 고민해 볼 만하다.

사회 중심의 평가: 기술결정론과 사회구성론

기술 애호와 혐오까지는 아니더라도 기술에 대한 호의적인 평가와 조심하는 태도 간의 대립은 도처에 있다. 기술결정론과 사회구성론의 비교를 통해 알아보자.

기술결정론(Technological Determinism)은 기술의 발전이 사회를 변화시키는 주요 원인으로 작용한다고 본다. 그중에서 '강한 기술결정론'은 인간의 도움 없이도 기술 스스로 발전하고 진화하는 것이며 이를 인간이 끌어다 쓸 뿐이라고 주장한다. IT 매거진 '와이어드(Wired)'의 창립자인 케빈 켈리(Kevin Kelly)는 인간을 포함한 생물계가 독자적인 진화를 이뤄 온 것처럼 기술도 독립적으로 발전과 진화를 계속하고 있다고 주장했다. 인간이 기술을 개발하는 것이 아니라 적합한 발전 상태에 도달한 인간이 특정 기술을 끌어다 쓴다는 역발상이다. 예를 들어 장인이 연마한 기술은 누군가 전수를 받지 않으면 영원히 사라지는 것으로 생각하지만,

실제로는 시간과 공간을 뛰어넘어 비슷한 기술이 등장한다는 것이다. 켈리는 이런 기술적 체계를 '테크늄(Technium)'이라 불렀다.

한편으로 '약한 기술결정론'도 있다. 기술이 개발된 덕분에 인간 집단이 이를 이용해 문명과 사회를 발전시킨다는 주장이다. 미래학자 앨빈 토플러(Alvin Toffler)는 인류 사회를 크게 바꿔놓은 두 개의 물결, 즉 농업혁명이라는 제1의 물결과 산업혁명이라는 제2의 물결이 모두 기술 발달에 의한 것이라 지적했다. 현재 진행 중인 제3의 물결, 즉 정보혁명을 어떻게 이용하고 대처하는가에 따라 미래 문명의 모습이 크게 달라진다는 것이다.

이와 반대로 사회구성론(Structuation Theory)은 인간 문명이 만들어낸 여러 결과물 중의 하나가 기술이라는 입장이다. 기술은 독립적 변수가 아니라 사회에 포함된 여러 요소 간에 벌어진 상호작용의 결과물일 뿐이라는 것이다. 트레버 핀치(Trevor Pinch)와 위비 바이커(Wiebe Bijker)는 자전거의 발전 과정을 통해 '기술의 사회구성주의(Social Construction of Technology)'를 주장했다. 최초의 자전거는 앞바퀴를 크게 만들어서 회전 당 이동거리를 늘렸지만 많은 근력을 필요로 했다. 긴 치마를 입은 여성들에게는 적합하지 않았고 타고 내리기도 불편했다. 불만이 이어지자 자전거의 앞뒤 바퀴는 비슷한 크기로 줄어들었고 충격완화를 위해 고무타이어까지 도입하게 되었다. 사회의 요구로 기술 발전의 방향이 바뀔 수 있다는 주장이다.

기술융합형 문화콘텐츠의 등장과 유행을 분석할 때도 기술결정론과 사회구성론의 시각을 모두 적용해 보고 결론을 내려야 한다. 문재인정부는 4차 산업혁명의 중요성을 강조하면서 인공지능(AI), 가상현실(VR), 빅데이터 등 첨단 기술을 접목하는 문화콘텐츠를 적극 지원하겠다는 입장을 내세우고 있다. 그중 VR는 그 자체로 대단한 기술이며 사회에 큰 파급력을 줄 것처럼 홍보되곤 하지만 지속적으로 사용하는 소비자의 숫자는 크게 늘지 않고 있다. 사양길에 접어든 3D TV의 사례에 비유되기도 한다. VR는 앞으로도 지속적으로 유행해 독자적인 산업화가 가능할 것인가. 문화콘텐츠의 기술 융합 자체가 의미가 있다고 볼지, 사회가 원하지 않는 기술 융합은 진흥시킬 필요가 없는지 등 심도 있는 논의가 필요하다.

절충적인 입장: 인간과 기술의 상호작용

논쟁이 지속되면 이를 뛰어넘는 이론이 등장하게 마련이다. 토머스 휴스의 '기술시스템론(Technological System)'은 기술이 우선이냐 인간이 우선이냐 하는 다툼에서 해결책을 찾기 위해 고안되었다. 사회나 시스템은 여러 요소들이 복합적으로 어우러진 특징을 보이는데, 중대한 변화는 일부 요소에 의해 개별적으로 발생하는 것이 아니라 여러 요소들 간의 상호작용 때문에 촉발된다는 것이다. 기술로만 사회를 설명할 수가 없고 제도나 조직 등 사회적인 요소를 함께 생각해야 한다는 주장이다. 전구나 모터가 발명되었기 때문에 우리 사회가 무작정 전기를 사용하는 것이 아니라, 전기를 생산하고 배분하는 총체적인 전력 시스템을 완성함으로써 비로소 전기가 기본 인프라로서 인정받는 것이다.

사회와 기술 간의 상호작용과 마찬가지로 인간(human)과 비인간(non-human)의 결합과 소통 또한 주요한 변화를 이끌어 낸다. 프랑스의 사회학자 브뤼노 라투르(Bruno Latour)는 '행위자 네트워크 이론(Actor-Network Theory)'을 주창하며 기술에 대한 새로운 시각을 제공하고 기술시스템론의 지평을 확장시켰다. 기술 애호와 기술 혐오 간의 논쟁은 기술을 인간이 어떻게 바라보느냐를 따진다는 점에서 철저하게 인간 중심적이다. 그러나 현대사회가 복잡한 작동을 유지하는 것은 인간이라는 요소 이외에 기술이나 체계 같은 비인간 요소도 동등하게 작용하기 때문이다. 라투르는 이런 질문에서 출발해 인간 대 기술, 사회 대 자연 등의 대립을 해소하고 인간과 기술이 융합하는 총체적인 시각을 제시했다. 서사기호학에서는 이야기의 진행에 주요한 변화를 일으키는 핵심인물을 행위자(actor)라고 표현한다. 현대사회를 하나의 이야기체로 본다면 우선은 인간을 주된 행위자로 볼 수 있다. 그러나 사회에 대한 영향력을 따지면 기술이 속해 있는 비인간적 영역도 사회의 판세와 분위기를 바꾸는 데 큰 역할을 하는 일종의 행위자로 보아야 한다.

오늘날의 사회는 기술적인 부분을 완전히 배제한 채 설명할 수 없을 만큼 복잡해졌다. 최근 우리나라와 중국 간의 대립 모드가 격화된 현상을 역사적 사례와 맥락으로 설명하려는 시도가 이어지고 있지만, 두 나라 간의 적대적 감정에 가장 큰 원인을 제공한 것은 '사드(THAAD)' 배치와 '미세먼지(PM 10)의 확산'이다. 둘 다 과학기술 없이는 설명과 판단이 불가능한 영역이다. 라투르는 인간과 비인간이 서로의 방식과 용어를 해석하는 번역(translation) 작업을 통해 긴밀한 네트워크(network)를 형성한다고 보았고, 현대사회에서는 이를 적극적으로 활용해야만 영향력을 증대시킬 수 있다고 역설했다.

문화콘텐츠 분야에 행위자 네트워크 이론을 적용해 보면 기술 융합의 중요성이 드러난다. 기술 애호냐 기술 혐오냐 하며 대립하는 분위기로는 문화콘텐츠의 잠재력과 가능성을 판단하고 계획하기 어렵다. 인문 예술과 과학기술 간의 융합이 적극적으로 고려되고 도입될 때 문화콘텐츠라는 융합 장르와 문화콘텐츠학이라는 융합 학문의 역할도 그만큼 커질 것이다.

생각해 볼 문제

1. 'CT'라는 표현은 문화권마다 다르게 쓰였다. 우리나라의 문화 기술

(Culture Technology), 미국의 인지과학 기술(Cognitive Technology), 유럽의 융합 기술(Converging Technology) 개념을 이용해 미래의 콘텐츠 전망을 예측하고 제안해 보자.

2. 문화콘텐츠의 기술융합이 대부분 디지털 부문에서 발생하는 것을 살펴볼 때, 문화 기술(CT) 중에서 디지털에 속하지 않으면서 영향력을 끼친 사례를 찾아보자.
3. 스마트폰 이외에도 기술적 발전과 사회적 변화를 일으켜 일상생활에까지 영향을 준 아이템이나 콘텐츠가 있는지 살펴보자.
4. 4차 산업혁명과 연관시켜 정부가 지원 예정인 인공지능, 가상현실, 빅데이터 등의 사례를 기술 애호 대 기술 혐오, 기술결정론 대 사회구성론, 기술시스템론과 행위자 네트워크 이론 등으로 분석해 보고 장단점을 제시해 보자.

참고문헌

김영석 외(2015). 『스마트미디어: 테크놀로지, 시장, 인간』. 나남.

김현(2009). 고대 그리스 사람들은 테크네를 어떤 의미로 사용하였는가. 『제3회 문명포럼 논문집』(5~14).

문화체육관광부(2010). 『디지털융합시대 콘텐츠산업 미래정책 연구』.

서동인·오헌석(2014). 과학기술분야 융합연구자의 교역지대 교류경험 및 의미. ≪아시아교육연구≫, 15권 2호, 111~140.

원광연(2015). 『그림이 있는 인문학』. 알에이치코리아.

임동욱(2013). 영화 탄생의 숨은 공로자, 마이브리지. ≪KISTI의 과학향기≫, 1838호.

트레버 핀치·위비 바이커(1987). 자전거의 변천과정에 관한 사회구성주의적 해석. 송성숙 편역(1999). 『과학기술은 사회적으로 어떻게 구성되는가』(39~80). 새물결.

하대청(2014). 융합기술의 두 기원에 관한 소고, ≪생명윤리포럼≫, 3권 4호, 1~8.

한국콘텐츠진흥원(2017). 인간, 콘텐츠 그리고 4차 산업혁명 : 변화와 대응. ≪코카포커스≫, 17-03호.

Collins, H., Evans, R., & Gorman, M. E.(2010). Trading zones and interactional expertise. In M. E. Gorman(ed.). *Trading zones and interactional expertise: creating new kinds of collaboration*. The MIT Press.

Galison, P.(1999). Trading Zone: Coordination action and belief. Mario Biagioli(ed.)(1999). *The science studies reader*(pp.137~160). Routledge

Hughes, T. P.(2005). *Human-built world: How to think about technology and culture*. 김정미 옮김(2008). 『테크놀로지, 창조와 욕망의 역사』, 플래닛미디어.

Kelly, K.(2017). *The inevitable*. 이한음 옮김(2017). 『인에비터블: 미래의 정체』. 청림.

Kelly, K.(2011). *What technology wants*. 이한음 옮김(2011). 『기술의 충격: 테크놀로지와 함께 진화하는 우리의 미래』. 민음사.

Latour, B.(2012). *Cogitamus: Six lettres sur les humanites scientifiques*. 이세진

옮김(2012). 『브뤼노 라투르의 과학인문학 편지』. 사월의책.
Toffler, A.(1984). *The third wave.* 김진욱 옮김(2014). 『제3의 물결』. 범우사.

10

문화콘텐츠는 글로벌 콘텐츠다

넷플릭스에서 빛난 〈킹덤〉 시리즈

2021년 넷플릭스를 통해 개봉한 〈킹덤: 아신전〉의 열풍이 계속되고 있다. 〈킹덤: 아신전〉은 2019년 넷플릭스의 투자와 지원으로 개봉한 드라마 〈킹덤〉의 프리퀄로, 생사초의 기원과 조선에 역병이 돌고 좀비가 탄생한 이유를 밝히는 작품이다. 〈킹덤〉은 김은희 작가가 극본을 쓰고 김성훈 감독이 연출을 맡았고, 시즌 2에서는 박인제 감독이 2~6편을 연출했다. 드라마 〈킹덤〉의 원작은 만화 〈신의 나라〉다. 만화를 원천 콘텐츠로 하여 조선 좀비물로 재탄생했다. 〈킹덤 1〉(2019)과 〈킹덤 2〉(2020)는 각 6편으로 구성되었는데, 회당 제작비가 20억 원 정도 들었다. 〈킹덤〉은 국내뿐만 아니라 해외에서도 큰 화제를 낳았다. 우선, 빠른 전개와 완벽한 스토리 구성, 배우의 연기력과 좀비의 생동감 넘치는 액션을 통해 전 세계 좀비물에 익숙한 관객에게 조선 좀비의 신선함을 선보였다. 조선 시대의 다양한 복식도 화제가 되었다. 조선 왕족의 화려한 복식과 관원의 의상, 그중 조선의 갓이 큰 인기를 끌었고, 의녀 서비의 옥색 저고리와 남색 치마, 그리고 흰색 앞치마도 화제였다. 〈킹덤〉의 의상과 모자, 장신구는 모두 권유진 의상 감독이 직접 만들었다. 그는 인터뷰에서 "지금까지 영화 등 200여 작품에 참여했기 때문에 한복을 제작하는 것에 크게 어려움이나 부담을 느끼지는 않았다. 갓이나 각종 모자와 짚신도 다 직접 제작했고, 주인공 이창이 입은 곤룡포도 일일이 수를 놓아 작업"했다고 밝혔다. 이러한 장인들이 〈킹덤〉의 신화를 만든 것이다.

한국 콘텐츠의 세계화

세계화는 신자유주의를 연상시킨다. 햄버거는 맥도널드, 탄산음료는 코카콜라, 피자는 피자헛, 운동화는 나이키, 스마트폰은 애플을 사용한다. 하지만 이런 것을 세계화라고 하지 않는다. 글로벌리즘도 아닌 그냥 아메리카니즘일 뿐이다. 훗날 코리아니즘이 긍정적인 의미로 회자되기 위해서는 지금부터 세계화 전략을 고민해야 한다.

세계화의 개념

세계화(gobalization)의 역사와 개념은 광범위하다. 중국은 이미 수천 년 전에 차와 말을 교역했던 '차마고도(茶馬古道)'라는 가장 오래된 교역로를 구축했고, 실크로드는 서양과 동양을 잇는 무역 교역 통로이자 문화를 전파하는 창구였다. 유럽은 15세기부터 대항해 시대를 열어 아메리카와 아프리카, 아시아를 누비며 때로는 잔혹한 정벌을, 때로는 서양의 문화와 종교를 전파했다. 세계화의 정의는 "정치, 경제, 문화, 종교 등 사회의 여러 분야에서 국가 간 교류가 증대해 개인과 사회집단이 갈수록 하나의 세계 안에서 삶을 영위해 가는 과정"을 뜻한다.

경제적인 측면에서 '단일 세계화(mondialisation)'라고 해석하기도 하고, 신자유주의적 맥락에서는 '세계 자본 논리화'라는 의미를 갖는다. 또한, 세계화에 이어 글로컬, 즉 글로컬라이제이션(glocalization)이 확산되고 있다. 글로컬라이제이션은 세계(global)와 지역(local)의 합성어로 '세계적인 동시에 지역적이며, 세계성은 지역성에 의해 수정되고 변경된다'는 의미를 지니고 있다. 세계화는 신자유주의와 만나면서 단일화라는 부정적인 의미로 해석되고, 문화나 예술 분야를 만나면 다양성을 내포하면서 긍정적인 의미로 해석된다.

한국 문화의 세계화

문화의 세계화는 국가 브랜드 전략과 밀접한 관련이 있다. 국가 브랜드에 대한 좋은 이미지가 많을수록 문화의 세계화에 유리하다. 한국 문화의 세계화를 위해서는 브랜드 전략이 필요하다. 한국 문화의 세계화는 한국의 문화유산, 한국의 문화 산업을 수출하는 것을 의미하며, 한국의 문화와 문화 산업을 세계적인 것으로 만드는 행위를 말한다. 또 한류는 한국 문화와 문화 산업 세계화의 대표적인 성공 사례 중 하나다. 국가 브랜드와 정책적인 측면에서 한류는 '전통 문화, 문화 예술, 문화 산업을 중심으로 세계인과 공감하는 'K컬처(K-Culture)'를 의미한다.

한류를 문화 산업에 국한해서 바라보는 좁은 시각은 경계해야 한다. 전통 문양이나 국악, 한옥, 한복, 문학, 민속축제, 태권도 , 김치 등이 현대화 작업을 통해 문화 상품으로 발전하고 있다. 이미 한류 3.0 시대를 지나 한류 4.0 시대로 접어들었다(표 10-1 참조). 문화 산업은 K팝(K-Pop), 드라마, 영화, 게임, 만화 산업, 캐릭터, 콘텐츠 기술, 패션, 방송 영상, 문화 상품, e스포츠, 게임 등 이미 전 세계에 확산되어 정착되었다. 이제 한국의 전통문화를 재발견하고 세계화하는 전략이 필요하다.

그런 의미에서 한복의 세계화는 주목할 필요가 있다. 2016년 문화체육관광부는 '케이콘 2016 프랑스(KCON 2016 France)'를 성대하게 개최했다. 한국의 문화콘텐츠를 뽐낼 수 있었던 이 자리에서 가장 돋보였던 콘텐츠는 한복이었다. 이날 하이라이트 중 하나였던 한복 패션쇼에서 우수 문화 상품으로 지정된 메종드이영희의 '오뜨꾸띄르 한복'과 사임당의 '남성 도포 코트', 한복린의 '레이스거들 한복드레스' 등이 프랑스 관객의 큰 호응을 얻었다. 프랑스, 이탈리아 같은 패션 선진국에 한국의 전통 한복과 퓨전 한복을 교차해서 전시해 한복의 다양성과 실용성을 모두 선보여 큰 호평을 받고 있다.

한국 최고의 인기 걸 그룹 블랙핑크는 데뷔 4년 만인 2020년 미국 빌보드 '아티스트 100차트'에서 1위를 차지하는 등 엄청난 파급력과 화제성을 보여 주고 있다. 2020년 발표한 〈How You Like That〉은 카리스마 넘치는 사운드가 돋보이는 힙합곡인데, 크롭 기장으로 제작한 한복 패션으로 전 세계의 눈길을 사로잡았다. 과감한 전통 문양과 한복 저고리를 가미해 한국 고유의 미를 살렸으며, 블랙핑크만의 힙한 분위기가 더해져 2020년 버전으로 재탄생했다는 평가를 받았다. 특히 제니가 입은 분홍색 의상은 조선 시대 선비들이 입던 겉옷인 '도포'에서 아이디어를 얻었다. 총길이 74cm의 도포 하단을 잘라 배를 드러내는 짧은 재킷으로 표현했다.

서울 경복궁에 있는 고궁이나 북촌, 전주 한옥마을 등에서 한복 체험이 들불처럼 확산되고 있는 것 역시 주목할 만하다. 해외에서 한국을 찾은 외국인이 한복을 체험하는 효과와 한복이 익숙하지 않은 한국의 젊은 세대도 한복을 체험해 우리 문화의 우수함과 세련됨 등을 경험하게 하는 효과를 거두고 있다.

한복의 세계화를 주관하는 기관은 한복진흥센터로 2014년 박근혜정부 시절 출범했고, 경상북도는 2021년 한국한복진흥원을 문열었다. 이같이 국가수반이나 그 배우자가 전통의상을 입고 해외 무대에서 서는 것은 전통의상의 세계화에 큰 역할을 한다. 이런 의미에서 대통령이나 영부인이 한복을 입고 세계 정상을 만나는 것은 한복 세계화의 매우 중요한 포인트다.

디즈니의 세계화 전략과 시사점

월트 디즈니(Walt Disney)는 1901년 12월 5일 시카고에서 일리어스 디즈니(Elias Disney)와 플로라 콜(Flora Call)의 사이에서 4남 1녀 중 넷째 아들로 태어났다. 아버지는 겉으로는 독실한 기독교 신자지만, 도박꾼에 현세적인 인물이었고, 자식들에게 종종 폭력을 휘둘렀다. 디즈니는 어려서부터 그림 그리기를 좋아하고 상상력이 풍부했지만, 정작 그림에는 큰 소질이 없어 성공하지는 못했다. 성인이 된 후 여러 사업에서 실패를 맛본 디즈니는 〈운 좋은 토끼 오스왈드(Oswald the Lucky Rabbit)〉(1927)를 제작해 성공을 거둔다. 하지만 믿었던 동업자 찰스 민츠(Charles Mintz)에게 배신을 당하고 돈, 작품, 캐릭터를 모두 잃게 된다. 디즈니는 1937년 〈백설공주와 일곱 난쟁이들(Snow White and the Seven Dwarfs)〉의 대성공을 시작으로 〈피노키오(Pinocchio)〉(1940), 〈판타지아(Fantasia)〉(1940), 〈덤보(Dumbo)〉(1941), 〈밤비(Bambi)〉(1942), 〈신데렐라(Cinderella)〉(1950년), 〈이상한 나라의 앨리스(Alice In Wonderland)〉(1951년), 〈피터 팬(Peter Pan)〉(1953년) 등을 흥행하면서 애니메이션의 새로운 역사를 쓴다.

하지만 디즈니에게는 우리가 모르는 추악한 민낯도 있다. 예술가를 착취하고 노동운동을 탄압했으며, 마피아, FBI와의 은밀한 거래를 했다. 1950년 전후 조지프 매카시(Joseph R. McCarthy) 의원이 "여기 바로, 내 손에! 205명의 공산당원의 명단이 있습니다"라고 선언하면서 미국은 물론 전 세계는 빨갱이 색출로 홍역을 치른다. 이때 디즈니는 청문회에서 많은 동료들을 밀고했다. 그중에는 찰리 채플린(Charles Chaplin)도 포함되어 있었다.

월트 디즈니가 죽고 현재의 디즈니사의 뼈대를 세운 인물은 마이클 아이스너(Michael Eisner)다. 그는 1984년부터 2005년까지 22년 동안 디즈니의 CEO를 맡았다. 그의 평소 신조는 "크게 생각하라(think big)"였는데, 디즈니의 세계화는 그의 최고의 역점 사업이었다. 그리고 그는 '콘텐츠맨'으로 불릴 정도로 콘텐츠를 중시했다. 그는 지나치게 큰 금액이 배우 몸값으로 나가는 기존의 디즈니 영화 시스템에 반감을 갖고 스토리 중심으로 체질을 바꾸었다. 배우가 아닌 스토리의 질에 중점을 두고 감독의 명성보다 연출의 효과를 더 집중했다. 또한 동일한 콘텐츠를 여러 개의 버전으로 변형해 관객에게 판매하는 버저닝(versioning) 전략에 역점을 두기도 했다.

디즈니사가 소유하고 있는 자회사는 케이블 채널로는 ESPN, 디즈니 채널 월드와이드, ABC패밀리, SOAP네트웍스, A&E · 라이프타임 등이 있다. 콘텐츠를 원활하게 보급하기 위해 '부에나비스타(Buena Vista)'라는 최고의 배급사를 만들었고, ABC텔레비전 방송망을 인수해 효율적으로 콘텐츠를 제작하고 방송할 수 있었다.

디즈니 하면 떠오르는 주제는 '가족'적인 콘텐츠다. 가족적인 콘텐츠를 창작하기 위해 전 세계에서 이야기 소재를 발굴하는데, 우리가 흔히 알고 있는 '피노키오', '백설공주', '신데렐라' 등은 유럽의 콘텐츠이고, 애니메이션 〈뮬란〉의 모티브가 된 목란시(木蘭詩)는 중국의 콘텐츠다. 물론 디즈니에서 실사 영화로 제작한 〈뮬란〉(2020)은 많은 비난을 받고 조용히 사라졌다. 그럼에도 전 세계의 콘텐츠를 변형해 세계적인 콘텐츠로 만드는 디즈니만의 세계화 전략은 높이 살 만하다.

디즈니는 콘텐츠 확보를 위해 인수 합병에 매우 적극적인 기업이다. 1995년에는 ABC를 인수해 디즈니 콘텐츠를 효과적으로 보급하는 채널을 확보했으며, 1996년에는 케이블 TV 전용 스포츠 채널인 ESPN을 인수했다. 그리고 2006년에는 76억 달러에 픽사(Pixar)를 인수한다. 전통 애니메이션을 고집했던 디즈니에게 CGI(computer graphic image)로 승승장구한 픽사와 드림웍스(DreamWorks)는 막강한 경쟁자였다. 당시 디즈니는 3D나 CG 기술력이 약했고, 픽사는 유통 채널이 약했기 때문에 윈윈할 수 있는 구조를 만든 것이다. 인수 합병 후 만든 애니메이션은 〈로빈슨 가족(Meet The Robinsons)〉(2007), 〈라푼젤(Tangled)〉(2010), 〈겨울왕국(Frozen) 1, 2)〉(2014, 2019), 〈주토피아(Zootopia)〉(2016), 〈코코(Coco)〉(2017), 〈소울(Soul)〉(2020), 〈버즈 라이트이어(Lightyear)〉(2022) 등이다.

2009년에는 마블엔터테인먼트(Marvel Entertainment, LLC)의 5,000개가 넘는 캐릭터를 약 40억 달러에 인수했다. 1990년대 이후 경영난에 시달린 마블은 주요 캐릭터를 매각하기 시작해, 마블의 간판 캐릭터인 스파이더맨은 소니로, 데드풀과 판타스틱 4, 엑스맨은 20세기폭스사로 넘어갔다. 비록 디즈니가 마블의 전체 캐릭터를 인수하지는 못했으나, 〈어벤져스: 에이지 오브 울트론(The Avengers: Age of Ultron)〉(2015)에 스파이더맨이 등장하고, 〈스파이더맨: 홈커밍(Spider-Man: Homecoming)〉(2017)에는 아이언맨이 등장한다. 스파이더맨은 이후에도 〈스파이더맨: 파 프롬 홈(Spider-Man: Far From Home)〉(2019), 〈스파이더맨: 노 웨이 홈(Spider-Man: No Way Home)〉(2022) 등 시리즈물이 계속 개봉하고 있다. 이처럼 미국 내 인기 있는 캐릭터 콘텐츠는 소유권이 복잡하다. 이에 디즈니는 2018년 21세기폭스사를 약 700억 달러에 인수 합병한다. 마블 인수와 맞먹는 이 거래로 〈아바타(Avatar)〉(2009), 〈심슨 가족(The Simpsons Movie)〉(2007), 〈혹성 탈출(Planet Of The Apes)〉(1969), 〈에이리언(Alien)〉(1979) 등의 콘텐츠를 확보했고, 마블과 연동되는 〈엑스맨(X-Men)〉(2000), 〈판타스틱 포(Fantastic 4)〉(2015), 〈데드폴(Deadpool)〉(2016) 등의 콘텐츠도 확보했다. 디즈는사는 2019년(국내는 2021년) 디즈니 플러스를 오픈했다.

전통적으로 공주 시리즈로 확고하게 구축한 여성층과 더불어 마블을 통해 청소년과 남성층을 고객으로 확보한 디즈니는 2012년 40억 달러에 루카스필름(Lucasfilm)을 인수한다. 아동과 여성층, 청소년과 남성층까지 섭렵한 디즈니는 루카스필름을 인수하면서 미국의 전설로 남은 〈스타워즈〉를 손에 넣게 되었다. 하지만 〈스타워즈〉 에피소드 6편은 20세기폭스사 소유였다. 물론 디즈니는 20세기폭스사도 2019년 인수한다. 또한, 디즈니는 2014년 유튜브 영상 제작 기업인 메이커 스튜디오(Maker Studio)를 5억 달러에 인수했다. 채널의 다양화를 위한 또 다른 시도다.

콘텐츠의 수요가 기존의 공중파 채널에서 모바일로 급속하게 전환되는 포인트를 놓치지 않은 것이다.

디즈니는 방송 채널, 영화, 캐릭터, 3D에서 모바일 채널까지 시대의 변화와 기술의 발전에 따라 인수 합병을 통해 몸집을 불리고 있다. 디즈니는 현재 전 세계 글로벌 미디어그룹 중에서 독보적인 1위 그룹으로 한편으로는 두려움의 대상이고 다른 한편으로는 새로운 콘텐츠와 문화 상품을 제작하는 선구적인 기업이다. 디즈니는 또한 인수 합병을 통해 콘텐츠와 문화 기술을 확보하고 콘텐츠의 세계관을 구축했으며, 규모의 경제를 실현한 대표적인 글로벌 미디어 기업이기도 하다. 디즈니의 트랜스미디어 전략은 한국 문화 기업에게 거시적인 세계화 전략이 얼마나 절실한지 극명하게 보여 주고 있다.

한류와 혐한류

1990년대 중후반부터 한류라는 신생어가 생겨났다. 처음에는 낯설고 어색해서 입 밖에 내뱉는 것조차 쑥스러웠다. 우리의 대중문화가 그 정도 위상을 갖고 있는지 의심하고 불안한 마음도 있었지만, 20여 년이 지난 지금 한류는 일상이 되었다. 그리고 한류의 빛이 강해질수록 혐한류의 그림자도 짙어지고 있다.

세계로 뻗어나가는 한류

한류(韓流, Korean Wave)는 한국의 대중문화가 해외에서 유행하고 있는 현상이나 한국의 문화가 해외로 전파되어 인기리에 소비되고 있는 현상을 말한다.

한류의 서막은 최진실 주연의 MBC 드라마 〈질투〉(1992)가 열었다.

〈질투〉는 1993년 중국에 방영되면서 큰 인기를 끌었고 한국 드라마의 가능성을 보여 주었다. 〈사랑이 뭐길래〉는 한국에서 1991년 방영되었으나 중국에선 조금 늦은 1997년에 방영되었다. 한국에서 방영 당시 평균 시청률 59.6%를 기록하면서 당시까지의 한국 TV드라마 사상최고의 시청률을 올릴 정도로 선풍적인 인기를 끌었고, 중국에서도 큰 반향을 일으켰다. 한국의 가부장적 대가족제, 유교적 생활 습관과 웃음 코드 등이 잘 어울려 중국에서 큰 성공을 거둔다. 이외에도 〈별은 내 가슴에〉(1997), 〈모델〉(1997) 등이 중국에서 꾸준히 인기를 끌었다. 특히 〈별은 내 가슴에〉의 주인공인 안재욱이 직접 부른 OST가 인기를 끌면서 배우와 가수로서 중국에서 큰 성공을 거둔다. 장나라는 〈명랑소녀성공기〉(2002)로 중국에서 인지도를 쌓은 후 아예 중국에서 활동을 시작한다.

한국의 대중가요도 1990년대 말부터 인기를 끈다. 1998년 클론의 타이완 공연은 그야말로 대박이었다. 클론의 파워풀하고 경쾌한 리듬은 타이완의 젊은 층에게 신선한 충격이었다. 클론은 타이완 차트에 2위까지 오르면서 한국 대중가요의 가능성을 보여 주었다. 2000년 중국 베이징 체육관의 H.O.T. 공연은 중국 〈베이징청년보(北京青年報)〉 등 주요 언론에 '한류'가 몰려온다고 대서특필되기도 했다. 2002년 보아, 2007년에는 동방신기가 일본 오리콘차트 1위를 차지해 일본은 물론 중국, 타이완, 태국을 중심으로 한류가 확산되었다.

한류의 양대 산맥인 대중가요와 드라마는 한류 2.0으로 넘어오면서 큰 파괴력을 보여 준다. 배용준이 주인공으로 나오는 〈겨울연가〉는 2003~2004년 일본 열도를 뒤흔든다. NHK에 방영된 이후 욘사마 신드롬이 생길 정도로 큰 인기를 끌었다. 〈겨울연가〉에 뒤이어 2005년 이영애 주연의 〈대장금〉이 전 세계에서 큰 인기를 끌었다. 중국을 비롯한 동남아시아에서 큰 인기를 끌었으며, 특히 이란에서는 90%에 육박하는 시청률이 나올 정도로 인기였다.

한류 2.0이 저물고 2010년 이후 한류 3.0으로 전환된다. 2012년 싸이의 〈강남스타일〉은 빌보드차트 2위, 영국 UK싱글차트 1위를 하면서 아시아에 머문 한류를 전 세계로 확산시키는 기폭제가 되었다. 특히 유튜브를 통한 콘텐츠의 확산이 주요한 흥행 요인이었다. 2014년에는 유튜브 최초로 20억 건을 돌파하는 신기록을 세우기도 했다. 2014년 김수현과 전지현이 주연을 한 〈별에서 온 그대〉는 중국을 중심으로 큰 인기를 끌면서 뜻하지 않게 '치맥' 등 한국의 생활 문화를 전파하게 되었다. 〈별에서 온 그대〉는 아시아를 넘어 남미 아르헨티나에서 큰 화제를 낳았다. 〈별에서 온 그대〉는 신한류의 첫 신호라고 볼 수 있다.

2016년 드라마 〈태양의 후예〉는 중국과 사전 제작 형태로 공동 제작해 성공한 첫 번째 사례다. 〈태양의 후예〉는 회당 25만 달러(한화 2억 8600만 원)에 판매되며 45억 원 이상을 벌어들였다. 〈별에서 온 그대〉가 회당 4만 달러(약 4500만 원)에 중국에 판매되었는데, 〈별에서 온 그대〉의 후광으로 〈태양의 후예〉는 6배가 넘는 금액에 수출된 것이다.

한류 3.0에서 새롭게 등장한 한류 수출 소재는 예능 프로그램의 포맷이다. MBC의 〈아빠 어디가〉는 중국판 〈파파거나아(爸爸去哪儿)〉로 제작되어, 최고 시청률 3.5% 기록할 정도로 대성공을 거두었다. 중국 방송은 대게 시청률 1% 내외가 손익분기다. 〈파파거나아〉는 콘티, 줄거리, 화면 디자인 등 포맷 전체가 수출되었다. 이외에도 SBS 〈런닝맨〉, MBC 〈복면가왕〉, MBC 〈무한도전〉 등 한국의 예능 포맷이 중국으로 수출돼 큰 인기를 끌었다. 하지만 2016년 7월 '한한령'의 영향으로 한국의 문화상품이 사실상 전면 금지되면서 〈구르미 그린 달빛〉을 마지막으로 수출길이 막혔다.

표 10-1은 한류의 발전 단계를 표로 정리한 것이다. 2020년대 전후 한류 4.0이 시작된다. 2020년 중국 우한에서 시작된 코로나19는 전 세계를 강타했고, 전 지구가 몸살을 겪게 된다. 선진국이라고 큰 소리쳤던 미국

표 10-1 한류의 발전 단계

구분	한류 1.0	한류 2.0	한류 3.0	한류 4.0
기간	1990년대~ 2000년대 초반	2000년대 중반 ~ 2000년대 후반	2010년 초반 ~ 2010년대 중후반	2020년대 이후
특징	한류의 태동	한류의 확산	한류의 정착	한류의 대중화
장르	대중가요, 드라마 중심	게임, 대중가요, 드라마 등 확산	드라마, 예능 등 대중문화 전반	K-Pop, 영화, K-방역
핵심 장르	K-Drama	게임, K-Pop	K-Culture	K-Korea
핵심 지역	중국, 타이완, 베트남	중국, 일본, 동남아시아	아시아, 일부 유럽과 남미 등	아프리카, 중동 등 일부 지역을 제외한 전 세계
핵심층	소수 마니아	10~20대	전 연령대	전 연령대
특징	영상 콘텐츠를 중심으로 한류 태동	아이돌 스타와 게임 등 한류의 확산	한류의 다각화와 한류의 정착	문화에서 K-방역, 5G 등 타 분야로 확대

출처: 안소현(2012), 이건웅(2019) 재구성.

과 유럽이 먼저 무너졌고, 일본의 방역 시스템은 나태하고 후진성을 극명하게 보여 주었다. 정치의 후진성과 지나친 자유주의가 방종으로 표출되면서 소위 선진국이라고 불리는 국가들의 민낯을 여실히 보여 주었다. 이러한 험난한 상황을 한국은 지혜롭게 헤쳐나갔다. 전 세계가 극찬하는 방역 시스템을 구축하고 국민의 생명과 안전을 위해 최선을 다했다. 무역의존도가 높은 경제 환경을 고려해 대내외적인 교류를 유지하면서 최대한 방역에 힘쓴 결과 전 세계는 한국의 K방역을 칭송하기 시작했다.

한국은 1995년 WTO(세계무역기구)와 1996년 OECD(경제협력개발기구)에 가입하고, 저작권 조약은 1987년 '세계저작권협약(Universal Copyright Convention)'과 1996년 '베른조약(Berne Convention'에 가입하면서 포괄적으로 통상무역과 문화 수출입 등에 대한 글로벌 스탠더드

(global standard)를 준수하기 시작했다. 이런 조약과 저작권 협약을 체결하기 전까지 한국의 대중문화에는 일본의 가요나 드라마, 예능의 포맷을 베끼기거나 출판물을 불법 복제하는 등 흑역사가 존재했었다. 그로부터 20여 년이 지난 현재, 한국의 위상은 완전히 바뀌었다.

2021년 무역을 통한 개발을 목적으로 하는 국제기구 유엔무역개발회의(UNCTAD)가 한국의 지위를 개발 도상국에서 선진국으로 최초로 변경했다. 2020년 한국의 1인당 GDP는 3만1497달러로 이탈리아(3만1288달러)를 처음으로 넘어서 경제 규모 10위로 진입했고, G20에서 G7에 초청받으면서 한국의 국격은 코로나19 같은 위기에 오히려 빛을 발하고 있다. 한국의 국격 상승에 대비되는 문화 대통령은 방탄소년단(BTS)이다. 방탄소년단은 2013년 데뷔 이후 눈부시게 발전하면서 한국 문화의 위상과 국가 브랜드 이미지를 높인 대표적인 사례다. BTS는 데뷔한 지 3년 만에 〈화양연화〉로 '빌보드 200'에 첫 이름을 올렸고, 2017년에는 〈DNA〉로 '빌보드 핫 100'에 올라 85위에 처음 랭크된다. 같은 해 〈FAKE LOVE〉로 10위로 진입하게 된다. 그리고 2020년 드디어 한국 가수 최초로 '빌보드 핫 100' 1위를 하게 된다. 〈Dynamite〉는 3주 동안 1~2위를 지키면서 미국은 물론 전 세계에 BTS를 각인시켰다. 그리고 2021년 〈Butter〉로 '빌보드 핫 100' 7주 연속 1위라는 경이적인 기록을 세웠다. 이후 BTS의 〈Permission to Dance〉는 빌보드 메인 싱글 차트 '핫 100'에서 7주간 1위를 한 〈Butter〉에 이어 1위에 올랐다. 이러한 놀라운 성과를 거둔 BTS를 높이 평가한 문재인 대통령은 BTS를 문화 특사로 임명했다.

보이 그룹에 방탄소년단이 있다면 걸 그룹에는 블랙핑크와 뉴진스가 있다. 블랙핑크는 2018년 〈DDU-DU DDU-DU〉로 첫 번째 '빌보드 핫 100'에 55위로 진입했고, 2019년 〈Kill This Love〉로 41위, 2020년 레이디가가와 블랙핑크가 함께 한 〈Sour Candy〉가 33위에 올랐다. 또한 2020년 첫 정규 앨범 '디 앨범'으로 '빌보드 200'에서 K팝 최고 순위인 2위를 기록했다. 2021년 트와이스가 〈Taste of Love〉로 '빌보드 200' 6위에 진입하면서 BTS, 블랙핑크뿐만 아니라 트와이스까지 K팝의 위상을 올리고 있다. 2023년 뉴진스의 〈Get Up〉이 빌보드 차트 1위를 차지하는 등 4세대 걸 그룹 최장의 기록을 세웠다.

다음은 한국 영화다. 2020년 봉준호 감독의 영화 〈기생충〉(2019)이 한국 영화 100년 역사상 최초로 칸영화제 황금종려상을 수상했다. 2020년 골든글러브에서 외국어영화상을 받았고, 제92회 미국 아카데미 시상식에서 작품상, 각본상, 국제장편영화상, 감독상을 수상했다. 한국에서는 누적 관객 수 1000만 명을 돌파하면서 큰 인기를 끌었고, 프랑스 · 스위스 · 홍콩 · 베트남 · 싱가포르 · 오스트레일리아 · 뉴질랜드 · 스페인 · 이탈리아 · 독일 등 전 세계 202개국에 판매되었으며, 이 중 프랑스 · 베트남 · 인도네시아 · 오스트레일리아 · 독일 · 이탈리아 등 19개국에서는 현지 개봉 한국 영화 흥행 1위 타이틀을 차지했다. 그리고 정이삭 감독의 〈미나리〉(2020)에 출연한 윤여정 배우가 2021년 제93회 미국 아카데미상에서 여우조연상을 수상했다.

마지막으로, 한국의 드라마는 여전히 최고의 인기를 구가하고 있다. 코로나19 영향으로 OTT를 통한 드라마 시청이 확연히 늘어났다. 일본에서 한류 4.0을 견인하는 대표 드라마는 〈사랑의 불시착〉(2020)과 〈이태원 클라쓰〉(2020)다. 일본 넷플릭스에서 〈사랑의 불시착〉은 1위, 〈이태원 클라쓰〉는 3위, 〈더 킹〉(2020)은 5위를 차지했다. 일본에서 한드는 중년 여성, K팝은 10대의 전유물이었지만, 한류 4.0으로 전환하면서 이러한 연령의 경계는 무너져 전 세대로 퍼져 나가고 있다. 2019년과 2020년 시즌 1, 2를 오픈한 드라마 〈킹덤〉은 전 세계 190여 개국에 공개되었으며, 조선 시대라는 시대적 배경과 서양의 개념인 '좀비'를 결합해 가장 창의적인 콘텐츠라는 평가를 받고 있다. 물론 넷플릭스 최고의 흥행작은 〈오징어 게임〉(2021)이다. 〈오징어 게임〉은 명실상부 K드라마의 역사를 새로 썼다. 이 외에도 〈이상한 변호사 우영우〉(2022), 〈지금 우리 학교는〉(2022), 〈더 글로리〉(2022, 2023), 〈킹더랜드〉(2023), 〈환혼〉(2022), 〈갯마을 차차차〉(2021) 등이 좋은 성적을 올렸다.

반한류 현상

반(反)한류 현상은 일본의 '혐(嫌)한류'와 중국과 타이완의 '항(抗)한류'가 대표적으로 한국 문화 산업을 증오하는 현상이다. 최근 동남아시아에 한류가 확산되고 정착하면서 태국이나 싱가포르, 베트남, 인도네시아 등에서도 반한류의 움직임이 있다. 이는 자국 문화의 보호 차원에서 한류를 외래문화의 침략으로 간주하기 때문에 일어나는 현상이다. 그래서 한국은 혐한류에 대응해 착한한류를 알리고 있다.

일본에서 혐한류는 2005년 만화 『혐한류(マンガ嫌韓流)』가 출간되면서 촉발되었다. 야마노 샤린(山野車輪)이 신유샤(晋遊舎)출판사에서 출간한 『혐한류』는 1년 만에 83만 부가 판매되면서 베스트셀러가 되었다. 『혐한류』의 주요 내용은 독도, 한일병합, 역사 교과서 문제 등 한국과 일본 양국 간에 첨예하게 이해관계가 대립되는 문제를 다루고 있으며, 주로 한국을 비난하는 관점으로 그려졌다. 이후 『혐한류』의 아류 등이 무분별하게 양산되면서 일본 서점가에는 혐한류 매대가 별도로 있을 정도로 인기를 끌었다.

일본의 정치평론가인 스즈키 쿠니오(鈴木邦男)는 2015년 서울대학교 강연에서 '나는 왜 혐한 시위를 싫어하는가'라는 주제로 강의를 했다. 그는 일본 서점가에는 혐한류 도서가 봇물을 일으키고 있지만, 한국에는 어떤 곳에도 일본을 혐오하는 책을 찾아볼 수 없다면서 한국의 성숙함과 일본의 좋지 않은 혐한 문화를 지적했다. 일본에서 혐한류는 일부 극우 단체가 주동하고 있으며, 역사 문제와 한국 문화의 추월 등이 주된 혐한류의 요인이다. 또한, 일본의 정치인들이 자국의 정치 문제가 발생하며 이를 돌파하는 방식으로 혐한을 내세운다. 이러한 후진적인 일본 정치문화가 한국과 일본의 지속가능한 상생문화를 저해하고 있다. 한국민은 일본 정부는 싫어하지만 일본민을 싫어하지 않고 일본 정권과 국민을 분리해 비판한다.

중국의 반한류 현상은 최근 불거져 심각한 상황으로 발전하고 있다. 2016년 7월 사드(THAAD, Terminal High Altitude Area Defense, 고고도 미사일 방어 체계)의 설치로 불거진 중국의 한국 문화 산업 공격과 보복이 국가 차원의 반한류 현상이라면, 문화 산업 종사자와 인민들 사이에서도 반한류 현상이 존재한다. 청룽(星龙)은 "중국 언론이 한국의 2류나 3류 스타를 위해 너무 많은 지면을 할애한다"면서 비판했고, 배우 탕궈창(唐国强)은 "한국 드라마가 인기 있는 건 우리가 방어를 안 해서 그렇다. 지금부터 공격하면 두려울 것이 없다"라고 말했다. 영화사 대표인 장창(张强)은 "〈대장금〉의 콘텐츠와 복장, 도구 등 모두가 중국에 못 미친다"라고 한국의 드라마를 폄하했으며, 배우 장궈리(张国立)) 역시 "〈대장금〉을 보고 화가 났다. 중국이 발명한 침술을 마치 한국이 발명한 것처럼 묘사하고 있다"라고 불쾌함을 내비쳤다. 최근 한복과 김치 등 한국 고유의 전통문화가 마치 중국의 것인양 주장하는 일부 중국인과 파워 왕홍들이 영상 콘텐츠를 제작해 한국을 자극하고 있다. 한국의 언론은 중국이 문화공정을 통해 한국의 문화를 중국에 편입시킨다고 연일 비난하고 있다.

우리는 당연히 우리의 고유 전통문화를 유지 발전해 나아가야 한다. 하지만 우리도 극단적인 주장은 자제해야 한다. 한국의 일부 유튜버는 중국의 문화는 동이족에 의해 수립된 것이라 주장하면서 한자와 공자 등은 한국의 것이라고 주장한다. 더 나아가 동북3성을 만주라 부르면서 우리의 옛땅이기 때문에 되찾아야 한다며 극단적인 민족주의운동을 펼치고 있다. 이러한 태도는 양국의 발전에 아무런 도움이 되지 않는다. 2021

년과 2022년은 '한중 문화 교류의 해'였고, 2022년은 한중 수교 30주년이었다. 중국은 2022년 베이징에서 동계 올림픽을 개최했다. 좋은 기회이고 전환점이었다. 하지만 한중 양국을 이 기회를 활용하지 못했다. 한중 양국이 2016년 이후 상실한 관계를 복원하고 새로운 21세기 동반자로 거듭나기 위해서는 상호 문화를 존중하고 배려하는 마음이 필요한 시점이다.

타이완에도 도를 넘는 반한류 현상이 퍼져 나가고 있다. 타이완의 반한류 현상은 2010년 광저우아시안게임에서 타이완의 태권도 선수가 실격패하면서 기폭제가 되었다. 타이완 내에서 한국 드라마의 인기가 지나치게 커지면서 타이완 방송계는 어렵게 타이완의 드라마를 제작하기보다 한국의 드라마를 수입하는 쪽을 선택했다. 드라마 제작이 줄어들자 타이완의 배우, 스태프, 감독, 시나리오 작가 등 드라마 · 방송 제작자 등이 주축이 되어 한국 드라마 퇴출 운동을 벌이기도 했다. 채널 간 경쟁 확대, 가격 상승에 따른 편성 확대로 품질에 상관없는 한국 드라마가 너무 많은 채널에서 반복적으로 방영되는 데서 오는 수용자들의 식상함도 커져 갔다. 또한 슈퍼주니어 규현의 누드 합성 사진을 여과 없이 고의로 방송하는가 하면, 소녀시대가 마치 성 접대를 하는 것처럼 묘사해 무리를 빚기도 했다. 타이완의 국기 '청천백일기'를 흔든 타이완 출신의 쯔위 사건은 한국-중국-타이완 3국의 문화 갈등을 일으키기도 했고 과도한 측면이 강했다.

반한류 현상은 일본, 중국, 타이완을 중심으로 동남아시아로 점차 확산되고 있다. 한류의 빛이 강할수록 반한류 그림자도 짙어지고 있다. 한류와 혐한류의 경계에서 우리가 경계할 점이 무엇인지 숙고할 때다. 문화제국주의는 미국 같은 서구 열강에만 해당되는 개념이 아니다. 상대적인 개념이다. 타임워너(Time Warner Inc.)의 최고경영자였던 제임스 러바인(James Levine)은 "탈냉전 시대에는 오로지 미국의 문화식민주의만 있을 뿐이다"라고 단언했다.

문화제국주의란 "자문화중심주의의 발전 단계로서 단순히 자국 문화를 우월하게만 보는 것을 넘어서 다른 나라에까지 적용시키는 것"을 말한다. 문화제국주의는 문화식민지와 유사한 개념이다. 우리 DNA에는 미국 문화에 대한 맹신과 타문화에 대한 문화제국주의적 성향은 없을까? 흔히 한류 확산을 빗대어 '한류 문화 영토 확장'이라는 표현을 사용한다. 한국의 언론은 물론 문화체육관광부가 나서서 이런 표현을 쓰는데 이는 위험한 발상이다. 문화제국주의가 녹아든 잘못된 표현이다.

또 한 가지, 우리는 우리 중심으로 한류를 일방적으로 평가한다. 예를 들면, 한국 도서의 수출국 1위는 중국이다. 매년 1000종 내외를 수출하고 있고, 450종 내외를 수입하고 있다. 하지만 중국 입장에서 한국 도서의 전체 수입 비중은 5% 내외다. 미국, 영국, 일본, 독일, 프랑스, 다음 여섯 번째 수입국이다. 오히려 한국에게 중국은 우리의 출판 상품을 구매하는 중요한 비즈니스 파트너다. 하지만 한국 출판사나 출판계는 마치 중국이 한국 도서에 의존하고 매우 선호한다는 오판을 한다. 선호 분야도 아동과 일부 실용서 도서에 국한되어 있다. 국가의 출판 정책도 K-북(K-Book) 전략을 수립해 일방적인 수출 전략을 펼친다. 문화 교역과 교류는 쌍방향적인 것이지 일방통행은 없다. 상호 호혜와 평등을 기반으로 해야 한다.

웹툰의 세계화

게임을 중계하는 대도서관 같은 BJ의 인기가 하늘을 찌르고, 억대 연봉을 받는 프로 게이머들이 등장하면서 e스포츠 분야가 각광을 받고 있다. 놀랍게도 e스포츠의 종주국은 한국이다. 컬러풀하고 다이내믹한 세로 스크롤의 웹툰 종주국도 한국이다. 태권도나 한복, 한옥 같은 전통문화만 우리의 뿌리 깊은 문화가 있는 것이 아니라 ICT 강국답게 온라인상의 웹툰도 한국이 전 세계 문화를 주도하고 있다.

세계의 만화 시장

세계 만화 시장은 전반적으로 쇠락하고 있고, 침체기에 들어선 지 오래다. 하지만 전 세계 만화 산업을 선도하는 일본과 미국의 명암은 엇갈린다. 세계 만화 시장의 38%를 차지하는 일본은 만화의 왕국이다. 일본의 만화 시장은 아시아는 물론 유럽과 미주에서 큰 인기를 끌고 있으며, 여전히 세계 최강, 최고를 자랑한다. 하지만 2000년대 이후 인쇄 만화는 마이너스 성장을 기록하고 있고, 디지털 만화는 급성장하는 양극화를 보여주고 있다. 이런 흐름은 세계적인 추세고 일본이 제일 선두에 있다.

미국에서는 마블과 DC를 중심으로 슈퍼히어로 만화를 기반으로 한 그래픽 노블과 코믹스 시장이 새로운 전성기를 누리고 있다. 하지만 그 외의 만화 분야는 미국 역시 불황이다. 2020년 미국 만화 시장 점유율 통계에서 슈퍼히어로 코믹스의 점유율은 7%로 한 자릿수로 떨어졌고, 일본 만화(매거진)의 점유율은 전보다 44%나 늘어났다. 그리고 만화 정기간행물과 그래픽 소설의 판매는 2020년 12억8000만 달러로 2019년 12억1000만 달러보다 소폭 상승했다.

만화 산업이 전반적으로 침체하는 요인은 새로운 디바이스의 출현이 가장 주요하다. 스마트폰은 모든 콘텐츠를 블랙홀처럼 빨아들이고 있다. 나이키의 경쟁사가 아디다스가 아닌 닌텐도가 되어 버린 새로운 시대에 살고 있다. 청소년이 만화를 읽거나 농구를 즐겼던 시간과 비용은 줄고 게임과 인터넷 쇼핑이 증가하면서 문화 상품의 지형도가 바뀐 것이다. 인쇄 만화의 쇠락과 디지털 만화의 성장은 전 세계 흐름이며 바뀔 수 없는 대세로 굳어졌다.

DC코믹스와 마블코믹스

DC코믹스(DC Comics)는 타임워너가 소유하고 있는 워너브라더스 자회사인 DC엔터테인먼트 출판 부문이다. 마블코믹스(Marvel Comics)는 월트디즈니의 자회사 마블엔터테인먼트의 출판 부문이다. 마블과 DC코믹스는 미국 만화 산업의 70~80%를 차지할 정도로 막강하다.

DC코믹스는 1934년 내셔널얼라이드퍼블리케이션(National Allied Publications)으로 출발했다. DC란 이름은 1937년 발행되기 시작한 ≪디텍티브 코믹스(Detective Comics)≫의 이니셜 DC에서 유래했다. DC코믹스의 간판 캐릭터는 슈퍼맨과 배트맨이다. 슈퍼맨은 1938년, 배트맨은 1941년 탄생했다. 슈퍼맨이 인류의 구원과 사회의 정의와 자유를 수호하기 위해 싸운다면, 배트맨은 암흑가의 범죄자를 처단하기 위해 싸운다. 만화 『슈퍼맨(Superman)』은 당시 10센트에 판매했는데 약 30만 달러를 벌어들 정도로 큰 수익과 인기를 끌었다. 당시 만화는 신문이나 잡지에 실린 콘텐츠를 긁어모아 만들었기 때문에 하급문화 취급을 받았지만, DC코믹스는 자기만의 고유한 콘텐츠를 개발해 만화의 인식 전환에 일조했다. DC코믹스는 1930~1950년대까지 미국 만화 시장을 주도했고 전성기 때는 전체 만화 시장의 50%를 차지할 정도 위세가 대단했다.

마블코믹스는 1939년 '타임리출판사(Timely Publications)'로 시작했으며, 1941년 〈캡틴 아메리카(Captain America)〉의 성공으로 안정적인 스타트를 한다. 1951년 '아틀라스코믹스(Atlas Comics)'로 개명하고 1961년 『판타스틱 4(Fantastic 4)』를 출간하면서 '마블'이란 이름을 처음 사용하게 된다. 그리고 2009년 월트 디즈니가 인수한다. 『캡틴 아메리카』는 제2차 세계대전이 한창이던 1941년 출간되었다. 미국의 영웅이 독일군을 무찌르는 내용은 애국심을 자극하면서 큰 인기를 끌지만 1945년 전쟁이 끝나자 〈캡틴 아메리카〉의 인기도 급감했다. 결국 〈캡틴 아메리카〉를 연재하던 ≪USA 코믹스(USA COMICS)≫는 1945년 17호를 마지막으로 폐간한다. 마블은 1961년 『판타스틱 4』가 성공하면서 슈퍼 히어로 시장을 다시 열기 시작한다.

1950년대 매카시 의원이 제기한 매카시즘의 불똥이 만화 시장을 덮치면서 불황이 시작된다. 게다가 일부 보수학계가 제기한 음모 이론에 따라 코믹스 산업은 청소년에게 유해한 출판물로 낙인찍히게 된다. 일부 만화는 출판 종료나 강제 종료를 당하는 등 미국 코믹스의 암흑기가 시작되었다. 1950년대 마블코믹스를 중심으로 극심한 경쟁 위주의 산업사회가 가져온 사회구조적 문제점을 해결하는 새로운 슈퍼 히어로가 대거 등장한다. 대표적인 슈퍼 히어로는 스파이더맨(Spider Man)과 플래쉬(Flash)였다. 전쟁의 상흔을 보듬고 새로운 시대에 맞는 슈퍼 히어로가 등장하면서 미국 만화 시장은 다시 경쟁력을 갖게 된다.

21세기로 넘어오면서 마블과 DC코믹스는 디지털 만화에 대비하면서 국내시장과 해외시장을 공략하고 있다. DC코믹스는 주요 시리즈를 리부트(reboot)해 새롭게 변신을 꾀하고, 디지털 만화와 출판 만화를 같은 날 출시하는 정책을 도입해 종이책 속에 디지털 만화를 다운로드 받을 수 있는 코드를 실어 주는 등 다양한 번들 상품을 만들어 전체적인 매출 신장을 거두었다.

마블코믹스는 2010년 5월 자사가 보유한 캐릭터들을 '히로익에이지(The Heroic Age)'라는 브랜드로 재론칭(re-launching)하고, '마블 유니버스'라는 하나의 거대한 세계관을 만들어 코믹스와 영화, TV 시리즈 등을 함께 구동해 하나의 거대한 세계관 속에서 스토리를 전개하는 방식으로 제2의 중흥기를 맞고 있다. '마블 시네마틱 유니버스'라고 부르는 다양한 세계는 멀티버스(multiverse)라는 수많은 유니버스의 일부다. 마블은 캐릭터를 정비하고 세계관을 구축해 대자본을 기반으로 전 세계 시장을 공략하고 있다. 미국 만화의 세계화는 이런 점에서 한국 만화에 주는 시사점이 있다.

웹툰의 탄생

만화는 '스토리를 가지고 있는 연속적인 그림과 글의 조합'을 말한다. 한국, 일본, 중국에서 한자 '漫畵'를 공통으로 사용하고 있고 일본에서 발명한 용어다. 일본은 영어 표현인 '망가(Manga)'를 혼용하고, 중국은 '동만산업(动漫产业)'이라고 만화 · 애니메이션 · 캐릭터 등을 포괄적으로 묶어 사용한다. 영어권에서는 카툰(cartoon)과 코믹스(comics)를 사용하는데, 카툰은 시사만화나 4컷 만화를 연상하고 코믹스는 만화 잡지와 단행본을 포함하는 포괄적 의미를 갖는다.

웹툰은 웹(web)과 카툰(cartoon)의 합성어로 텍스트 이미지 사운드 등의 멀티미디어 효과를 통해 제작되고, 인터넷으로 출간되는 만화이다. 웹툰은 'e스포츠'와 더불어 한국에서 발명한 문화 산업 분야 중 하나다. 웹툰은 인터넷이 보급된 1990년대 후반부터 등장하기 시작한다. 웹툰은 디지털 만화와 다르다. 가장 큰 차이점은 세로 스크롤(vertical scroll) 방식이라는 점이다. 디지털 만화는 일반 만화를 스캔하는 방식으로 디지털화 한 것이라면, 웹툰은 창작할 때부터 세로 스크롤을 전제로 제작한다. 그리고 모든 웹툰은 컬러를 기본 방식으로 한다.

한국 웹툰은 웹툰의 종주국인 만큼 그 인기도 대단하다. 가장 대표적인 웹툰 작가로 윤태호와 강풀이 있다. 윤태호의 작품 중에는 영화와 드라마로 영상화된 작품이 여럿 있으며, 모두 성공을 거두었다. 2010년 개봉한 영화 〈이끼〉는 청소년관람불가임에도 불구하고 335만 명이 넘는 관객이 관람했다. 2015년 개봉한 영화 〈내부자들〉도 역시 청소년관람불가인데 700만 명이 넘는 관객이 관람해 앞서 흥행한 〈이끼〉보다 큰 성공을 거두었다. 2016년 영화화된 〈인천상륙작전〉은 평론가의 혹평을 받으면서 개봉했으나 역시 성공했다. 보수 정권의 입맛에 맞게 각색되어 원작의 비평 의식은 사라지고 애국심만을 보여 준 신파극이라는 혹평과 달리 영화는 700만 명이 넘는 관객을 모아 크게 성공했다. 또한 드라마 〈미생〉은 직장인의 일상과 애환을 생생하게 그려 전 국민의 큰 사랑을 받아 '국민 웹툰'이라는 칭호를 받을 만큼 큰 인기와 사회적 파장을 낳았다. 윤태호 작품보다 먼저 2차 저작권의 시장을 연 작가는 강풀이다. 그러나 강풀의 작품〈순정만화〉(2008), 〈그대를 사랑합니다〉(2010), 〈26년〉(2012), 〈이웃사람〉(2012) 등은 영화화됐으나 모두 실패했다.

그러나 웹툰 IP(Intellectual Property Right)를 활용한 산업을 구축할 필요가 있다. 중국은 웹 소설을 중심으로 IP 산업이 구축되어 막대한 수익을 올리고 있다. 한국도 웹툰 IP를 활용한 산업화가 필요한데 그 첫걸음이 영상화다. 웹툰을 드라마화한 2007년 〈키드갱〉 이후 〈닥터 프로스트〉, 〈냄새를 보는 소녀〉, 〈이웃집 꽃미남〉, 〈26년〉, 〈이웃사람〉, 〈순정만화〉, 〈그대를 사랑합니다〉, 〈이끼〉, 〈은밀하게 위대하게〉, 〈내부자들〉, 〈신과 함께〉, 〈외모지상주의〉, 〈재벌집 막내아들〉 등 많은 작품이 영상화되었다. 2014년 tvN에서 방송된 〈미생〉은 10%가 넘는 시청률을 올렸고 위즈덤하우스에서 출간한 단행본도 220만 부가 판매되는 등 웹툰의 가치 사슬의 위력을 다시 한 번 확인해 주었다. 2020년 전후 인기 웹툰의 드라마로 OSMU는 기본 공식이 되었다. 2020년 넷플릭스에서 오픈한 드라마 〈스위트홈 1, 2〉(2020, 2023)는 〈킹덤〉 이후 새로운 좀비물로 K좀비의 가능성을 확장하고 있다. 이 외에도 〈경이로운 소문 1, 2〉(2021, 2023), 〈여신강림〉(2021), 〈유미의 세포들〉(2021) 등이 큰 인기를 끌고 있다. 그리고 강풀의 웹툰이 드라마 〈무빙〉(2023)으로 제작되면서 엄청난 인기를 끌었다.

웹툰의 세계화

2015년 전후해서 웹툰의 해외 진출이 시작되었다. 웹툰 IP를 통한 영상화는 성공을 거두면서 정착되는 분위기지만, 웹툰의 해외 진출은 쉽지 않다. 세로 스크롤 방식의 웹툰은 중국과 일본을 제외하면 대부분의 국가에서 선호하지 않고 있기 때문이다. 프랑스의 델리툰(Delitoon.com), 미국으로 진출한 타파스틱(Tapastic.com), 레진코믹스(Lezhin.com) 등의 웹툰 플랫폼이 존재하는 정도다.

세계 3대 만화 전문 출판사인 델리툰의 디디에 보르그(Didier Borg) 대표는 "유럽 전체에 한국의 웹툰을 제공하는 것과 프랑스 웹툰을 한국에 전파하는 것이 목표이며, 유럽이든 아시아든 북미든 남미든 세계 어디서나 신문처럼 동시간대에 볼 수 있는 웹툰 타임스화하는 게 사업의 방향"이라고 강조했다. 델리툰의 웹툰은 94%가 한국의 웹툰을 번역해서 제공하고 있고 나머지 6%만 프랑스 웹툰이다. 2017년 약 100편의 한국 웹툰을 서비스하고 있으며, 2020년 처음으로 매출 100억 원을 돌파했다. 프랑스의 경우 일본 만화가 아직 40%를 차지할 정도로 영향력이 큰데, 한국의 웹툰이 일본의 만화를 잠식할 수 있다고 본다. 프랑스에 한국 웹툰이 통할 수 있었던 것은 웹툰이 하나의 영화 같은 구성과 스토리 라인으로 짜여 있는 독특함 때문이다.

미국에는 디지털 코믹스(digital comics)와 웹코믹스(web comics)가 있는데, 디지털 코믹스는 기존 인쇄 출간물을 단순히 디지털화한 수준에 머물고 있다. 웹코믹스는 웹에 올릴 목적으로 만화를 제작했다는 점에서 한국의 웹툰과 상당히 유사하다. 타파스틱은 2012년 한국의 독특한 웹툰 문화를 미국에 소개한 서비스인데 현재는 타파스(Tapas)로 이름을 바꾸었다. 2014년 다음카카오에서 200만 달러를 투자받아 한국의 새로운 작가와 작품을 발굴해 미국에 서비스하고 있다. 레진코믹스는 2015년 12월 웹툰 12편을 시작으로 미국에 진출해, 2019년 약 800편의 웹툰을 포함해 8000여 편의 만화를 서비스하고 있다. 2019년에는 연매출 100억 원을 돌파했다. 레진코믹스는 2020년 키다리스튜디오에 인수 합병되었다. 키다리스튜디오는 네이버와 카카오 다음으로 3위 사업자의 지위를 굳건히 할 것으로 보인다.

2018년에는 웹툰 플랫폼을 중심으로 중국, 일본 등 아시아 전역에서 시작해 미국 등 서구 지역에도 본격적으로 그 규모를 넓혀 갔다. 2013년 10.7%였던 디지털 만화 산업 규모는 2017년 23.1%, 2022년에는 28%를 넘어설 것으로 전망된다. 한국 웹툰은 동남아시아에서도 태국과 인도네시아처럼 큰 시장을 공략하고 있다. 라인웹툰은 처음에는 한국 웹툰을 소개했지만 점차 현지의 작가를 발굴하고 적극적으로 콘테스트를 개최해 인도네시아와 태국에 맞는 현지화에 공을 들이고 있다. 인도네시아 대학생의 일상생활을 솔직담백하게 그린 〈시주키(Si Juki)〉(2016)가 인기다. 시주키 캐릭터는 페이스북이나 위챗과 같은 소셜 미디어를 통해 인기를 얻었는데, 라인웹툰에 연재되면서 폭발적인 인기를 끌었다. 태국에서 가장 인기 있는 웹툰 작가는 빅몬(VIcmon)으로 그녀의 작품 〈서드타임 키스(3rd time kiss)〉는 상위권에 랭크되어 있다. 태국과 인도네시아는 웹툰 진출 초기라서 아직은 불안정한 기반 위에서 시장이 형성되어 있다. 따라서 현지 온라인 플랫폼과 제휴를 통해 시장을 안정화하는 작업이 필요하다.

한국 웹툰은 전 세계에 조금씩 시장을 확대해 나가고 있는데 지역마다 선호하는 작품이 다르다. 서유럽에서는 뱀파이어를 소재로 한 〈노블레스〉(손제호/이광수), 동유럽에서는 판타지 장르인 〈신의탑〉(SIU), 북미에서는 〈아메리칸유령잭〉(한지혜/안정은), 동남아시아에서는 〈갓오브하이스쿨〉(박용제), 〈치즈인더트랩〉(순끼), 〈오렌지 마말레이드〉(석우) 등을 선호하고, 일본에서는 〈신과 함께〉(주호민), 중국에서는 〈마음의 소리〉(조석)와 다이어트의 과정을 담은 〈다이어터〉(캐러맬/네온비)와 같은 일상 소재를 다룬 장르가 인기다.

한국 웹툰이 해외 진출할 때 발생하는 문제점과 개선할 점은 다음과 같다. 첫째, 번역의 어려움이다. 〈내 이름은 김삼순〉은 중국에서 번역이 잘 돼 큰 인기를 끌었지만, 멕시코에서 방송된 드라마 〈내 이름은 김삼순〉은 스페인어로 번역되면서 대사의 묘미를 제대로 살리지 못해 실패하고 말았다. 웹툰이 성공하기 위해서는 번역이 가장 중요하다. 둘째, 불법복제가 문제다. 대부분 해외에서 발생하는 웹툰의 불법유통 사례는 웹툰을 해외 사용자가 현지어로 번역해 보정한 파일을 무단으로 업로드하여 확산시키거나 밤토끼와 유사한 방식으로 영리를 목적으로 자신들이 개발한 이미지 추출 프로그램을 통해 무단으로 복제하고 있다. 불법복제에 다른 불법유통이 근절되지 않고 유사 사이트가 지속적으로 생성되고 있는 것은 뼈아픈 현실이다. 셋째, 해외 시장에 대한 정보가 부족하다. 웹툰이 성공하기 위해서는 현지 기업과 제휴, 플랫폼 공유, 유통사의 네트워크와 더불어 각 시장의 선호도와 시장 상황을 잘 파악하고 있어야 하지만 이런 정보가 미흡하다. 미국과 프랑스의 경우 여전히 페이지뷰 방식을 선호하고 중국은 웹 소설이 웹툰보다 인기가 좋다. 세로 스크롤은 미국은 타파스틱, 프랑스는 델리툰 앱, 중국은 웨이보나 텐센트 등 대다수의 만화 웹사이트가 선호하고 있다.

한식의 세계화

독일은 맥주, 일본은 사케, 중국은 고량주, 프랑스는 와인이 떠오르는 것은 국가나 민족을 대표하는 술이 있기 때문이다. 한국을 대표하는 음식은 김치다. 한국이 김장 문화를 유네스코 인류무형문화유산에 등재하자 북한은 '전통 김치 담그기'를 유네스코에 등재했다. 한민족은 북이든 남이든 이념과 상관없이 '김치'로 통한다는 것을 다시 한 번 일깨워 주는 사건이다.

유네스코와 유산

유네스코의 '유산'에는 세계유산(문화, 자연, 복합유산), 세계기록 유산, 인류무형문화유산이 있다. 한국의 대표적인 세계유산은 수원 화성(1997), 석굴암과 불국사(1995), 종묘(1995), 해인사 장경판전(1995) 등이 있다. 한국의 대표적인 세계기록 유산은 『조선왕조실록』, 『승정원일기』, 『불조직지심체요절』 하권, 『난중일기』, 조선왕조 『의궤』 등이 있다. 이 중에서 문화 산업의 세계화를 위해 주목할 만한 유산은 인류무형문화유산이다. 인류무형문화유산은 2003년 10월 17일 유네스코 총회에서 최초로 무형유산 보호 국제협약인 '무형문화유산 보호 협약'이 채택되면서 확산되었다. 유네스코에서 유산을 지정할 때 주변 국가와 마찰을 빚는 경우가 종종 있다. 국가마다 자국의 문화주체성과 자존감의 문제이기 때문에 양보할 수 없는 싸움이다. 그만큼 인류무형문화유산이 중요하고 민감하다는 것을 의미한다.

대표적인 것 중의 하나가 강릉단오절이다. 결론부터 말하면, 한국의 강릉단오제(江陵端午祭)와 중국의 단오절(端午節)은 다르다. 강릉단오제는 음력 4월 5일부터 5월 7일까지 약 4주 동안 진행된다. 이 기간 동안 관노가면극, 그네, 씨름, 농악경연대회, 농요경창대회 등 수많은 민속놀이가 곁들여진다. 크고 작은 액운과 재앙을 막기 위해 제를 올리고 풍요를 기원한다는 점에서 중국의 단오절과 같은 점과 다른 점이 혼재한다. 중국의 단오절은 전국시대 초(楚)나라 시인이었던 굴원(屈原)에서 기원을 찾을 수 있다. 5월 5일을 기념하고 용선(龍船) 경기를 하며 종자를 먹는 전통은 굴원을 추모하는 풍습에서 그 연유를 찾을 수 있다. 액운을 막기 위해 행하는 용선축제는 2009년 인류무형문화유산으로 등재되었다.

문제는 중국은 한국이 중국의 전통 명절을 훔쳐 갔다면서 격렬하게 항의하면서 발생했다. 2005년 강릉단오제가 인류무형문화유산으로 등재되자 중국은 전통 명절을 소홀히 대한 것은 아닌지 반성하기 시작한다.

표 10-2 한국의 유네스코 인류무형문화유산

이름	영문 이름	연도
한국의 탈춤	Talchum, Mask Dance Drama in the Republic of Korea	2022
연등회	Yeondeunghoe, lantern lighting festival in the Republic of Korea	2020
씨름	(Traditional Korean wrestling, Ssirum/Ssireum)	2018
제주해녀문화	Culture of Jeju Haenyeo(Women Divers)	2016
줄다리기	Tugging Rituals and Games	2015
농악(農樂)	Nongak	2014
김장문화	Kimjang, making and sharing kimchi	2013
아리랑	Arirang, lyrical folk song in the Republic of Korea	2012
줄타기	Jultagi, tightrope walking	2011
택견	Taekkyeon	2011
한산(韓山)모시짜기	Weaving of Mosi in the Hansan region	2011
대목장	Daemokjang, traditional wooden architecture	2010
매사냥	Falconry, a living human heritage	2010
가곡(歌曲)	Gagok	2010
처용무	Cheoyongmu	2009
강강술래	Ganggangsullae	2009
제주칠머리당영등굿	Jeju Chilmeoridang Yeongdeunggut	2009
남사당놀이	Namsadang Nori	2009
영산재	Yeongsanjae	2009
강릉단오제	Gangneung Danoje festival	2005
판소리	Pansori epic chant	2003
종묘제례 및 종묘제례악	Royal ancestral ritual in the Jongmyo shrine and its music	2001

출처: 유네스코와 유산 홈페이지(https://heritage.unesco.or.kr).

중국은 곧 청명절, 단오절, 중추절을 국가 명절로 지정하고 중국 전통문화를 지키기 위해 힘쓰기 시작한다. 그리고 2009년 중국 조선족의 '농악무'를 인류무형문화유산으로 등재한다. 반격인 셈이다. 이번에는 한국에서 격한 반응이 나오기 시작했다. 한국 고유의 농촌 문화인 농악을 중국이 가져간 것이다. 농악무는 조선족이 대지의 신에게 전통적 사를 지내면서 자연에 경의를 표하고 행운과 풍작을 기원하는 풍습인데, 그 기원은 한국에 뿌리를 두고 있다. 19세기 말부터 동북3성(지린성, 랴오닝성, 헤이룽장성)으로 이주한 조선족은 한국의 전통문화를 계승하고 발전시켰다. 특히 옌벤(延邊)조선족자치주를 중심으로 우리의 문화를 지켜왔다. 우리가 사용하는 한국어도 중국에서는 옌벤 조선족자치주에 사용하는 소수민족 언어이기 때문에 중국의 방언으로 취급하고 한글도 옌벤글자로 취급한다. 그래서 우리말을 공식적으로 사용하는 국가는 한국의 한국어, 북한의 조선어, 중국 옌벤의 옌벤어 3개국이다. 이 외에도 유네스코에 북한이 등재한 인류무형문화유산도 있다. 2014년 등재한 '조선민요, 아리랑'과 2015년 등재한 '김치담그기 전통', 그리고 2028년 '씨름'이 있다. 이는 한국의 김장 문화와 아리랑과 유사한 것이다. 사실 같은 한민족의 뿌리에서 나온 전통을 북한이 유네스코에 등재한 것이다.

세계로 뻗어나가는 한식

한민족을 대표하는 음식문화는 김치다. 한국의 김장 문화와 북한의 김치담그기 전통이 동시에 유네스코 인류무형문화유산 등재된 것은 우연이 아니다. 한국은 '김치프로젝트(Kimchi project)'를 추진해 김치를 세계화하는 전략을 구축하고 있다. 사실 김치프로젝트는 1990년대 말부터 일본이 '기무치(キムチ)'를 국제식품규격위원회(CODEX)에 국제표준으로 제안한 것에 자극을 받아 시작되었다. 한국 정부는 일본의 움직임에 대응해 발 빠르게 움직여 2001년 7월, 국제식품규격위원회 국제표준 규격으

로 김치를 정식 등록했다. 이후 김치박람회를 지원하거나 학술 · 실무 세미나를 지원하는 등 김치의 다변화를 위해 힘쓰고 있다. 또한 농림수산부를 중심으로 2010년 「김치산업진흥법」을 입법 상정해 2011년부터 시행하고 있다. 그리고 11월 11일을 김치의 날을 제정하고 영문명 'Kimchi'를 고유 명사로 등록하는 등 국내외적으로 김치의 세계화에 힘쓰고 있다.

하지만 이제 일본 기무치가 아닌 중국 김치가 한국 밥상을 위협하고 있다. 김치 수입량은 2016년 25만3400만톤, 2018년 29만700만톤, 2019년 30만6000톤으로 계속 증가했으나, 2020년부터 감소하기 시작했다. 국내 수입되는 김치의 대부분은 중국산이며 2019년 기준 수입 김치 30만6000톤 중 88%에 달하는 26만9000톤이 외식 · 급식업체에서 소비된다. 이는 중국산 김치가 저렴하기 때문이다. 옌볜조선족자치주의 대표적인 김치 기업인 '연변금강산식품주식유한회사'는 중국판 코넥스인 신싼반(新三板)에 2017년 상장했다. 그리고 김치의 수출은 일본이 가장 많고 그 다음 미국과 타이완이 비슷한 수준이다. 최근 중국이 파오차이를 김치의 원형이라고 주장하면서 한국 내 반감이 커졌고, 이에 따른 조치로 문화체육관광부가 김치의 중국어 번역과 표기를 중국 음식 '파오차이'에서 '신치'로 바꾸어 부르기로 했다. 이는 사이버 외교 사절단 반크가 김치를 중국 음식 '파오차이'로 번역한 훈령 제427호를 바로 잡아달라고 당력히 요청에 따른 조치였다.

아직 국제식품규격위원회의 국제표준 규격을 받은 것은 아니지만 '김'의 세계화도 주목할 필요가 있다. 2017년 스위스 제네바에서 열린 제40차 국제식품규격위원회총회에서 우리나라가 제안한 '김제품 규격안'이 아시아 지역의 김 표준으로 채택되었다. 김의 유래는 1640년 경 인조의 수랏상에 처음 보는 반찬이 진상되어 무엇인지 물었으나 이름을 아는 사람이 없어 광양의 김여익이 올렸다는 이야기를 듣고 그의 성을 따 '김'이라 불렀다는 데서 유래했다. 물론 일제 강점기 때 일제에 의해 근대식 김

양식이 가능해졌고, 우리가 즐겨 먹는 김밥도 이때 탄생한다. 김은 전 세계에서 중국이 가장 많이 생산하지만 수출량과 소비량은 한국이 가장 많다. 일본은 최고 품질의 김을 한국 등 여러 나라에서 가장 많이 수입해 가지만 주요 생산국은 아니다. 한국, 중국, 태국, 터키 등이 김을 생산하는 주요 국가다. 그중 한국의 김이 최고로 인정받아 90여 개국에 수출하는 효자 상품이 되었으며, 수출액만 3억 달러를 넘어 5억 달러를 향하고 있다. 2027년에는 10억 달러를 돌파할 것으로 예상하면서 한때 '검은 반도체'라고도 불렸다. 하지만 2023년 일본이 후쿠시마 오염수를 방류하면서 해양 동물은 물론 해양 자원에 큰 타격을 주고 있다.

마지막으로 한식 세계화에서 빠질 수 없는 음식이 비빔밥이다. 유네스코 음식창의도시 전주의 대표 음식은 '비빔밥'이다. 전주시는 비빔밥의 세계화를 위해 전주 비빔밥축제를 열고, 유네스코 음식창의도시(2012년 지정) 전주 포럼을 개최하는 등 매우 적극적이다. 전주대학교 차진아 교수는 "전주비빔밥의 맛과 장식에 쓰이는 오색과 오미의 재료들은 동양철학의 음양오행의 원리에 기초하고 있어 동양 철학의 핵심인 음양오행의 원리를 가장 잘 담고 있는 음식이다"라고 극찬하고 있다. 하지만 황교익 맛칼럼니스트는 지나친 한식의 세계화는 역효과를 낸다고 비판하고 있다. 이명박정부는 한식을 표를 얻기 위해 정치에 활용했고, 차은택이 비빔밥을 홍보하면서 오방색을 구현하는 오류를 범했다. 세계인에게 오방색은 한국이 아닌 중국을 먼저 떠올린다는 점을 간과한 것이다. 다만 1998년 채식주의자인 마이클 잭슨(Michael Jackson)이 한국에 방한했을 때 비빔밥을 맛있게 먹었다는 점은 비빔밥의 세계화에 큰 영향을 미쳤다.

김치의 세계화, 비빔밥의 세계화와 더불어 김의 세계화를 펼칠 때다. 이렇듯 한식의 세계화를 위해 조직된 기구가 한식재단이다. 한식재단은 2010년 이명박정부 때 설립되었다. 농림수산부 산하의 공공 기관으로 한식 진흥을 위해 K-푸드(K-Food) 전략을 펼치고 있는데, 한식재단의 현명한 역할을 기대해 본다.

생각해 볼 문제

1. 한국 콘텐츠의 세계화 사례와 디즈니의 세계화 전략을 비교하고 벤치마킹할 수 있는 부분과 차별 전략을 논의해 보자.
2. 일본의 혐한류는 정도가 지나쳐 하나의 문화 현상으로 자리 잡고 있다. 한국에는 혐일류가 없는데 왜 유독 일본에 이런 혐한류가 자리 잡게 되었는지 논의해 보자.
3. 중국의 문화공정의 전개 방식과 이를 대처할 방법을 논의해 보자.
4. 우리가 다른 나라의 역사를 왜곡하거나 문화를 침탈한 사례는 없는지 발굴하고 일본이나 중국과 무엇이 같고 다른지 논의해 보자.
5. 일본과 미국에 한국 웹툰이 진출할 수 있는 전략은 무엇이 있는지 살펴보고, 한국 웹툰의 현지화 전략을 구상해 보자.
6. 한식의 세계화를 위해 설립한 한식재단에 대해 알아보고, 한국의 음식문화를 세계화할 수 있는 전략이 무엇이 있는지 논의해 보자.
7. 일본의 후쿠시마 오염수 방류에 따른 한국의 수산 자원에 대한 대비책과 대응 방안을 구상해 보자.

참고문헌

강준만(2012). 『세계문화사전』. 인물과사상사.
권응상(2019). 『중국의 대중문화』. 차이나하우스.
네이버 지식백과. http://terms.naver.com
박치완 · 김성수 · 조소연(2009). 『글로컬문화콘텐츠 어떻게 그리고 왜?』. 한국외국어대학교 출판부.
송원찬 · 신병철 · 안창현 · 이건웅(2010). 『문화콘텐츠 그 경쾌한 상상력』. 북코리아.
유네스코와 유산 홈페이지. https://heritage.unesco.or.kr
이건웅(2019). 『콘텐츠와 K출판의 미래』. 스토리하우스.
이건웅 · 최승호(2020). 『트랜스미디어 시대의 문화산업과 문화상품』. 북코리아.
이상열(2016). 『한국 문화 세계화 전략 연구』. 한국문화관광연구원.
이상열(2016). 『한국 문화 세계화 전략 연구』. 한국문화관광연구원.
이영구 외(2013). 『문화콘텐츠 기획론』. 한국외국어대학교 출판부.
채지영(2015). 『주요 국가 문화산업 정책 연구』, 한국문화관광연구원.
콘텐츠문화학회(2021). 『중국 문화산업의 이해』. 차이나하우스.
한국출판학회 출판정책연구회(2021). 『한국 출판산업의 이해』. 북코리아.
한국콘텐츠진흥원 홈페이지. https://www.kocca.kr
한국콘텐츠진흥원(2020). 『2020 만화 이용자 실태조사』.
한국콘텐츠진흥원(2020). 『2020 웹툰 사업체 실태조사』.
한국콘텐츠진흥원(2020). 『2020 웹툰 작가 실태조사』.
한국콘텐츠진흥원(2021). 『2020 콘텐츠산업 중장기 시장전망 연구』.
한국콘텐츠진흥원(2021). 『2019 기준 콘텐츠산업조사: 콘텐츠산업 통계 조사』.
한영균(2013). 일본 내 '혐한류' 현상의 실체. ≪일본문화연구≫, 48호, 433~456. 동아시아일본학회.
Martel, F.(2012). *Mainstream*. Champs octuel. 권오룡 옮김(2012). 『메인스트림』. 문학과지성사.

11

문화콘텐츠는 로컬 콘텐츠다

로컬 문화를 감상할 수 있는 실경 공연

중국의 각 지역에서 관광 공연 콘텐츠로 개발한 실경(實景) 공연은 로컬의 문화 자산을 콘텐츠로 개발한 성공 사례다. 실경 공연의 소재는 지역의 문화 원형을 기반으로 창작되었다. 또 극장이란 가상적 무대 공간에서 벗어나 개방된 실재 자연을 공연의 무대로 활용한다는 파격적 선택을 통해 새로운 스펙터클의 충격을 만들어 낸다. 특히 그 지역을 상징하는 실재 공간을 공연 무대로 사용하면서 공연의 장소성을 강화한다. 중국 실경 공연은 2003년 중국의 유명 영화감독 장이머우가 광시성 구이린(桂林) 지역 소수민족의 생활을 담은 〈인상 류산제(印象劉三姐)〉를 제작하고, 이어서 해발 5596m의 윈난성 옥룡설산(玉龍雪山)을 바라보는 고지대를 공연 무대로 사용하는 〈인상 리장(印象麗江)〉을 제작했다. 또 저장성 항저우(杭州)에는 뱀과 인간의 사랑 이야기 '백사전' 설화를 소재로 〈인상 시후(印象西湖)〉를 제작하며 큰 성공을 거두었다. 이후 실경 공연 모델을 참고해 중국 여러 지역에서 자신들만의 실경 공연을 만들어 지역문화 브랜드로 성장시키고 있다.

지역성을 갖춘 콘텐츠는 독특하다

세계화(globalization)의 흐름 속에서 지역의 고유성과 차별성을 기반으로 한 지역문화는 인류의 건강한 생존을 향한 문화 다양성의 측면과 문화 산업의 연결을 통해 지역의 경쟁력을 높이는 중요한 수단으로 인식되고 있다. 이런 현상을 전 지구적 지역화, 즉 글로벌과 로컬이 함께 중시되는 글로컬라이제이션(glocalization)으로 설명하기도 한다. 이 장에서는 지역 발전의 중요한 방식으로 문화를 중심으로 삼고 있는 여러 사례를 통해 지역문화의 가치와 문화 산업의 관계를 찾아보고자 한다.

지역과 지역문화의 개념

지역(地域)과 지방(地方)은 지리나 행정적인 구분에 의한 영역을 뜻하는 것으로 비슷한 의미로 사용한다. 하지만 우리나라에서는 일반적으로 '지방'은 중앙에 상대되는 개념으로 사용하고, '지역'은 가치중립적인 개념으로 받아들여지고 있다. 다시 말해 지방은 대한민국의 수도로 정치와 경제, 교육의 중심인 서울 이외의 '행정구역이나 어떤 지표에 따라 나누어진 땅', '특수한 공간 형태와 위치적 속성을 지닌 지리적 영역'의 개념이라 할 수 있다. 상대적으로 '지역'은 하나 이상의 고유한 특성을 보유하고 있는 공간적 영역으로 목적에 따라 기준에 맞게 나누어진 지표 공간이다. 즉 지역이란 용어는 가치중립적이고 상대적 층위(범주)의 개념에서 사용되었다. 가령 지구적 차원에서 아시아는 하나의 지역이며, 아시아적 차원에서 한국은 특정 지역이 되고, 한국적 차원에서 서울은 특정 지역이 된다. 여기에는 중심과 주변 혹은 주류와 비주류 같은 가치 판단이 개입되지 않는다.

지역문화는 지역의 고유한 자연적, 역사적, 사회적 특성을 바탕으로 형성된 지역민들의 문화적 정체성이다. 즉, 지역 주민들 사이에 동질감과 연대성을 형성하는 의식과 정서, 행동 방식 등으로 다른 지역과 구별되는 문화적 지표다. 가령, 사투리와 음식문화는 동일 지역민임을 확인시켜 주는 지표로 기능한다. 지역문화는 단기간에 형성되지 않는다. 오랜 시간을 거치면서 생활 속에서 서서히 형성되고, 또 지역의 자연적 환경 외에도 정치 · 경제적 요소들과 긴밀하게 관련되어 형성된다. 또 지역문화는 기층문화의 성격과 지역성, 공동체성을 지닌 문화로, 일정 지역에 거주하고 있는 사람들에 의해 형성된 고유의 지식, 신앙, 예술, 윤리와 도덕, 관습 등을 포괄하는 개념이다.

지역문화의 문화 산업화 필요성

산업시대에 사회의 발전을 이끌었던 핵심 생산요소는 노동과 자본이었다. 이후 20세기 말 급속히 진행된 정보 통신 기술의 도입과 확산은 산업 패러다임을 지식 경제 중심으로 변화시켰고, 지식이 사회적 부의 원천으로 등장하는 계기를 마련했다. 세계화와 함께 지역의 경쟁력에도 변화가 생겼다. 세계화란 개별 국가 경제가 세계 경제로 통합되는 것을 의미한다. 즉 국가 및 지역 간에 존재하던 상품, 서비스, 자본, 노동, 정보 등의 장벽이 제거되어 세계가 마치 거대한 단일 시장으로 통합되어 나가는 현상이다. 문화 영역에서도 세계화의 흐름은 강력해지고 있다. 가령 유튜브나 넷플릭스 이용의 확산에서 볼 수 있듯이 인터넷의 발달과 함께 글로벌 영상 플랫폼 기업의 성장으로 콘텐츠는 국가의 장벽을 자유롭게 넘나들게 되었다. 문화의 세계화는 문화 산업 시장의 확대를 가져왔지만, 다른 한편에서는 문화의 표준화와 획일화 현상을 초래했다. 각 지역의 역사와 생활을 반영하던 개성 넘치는 지역문화는 잘 기획된 거대 문화 자본의 진격 앞에서 생존과 사멸의 위기를 맞고 있다.

　한편 자본의 전 지구적 이동과 세계화의 확산 추세와 달리 역설적이게도 지역문화의 중요성이 주목받는 현상도 존재한다. 달리 표현하면 세계화는 공간의 경계를 희미하게 만들어 세계를 균질하게 하려는 힘이고, 다른 한쪽에서 다른 곳과 구별 가능한 지역만의 문화적 특성을 구축하려는 힘이 각축을 벌이는 상황이라고 할 수 있다. 이는 세계화의 흐름 속에서 개별 지역의 자율성이 약화되자, 지역의 문화적 특성을 활용해 지역을 보존하고 동시에 관광 활성화 등으로 지역민의 경제적 부가 가치를 높이려는 노력의 일환이다.

과거에 우리는 서구화된 도시를 건설하는 것이 지역을 발전시키는 방법이라고 생각했다. 그러나 경제 성장 중심의 지역개발은 지역 간 불균형 심화나 환경 파괴, 지역 특성 및 자생력 저하, 문화유산 파괴로 인한 지역문화 자원의 상실과 같은 문제를 일으켰다. 또 폐쇄적이고 보수적인 문화를 애향심이란 이름으로 강조하던 지역문화를 젊은 세대가 거부하기도 했다. 그러나 이제 시대가 변하고 있다. 개발과 발전이라는 근대적 사유를 사회의 진화나 전진으로 생각했었지만, 근대 산업사회의 한계와 문제점이 계속 나타나면서 지속 가능한 성장 방식에 대한 고민이 시작되었고, 그 방안으로 주목받는 것이 바로 문화 산업이다.

지역문화는 문화 산업의 자원으로 그 가치를 인정받기 시작하고 있다. 표준화와 무한 경쟁을 강요하는 글로벌 시대와 그 반작용으로서 지역문화 자원을 문화 상품으로 개발해 지역 경제를 발전 및 유지하는 것이 지속 가능한 지역 성장 전략으로 인식되고 있다. 특히 우리나라처럼 중앙과 지역의 발전 격차가 큰 상황에서는 지역이 가지고 있는 문화 자원의 새로운 가치를 발굴하고 이를 국가 차원에서 적극적으로 지원해야 한다. 그래야 인구감소와 지역소멸의 위기에도 균형 잡힌 국가 발전이 가능해진다.

지역문화 자원은 다양한 콘텐츠로 가공해 지역 경제를 발전시킬 수 있다. 또 지역문화 자원을 지역 성격에 부합하는 콘텐츠로 개발하는 것은 지역의 정체성 강화에도 도움이 되고, 지역문화의 경쟁력을 높이고, 지역민의 자부심 증대에도 기여한다. 지역의 자연환경과 역사와 민속은 그 지역의 특수성을 형성한다. 이를 콘텐츠로 제작해 자원화한다면 지역의 가치가 재고될 수 있다. 다만 기존의 방식은 지역의 역사·문화 자원인 문화재를 중심으로 개발되었다. 하지만 이제는 지역의 전설이나 생활 문화 등 유·무형의 문화 자원이 모두 지역의 콘텐츠 자산이며, 이를 문화산업 차원에서 새롭게 주목하고 활용해야 하는 단계로 접어들었다.

경제적 가치 외에도 지역문화는 지역 공동체 유지에도 매우 중요하다. 조만간 닥쳐올 인구 절벽 시대를 예상하면, 지역의 인구 공동화는 지역사회의 심각한 문제가 될 것이다. 지역문화를 발전시키는 것은 지역에 대한 지역민의 자긍심을 높이고, 그 지역을 매력적인 공간으로 변화시켜 살고 싶은 곳이 되도록 한다. 또 지역민의 문화 향유 기회를 확대하고 문화 예술 활동을 지원하여 지역민의 생활 수준을 향상시킬 수 있다. 따라서 지역문화는 지역민의 자긍심과 일체감을 형성시켜 주민 사이에 연대의식을 높이고, 참여 의식을 함양해 궁극적으로 지역사회 발전의 활력소가 될 것이다.

지역문화와 문화 산업

문화의 시대, 지식 기반 사회, 창조 사회 등 21세기의 사회적 변화를 설명하는 여러 용어는 큰 틀에서 유사한 맥락을 가지고 있다. 그 어떤 용어로 이 시대를 묘사하더라도 글로컬라이제이션(glocalization) 경향 속에서 지역의 중요성을 강조한다는 점은 다르지 않다. 산업의 중심이 디지털과 정보 기술을 중심으로 이동하면서 제조업을 기반으로 발전했던 지역들의 도시 경제 활동이 침체하고 있다. 침체한 도시에 새로운 활기를 부여하는 수단으로 지역문화 자원을 활용한 문화 산업이 주목받고 있다. 이는 문화 산업이 대자본과 공장에 의존하지 않고, 무형의 아이디어를 기반으로 지역에 대한 마케팅 효과를 발휘해 관광 및 연관 산업에 영향을 주며, 지역 이미지 창출에 주요한 역할을 하기 때문이다. 이에 우리나라에서도 지역의 성장 동력으로 문화 산업의 중요성에 주목하기 시작한다.

지역문화 발전을 위한 「지역문화진흥법」 제정

현재 대한민국의 문화 관련 주요 법률은 「문화예술진흥법」, 「문화기본법」, 「지역문화진흥법」이다. 이 중 지역문화와 직접 관련된 법률이 바로 「지역문화진흥법」이다.

지역문화 발전을 위한 법률적 지원은 1970년대부터 시작되었다. 1972년 「문화예술진흥법」을 제정할 때, 국가와 지방자치단체의 임무에 문화 예술 진흥을 포함했다. 또 1983년 '경제 사회 발전 5개년 계획 수정계획'이 발표되었는데 문화 부문에 지방문화의 육성이라는 용어가 등장했다. 이어 1984년에 '지방문화 중흥 5개년 계획'이 발표되었다. 이때부터 지역문화가 국가 문화 정책의 주요 영역으로 다루어졌다. 이로부터 지방문화예술위원회를 설립할 근거가 마련되었고, 지방자치단체는 지방문화예술진흥기금을 마련하여 출연할 수 있었다. 또 지역의 대도시에는 종합문화예술회관을 개관하면서 대형 문화 예술 행사들이 지역 도시에서도 열리게 되었다. 21세기에 들어서면서 참여정부에서는 국가 균형발전을 12가지 국정 과제의 하나로 선정하고, 수도권과 비수도권 지역의 문화 격차를 해소하는 지역문화 정책을 추진했다.

종합적으로 지역문화를 발전시키려는 「지역문화진흥법」은 2014년에 제정 · 공포되었다. 이 법이 제정되면서 서울과 수도권을 중심으로 문화가 발전하는 지역 불균형 상태를 해소하고, 지역문화의 발전을 위한 구체적 정책 입안과 실행이 가능해졌다. 「지역문화진흥법」의 제정 목적은 지역 간 문화 격차를 해소하고, 지역 주민의 문화생활 수준을 높이며, 지역 고유의 문화 자원 활용을 통해 지역 경쟁력을 높이는 것이다. 이를 위해 주요 내용으로 생활 문화 및 생활 문화 시설, 문화도시, 문화 지구 등을 명시하고 있다.

문화도시

문화도시는 복합적인 의미로 사용된다. 가령 지역의 문화 자원이 풍부한 도시를 의미하기도 하고, 또는 학문과 예술과 같은 문화 활동이 풍부한 도시를 의미하기도 한다. 문화도시는 1985년 아테네가 첫 유럽 문화도시로 지정된 데에서 시작됐다. 당시 유럽 각국이 문화유산을 보존하고 문화적 자부심을 높이기 위해 매년 유럽 문화 수도를 선정하고 지원하는 정책을 시작하면서 문화도시 개념이 널리 알려지게 되었다.

국내에서 진행하고 있는 문화도시는 「지역문화진흥법」 제15조에 따라 문화 예술 · 문화 산업 · 관광 · 전통 · 역사 · 영상 등 특색 있는 문화 자원을 효과적으로 활용하여 지역의 문화 창조력을 강화할 수 있도록 법으로 지정된 도시들이다. 이를 법정문화도시라 한다. 법정문화도시는 2018년 '모든 도시는 독특하다(Every City is Unique)'는 개념을 전제로 문화도시 공모에 신청한 각 지역의 문화 발전 계획을 심사하여 문체부에서 지정하고, 지정 후 5년간 총사업비 기준 최대 200억 원(국비 50%+지방비 50%)을 지원하고 있다. 구체적으로 살펴보면, 2019년부터 2022년까지 총 24곳이 문화도시로 지정됐다. 1차 문화도시로 선정된 곳은 부천시 · 서귀포시 · 영도구 · 원주시 · 천안시 · 청주시 · 포항시다. 2020년에는 2차로 강릉시 · 김해시 · 부평구 · 완주군 · 춘천시가 선정되었고, 2021년에는 3차로 공주시 · 목포시 · 밀양시 · 수원시 · 영등포구 · 익산시가 선정되었고, 2022년에는 4차로 고창군 · 달성군 · 영월군 · 울산광역시 · 의정부시 · 칠곡군이 선정되었다.

표 11-1 제1차 및 제2차 문화도시 선정 목록

제1차 문화도시(2019년 12월 지정)		제2차 문화도시(2021년 1월 지정)	
경기 부천시	생활 문화도시 부천	인천 부평구	삶의 소리와 함께 내 안의 시민성이 자라는 문화도시 부평
강원 원주시	시민이 만들어 가는 창의 문화도시 원주	강원 강릉시	아름답고, 쾌적하며, 재미있는 문화도시, 시나미 강릉
충북 청주시	기록문화 창의도시 청주	강원 춘천시	시민의 일상이 문화가 되고 문화적 삶이 보장되는 전환 문화도시 춘천
충남 천안시	시민의 문화 자주권이 실현되는 문화 독립 도시 천안	전북 완주군	공동체 문화도시 완주
경북 포항시	시민들의 행복한 삶을 응원하는 철학(鐵學) 문화도시 포항	경남 김해시	오래된 미래를 꿈꾸는 역사 문화도시 김해
제주 서귀포시	105개 마을이 가꾸는 노지(露地) 문화 서귀포		
부산 영도구	예술과 도시의 섬, 영도		

문화도시 선정을 계기로 여러 지역 도시가 자신들의 지역문화 자원을 돌아보고, 지역의 다양한 생활 문화 활동에 주목하게 된 점은 매우 의미 있다. 하지만 현재 문화도시로 선정된 도시의 실제 상황을 살펴보면, 도시민들의 일상과 문화도시의 비전 사이에 다소 거리가 있다. 또 문화도시로 선정된 이후 문화 시설을 확보하는 것에 치중하면서 문화도시가 문화 관련 공간이나 시설을 조성하는 것으로 왜곡되었고, 문화가 그 도시에서 생활하고 있는 도시인들의 일상생활과는 동떨어진 특별한 무엇으로 이해되고 있다. 이는 문화도시를 선정할 때, 다른 지역과 구별되는 특성화를 선정 기준으로 삼아, 도시 간 경쟁 구도로 만들었기 때문이다. 진정한 문화도시는 다양한 문화가 공존하며, 그 도시의 시민이 공감하고 함께 즐기는 그 도시만의 고유한 문화를 바탕으로 살고 싶은 도시가 될 때 이루어진다. 게다가 2023년부터 문체부가 기존의 '법정문화도시' 정책을

폐지하고, '대한민국 문화도시'라는 유사한 사업을 시행하면서 사업의 지속성에 많은 문제점을 일으키고 있다.

지역 축제

현대 사회는 물질적 재화 생산이 절대적인 목적이 되어 행위의 동기이자 의무가 되어 버린 시대이다. 그럼에도 불구하고 비실용적이고 비생산적이라 여겨지는 축제는 오히려 새로운 생명력을 얻으며 '오래된 미래'로서 그 가치를 인정받고 있다. 특히 지역의 문화자원을 활용해 지역의 문화경제 또는 관광산업을 발전시키려는 방안으로 축제는 주목받고 있다.

일반적으로 서구에서 축제는 일상생활의 일탈이나 전도의 기능을 가진 문화적 행위로 이해된다. 요한 하위징하(Johan Huizinga)는 축제를 "인간의 유희적 본성이 문화적으로 표현된 것"이라 보았고, 하비 콕스(Harvey Cox)는 "억압되고 간과되었던 감정 표현이 사회적으로 허용된 기회"라고 설명하며 축제의 비일상적 전도의 특성을 강조했다. 축제는 주제를 가지고 공공의 성격으로 개최되는 페스티벌, 여가와 관광 목적의 문화 행사, 예술 및 스포츠 이벤트를 포함한다. 그중 지역 축제는 지역사회의 문화적 정체성에 근원을 둔 문화제, 페스티벌, 경연 대회 등 다양한 형태로 개최되는 모든 행사를 가리킨다.

축제는 크게 전통적 축제와 현대 이벤트성 축제로 나눠볼 수 있다. 우선 전통 축제를 살펴보자. 전통 축제는 세시풍습과 관련을 맺어 왔다. 외국에서도 브라질의 삼바 · 리우 카니발(2월), 프랑스의 리스 카니발(2월), 몽골의 나담축제(7월 11일 전후), 스페인 영향 국가들의 피에스타(Fiesta), 미국의 할로윈축제, 중국의 춘절(음력 1월 1일) 등이 모두 세시풍속을 계승하고 있는 전통 축제다. 우리나라에서는 설, 정월대보름, 삼월삼짇, 단오절, 유두절, 칠석(백중)절, 추석, 구구절, 시월상달 등이 음력으로 정해지고, 입춘, 한식, 동지 등과 같은 24절기에 따른 세시 행사가 있었다. 세시 명절 축제는 낡은 것을 버리고 새로운 것을 맞이하면서 새 출발을 알리는 통과의례의 성격을 갖고 있었다. 이런 축제는 현대 사회에서 그 의미가 축소되었지만 사라지지 않고 여전히 생명력을 유지하고 있다.

어떤 축제이건 인습적 터부(taboo)를 깨트리고 전도된 가치를 행동으로 성취하려는 욕구가 내포되어 있다. 즉 축제는 습관과 규칙을 지키는 타성을 벗어나, 일상적 규칙에 대한 도전의 순간을 경험하게 함으로써 변화의 가능성을 제공하고, 새로운 통합을 추구하는 장이라고 할 수 있다. 근원적인 의미에서 축제는 무질서와 신랄함, 조롱의 웃음과 변형, 방탕함을 허용해 기존 사회를 유지하던 규범과 질서의 경계를 희미하게 만든다. 질서를 벗어나는 것은 긴장감과 흥분을 유발한다. 축제에 참여한 대중은 떠들썩한 교류의 장에서 신분의 구별 없이 평등하게 소통하며, 일상생활 속의 긴장과 억압된 에너지를 유쾌하게 해소한다. 이것이 축제의 본질이자 매력이다.

최근의 지역 축제들은 기획된 축제가 많다. 다시 말해 만들어진 지역 전통이다. 가령 보령 머드축제, 함평 나비축제, 화천 산천어축제, 안동 탈춤축제, 부천 만화축제, 부산 국제영화제, 춘천 마임축제, 광주 비엔날레처럼 기획된 축제는 문화 축제를 통해 주민들의 자부심을 높이고, 지역 인지도를 높여 관광객을 불러 모아 지역 경제에 도움을 주고 있다.

축제는 지향성, 운영 방식, 개최 목적, 소재에 따라 〈표 11-2〉와 같이 분류할 수 있다.

우리나라의 지역 축제는 대다수가 1990년대 이후 지방자치 시대가 개막되면서 생겨났다. 지방자치단체들은 지역적 특성을 강화하고 지역 정체성을 확립하면서 주민의 화합을 목적으로 축제를 개최했지만, 다음과 같은 많은 문제를 갖고 있었다. 첫째, 지역 축제의 정체성이 분명하지 않다. 지역의 특성이 드러나지 않고 지역 간에 유사한 축제가 남발되고 있

표 11-2 축제 지향성에 따른 분류

명칭	내용
내부 지향형	- 지역민들이 자신의 지역에 대한 역사의식과 애향심을 불러일으키고 공동체 의식 함양 등 지역사회 내부를 목표로 하여 실시되는 축제 - 현대 문화적 요소를 중심으로 프로그램이 구성되는 사회 문화적인 목적을 가진 축제
외부 지향형	- 지역의 관광 및 산업 발전 등 지역의 자연적 조건이나 사회경제적 환경을 중심으로 구성된 지역 축제 - 관광객 유치 확대를 통한 지역 경제 활성화를 목적으로 하는 축제
쌍방형	내부 지향을 통해 지역의 발전과 정체성을 확립하고, 이를 토대로 지역사회의 외적인 성장을 함께 추구하는 방식의 축제

출처: 「지역관광 활성화를 위한 축제활용 신규 정책사업 발굴」, 2013, 한국관광공사.

다, 둘째, 축제의 놀이성에 대한 고민이 부족하다. 축제는 흥겨워야 하고 즐겁게 놀아야 한다. 각 지역 축제만의 재미와 놀이 요소가 무엇인지 고민이 필요하다. 셋째, 축제 전문성이 부족하다. 지역 축제를 담당하는 공무원의 전문성이 부족해 외부 전문가와의 협업이 필요하다.

개인의 취향이 다원화되면서 대중이 즐기는 축제도 그 성격과 내용이 빠르게 변화하고 있다. 최근 거대한 스펙터클로서의 축제보다는 소규모의 지역 축제들이 활성화되고 있다는 점에서 축제의 진화란 결국 축제 종류의 변화라기보다 축제의 방법과 소재 구성 전략이 변화하는 것으로 해석할 수 있다.

축제는 지역의 문화 행사이면서 동시에 경제적 이익을 추구한다. 경제적 측면에서 지역 축제의 의미를 살펴보면 다음과 같다. 첫째, 축제에 참여하기 위해 지역을 방문하는 관광객은 지역 관광 산업을 발전시킨다. 둘째, 지역문화 공연과 같은 콘텐츠 개발과 지역문화를 전시하는 공간과 연결되어 문화 산업의 주도적 역할을 한다. 셋째, 지역 캐릭터 개발이나 지역 스토리텔링을 통해 지역 브랜드 구축이 가능하다. 하지만 지역 축

표 11-3 축제 운영 방식에 따른 분류

명칭	내용
관 중심형	중앙 정부 혹은 지방자치단체가 주도하는 축제
민간 주도형	추진 위원회 등의 민간 조직을 형성해 민간 조직이 중심이 된 축제
주민 중심형	주민 스스로가 만들고 운영하는 순수 주민형 축제
대행사 중심형	전문 대행사가 모든 행사를 기획 운영하는 축제
네트워크형	주민, 자치단체, 대행사 등이 네트워크를 이루어 운영하는 축제

출처: 「지역관광 활성화를 위한 축제활용 신규 정책사업 발굴」, 2013, 한국관광공사.

표 11-4 축제 개최 목적에 따른 분류

명칭	내용
주민화합형	지역에서 전통적으로 개최되어 온 축제
산업형	지역 산업의 육성 및 판매를 목적으로 하는 축제
특수목적형	지역의 인물 추모나 환경 보호 등 특별한 목적을 지닌 축제
교육형	카니발, 페스티벌, 대학 축전 등 참여자가 직접 배우고 참여하는 축제
문화복지형	지역 문화 발전과 지역 주민들의 문화적 즐거움을 공유하기 위한 축제
관광유도형	지역을 홍보하는 관광 목적형 축제
경연경기형	체육대회, 경연대회, 민속놀이 등 겨루기를 중심으로 이루어지는 축제

출처: 「지역관광 활성화를 위한 축제활용 신규 정책사업 발굴」, 2013, 한국관광공사.

제를 성공적으로 기획하는 방법이 따로 있지는 않다. 어느 지역에나 적용할 수 있는 일반적인 모델이 있는 것도 아니다. 오직 다양한 사례를 참조하고, 창의성을 덧붙여 체계적이고 구체적인 전략을 수립하는 것만이 축제를 성공적으로 이끄는 지름길이다.

표 11-5 시기별 축제 발전(진화) 단계 구성표(참조: 류정아, 2016)

구분	관람 축제	참여 축제	소통 축제
시기 구분	1970~1980년대	1990~2000년대	2010년대 이후
시기 특성	아날로그 시대	디지털 시대	컨버전스 시대
축제 표현 방법	볼거리 (spectacle)	경험 (experience)	인터랙티브 (interactive)
축제 내용 구성	원형 보전, 자원 소개	정보 전달, 체득	콘텐츠 융합, 커뮤니케이션
축제 소재	역사, 민속, 전통	문화 예술, 생태 환경, 특산	역사 전통, 문화 예술, 기술 과학, 스포츠
메시지 전달 방식	보전 (conservation)	교육 (education)	네트워킹 (networking)
활용 기술	전시, 공연, 판매	전시, 공연, 교육, 체험, 판매	가상현실(VR), 증강현실(AR), 사물 인터넷, ICT
축제 포인트	지식의 전수 지역 공동체 강조	정보의 제공과 학습 주관자 참여자 구분 오락, 관광	오감 만족형 축제 평등, 코뮤니타스 지역 활성화 마을 축제 부상

지역과 관광 공연 상품

최근 우리나라의 여러 지방자치단체는 지역의 문화 전통성을 계승·발전시키고, 동시에 관광수익 증대를 위해 다양한 공연을 기획·제작하고 있다. 가령 '자라섬 국제재즈페스티벌'이나 '인천 펜타포트락페스티벌'과 같은 공연은 지역의 전통문화와 무관하지만, 대중이 즐기는 공연을 개최하면서 지역의 문화 브랜드를 만들어 낸 사례이다.

한편 중국에서 성공한 실경(實景) 공연은 지역 공연이란 측면에서 매우 주목할 만하다. 실경 공연이란 지역의 실재 공간에서 지역의 역사나 이야기를 소재로 제작한 작품을 말한다. 가령 행주산성에서 '권율 장군'

그림 11-1 중국 실경 공연 배경 도시

광시 구이린	윈난 위룽설산	항저우 시후

이야기를 공연하는 방식이다.

중국의 실경 공연은 2003년 광시(廣西)성 구이린(鷄林)의 〈인상 류산제(印象劉三姐)〉를 시작으로 윈난(雲南) 리장(麗江)의 〈인상 리장(印象麗江)〉, 저장(浙江) 항저우(杭州)의 〈인상 시후(印象西湖)〉가 연이어 제작되었다. 앞의 지역에서 제작한 실경 공연이 문화관광 상품으로 큰 성공을 거두자, 그 뒤를 이어 하이난섬(海南島)의 〈인상 하이난다오(印象海南島)〉, 무이산(武夷山)의 〈인상 대홍포(印象大紅袍)〉로 그 시리즈 작품을 늘려가고 있다. 중국을 대표하는 연출가인 장이머우, 왕차오거, 판웨가 공동 연출한 실경 공연은 유일무이하고, 예술적이며, 놀랍고, 민족적이며, 시각적이란 찬사를 받았다. 실경 공연은 지역의 실재 공간을 공연 무대로 사용하고, 지역의 문화를 공연 내용으로 제작한다. 수많은 관객을 동원하고 있는 실경 공연 모델은 이미 중국을 넘어 해외에서도 많은 주목을 받고 있다.

실경 공연이 주목을 받는 이유는 다양하지만, 문화 산업의 측면에서 보면 다음과 같은 중요한 가치를 가지고 있기 때문이다. 첫째, 경제적 성과다. 실경 공연은 각 지역 이미지를 대표하는 자연 공간에서 그 지역의 대표적인 민간 전설과 문화 상징을 공연에 활용함으로써 독특한 지역적 성격을 드러내 그 지역을 대표하는 예술 공연으로 자리 잡을 수 있었다.

그림 11-2 중국 실경 공연 장면

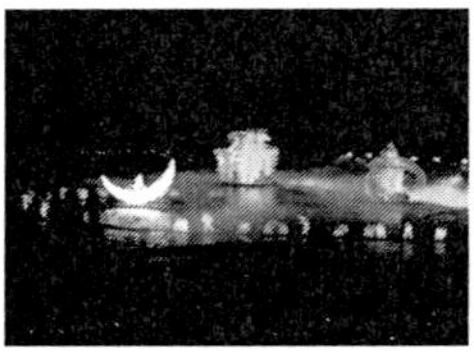		
구이린 <인상 류산제>	윈난 <인상 리장>	항저우 <인상 시후>

또 지역적 전통문화를 단순하게 재현하는 것이 아니라, 그 핵심 모티브만을 활용해 음악과 무용으로 재구성하여 익숙한 서사가 가져오는 지루함에서 벗어날 수 있었다. 여기에 각종 첨단 기술을 사용해 시각적 효과를 강화하여 전통문화의 현대화를 성공적으로 이루어냈다. 또 실경 공연은 이벤트성의 일회적 공연을 극복하고, 상시화해 관광의 지형도를 바꿨으며, 현지 주민들을 공연에 참여시키는 등 지역 경제 발전에 상당한 역할을 했다.

둘째, 예술적 창조성이다. 창조성은 "본질적으로 다루기 어렵고, 예상하지 못한 비일상적 문제나 상황을 해결하기 위한 방법을 평가하고 발견하는 능력을 가진 다면적이고 재치가 풍부한 어떤 종류의 것"(Charles Landry, 2000/2005)이라 할 수 있다. 실경 공연의 창조성은 공연 공간의 이동에서 찾을 수 있다. 실경 공연은 폐쇄된 극장의 가상적 무대 공간을 벗어나 개방된 자연의 진경(眞景)을 공연 무대로 활용한다. 이는 야외 공연 개념을 뛰어넘는 의미가 있다. 그 지방을 상징하고 있는 풍경을 공연 속으로 포섭하며, 가정성(假定性)을 기반으로 성립되는 무대가 필연적으로 가지는 은폐의 개념을 개방으로 치환하여 '실재(實在)'의 감동을 창출한다. 또 많은 인원이 등장하는 대형 공연은 중국 특유의 '규모의 미학'이 만들어 내는 스펙터클과 장엄한 자연 공간과 어우러져 예술적 만족을 주고, 관광 상품으로 유명해지면서 경제적 성과를 거두었다.

문화를 활용한 문화 산업은 고부가 가치 산업으로 산업 연관 효과가 크고, 고용 창출과 관광산업의 발전, 지역 이미지 개선 등의 이익을 가져온다. 중국의 여러 도시와 지역에서 실경 공연을 기획, 제작한 목적도 이와 같다. 실경 공연은 도시의 문화 상징을 강화해 타 도시와의 차별성을 만들고, 동시에 지역문화 산업을 성장시키고자 제작되었다. 특히 관광산업이 점차 단순한 풍경과 역사를 바라보는 관광에서 문화를 직접 체험하는 체험형 여행으로 전환되는 특징을 잘 파악해 공연 문화 상품을 개발한 것이다.

중국에서 실경 공연이 큰 성과를 거두자, 우리나라의 여러 지자체도 지역 실경 공연의 가능성을 타진했다. 2010년 8월 안동 하회마을에서 우리나라 최초의 대규모 실경 뮤지컬 공연 〈부용지애(芙蓉之愛)〉를 세계유교문화축전 하이라이트 행사로 선보였다. 또 공주시는 금강 고마나루 수상 공연장에서 〈사마이야기〉를 세계대백제전의 행사로 공연했다. 〈사마이야기〉는 무령왕이 백제를 중흥시키고 해상 강국이 되어 영토를 확장한 이야기를 소재로 음악과 퍼포먼스를 중심으로 극을 구성했다. 여기에 워터스크린과 워터 캐논, 레이저쇼와 불꽃쇼 등 화려한 스펙터클을 결합해 연출했다. 이외에도 부여, 경주 등지에서도 실경 공연을 검토한 바 있다. 그러나 중국 실경 공연의 성공 요인이 무엇인지 분석하지 않고 타국의 성공 모델을 모방하면 우리도 가능하다는 소박한 믿음은 경계해야 한다.

문화를 활용한 도시 재생

도시는 단지 사람이 거주하는 장소가 아니다. 문화가 있고 다양한 비즈니스가 일어나는 공간이다. 도시는 그들만의 자산과 문화를 만들어 가면서 변화 발전해 왔다. 그러나 시대의 변화 과정에서 많은 도시가 쇠퇴를 경험하게 되고, 이를 극복하기 위해 노력하고 있다. 그 노력의 일환이 도시 재생이다. 특히 1960년대 유럽에서 전통 제조업이 쇠퇴하면서 도시 경제가 침체하고, 신도심이 형성되자 구도심이 쇠퇴하면서 도심의 공동화 현상이 발생했다. 경제적 이유로 도심 인구가 교외로 이동하면서, 쇠퇴 지역 내 사회적 갈등과 인종 차별 등 다양한 도시 문제가 발생했다. 이런 문제를 해결하기 위해 유럽은 도시 재개발과 같은 시도를 했다. 하지만 기존의 도시 정비 사업은 주택 재개발과 재건축 사업, 주거 환경 개선 사업 등 물리적 환경 정비 위주로 사업이 진행되었다. 공공을 위한 기반 시설 확보와 지역 공동체 활성화 등 사회적 측면에서는 한계가 있었다. 기존 도시 정비가 가진 한계를 우회하여 상술한 도시 문제를 해결하려는 또 다른 노력이 도시 재생이다.

우리나라 법에서 도시 재생은 "인구의 감소, 산업 구조의 변화, 도시의 무분별한 확장, 주거 환경의 노후화 등으로 쇠퇴하는 도시를 지역 역량의 강화, 새로운 기능의 도입 창출 및 지역 자원의 활용을 통해 경제적 · 사회적 · 물리적 · 환경적으로 활성화하는 것"(「도시재생 활성화 및 지원에 관한 특별법」 제2조)으로 정의하고 있다. 즉 도시 재생은 도로와 교통 등 물리적 환경을 개선하는 기존의 재개발뿐 아니라 주민 동의와 참여 같은 사회적 측면을 중시하는 개념이다. 그러나 국내에서는 아직도 지역 개발에 따른 부동산 가치 상승을 기대하는 수준으로 도시 재생을 이해하는 것이 현실이다.

도시는 그 자체가 매력적인 관광 대상으로 주목을 받아 왔다. 녹스

(Knox, 2005)는 세계화 시대에 '장소 만들기'를 통한 '장소감(sense of place)' 자체가 중요한 자산이 되었다고 이야기한다. 조명래(2011)는 문화적 도시 재생의 결과가 도시의 경쟁력이자 브랜드로 남기 위해서는 창조적 상상력이 바탕이 되어 도시의 일상성을 바탕으로 한 생활 관계가 문화 공동체의 사회적 자본으로서 기능해야 한다고 강조했다. 이처럼 도시가 보유하고 있는 건축물과 장소의 역사 등을 활용하여 문화 관광 상품으로 개발하는 시도가 이어지고 있다. 특히 역사 문화적 건축물을 통한 도시 재생의 경우 시기적으로 멀지 않은 근대 역사의 문화유산 보존에 관심이 높아지고 있다. 예를 들면 런던의 시계탑이나 파리 에펠탑처럼 근대 도시의 상징처럼 여겨지는 건축물은 그 독특한 파사드(facade)로 인해 도시의 랜드마크(land mark)가 되는 경우가 종종 있다.

영국 게이츠헤드의 도시 재생

영국은 도시 재생 측면에서 다양한 경험과 정책을 선도하는 국가다. 산업 혁명으로 성장했던 영국은 버밍엄(Birmingham), 캐슬베일(Castle Vale), 셰필드(Sheffield), 맨체스터(Manchester), 리버풀(Liverpool) 등 여러 도시에서 도시 재생을 진행했다.

여기에서는 대표적 사례로 게이츠헤드(Gateshead)를 살펴보고자 한다. 게이츠헤드는 영국 잉글랜드 북동부 지역의 뉴캐슬과 타인강(Tyne River) 사이에 있는 인구 20만 명의 소도시다. 탄광 산업으로 유명했던 이 마을은 산업 혁명으로 경제적 호황을 누렸다. 하지만 2차 세계대전 이후 산업 경쟁력이 감소하고, 영국 정부가 광산 폐쇄 정책을 추진하자 도시는 점차 황폐해졌다. 생계가 막막했던 시민들은 게이츠헤드를 떠났고 도시는 쇠퇴하기 시작했다.

이에 게이츠헤드는 문화를 활용한 도시 재생 프로젝트를 시작한다. 우선 조각가 앤서니 곰리(Anthony Gormley)를 발탁하여 탄광 갱도 입구

그림 11-3 게이츠헤드 도시 재생

북쪽의 천사(The Angel of the North)

밀레니엄 브리지(Millennium Bridge)

출처 : https://en.wikipedia.org/

가 있던 언덕에 높이 20m, 너비 54m의 날개를 펼친 거대한 철제 조각상, '북쪽의 천사'를 세운다. 이 조각상을 세울 때 빈민 구제를 위한 학교와 병원 건립이 더 시급한 것 아니냐는 비난이 일기도 했으나 지금은 '북쪽의 천사'를 보기 위해 연간 수백만 명의 관광객이 이 도시를 찾게 되면서 재생 예술(junk art)의 성공적인 본보기가 되고 있다.

'북쪽의 천사'가 선풍적인 인기를 끌자, 게이츠헤드는 다시 타인강에 길이 126m, 폭 8m의 '게이츠헤드 밀레니엄 브리지'를 건설한다. 이 다리는 강 위로 배가 지나갈 수 있도록 도개교(跳開橋)로 세워졌다. 두 개의 아치로 구성된 다리를 들어 올리면 마치 눈동자가 깜빡이는 것처럼 보여 윙크하는 다리(Winkling Bridge)라는 별명을 갖게 되었다. 이어서 30여 년 동안 밀가루 제분소로 사용하던 곡물 창고를 현대 미술 작품을 전시하는 '발틱 현대미술관'으로 재생했고, 타인강을 바라보는 지역에 유리 패널로 건물 표면을 덮은 소라 모양의 음악 센터 '세이지 게이츠헤드'를 건설했다. 이 음악 센터는 주민들의 복합 문화 공간으로 누구나 이용 가능하며, 26개의 연습실은 주민들의 음악 교육 프로그램을 진행하는 공간으로 사용되고 있다.

게이츠헤드의 성공에는 도시의 문화와 역사, 정체성을 연구하고, 이를 바탕으로 사업을 단계별로 추진한 시청 '아트 팀'의 노력이 있었다. 이들은 중앙 정부에 문화도시 개발 과정과 사례, 그리고 투자 요청을 적극적으로 진행해 정부의 지원을 얻어 냈다. 이와 더불어 거주민을 위한 문화 서비스 제공을 우선 사업으로 정했다. 지역민이 행복한 도시여야만 외부 관광객들도 만족할 것이라는 생각 때문이었다. 이에 공감한 주민 공동체는 자발적으로 아이디어 회의를 열어 다양한 의견을 제시했고, 이는 대부분 프로젝트에 반영되었다.

도시 재생 프로젝트로 인해 게이츠헤드의 지역 경제는 점차 활기를 되찾았다. 20%가 넘던 실업률이 4%대로 떨어지는 결과를 가져왔다. 뉴캐슬과 더불어 약 6만 명이 문화 산업에 종사할 정도로 고용 창출이 이루어졌다. 한 해 평균 2000만 명의 관광객이 게이츠헤드에서 열리는 공연과 전시를 즐기기 위해 방문했고, 연간 100만 명 정도의 예술가와 여행객이 장기 숙박하며 게이츠헤드의 문화를 즐기고 있다. 그 결과 관광 수입만으로 매년 40억 파운드(약 8조4000억 원)를 벌어들이고 있다. 게이츠헤드는 버려진 공장을 비롯한 다수의 유휴 공간에 새로운 가치를 불어넣어 재생된 도시 재생의 모범 사례다. 과거와의 새로운 연결 고리를 만들어 도시 고유의 정체성을 유지했다. 지역 주민에게는 행복을 주고, 관광객에게는 즐거움을 전하는 문화도시로 부활한 것이다.

유네스코 창의도시

도시 문제를 국제적으로 해결하기 위해 유네스코는 2001년 '세계 문화 다양성 선언' 및 그 실행 계획을 채택하고, 2004년 도시의 고유한 문화 자산이 세계적으로 재인식되도록 '창의도시' 네트워크 사업을 진행했다. 유네스코 '창의도시' 네트워크는 2004년 10월 유네스코 이사회에 의해 세계 문화 다양성 협력망(Global Alliance for Cultural Diversity)의 하나로 에든버러를 유네스코 창의도시로 선정하면서 시작되었다. 이 사업은 기존의 도시 개발이나 도시 경관 사업과는 달리 도시의 지속 가능한 사회 발전을 위한 필수 요소로 문화의 창조성에 주목한다. 즉, 세계 여러 나라 도시가 보유하고 있는 문화적 자산과 잠재력을 문학, 영화, 음악, 공예와 민속 예술, 디자인, 미디어 예술, 음식 등 일곱 가지 주제 중 하나로 특화해 관련 문화 산업으로 발전시키는 창조적 방법을 문화적 연대를 통해 공유하고, 자신의 고유한 문화 특성을 바탕으로 창조적 문화 산업으로 전환해 각 도시의 경제 발전을 통한 세계 빈곤 퇴치를 취지로 삼고 있다.

창의도시 선정 기준을 보면 문학은 편집의 독창력, 출판사의 질적·양적 다양성, 문학적 도시 환경, 도서 축제 개최, 도서관과 서점, 문화센터 보존을 기준으로 선정한다. 영상 도시의 기준은 영화, 촬영소, 영화세트장, 영화인 양성 센터 등 기반 시설과 영화제작 배포와 상업화, 영화 축제 이벤트 개최, 기록보관소, 박물관, 신작 발표회가 열리는지 등을 살펴보고 결정하며, 음악은 음악 창조 활동 공간 조성, 전문 음악 학교와 예술학교의 유무, 국제적 음악 축제나 행사 개최, 독특한 장르의 음악 및 음악 산업 활성 여부를 기준으로 삼고 있다. 공예와 민속예술에서는 독특하고 전통 있는 민속예술 공예, 공예작가와 지역 예술인 확보, 예술인 양성 센터, 축제 전시회, 박람회 시장, 박물관과 수공예품 상점 등 기반 시설을 살펴본다. 디자인은 디자인 산업(건축, 인테리어, 패션 등)과 디자인 학교, 연구 센터, 디자이너의 활동 범위, 디자인 박람회 개최 경험으로 결정한다. 미디어아트에서는 디지털 기술의 창조 산업화, 주민의 참여와 삶의 질 향상, 미디어아트 소재나 미디어 아티스트 연수 프로그램의 유무를 기준하고 있다. 음식은 전통 식당과 요리사가 참여하는 미식 커뮤니티 형성 여부, 전통지역 요리 노하우 및 요리 실습, 전통 음식 시장 활성화, 전통 음식 산업 개발 및 음식 축제, 생물 다양성 보전 계획이 포함되는지를 살펴보고 결정한다.

유네스코 창의도시는 전 세계 도시를 대상으로 한다. 이를 통해 세계의 도시들이 문화 산업 및 창조적 산업을 활성화하기를 기대한다. 이 제도는 공공 영역과 민간 분야의 협력 관계를 형성하고 문화 산업의 사회성과 독창성, 경제적 잠재성을 표출하고자 한다. 또 유네스코가 추구하는 세계의 문화 다양성 증진과 지속 가능한 성장 및 빈곤 퇴치를 목적으로 하여 지식의 국제적 공유를 추구하고 있다. 2020년 기준 전 세계 84개국에서 246개 도시가 창의도시로 선정되었다. 한국은 10개 도시, 즉 디자인 분야에서 서울, 영화 분야에서 부산, 미식 분야에서 전주, 문학 분야에서 부천과 원주, 미디어 아트 분야에서 광주광역시, 음악 분야에서 통영과 대구, 공예와 민속 예술 분야에서 이천과 진주가 선정되었다.

한국의 도시 재생

해외 사례에서 볼 수 있듯이 문화와 관광은 도시 재생에 매우 중요한 역할을 한다. 우리나라에서도 문화를 활용해 낙후한 도시를 다시 활성화하려는 다양한 노력이 있었다. 표 11-6은 2014년 이후 우리나라에서 진행하는 도시 재생 선도 지역을 정리한 것이다. 이 표만 보더라도 도시 재생 사업의 실질적 내용에 문화적 재생과 그를 통한 관광산업 발전이 대부분을 차지함을 알 수 있다.

여기에서는 우리나라에서 수행하고 있는 도시 재생 사업 중 두 가지 사업을 살펴보고자 한다. 하나는 전통 시장을 지역 문화 체험 공간으로 활성화하는 '문화를 통한 전통 시장 활성화 시범 사업'이고, 다른 하나는 '지역 근대 산업유산 활용 예술 창작 벨트 조성 사업'이다.

우선 문전성시 사업으로 불리는 '문화를 통한 전통 시장 활성화 시범 사업'은 일상에서 쇠퇴하고 있는 전통 시장의 가치를 문화적 가치로 재생하기 위한 사업이다. 이 사업은 시장이라는 공간의 장소성과 연계해 예

표 11-6 도시 재생 선도 지역 현황(2014~2017년)

지역	사업 구상(안)
부산	부산 북항-부산역-원도심을 연계한 창조경제지구 조성
청주	폐공장 부지(연초제조창)를 활용한 공예·문화 산업지구
서울	뉴타운 사업 해제 지역에 대한 주거지 재생 사업, 봉제 공장(가내수공업) 특성화
광주	아시아문화전당(구 전남도청) 주변 구도심 상권 활성화
군산	군사 내항 지구와 연계한 근대역사문화지구 조성
목포	유달산 주변 구도심 공폐가 활용 예술인마을 조성
영주	1940~1950년대 형성된 근대 시장(후생시장, 중앙시장)과 구(舊) 철도 역사 주변 재생
창원	부림시장, 창동예술촌 중심의 문화 예술 중심 도시 재생
대구	공연소극장(100여 개) 밀집 거리 재생을 통한 구도심 활성화
태백	폐철도역사, 구 탄광 도시의 정체성을 살린 소도시 재생
천안	빈 건물에 청년 기반 시설(기숙사, 동아리방, 스튜디오) 조성을 통한 활력 창출
공주	백제 왕도의 문화유산을 활용한 특화 거리 조성, 산성시장 등 전통 시장 활성화
순천	노후 주거 지역 친환경 마을 만들기, 생태 하천, 부읍성터 복원

자료: 국토교통부 제출자료, 2014.11.

술 활동을 조직하고, 상인과 지역 주민 사이의 관계 맺기 활동, 전통과 현재를 잇는 매개 활동 등을 진행한다. 이를 통해 상인의 자존감을 높이고, 상인과 주민과의 문화 프로그램 활동을 통해 지역 커뮤니티를 활성화해, 일상 공간이자 관광지이며 문화적 · 역사적 장소로서 미래 시장의 모델을 창출하는 데 주력하고 있다.

문전성시의 대표 성공 모델은 수원 못골시장의 '못골 온에어 라디오스타'다. 수원의 작은 골목 시장 못골에는 라디오 스튜디오가 있다. 시장에 설치된 8개의 대형 모니터와 스피커를 통해 라디오 방송이 흘러나온다. DJ도 손님도 상인이다. 상인들은 고객과 동료 상인들에게 자신의 이야기를 들려주거나 노래를 부르기도 한다. 시장 상인들은 라디오 방송에 직접 참여하면서 자존감을 높이고 시장 공동체를 형성할 수 있게 되었다. 못골시장의 성공 이후, 많은 시장에서 라디오 방송국을 벤치마킹했다. 경주 외동장의 '라디오 38외동오일장', 청주 가경터미널시장의 '시장통버스 라디오' 등이 그 예다.

이 외에도 전주 남부시장의 '청년몰'과 '청년토요야시장'이 대표적인 성공 사례라 할 수 있다. '청년몰'은 2011년 문체부가 주최하는 문전성시 프로젝트에 선발되어 전주 남부시장의 유휴 공간에서 장사할 청년들을 모집하여 청년 점포를 만들었다. 이곳은 '적당히 벌고 아주 잘살자'는 모토를 가지고 청년들의 꿈을 실현하는 공간으로 자리매김하고 있다. 실제로 청년몰이 생긴 후 주말에는 식당가를 중심으로 약 20%의 매출 상승이 있었다. 이는 고령화된 전통 시장에 젊은 사람을 유입해 시장을 활성화한 성공 사례다.

'지역 근대 산업유산 활용 예술 창작 벨트 조성 사업'은 문화 가치적 인식 부족과 현대화를 위한 개발 논리에 밀려 훼손되거나, 주변 경관과 조화를 이루지 못하고 방치되었던, 지역사회의 근대 산업유산을 보존하면서 문화적 도시 재생 효과를 창출하기 위해 추진되었다. 근대 산업유산을 최대한 보존하면서 리모델링하여 건축물의 고유성과 역사성을 살리고, 지역의 특화된 문화 예술 콘텐츠 프로그램을 제공함으로써 예술 창작 기반 및 문화 향유권을 확대하고 나아가 도시 재생에 기여하려는 목적이었다. 대표적인 사례로 군산을 살펴보자. 일제 강점기 쌀 수탈의 전진 기지였던 군산은 새로운 항구가 생기면서 옛 군산항과 구도심이 점차 활력을 잃어 갔다. 군산은 2008년부터 옛 군산세관 건물, 나가사키18은행, 옛 조선은행 군산지점 등 일제 강점기 시절의 건축물을 활용하여 도시 재생 사업을 시작했다. 군산에 있는 국내 최초의 빵집 '이성당'과 영화 〈8월의 크리스마스〉에 나온 초원사진관, 근대역사박물관 등을 연결하여, 근대

표 11-7 지역 근대 산업유산 활용 예술 창작 벨트 시범 사업

지역	대상	영역	주요 사업 내용
군산	일제 강점기근대 유산	근대사 공연	일제 강점기 건물을 활용한 문화 공간화 조선은행, 나가사키은행, 미즈상사, 대한통운 창고 리모델링
신안	염전 소금 창고	소금 체험	소금을 소재로 한 문화 체험 공간 조성 염전체험장, 염생식물 관찰원, 염전 전망대, 소금창고 리모델링 소금 공원 염전 경관 조성 등
포천	폐채석장	돌 조각	폐채석장을 활용한 문화 공간 조성 교육 전시, 센터 조성 문화 예술 카페 리모델링
대구	구 KT&G 연초장	복합문화공간	대구문화창작발전소 조성 KT&G 리모델링(미디어테크 문화 예술 자료) 예술 창작 프로그램 운영
아산	구 장항선 폐철도	공연 전시	폐철도를 활용한 문화 공간 조성 폐역사, 폐선로 경관 정비 및 농협 창고 등 리모델링

출처: 문화체육관광부 『2011 문화 예술정책백서』, 2011.

역사를 체험할 수 있는 문화 공간으로 조성하면서 근대 문화를 체험할 수 있는 공간으로 변화했다. 〈표 11-7〉은 지역 근대 산업유산을 정리한 것이다.

지역 캐릭터

지역을 상징하는 캐릭터는 향후 발전 전망이 매우 큰 영역이다. 아직 우리나라는 대중적인 인기를 누리고 있는 지역 캐릭터가 없다고 할 수 있다. 서울에서 '해치'를 도시 상징 캐릭터로 정해 널리 홍보했지만, 서울을 떠올리면 해치가 생각나지는 않는다. 우리는 해치에 대해 알고 있는 것이 거의 없다.

일본은 성공한 지역 캐릭터를 갖고 있다. 그중 가장 대표적인 캐릭터가 구마모토(熊本)현을 대표하는 쿠마몬(Kumamon)이다. 지난 2011년 구마모토현은 규슈 지역 고속철도 개통을 앞두고 홍보 로고를 의뢰했다. 로고를 의뢰받은 디자이너는 로고 대신 곰 캐릭터의 사용을 제안했다. 지자체 이름에 '쿠마(熊, 곰)'가 들어가는 것에 착안해 지역 방언인 '몬(사람)'을 붙인 캐릭터였다. 캐릭터로 지방을 홍보하자는 디자이너의 제안은 상당히 모험적이었다. 하지만 쿠마몬 캠페인의 효과는 예상을 뛰어넘었다. 고속철도 신칸센의 중간 경유지로 큰 주목을 받지 못했던 구마모토현은 쿠마몬을 통해 고속철도 시・종착역을 구마모토로 바꾸는 데 성공했다. 그 결과 전년 대비 관광객이 2배로 늘었다. 이에 구마모토현은 쿠마몬을 구마모토현의 상징으로 채택하고 정식 공무원으로 채용하기도 했다.

쿠마몬이 큰 인기를 얻은 것은 구마모토현의 기획력이 뛰어났기 때문이다. 구마모토현은 초기에 쿠마몬의 인지도를 높이기 위해 명함 1만 부를 배포하는 등 쿠마몬 홍보 활동을 적극적으로 펼쳤다. 또 쿠마몬을 대동하고 일본 각지의 유명 식품 브랜드 회사를 찾아 구마모토의 특산물 상품을 제안하기도 했다. 이런 활동의 결과 전국 각지로 쿠마몬 캐릭터가 인쇄된 상품이 팔려나갔다. 쿠마몬은 캐릭터 세계에 국한되지 않았다. 현실 세계에서 꾸준히 기자회견을 열고 지역 아동들을 찾는 등 구체적인 행사 일정을 수행하고 있다. 심지어 쿠마몬 공식 홈페이지에는 쿠마몬 스케줄이 공지된다. 구마모토현은 2013년 재미있는 프로젝트를 진행했다. 쿠마몬의 잃어버린 홍조를 찾는다는 동영상을 배포하자, 전국에서 쿠마몬의 빰과 관련된 제보가 수천 건이 쏟아졌다. 사흘 뒤 현은 쿠마몬의 빨간 두 빰을 찾았다는 영상을 다시 배포한다. 이것은 구마모토현이 딸기와 같은 붉은 채소와 과일이 특산물이라는 것을 홍보하기 위한 스토리텔링 행사였다. 또 사라진 쿠마몬이 화제가 되기도 했다. 시민들의 힘으로 '사라진 쿠마몬 찾기' 캠페인이 벌어졌다. 일상에 지친 시민들에게 이 행사는 큰 공감을 얻었다. 또 매년 3월에 열리는 쿠마몬 생일 축제나 쿠마몬 체조처럼 다양하고 신선한 스토리텔링을 통해 쿠마몬은 지역 캐릭터 이상의 존재로 자리매김할 수 있었다.

우리나라는 1995년 지방자치제가 시작되면서 각 지자체에서 지역 홍보와 브랜드 강화를 목적으로 예산을 투입해 캐릭터 사업을 벌였다. 유행처럼 번진 지역 상징 캐릭터 개발은 특산품과 관광 요소를 토대로 2000년대 초반까지 이어졌다. 그러나 당시 만들어진 캐릭터는 현재 전멸 수준이다. 일본의 쿠마몬처럼 지역을 넘어서서 널리 인기를 얻은 캐릭터는 없다. 안타깝게도 지역에서조차 자신들의 캐릭터가 무엇인지 알지 못하거나, 존재 자체가 유명무실한 사례가 부지기수다. 기관의 사정도 마찬가지다. 상징 캐릭터는 수많은 시정 현안과 민원에 묻혀 홈페이지의 코너 한쪽을 의미 없이 차지하고 있을 뿐이다. 지역 캐릭터는 엄연히 예산이 들어간 콘텐츠지만 제대로 관리되는 사례를 찾기 힘들다. 특히 지역 캐릭터의 경우 문화유적이나 지역별 홍보 요소가 다양한 것에 비해 스토리텔링 개발이 너무 부실하다. 많은 지역 캐릭터가 디자인적으로 지역 특산품을 의인화하는 등 지나치게 상투적이어서 관심을 끌지 못했다. 또 어떤 캐릭터는 지나치게 상징적인 디자인을 채택해 상품화에 어려움을 겪기도 했다.

평면적인 캐릭터에 숨을 불어 넣는 것은 스토리텔링이다. 한국의 지역 캐릭터를 살펴보면 지나치게 교육적이다. 교훈과 역사성은 강조되었지만, 재미 요소가 없다. 재미없는 캐릭터를 누가 돌아보겠는가? 캐릭터는 독특한 성격과 이야기가 있어야 생명을 얻게 된다. 지역 주민의 정체성이 오롯이 담긴 캐릭터일수록 캐릭터 고유의 색은 확실해진다. 동시에 고유한 이야기가 있는 캐릭터일수록 생존할 가능성이 크다. 문화콘텐츠 전공자들에게 주어진 과제라 할 수 있다.

생각해 볼 문제

1. 글로벌 시대의 문화적 특징은 무엇인가? 세계가 하나의 거대한 사회로 연결되는 이 시대에 지역 문화는 어떤 가치를 갖는지 토론해 보자.
2. 자신이 태어나고 자란 도시에 대해 설명해 보자. 도시의 문화적 특성을 잘 보여 주는 공간으로 무엇이 있는지 사례를 들어 보고, 자신이 방문했던 경험을 함께 나눠 보자. 만약 타 지역의 친구가 여행하러 온다면 꼭 보여 주고 싶은 공간이 있는지, 왜 그 공간을 보여 주고 싶은지 생각해 보자.
3. 다른 지역을 여행할 때, 낮에는 관광지를 돌아보거나 지역민들의 일상생활을 느낄 수 있는 시장과 같은 곳을 찾아간다. 저녁 식사 후 개발 가능한 관광 상품이 무엇이 있는지 생각해 보자.
4. 우리 지역을 상징하는 캐릭터를 찾아보자. 캐릭터와 지역 사이에 자연스럽게 연결되는 것이 무엇인지, 그 캐릭터에 대한 스토리텔링이 있는지 살펴보자.

참고문헌

가톨릭대학교 글로컬문화스토리텔링연구소(2016). 『지역 문화 콘텐츠와 스토리텔링』. 소명출판.

도시재생사업단(2013). 『역사와 문화를 활용한 도시재생 이야기』. 한울아카데미.

류정아(2007). 『지역축제 평가 및 지원체계 연구』. 한국문화관광연구원.

류정아(2012). 『한국 축제와 지역문화 콘텐츠』. 커뮤니케이션북스.

이무용(2022). 『창조적 도시 문화 경영과 장소 만들기-10가지 창조적 시선과 창조문화도시 광주 만들기』. 전남대학교 출판문화원.

이정형(2007). 『도시재생과 경관 만들기: 일본의 13 도시재생 프로젝트』. 발언.

조광호(2015). 문화도시 10년, 그리고 새로운 10년을 위한 제언. 『2015 부평문화포럼: 새로운 변화의 시작, 문화도시 부평』. (재)인천광역시부평구문화재단.

조명래(2011). 문화적 도시재생과 공공성의 회복: 한국적 도시재생에 관한 비판적 성찰. 『공간과 사회』 37집. 39~65. 한국공간환경학회.

최덕균 외(2013). 지역관광 활성화를 위한 축제활용 신규 정책사업 발굴. 한국관광공사.

Huizinga, J.(1938). *Homo Ludens. Proeve eener bepaling van het spel-element der cultuur.* Amsterdam University Press. 까치글방 옮김(1998). 『호모 루덴스』. 까치글방.

Knox, P. L.(2005). Creating Ordinary Places: Slow Cities in a Fast World, *Journal of Urban Design 10*(1), 1~11.

Landry, C.(2000). *The Creative City: A Toolkit for Urban Innovators.* Earthscan. 임상오 옮김(2005). 『창조도시』. 해남.

Tallon, A.(2013). *Urban Regeneration in the UK.* New York: Routledge. 김명준 옮김(2016). 『영국의 도시재생』. 국토연구원.

12

문화콘텐츠는 예술이다

모두의 발레를 보여 준 영화 〈빌리 엘리어트〉

2000년에 개봉한 스티븐 돌드리(Stephen David Daldry) 감독의 〈빌리 엘리어트〉는 산업 구조 조정을 강력하게 몰아붙이던 1980년대에 영국의 한 탄광 지역을 배경으로 노동자와 그의 가족들의 삶과 꿈, 사회적 관습, 사회 구조적 갈등, 예술의 의미를 섬세하게 그려 낸 영화다. 더불어 서구에서 발레의 위상과 발레를 둘러싼 여러 계층의 서로 다른 수긍과 배격의 태도를 구체적으로 볼 수 있다.

관습적 터부나 선입견에도 불구하고 발레의 매력에 빠져들고 열정을 쏟아 내는 빌리의 노력과 빌리를 둘러싼 아버지와 형, 줄리 선생님 사이에서 벌어지는 갈등과 사건은 서민의 삶의 단상이다. 그리고 빌리의 열정과 발레는 꿈을 보여 준다. 그리고 그 꿈은 특별한 계층의 전유물도 아니며, 닿을 수 없는 순수한 세계에 있는 허상도 아니다.

영화의 인기에 힘입어 소설로도 출판되었고, 엘튼 존이 음악을 담당한 뮤지컬이 2005년에 웨스트엔드에서 초연을 가졌고 지금까지 큰 인기를 얻고 있다.

예술을 소재로 하는 매력적인 소설, 드라마나 영화 등은 오랫동안 많은 사랑을 받아 왔다. 떠날 수 없는 삶과 꿈의 얽히고설킴을 보여 주는 소재로 예술은 언제나 큰 매력을 지니고 있다.

문화콘텐츠와 예술의 공유 영역

'문화콘텐츠'라는 말은 1990년대 중반에 등장하여 빠르게 일반화된 것으로 보인다. 언론 보도나 논문에서는 2000년부터 '문화콘텐츠'라는 용어를 볼 수 있으며, 2001년에 한국문화콘텐츠진흥원이 설립되었다. 법률적으로는 2002년에 「문화산업진흥기본법」을 전면 개정하면서 '콘텐츠', '문화 관련 콘텐츠', '디지털 콘텐츠', '디지털 문화콘텐츠', '멀티미디어 콘텐츠' 등의 용어를 제시했고, 2006년 4월에 이르러서 '문화콘텐츠라 함은 문화적 요소가 체화된 콘텐츠를 말한다'라고 정의했다.

시기로 보면, '문화콘텐츠'보다 '멀티미디어 콘텐츠', '디지털 콘텐츠', '디지털 문화콘텐츠' 등의 용어가 먼저 등장했다. 그리고 '문화콘텐츠'를 처음 사용한 여러 논문이나 기사, 학회 등을 살펴보면, 이 용어를 사용하기 시작한 초창기에는 '콘텐츠'에 방점을 두고 디지털, 인터넷과 연결하여 문화콘텐츠를 이해했음을 알 수 있다. 그러나 차차 시간이 지나면서 꼭 디지털이나 인터넷의 활용 여부와는 별 관계없이 전통적인 유형의 콘텐츠를 포함하여 초기보다는 폭넓게 '문화콘텐츠'라는 용어를 사용하는 경향을 보인다.

현재 우리나라 통계청에서는 콘텐츠 산업 특수 분류에 출판, 만화, 음악, 영화, 게임, 애니메이션, 방송, 광고, 캐릭터, 지식 정보, 콘텐츠 솔루션, 공연 산업을 포함시키고 있으며, 박물관, 미술관, 유원지, 공연 시설, 여행업, 농촌 체험 등은 관광 산업으로 분류했다. 그리고 출판, 문학, 음악, 연극, 영화 등은 저작권 산업 특수 분류에서도 다루고 있다.

한국콘텐츠진흥원에서 발간한 〈2019 콘텐츠 산업 통계 조사 보고서〉에서는 통계청의 콘텐츠 산업 특수 분류에서 공연 산업을 제외한 11개 분야를 다루고 있으며, 〈2017 콘텐츠 교육 기관 및 인력 수급 현황 조사〉에서는 통계청 분류의 12개 분야를 모두 포함하여 현황을 분석했다. 이에 더하여 한국콘텐츠진흥원에서는 최근 패션과 스토리텔링 분야에 대한 지원도 수행하고 있다. 「문화산업진흥기본법」에서는 문화 산업에 미술, 공예, 의상 등도 포함시키고 있다.

통계청의 분류나, 「문화산업진흥기본법」, 한국콘텐츠진흥원의 지원 분야, 그리고 일상적인 사용 사례를 고려하면, 현재의 문화콘텐츠에 대한 이해는 디지털 콘텐츠뿐만 아니라, 디지털이나 인터넷의 사용 여부와는 크게 상관없이 전통적인 매체나 형식을 유지하고 있는 소설이나 음악, 연극, 필름 영화, 축제 등도 자연스럽게 포함하고 있음을 알 수 있다. 누군가 '문화콘텐츠란 무엇인가'라고 물을 때, 한국콘텐츠진흥원의 웹사이트나 연구 보고서에서 제시하고 있는 분류에 따라서, 출판, 만화, 음악, 게임, 영화, 애니메이션, 방송, 광고, 캐릭터, 공연, 지식 정보, 패션 등이라고 설명하거나, 「문화산업진흥기본법」 제2조에서 나열하고 있는 영화, 음악, 게임, 출판, 방송, 문화재, 만화, 캐릭터, 애니메이션, 대중문화예술, 전시회, 박람회, 축제 등을 예로 들면 이제는 그리 어렵지 않게 대화를 이어 나갈 수 있다(이종훈, 2020).

종종 문화콘텐츠를 디지털 기술의 발전으로 인하여 새롭게 등장한 무엇으로 인식하는 경우가 있다. 하지만 위의 통계청 분류나 한국콘텐츠진흥원이 다루는 분야들, 혹은 일반적으로 쉽게 문화콘텐츠라고 뭉뚱그려 일컫는 문화콘텐츠의 실체를 보면 대부분 전혀 새로운 것이 아니다. 음악, 게임 같은 분야는 태곳적에도 인류와 함께 있었다. 공연도 무대와 관객이 형성된 이후를 전제로 한다고 해도 수천 년의 역사를 가지고 있는 분야다. 그리고 각 분야는 독립적으로 오랜 성장 기간을 거쳤으며, 경우에 따라서는 개별적인 분과 학문으로서 위상을 체계적으로 정립해 왔다(이종훈, 2009). 따라서 문화콘텐츠는 새로운 것의 등장이라기보다는 새롭게 인식된 어떤 개념이나 구획을 지칭할 필요에 의해 등장한 용어라고 볼 수 있다.

디지털과 온라인 네트워크는 다만 통신이나 미디어 환경에만 영향을 미친 것이 아니다. 디지털 패러다임은 삶의 양식과 인식, 문화 전반에 이전과는 다른 큰 변혁을 이끌었다. 문화콘텐츠도 이러한 삶과 인식의 변화에 부합하여 등장한 용어다. 디지털 패러다임이 등장하고, 통·융합 현상이 파급되고, 다양한 영역의 경계가 없어지면서 독자적으로 다양하게 존재하던 각각의 '문화콘텐츠'에 대한 이해도 통합적으로 이루어지기 시작했다. '문학', '연극', '영화', '음악', '애니메이션' 등으로 세분화되어 있던 분야가 서로 융·통합하는 시도가 활발해지고 기존의 분류 방식을 넘어서는 한 차원 높은 이해 방식이 필요하게 되었다. 그 한 차원 높은 이해 방식에 적합한 지칭 용어로서 찾은 답으로 국내에서는 '문화콘텐츠'가 등장한 것이다(이종훈, 2009).

존 피스크는 텔레비전을 논하면서, 텔레비전은 의미와 쾌락의 담지체이자 촉발자라고 정의하고, 문화는 사회 내에서 다양한 의미와 쾌락이 생겨나고 순환하는 것으로 정의했다(Fiske, 2017). 의미와 쾌락이 순환될 때 텔레비전이 그 구체적인 개별 구성물이 된다는 말이다. 존 피스크의 이러한 정의에서 텔레비전의 자리에 '문화콘텐츠'를 넣으면 그대로 문화콘텐츠의 정의가 될 수 있다. 즉, 문화는 의미와 쾌락의 생산과 순환이고 그것은 문화콘텐츠로 구현된다. 만약 거대한 강줄기의 도도한 흐름을 문화라고 한다면, 그 강을 구성하는 물 분자, 강줄기의 생명력을 담고 있는 수많은 수중 생물을 문화콘텐츠에 비유할 수 있다. 그리고 문화의 구체적 결과물로서 문화콘텐츠는 문화를 형성하는 형성소이고, 문화가 드러나는 구현체다.

넓은 범주에서 콘텐츠는 '인간의 다양한 기술적 기반을 통해 구체적으로 구현하고자 하거나, 구현한 생각의 결과물'이라고 할 수 있다. 그리고 문화콘텐츠는 '인간의 이성적 사고와 감성적 정서 즉 문화를 다양한 기술적 기반을 통해 구체적으로 형상화한 결과물'이라고 정의할 수 있다. 따라서 '콘텐츠'와 '문화콘텐츠'를 구획하는 가장 중요한 기준은 말 그대로 '문화'가 포함되느냐의 여부와 '구체화'와 '구체적 형상화'라고 할 수 있다. 다시 말해서 '문화콘텐츠'는 '문화가 포함되어 구체적으로 형상화한 결과물'이고 그 외의 '콘텐츠'는 '인간의 생각이 구체적으로 구현된 것'들이다(이종훈, 2009).

문화콘텐츠가 이미 오래전부터 존재해 왔던 것들의 새로운 이름이라면, 이전에는 그것들을 무엇이라고 불렀을까? 대략 지금 문화콘텐츠라고 부르는 것들은, 영화, 음악, 공연, 게임, 드라마 등등이다. 이런 분야 대부분은 아주 오랫동안 '예술'이라고 불리어 왔다. 그리고 예술은 지금의 문화콘텐츠의 범주에서도 상당한 부분을 차지하고 있다.

박상천은 문화콘텐츠를 '디지털 미디어를 이용하여 제작 유통, 향유되는 문화 예술의 내용물'(박상천, 2003)이라고, 기존의 예술이 디지털과 결합하여 생성된 것으로 규정한다. 인문콘텐츠학회는 '콘텐츠란 말이나 문장 또는 여러 종류의 예술 작품과 같이 어떤 매체를 통해서 표현되어지는 내용'(인문콘텐츠학회, 2006)이라고 '콘텐츠'를 매체와 결합된 예술로 설명한다. 여기에서 매체는 뉴 미디어를 말하는 것으로, 박상천과 마찬가지로 디지털과 예술의 결합을 문화콘텐츠로 보는 것이라고 설명할 수 있다.

박상환에 따르면, 예술에 대한 사전적 정의가 "다른 사람들과 공유할 수 있는 심미적 대상, 환경, 경험을 창조하는 과정에서 기술과 상상력을 동원 · 발휘하는 인간의 활동과 그 성과"(브리태니커)라고 할 때, 그 의미는 오늘날 우리가 자주 접하는 문화콘텐츠가 추구하는 바와 크게 다르지 않다. Content(s)라는 말이 문화나 예술, 혹은 상품의 특수한 형식에 담겨진 내용이라는 의미임을 되새겨 볼 때, 둘 사이의 간극은 더욱 좁아진다. 따라서 문화콘텐츠는 단지 상품이 아니라 예술, 특히 대중 예술과 많은 영역을 공유하고 있으므로 문화콘텐츠 속성상 내재한 열린 시스템, 호혜적 평등성 등의 소통의 의미를 미래 지향적으로 이해할 수 있으며 나아가 예술적 내지는 미적 소통의 가능성도 가지고 있다(박상환 외, 2008; 박상환 외, 2010). 이는 예술과 문화콘텐츠가 구체적인 양상에서는 큰 차이가 없으며, 예술과 상품 혹은 산업의 결합에 의하여 문화콘텐츠라는 개념이 생겨난 것으로 보는 견해다. 다시 말해서, 문화 산업이나 예술의 상품화에 대하여 아도르노를 위시한 프랑크푸르트학파의 전통적인 비판 의식이 차차 긍정으로 바뀌면서 이를 담아낼 만한 새로운 개념어가 등장한 것으로 보는 시각이다. 예술과 디지털, 예술과 매체, 예술과 상품의 결합으로 새로운 개념이 생겨났고, 이 개념을 표현하는 기표가 문화콘텐츠라고 보는 위의 관점들은 공통적으로 문화콘텐츠의 기반에 기존의 예술이 자리하고 있다고 보고 있다.

일반적으로 문화콘텐츠에 속한다고 여겨지는 하위 영역들을 볼 때, 문화콘텐츠가 기존에는 존재하지 않았던 완전히 새로운 영역이 아니라는 점은 분명하다. 과거에는 문화콘텐츠라는 말을 쓰지 않았을 뿐, 오래전부터 존재해 왔던 책, 회화, 조각, 연극, 음악 등도 모두 거기에 속한다고 볼 수 있다. 오랫동안 예술의 영역으로 간주되어 특정 계층의 향유물이었던 것이 근대 이후 대중화되면서 특히 일상(노동)과 비일상(여가)의 구분과 그에 따른 시간과 공간의 구분이 이루어지면서 급속한 속도로 현대인들의 생활 속으로 들어왔고, 이때까지만 해도 그것은 단지 '문화'라는 애매한 이름으로 불리었지만 미디어가 다양하게 발전하고 놀이의 장르가 개발되면서, 그리고 향유물의 제작에 공학이 개입하면서 '문화콘텐츠'라는 이름을 갖게 된 것이다(이종대, 2007).

우리는 흔히 영화를 보거나 공연을 관람하거나 음악을 들으면서 '문화생활'을 한다고 말하고는 한다. 여기서 '문화생활'의 '문화'는 영화, 공연, 음악 등을 가리키는 말이다(이종훈, 2009). 그리고 영화, 공연, 음악 등은 전통적으로 예술의 분야다. '예술'과 '문화콘텐츠'는 인간이 창의적 행위를 통해 만들어 내는 구체적 형상화라는 공통의 정체성을 공유하고 있고, 흔히 문화콘텐츠라고 부르는 소설, 연극, 뮤지컬, 영화, 드라마 등은 '예술'이나 '대중 예술'이라고도 불린다. 이처럼 '문화콘텐츠'는 예술과 많은 영역을 공유하고 있다(이종훈, 2015).

이러한 이유로 문화콘텐츠와 예술의 관계에 대한 논의를 통해 문화콘텐츠에 대한 이해의 폭을 확장하고, 좀 더 선명하게 할 수 있다.

근대 예술의 난관

예술과 일상의 근대적 분리

앞의 설명처럼, 최근에 새롭게 등장한 문화콘텐츠라는 용어와 개념은 기존에 예술이라고 불렀던 많은 영역을 포함한다. 그런데 문화콘텐츠와 예술이 많은 영역을 공유함에도 불구하고 왜 새롭게 문화콘텐츠라는 용어가 널리 사용되는 것일까? 그것은 지금의 문화콘텐츠 개념에 포함되어 있다고 여겨지는 어떤 성격 중에서 예술이라는 용어가 채 담아내지 못하는 것이 있거나, 혹은 기존의 예술에는 포함되기 어려운 조금 다른 방향의 속성을 문화콘텐츠가 담고 있다는 말일 수 있다. 이전과는 달리, 무엇인가를 새롭게 인식하게 되면서 문화콘텐츠라는 기표가 생겨났다고 생각할 수 있다.

다시 말해서, 직관적으로 문화콘텐츠의 영역에 대부분의 예술이 포함된다고 본다면, 아마도 문화콘텐츠라는 개념은 좀 더 넓은 범주를 의미하고, 기존의 예술이 쉽게 포괄하기 어려운 무엇까지를 담고 있다는 말일 것이다. 그 차이를 알아보기 위해서 근대적 예술이 어떤 성격을 가지고 있는지를 살펴보고 이를 통해 문화콘텐츠와 예술의 작은 차이에 대해 고민해 보자.

근대 이후에 구성된 예술의 개념은 최근까지도 꽤 공고하게 유지되고 있다. 그리고 많은 학자가 지적하듯이, 그리고 우리가 일상에서 느끼는 것처럼 근대에 들어와서 예술은 삶과 분리되기 시작했다. 발터 베냐민의 다음 글을 통해 근대의 예술이 개념적으로 어떤 길을 걸어왔는지 대략 알 수 있다.

> 르네상스에서 형성되기 시작하여 그 후 300여 년 동안 줄곧 지속되었던 아름다움에 대한 세속적 추구 행위는 이 시기가 지난 후에 첫 번째 큰 타격을 받게 되면서 그것의 근거를 분명하게 드러내고 있다. 즉, 최초로 혁명적이라고 부를 수 있는 복제 수단인 사진술이 등장하면서부터 (그리고 동시에 사회주의가 대두하면서부터) 예술은 위기가, 그러니까 이후 100년이 지난 뒤에는 명백하게 드러나게 될 어떤 위기가 다가오고 있음을 느꼈다. 이때 예술은 예술의 신학이라고 할 수 있는 예술지상주의의 이론으로써 그 위기에 대처했다. 이 이론에서 생겨난 것이 "순수" 예술의 이념이라는 형태를 띤 일종의 부정적 신학이다. 이 부정적 신학은 예술에서 모든 사회적 기능뿐만 아니라 예술을 대상의 소재를 통해 규정하는 일을 일체 거부한다 (Benjamin, 2008).

사진과 영화에 주목한 베냐민은 르네상스 이후로 가치와 정당성을 인정받으며 지속되었던 기존의 예술이 무한 복제를 가능하게 만든 기술의 출현으로 더 이상 같은 방식으로 존재하기 어려워졌다고 진단했다. 그런데 베냐민이 보기에 이러한 위기에 봉착한 예술은 이전과는 다른 가치를 내세우면서 지속적으로 예술이 누리던 가치와 위상을 지키고자 했다. 근대의 이성주의가 핵심적으로 추앙했던 절대적 이상의 완전성을 예술의 지향점으로 제시한 것이다. 실제로 존재할 수 있는지조차 의심스러운 '순수성'을 예술의 전면에 내세웠다.

현대의 찬란한 정치적, 과학적, 기술적, 산업적 진보와 매일매일 누리는 편리는 근대 이성의 산물이다. 근대의 핵심이 되는 이성은 이성주의, 계몽주의, 합리주의, 효율성 등으로 불렸고, 사람들은 이성을 무한히 긍정했다. 인류는 부단한 노력을 통해 이성의 결정체에 도달하고자 경주했다. 베냐민이 지적하는 예술 지상주의는 이러한 이성주의를 바탕으로 절대성이나 완전성으로 향하고자 하는 근대 이후에 보여 준 예술의 열망을 말한다. 무엇의 도구도 되지 않고, 현실과 형이하학의 영역을 넘어서는 초월성, 그 자체로 가치를 갖고 지향점이 되는 독자성이 예술의 가치가 되었다.

그러나 이러한 절대성과 순수성의 지향은 예술과 삶, 예술과 일상의 분리라는 더 큰 난관을 가져왔다. 완전성의 지향은 완전성에 더 가까운 것과 그렇지 않은 것이라는 구분을 시도하게 되고 그러한 구분은 권력으로 작용했다. 그리고 권력은 자본주의와 맞물려 우열의 기준이 되었다. 그리고 사회적으로 적용 범위를 넓히며 계층을 구분하는 기준이 되기도 했다. 예술은 현실과 작별을 고하고 저 멀리 실제로 있는지 없는지도 모르는 미지의 순수성을 향한 길을 떠나게 된 것이다. 이에 대하여 존 듀이(John Dewey)는 '근대에 들어와 이상적인 것을 포함한 정신적인 것과 물질적인 것을 분리했던 이분법과 제국주의와 자본주의의 결과로서 나타난 수집, 전시, 소유, 과시의 즐거움이 순수 예술을 아득히 먼 곳의 좌대 위에 안치시켰던 요인들이라고 지적했다(Dewey, 2003). 비슷한 시각으로 레이먼드 윌리엄스(Raymond Williams)는 그동안의 예술의 추상화는 바로 예술을 특수한 경험(감정, 미, 환상, 상상력, 무의식)의 영역으로 승진 혹은 좌천시키는 것이었다(Williams, 2007)고 말하며, 역시 삶과 분리된 근대 예술의 성격을 진단했다. 삶과 분리된 예술은 마치 그 열망을 실현이라도 하는 것처럼 인간과 멀어지게 되었다. 호세 오르테가 이 가세트(Jose Ortega y Gasset)는 현대 예술의 가장 일반적이고도 특징적인 면은 예술을 비인간화시키는 경향이고 현대의 예술가는 예술과 일상 사이의 교량을 폭파하고 불살라 버렸다고 말했다(Gasset, 1991).

승진이든 안치든 좌천이든 결과적으로 절대적 예술을 추구한 예술은 일상적이고 쉽고, 편한 것과는 다른 고상한 어떤 것이 되었다. 상업 영화, 상업 연극, 대중음악 같은 용어는 지금도 예술과는 다른 무언가를 일컫는 말처럼 쓰이고, 심지어 예술에 비하여 저열하거나 가치가 낮은 예술의 모조품이나 가짜 예술처럼 비하되기 일쑤다. 하지만 초월적 순수함이나 이상, 절대성을 추구한 예술이 더 이상 삶 속에서 함께 숨 쉬지 못하는 상황은 오늘날 예술이 처한 처지가 되었고, 많은 예술가의 큰 고민이 되었다.

대중 예술의 모호함

우리는 날마다 친근하게 소비하는 영화, 음악 등을 아주 쉽게 상업 영화, 대중음악이라는 용어를 사용하여 지칭한다. 그리고 예술이라고 부를 만한 것은 어딘가 이해하기 어렵거나, 즐기기 어려운, 특별한 그들만의 세계에서 그들만의 방식으로 존재하는 것으로 여기는 경향이 있다. 클래식 교향곡이나 발레, 이사도라 덩컨 이후로 자유로워진 현대 무용, 적막한 교양으로 가득 채운 듯한 미술관이 그러하다. 이런 방식으로 우리의 삶 속에서 어떤 순수한 경지에 도달하고자 하는 예술은 일상과 멀어졌고, '순수 예술'과 '대중 예술'의 위계를 구성했다. 그러나 오랫동안 이러한 위계에 설득력을 부여할 만한 '순수 예술'과 '대중 예술'의 변별의 기준을 찾고자 시도했지만 아직도 이렇다 할 답을 찾지 못했다. 오히려 '하위문화', '청년 문화', '저항 예술', '대안 예술', '상업 예술' 등과 같은 영역을 공유하고 있음에도 불구하고 저마다의 개념을 내세우는 많은 신조어를 양산했다. 그리고 '예술 종말론', '예술 제도론', '팝 아트', '키치' 등이 포스트모더니즘을 이끌면서 위계적 체계를 해체하는 새로운 세계에 대한 인식을 반영해 왔다(이종훈, 2015).

지금 문화콘텐츠와 예술의 공유 영역에서 가장 대표적이라고 할 만한 것은 대중 예술일 것이다. 그러나 문화가 무엇인지 그 경계를 명확하게 하기 어려운 만큼이나 개념어인 대중 예술도 그 속성과 경계를 선명하게 하기 어렵다. 단순히 '대중이 즐기는 예술' 정도로 정리할 수 있지만 이 정도의 설명만으로는 '대중 예술'의 속성이나 역사, 가치 등을 충분히 설명할 수 없다. 그동안 '대중'과 '예술'이 결합된 영역인 대중 예술에 대한 많은 연구가 있었다. 그러나 축적된 연구에도 불구하고 여전히 대중 예술의 개념이나 영역과 범주, 성격 등 대중 예술의 정체성에 대해 이렇다 할 만한 결론에 이르렀다고는 보기는 어렵다(박성봉, 1995; 이해완, 2003). 대중 예술 개념의 이러한 불완전성은 일상에서 쉽게 볼 수 있는 대중 예술에 대한 이중적 태도에서 확인할 수 있다.

영화, 드라마, 노래와 같은 많은 대중 예술이 삶의 위안이 되고, 절절한 이야기나 감성을 통하여 살아 있음을 느끼게 하는 원천이라는 점은 누구도 부정하기 어렵다. 특히 한국의 대중 예술은 이제 국내에 머물지 않고 한류로 국제적인 위상을 인정받고 있다. 드라마나 코미디, 예능 프로그램이 대표적인 문화콘텐츠로 자리 잡은 지 오래고, 만화는 웹툰으로 발전하여 한류의 새로운 동력이 되고 있다. 그러나 이와 동시에 여전히 대중 예술을 예술과 비교하여 다소 열등한 것으로 취급하는 일도 비일비재하다. 아직까지 몇몇 대학을 제외하고는 이러한 영역에 대한 고등 교육이나 실무 교육이 보편화되지 않았다. 얼마 전부터 실용음악과 등과 같이 가요를 부르는 가수나 뮤지션을 양성하는 학과가 생겨나고 활성화되고 있지만, 아직도 많은 보수적인 대학에서는 이러한 학과를 쉽게 받아들이지 않는다. 개그맨을 전문적으로 양성하는 학과는 거의 찾아볼 수 없다. 학문적 접근에서도 영화배우나, 탤런트, 개그맨이나 엔터테이너를 연구 대상으로 삼는 것은 아직도 매우 조심스럽다. 이에 비하여 서양의 클래식 음악이나 국악 혹은 영화나 연극은 여러 대학에서 전통 있는 학과로 성장해 왔다. 같은 맥락에서 최근 들어 여러 대학에 클래식 음악이나 전통 무용과 구분되는 대중음악이나 춤을 연마하는 전공 학과가 생기고 있다. 그런데 이러한 학과들의 학과명을 보면 '대중음악학과'나 '대중무용과'보다는 주로 '실용음악과'나 '방송무용과' 등의 명칭을 사용하고 있다. 이러한 현상에는 '대중음악과'나 '대중무용과'라는 명칭이 무언가 자연스럽지 않다고 여기는 인식이나, 그 단어에 대한 다소 부정적인 가치 판단이 작용하고 있다고 볼 수 있다(이종훈, 2016).

이해완은 관습적으로 고급 예술과 대중 예술의 구분이 존재한다고 보고, 그것을 분리하는 기준점을 제시했던 그간의 여러 연구를 검토했다. 그리고 대중성, 상업성과 순수성의 내재적 기준이나, 대중이라는 계층의 구분, 매스 미디어라고 하는 대중 매체의 매개 유무와 같이 기존에 제시되었던 주요한 준거가 대부분 고급 예술(순수 예술)과 대중 예술을 구분하는 기준으로 충분한 타당성을 보여 주지 못한다고 결론 내렸다(이해완, 2003). 박성봉도 대중 예술에 대한 기존의 여러 연구에 대한 검토에도 불구하고 결국은 모든 사람을 만족시킬 수 있는 대중 예술의 정의는 불가능해 보인다고 했다(박성봉, 1995).

하지만 이러한 어려움에도 불구하고 대중 예술이라는 말은 아주 흔히 사용하는 일상어다. 이러한 일상적 사용은 대중 예술이 특정한 정체성에 의해서 규정되는 것이 아니라 이전부터 그렇게 불러 온 관습에 따라 인식되는 것이라는 설명을 가능하게 한다.

러셀 나이(Russel Nye)는 대중 예술을 관습적으로 그렇게 받아들이고 있는 장르라고 규정하며, 미국의 대중 예술에 관해 쓴 그의 저서에서 문고판 대중 소설, 뮤지컬, 엽전 소설, 만화, 추리 소설, 공상 과학 소설, 서부극, 블루스, 재즈, 컨트리 같은 대중음악, 할리우드 영화, 라디오나 텔레비전 드라마 등의 장르를 언급했다(박성봉, 1995). 박성봉은 일반적으로 우리나라에서는 대중 예술이란 보통 대중 매체라고 일컫는 TV, 라디오, 영화, 신문, 잡지, 음반, 만화, 복제 회화, 염가판 문고류 등을 통해 많은 사람이 손쉽게 즐길 수 있는 통속적이고 가벼운 오락물을 의미한다고 했다(박성봉, 1995). 대중 예술을 정의하는 이들의 방식은 대중 예술은 그 내재적 속성으로 규정하기 어렵고, 그보다는 관습적인 인식 범주로 설명할 수밖에 없음을 받아들인 것이다. 이처럼 지금 우리가 인식하는 대중 예술은 아직 학문이나 이론적으로 정체성을 확립하지 못함에도 불구하고 일상적 사용에서 어느 정도의 범주를 포괄하는 관습적 사용이 이루어지고 있다.

이종훈은 이해완과 박성봉의 연구를 바탕으로 '고급/순수 예술과 대중 예술의 관습적 구분 짓기가 여전히 작용하지만, 대중 예술과 예술을 변별하는 타당한 기준이 불분명함을 확인했다. 그리고 그러한 불명확함의 원인이 대중 예술에 속한다고 인정되는 개별 작품의 불명확함에 있는 것이 아니라, '대중 예술'이라는 용어가 가지고 있는 한계에서 나타나는 모호함 때문은 아닌지 문제를 제기했다. 그는 세 가지 이유로 대중 예술이라는 용어가 설득력을 상실해 간다고 진단했다. 첫째, 대중 예술은 특정한 역사의 과정에서 있었던 계급의식과 문화적 · 계층적 구분 짓기를 담고 있는 용어인데, 누구나 동등하게 존중받아야 한다는 기본 인권이 보편 원리가 되고, 신분제가 철폐되고, 민주주의가 성장하면서 더 이상 사회적 서열을 정하는 방식의 구분 짓기가 무의미해졌다. 둘째, 관념적으로 규정된 대중 예술은 실체인 개별 작품을 설명할 수 없다. 구체적인 하나의 작품을 볼 때, 대중적이고 상업적인 성공을 거두면서도 삶에 대한 진지한 성찰을 가능하게 하는 작품을 영화, 음악, 소설, 연극이나 뮤지컬, 심지어 예술이라기보다 오락이라고 할 수 있는 게임에서까지 발견할 수 있다. 반대로 고급 예술이라고 여겨지던 것들이 일상의 흔한 즐길 거리로 변화되는 경우도 많이 볼 수 있다. 첫 번째 이유와 두 번째 이유를 대중 예술에 내재된 관념적 모순성에서 찾을 수 있다. 시대가 변함에 따라서 대중 예술이라는 말은 관념적 모순을 배태하게 되었고, 더 이상 이러한 모순이 유효하지 않게 된 이상 대중 예술이라는 구분은 실효성을 확보하기 어렵다. 셋째, 대중 예술을 대중이 즐기는 예술이라고 한다면, 이 명제를 설명하기 위해서는 대중이 누구인지에 대한 대답이 선행되어야 한다. 그러나 획일적이고 수동적인 불특정 다수라는 고전적 의미의 '대중'이라는 개념을 현대인에게도 그대로 적용하기 어렵다. 현대 사회에서는 더 이상 스스로를 수동적이고 획일적인 대중이라고 여기는 사람을 찾아보기 힘들다. 그리고 이제는 '대중'과 '대중이 아닌 계층'의 구분도 매우 엷어지고 있다. 따라서 이러한 구분 짓기에 기대고 있는 '대중 예술'이라는 용어의 의미도 그만큼 기반을 잃고 있다. 즉 대중 예술에서 대중이 지시하는 대상이 모호하기 때문에 대중 예술을 선명하게 규정하기가 어렵다는 말이다.

하지만 우리는 대중 예술이라는 말을 내재적 속성보다는 관습적 범주에 기대어 별다른 불편함 없이 사용해 왔다. 그리고 정체성을 개념적으로 규정하기 어렵다거나, 논리적으로 다소의 모순과 모호함을 가지고 있다고 해서 어느 순간 불현듯 그 용어의 사용을 중단하게 되지는 않을 것이다(이종훈, 2016). 그러나 이렇게 점차로 용어의 모순이 드러나고 그러한 모순과 모호함이 일상적인 사용을 저해하는 현상으로 이어지거나 여러 오해를 낳게 된다면 차차 사용하기 어려워지고, 그것이 지칭하던 것을 담아낼 새로운 용어로 대체될 것이다.

예술과 삶의 화해

예술과 문화의 화해

예술과 문화콘텐츠는 서로 별개의 것이 아니다. 차이보다는 공통점이 훨씬 많고, 많은 부분을 공유하고 있다. 그리고 예술도, 문화콘텐츠도 문화와 밀접하다. 문화가 예술과 문화콘텐츠의 기반이 되고, 예술과 문화콘텐츠는 생동하는 문화의 표현이다. 그리고 예술과 문화콘텐츠로 인하여 언제나 어제와 다른 오늘의 문화가 생겨난다. 따라서 아직 다소 선명하지 않은 문화콘텐츠를 구체적으로 파악하기 위해 문화와 예술의 관계를 살펴보는 작업이 도움이 될 수 있다. 예술과 문화콘텐츠 사이에 작은 차이가 있다면, 그 차이를 문화와 예술의 관계, 문화와 문화콘텐츠의 관계를 비교하는 과정에서 확인할 수도 있다. 따라서 예술과 문화의 관계에 대한 논의는 예술과 문화콘텐츠의 관계를 파악하는 방법이 될 수 있다.

흔히 문화와 예술을 자연스럽게 연결하여 생각한다. 인간의 활동 중에서 문화와 예술을 유독 거의 유사한 것으로 이해하기도 한다. 또 문화의 대표적인 표상으로 예술을 꼽고, 예술을 문화의 대표적인 산물로 여긴다. '문화 예술'이라는 관용어가 그러하고, 정부의 문화체육관광부라는 편제나, 언론사의 문화부에서 예술을 전문적으로 다루는 경향 등이 이를 말해 준다.

그러나 문화와 예술을 쉽게 하나로 뭉뚱그리는 이러한 태도는 매우 관례적인 것이라고 볼 수 있다. 심지어 자칫 정치나 경제, 산업, 과학에 비하여 다소 중요성이 떨어지는 부수적인 것들은 대략 모아서 취급하는 꼴이 될 수도 있다. 물론 문화와 예술을 한데 묶어 이해하는 경향은 완전히 잘못된 것이라고 비판하고, 문화와 예술은 다른 것이니 이를 꼭 분리해야 한다고 주장하는 것은 아니다. 인간이 중심에 놓인, 삶의 다양성과 풍성함, 그리고 다양한 방향으로 이루어지는 창의적 사고와 실천, 이성과 감성, 감각, 육체를 아우르는 삶의 체험과 느낌에 대한 논의에서 문화와 예술은 크게 어긋나지 않는다. 다만, 앞의 설명과 같이 예술이 일상의 삶을 떠나 예술만의 길을 가고자 하면서 일상적 삶의 어우러짐으로 구성되는 문화와도 다소 어긋나게 되었다는 것과 그 어긋남을 극복하고자 하는 움직임이 있다는 것을 전하고자 한다. 문화와 예술의 예기치 못한 이러한 분리를 극복하는 과제가 어느 시대보다 풍부하게 문화와 예술을 삶에서 느끼고 체험하고 향유하는 이 시대에 주어졌다.

예술과 문화의 어긋남이 가장 잘 드러나는 지점은 예술과 대중 예술의 구분 짓기 시도이고, 대중 예술과는 다른 순수 예술, 고급 예술이라는 개념일 것이고, 예술을 쉽게 이해하기 어렵거나 다가가기 어렵게 여기는 보통 사람들의 태도일 것이다. 즉, 문화를 전반적인 삶의 모습, 살아 있는 다양한 삶의 엉킴이라고 볼 때, 삶과 거리가 생긴 예술을 그대로 문화로 치환하기 어려워졌다는 말이다.

레이먼드 윌리엄스는 근대 이후에 생긴 문화와 예술의 괴리를 극복하고 둘 사이의 화해가 이루어져야 한다고 강조했다. 그는 과거의 예술에 대한 관점을 정리하면서, 이제는 과거의 예술, 삶과 예술의 분리를 넘어서 나아가야 한다고 했다. 오랫동안 예술이라고 일컬어 온 '창조적 행위'와 '삶의 전체적 방식'이라는 문화의 두 가지 의미를 화해시키는 일이 우리가 자신과 사회를 이해하는 힘을 진정으로 확대하는 일이고, 이것이 문화와 예술의 화해라는 시대적 흐름이라고 주장했다. 그는 '진정함'만을 추구했던 근대 예술은 삶과 분리되었지만, 그러한 분리를 극복하고, 일상의 구체성을 매개로 문화와 예술이 조화로운 관계를 맺을 수 있다고 보았다. 이러한 '문화와 예술의 화해'가 예술의 과거를 극복하려는 시대적 요청이라는 것이다(Williams, 2007). 다음은 예술을 삶과 대조시키는 그릇된 이분법에 대한 그의 비판이다.

> 결국은 모든 예술 이론이 서로 구별되는 두 가지 실체가 대립 관계에 있다는 내용을 포함하거나, 거기에서 출발한다는 것에 주목해야 한다. 그러니까 예술은 현실의 모방인데, 그것은 일정한 학습 혹은 기록의 형식으로 평가되고, 그렇지 않으면 단지 허구-한 단계를 거친 복제품-혹은 거짓으로 치부된다. 아니면 예술은 창조인데, 그것은 계시나 초월로 평가받기도 하고, 단순한 환상이나 환각으로 치부되기도 한다. 이 모든 입장에서 근본적인 이원성에 대한 가정은 분명하다. 고매한 이론이나 저속한 편견이나 모두 이러한 입장을 공유하고 있다. 플라톤이나 청교도, 혹은 현대의 '실용적 인간'은 예술을 저열한 것으로 일축할 것이다. 아리스토텔레스나 르네상스 이론가, 혹은 근대 낭만주의자나 미학주의자라면 예술을 더 우월한 것으로 칭송할 수도 있을 것이다. 그러나 이렇듯 대조되는 입장들 간의 장구하고 때로 신랄한 대화는 이제 어느 한쪽 편을 들지 않고, 말하자면 양쪽에서 공유하고 있었던 전제들을 거부하는 데로 나아가고 있다. 마침내 예술과 현실의 대조는 그릇된 의미라고 볼 수 있게 된 것이다(Williams, 2007).

윌리엄스는 예술을 통해 이루어져 왔다고 여겨지는 '창조적 행위'와 관례적인 소통의 근간이라고 할 수 있는 '삶의 전체적인 방식'을 '문화'로 수렴하여 설명하기 위해서 예술과 문화의 대조를 무너뜨린다. 그는 예술을 '일반적인 커뮤니케이션의 특정하고도 강렬한 형태'(Williams, 2007)로 규정하고 문화와 예술을 화해시킨다. 다시 말해서, 예술은 문화의 일부이고 문화 중에서도 강렬하게 드러난 표면이나 표현 정도로 이해하고 있다.

근대에 예술은 자의든 타의든 결과적으로 스스로를 삶과 분리했다. 예술은 분화된 체계의 한 영역으로 편성되고, 그 영역의 전문가라고 할 수 있는 특별한 천재적인 능력의 소유자에게만 허락되고, 삶을 향하지 않기 시작하면서 삶에서 멀어져 갔다. 근대의 예술은 예술만의 영역으로 몰입했고, 작가와 작품의 독보적 활동과 가치에 집중했다. 그러는 와중에 차차 일상의 밖으로 나아갔고, 그렇게 문화와 거리를 두었다. 이렇게 근대의 예술은 모더니즘에 이르렀다(이종훈, 2015). 그러나 예술과 삶은 본래 하나다. 이러한 이유로 자연스럽지 못한 근대적 분리를 극복하고 화해에 이르는 과정이 이어지고 있다. 삶의 경험으로 존재하는 예술의 가치를 역설했던 존 듀이는 본래 예술의 위상과 가치는 삶의 편린이나 삶의 구현체라며 다음과 같이 설명했다.

> 직접적인 생활의 감정을 강화하는 온갖 것을 열렬한 숭배의 대상으로 여기는 사람들을 찾기 위하여 우리는 지구의 끝까지 여행할 필요가 없으며 수천 년을 거슬러 올라갈 필요도 없다. 문신, 나부끼는 깃털, 찬란한 의장, 빛나는 금은, 에메랄드, 비취 등의 장식들은 미적 예술의 내용을 이루었으며, 아마도 계급 노출증의 천박함만 아니라면 오늘과도 유사할 것이다. 가정용품, 텐트와 집의 비품, 융단, 매트, 그릇, 단지, 활, 창 등이 즐거움 속에 만들어졌다. 그런데 오늘날 우리는 그러한 것들을 찾아내 우리의 미술관 내의 명예로운 곳에 비치한다. 그러나 그것들이 만들어진 본래의 시간과 장소에서 그러한 사물들은 일상생활의 과정을 가치 있게 하는 고양물이었다. 그것들은 별도의 장소에 유리되어 가두어지지 않았고, 무용, 집단이나 종족 구성원의 표지, 신의 예배, 축연과 단식, 전투, 사냥 등의 표지였으며, 삶의 흐름을 강조하는 모든 율동적인 일련의 상징이었다.
>
> 연극의 원류인 춤과 무언극은 종교적 의식과 제의의 한 부분으로 번창했다. 음악은 걸쳐진 현을 튕기고, 팽팽한 가죽을 두들기고, 피리를 불면서 풍부해졌다. 동굴 속에서조차 인간은 주거를 채색화로 장식함으로써, 인간의 삶과 아주 밀접한 동물들에 대한 감각과 경험들을 생생하게 보여 준다. 그

> 들의 신을 모신 구조물들과 더 큰 힘으로 교역을 용이하게 한 도구적 수단들은 아주 정교하게 만들어졌다. 그러나 앞에서 열거한 드라마, 음악, 그림, 건축 등의 여러 예술은 극장이나 갤러리, 박물관과는 특별한 관련이 없다. 그것들은 그저 조직화된 어떤 공동체의 중요한 삶의 부분이었다(Dewey, 2003).

아르놀트 하우저(Arnold Hauser)는 더욱 적극적으로 예술과 삶을 연결한다. 그는 인간이 왜 예술을 할까라는 근원적 물음에 대한 답을 찾고자 원시 예술을 분석했다. 그리고 확인할 수 있는 가장 오래된 예술이라고 할 수 있는 구석기 시대 벽화의 창작 동기를 생존을 위한 물적 생산의 욕망과 연결하여 설명했다.

> 순전히 실용적 활동이 삶의 전부였던 이 시대에는 만사가 생존을 위한 노력을 중심으로 진행되었음이 분명하며, 예술이라고 해서 식량 조달과 무관한 어떤 다른 목적에 이바지했으리라고 가정할 만한 근거는 전혀 보이지 않는다. 그 어떤 흔적을 보더라도 예술은 주술적 행위의 수단이었으며, 이러한 수단으로서 철두철미 실용적이고 순전히 경제적인 목표와 직결된 기능을 가졌음을 알 수 있다(Hauser, 2007).

하우저에 따르면, 구석기 시대의 사냥꾼 예술가는 그 그림을 통해 실물 자체를 소유한다고 믿었고, 그 그림을 그림으로써 그려진 사물을 지배하는 힘을 얻는다고 믿었다. 이들의 행위는 요즘 흔히 말하는 종교와는 동떨어진 것으로 마술적 시범 행위다. 이들의 마술은 결코 상징적인 대체 행위가 아니라 현실적이요, 실용적이며, 직접적인 행동이었다. 즉 구석기 시대의 회화에서는 그것이 명명백백한 하나의 사실이며 예술이 아직 전적으로 실생활에 봉사하고 있다는 증거가 되는 것이다(Hauser, 2007). 원시적 예술 창작물에 대한 이러한 해석은 창의적 예술 행위의 동기를 사냥감을 획득하고자 하는 것과 같은 실용적 동기로만 지나치게 협소화하는 경향이 있다. 아무리 원시 예술이라 할지라도 물질적 욕망과 다른 방향의 주술적 믿음이나 감성과 정서, 느낌, 심미적 동기, 작품의 질적 완성도에 대한 욕구가 분명히 작용했을 것이고, 이러한 동기로 말미암은 창의적 실천이 작자 미상의 명작이 지금까지 전해지게 했을 것이다. 그럼에도 하우저의 설명은 앞서 언급한 레이먼드 윌리엄스나 존 듀이의 인식과 같이 삶과 뒤섞여 있던 원초적 예술의 근거를 설득력 있게 제시한다.

그렇다면 예술이 문화와 화해하고 삶과 다시 뒤엉키게 된다면, 이제 예술은 예술을 위한 예술의 길을 더 이상 걷지 않게 될 것인가? 혹은 미의 완성, 보다 더 절대적인 아름다움이나 새로움을 추구하던 예술은 이제 의미를 상실하게 될 것인가?

예술과 산업의 화해

존 스토리(John Storey)는 다양한 대중문화의 정의를 제시하고서 '이 모든 정의가 공통적으로 함축하고 있는 것은 대중문화가 무엇이든 간에 산업화와 도시화에 뒤따라 일어난 문화라는 것'(Storey, 2017)이라고 산업을 대중문화의 핵심 요소로 꼽았다.

대중문화와 별반 다른 것이 없다고 여겨지는 문화콘텐츠의 확산과 성장에도 산업의 역할은 지대하다. 문화콘텐츠에 대한 여러 이해 중에서 문화콘텐츠를 문화 산업의 구조 안에 있는 산물이라고 보거나 문화 산업을 문화콘텐츠의 필수 조건으로 보는 관점이 폭넓게 지지를 받고 있다. 문화콘텐츠가 꼭 문화 산업을 전제로 하지 않는다고 할지라도 문화 산업이 문화콘텐츠의 등장과 성장에 큰 영향을 미쳤다는 것은 부인하기 어렵다. 산업화는 소비와 생산이 체계적으로 구조화되었다는 것이고, 산업적 선순환의 구조는 지속적으로 새로운 상품을 창출하는 탄탄한 기반이 된다. 더불어 이러한 지속적 소비와 생산의 산업적 순환 구조는 이전보다 더 우수한 문화콘텐츠가 기획되고 만들어지는 동력이 된다.

특히 1차, 2차, 3차 산업을 거쳐, 4차, 5차 산업의 길목에 이른 오늘날 문화 산업은 새로운 경제 성장을 견인할 수 있는 산업 분야로 큰 기대를 모으고 있다. 단순 노동을 로봇과 같은 자동화가 대체하고, 인류의 존립을 위협하는 수준에 치달은 기후 위기에 조금이라도 대처하면서, 창의성의 발현과 소통을 더욱 활발하게 하고, 삶의 질을 높일 수 있는 산업이라는 평가를 받고 있다. 문화 산업에 대한 이러한 평가와 기대는 문화콘텐츠 등장의 배경과 조건이 되었다. 그리고 향후의 발전에서도 단단한 토대가 될 것이다.

그러나 불과 몇십 년 전까지만 해도 문화의 산업화, 예술의 상품화는 매우 강고한 비판을 받아야 했다. 대표적으로 아도르노와 같은 학자들이 있다. 학술적으로 '문화 산업'이라는 용어를 처음 사용했다고 알려진 아도르노와 호르크하이머는 문화 산업이 인류를 퇴보의 나락으로 떨어지게 할 것이라고 비판했다.

> 사회적으로 볼 때 가벼운 예술은 진지한 예술 속에 숨어 있는 '검은 마음' 같은 것이다. 사회적인 전제 때문에 진지한 예술이 어쩔 수 없이 놓칠 수밖에 없는 진리를 가벼운 예술은 그럴듯한 가상으로 내보인다. 양자의 분리 자체가 진리다(Horkheimer & Adorno, 2001).

아도르노는 파시즘, 사회주의, 자본주의 등에 종사하는 가짜 예술, 값싼 예술, 인위적이고 열등한 예술을 구분하고 강하게 비판했다. 목적을 위한 도구를 고안하는 방법으로 사용된 도구적 이성이 몰고 왔던 세계대전의 끔찍함을 목도한 그는 '진정한 예술'이 전체주의나 도구적 이성주의의 세상에서 벗어날 수 있는 길이라고 주장했다(이종훈, 2015). 베냐민이 비판한 예술 지상주의를 아도르노는 모든 것의 가치를 금전적 가격으로 일원화하는 자본주의의 동일시 원리에 저항할 수 있는 방법으로 삼았다. 예술과 문화가 가격으로 환전할 수 없는 가치를 지켜 내야 한다고 여겼고, 이러한 생각은 문화 산업에 대한 신랄한 비판으로 이어졌다.

우리나라에서 보이는 문화와 예술의 산업화에 대한 거부감은 이와 같은 자본주의에 대한 저항뿐만 아니라 왜곡된 유교적 인습 속에서 상업을 멸시했던 사농공상의 직업관이 복합적으로 작용한 결과다. 직업과 신분을 연계한 봉건적 사회 제도에서 돈으로 값을 매겨 흥정하고, 이윤을 추구하는 상업은 다른 직업에 비해 낮은 계층의 직업으로 홀대받았다. 아직도 문화적 인식과 태도 속에 이러한 사농공상의 봉건적 사고가 완전히 사라졌다고 보기 어렵다. 더욱이 무언가 현실을 넘어서는 가치, 금전으로 환산하기 어려운 가치가 들어 있다고 보거나, 그것을 추구한다고 여겨지는 문화와 예술에서는 더욱 크게 작용하고 있음을 부인하기 어렵다.

지금도 문화나 예술을 소득이나 가격, 흥정 등의 대상이나 수단으로 보는 태도에 강력하게 이견을 달거나 쉽게 받아들이지 못하는 경향이 있다. 가격을 공지하지 않는 예술품들은 작품에 대한 접근을 주저하게 한다. 특히 미술관에서 가격을 문의하는 일은 왠지 교양 없는 행동인 듯싶어 망설여진다. 2018년에 개정된 「공연법」에는 공연 예술 통합 전산망의 운영이 법제화되었지만, 여전히 대부분의 공연은 관객 수와 수입을 파악하기 어렵다. 많은 공연 관계자가 돈과 관련된 일에 게으르거나, 수익 등을 언급하는 것을 멀리하기 때문이라고 생각된다. 이러한 와중에 한국고용정보원이 발간하는 보고서의 직업 정보를 보면, 소설가, 연극 및 뮤지컬 배우, 가수 등은 가장 소득이 낮은 직업군에 포함된다.

반면 입장권 통합 전산망이 잘 갖춰진 영화나 거의 모든 거래가 온라인으로 이루어지는 음악 스트리밍 서비스 등 체계적 산업화와 투명한 경영 성과 공개를 제도적으로 도입한 분야의 성장은 그렇지 않은 분야들과 대비를 이룬다. 우리 영화의 자국 점유율은 꾸준히 50%를 상회하고, 오스카상을 수상하는 등, 가장 큰 영화 시장을 자랑하는 할리우드에서도 인정받고 있다. 자국 영화 점유율이 50%를 넘는 나라는 세계적으로도 손에 꼽을 정도다. 그리고 해외에서 K-pop 열기는 여전히 뜨겁다. 더불어 드라마와 예능과 같은 우리 방송 프로그램의 해외 진출도 활발하다. 온라인 게임은 콘텐츠 산업의 선두 주자다. 이러한 대비는 산업화의 긍정적인 측면을 잘 보여 준다.

산업화와 상품화에 대한 반발이 여전히 잔재하지만, 사회 전반적으로 차츰 산업화에 대한 긍정적 관점과 태도가 널리 일반화되고 있는 것도 사실이다. 자유 시장 경제와 산업화가 가져오는 효율성과 모든 직업이 창출하는 다양한 사회적 기여가 널리 인정받으며 직업의 귀천을 따지는 태도도 많이 사라졌다. 경제적 활동이 일상을 유지하는 필수 요소임을 인정하고, 돈을 벌기 위해 하는 일에 대한 거부감도 많이 사라졌다. 더불어 문화와 예술의 산업화가 가짜 예술이 판치는 파국을 불러오는 것이 아니라, 정당한 시장 경쟁에서 더 나은 예술과 문화콘텐츠를 만들어 낼 수 있다는 판단도 어느 정도 검증을 마쳤다. 산업화와 시장 경제 체계, 원활한 거래를 유도할 수 있는 상품의 성격은 더 이상 문화와 대치되지 않는다. 문화, 예술과 산업의 화해와 통합을 통한 상승 작용에 대한 기대도 커지고 있다.

예술과 문화콘텐츠

지금까지 존 듀이, 발터 베냐민, 레이먼드 윌리엄스와 같은 학자들의 주장을 살펴보았다. 정리하면 그들의 주장은 삶과 분리된 근대적 예술에 대해 염려이고, 예술이 삶의 일부였던 본래의 모습으로 돌아가야 한다는 것이다. 그리고 예술, 문화가 가격으로 환원되는 상품화, 산업화에 대한 아도르노의 탄식도 보았다. 그렇다면, 순수와 완성을 좇으며, 일상과 문화에서 멀어진 예술의 길은 잘못된 것이고, 그러므로 오류를 수정하고 본래의 자리로 돌아와야 하는 것인가?

아무리 예술과 문화의 화해, 예술과 산업의 화해를 전적으로 지지한다고 해도, 근대에 들어 예술이 그토록 가고자 했던 노정은 그리 쉽게 부정할 수 있는 것이 아니다. 여기에는 크게 세 가지 이유가 있다. 하나는 예술이 가고자 했던 순수와 완성의 방향이 아무 가치가 없다거나 잘못된 목적지라고 단정할 수 없다는 것이다. 둘째는 사회적으로 인정받은 근대적 예술의 정체성은 예술의 역사를 구성했고, 나름의 방식으로 미래로 향해 가고 있음을 인정할 수밖에 없다는 것이다. 세 번째 이유는 근대적 예술이 그 길을 여전히 고집하더라도 충분히 일상과 접합하거나 산업적 구조 속에서 움직일 수 있는 방법이 있다는 것이다.

폭발적인 기술과 산업의 발전 등 근대 이후에 이루어진 격랑의 변화 속에서 예술은 독자적인 길을 만들어 왔다. 근대 예술의 정체성은 복제 기술, 소통 네트워크, 고도의 산업화에서 더 이상 기존의 방식과 가치로 존립하기 어려웠던 예술이 새롭게 개척한 길이다. 그리고 이 근대적 정체성은 한낱 예술이 오직 생존하고자 찾아낸 방법이라고, 혹은 기존의 가치를 유지하고자 하는 예술이 선택한 우회로나 허울 좋은 구실이라고 치부할 수 없다. 실로 예술을 위한 예술의 가치는 그동안 인류가 걸어온 사유의 확장이라는 역사 위에 놓여 있다. 그리고 그 가치의 정당함은 널리 사회적 긍정을 이끌어 냈으며, 지금도 유효하다.

산업화를 통한 자본주의 시장 경제의 효율성을 아무리 강조하더라도 물질만능주의나 경제 지상주의는 당연히 인류가 만들어 가야 하는 최종 가치일 수 없다. 아도르노의 염려가 문화 산업의 극단적 상황에 대한 기우라고 할지라도, 극단으로 치닫는 상업화는 여전히 우려의 대상이다. 경제적 가치와 인문적 가치는 어느 하나로 치우칠 것이 아니라 언제나 길항 작용의 긴장을 유지할 필요가 있다. 이러한 필요성에서 근대적 예술의 가치는 유효하다.

이전과는 다르다고 할지라도, 혹은 원시 예술이 가지고 있던 본래의 정체성과는 달라졌다고 하더라도, 널리 인정받은 근대적 예술의 가치는 인류의 사유의 폭을 확장시켰고, 그 확장의 역사와 자취를 축적하고 있다. 즉, 근대적 예술의 길은 변절이나 퇴보가 아니라 새로운 세계의 창출이었고, 인류의 발전이라고 보아야 타당하다. 그리고 그렇게 역사를 만들었다. 예술이 본래 삶과 뒤엉켜 있었고, 생존의 기원이나 주술적 용도였다는 이유로 지금의 예술을 본래로 되돌리자고 할 수는 없다. 근대 이후에 예술이 나아갔던 방향은 틀렸다고 할 수도 없으며, 지금까지 예술이 만들어 온 삶의 지평은 앞으로도 충분히 가치를 발휘할 수 있기 때문이다.

이미 예술은 시장을 형성했다. 특히 미술품을 중심으로 온라인 상거래가 활성화되면서 접근하기 어려웠던 예술품 거래도 활발해지고 있다. 블록체인 기술은 원본의 가치가 중요한 미술품의 분할 소유나 대여 등의 다양한 방식의 소비를 가능하게 한다. 종종 미술품의 높은 가격에 놀라기도 하지만, 이는 몇몇 특정한 독보적 가치를 가진 작품의 사례일 뿐이다. 미술품 거래의 산업화에 따라서 일상에서 쉽게 미술품을 소비, 향유하는 길이 넓어지고 있다. 음악은 이미 더욱더 가깝게 일상과 산업에 접합되어 있다. 음원을 중심으로 하는 디지털 기술도 많이 발전하여 세계적인 명성을 가진 오케스트라나 연주자, 성악가의 노래도 원음과 가깝게 구현하여 편안한 장소에서 감상할 수 있다.

예술과 삶의 분리는 필연적 숙명이 아니다. 생각해 보면, 예술과 삶이 멀어지게 된 원인은 예술에 있다기보다는 근대화의 과정 중에 다소 뒤틀어진 인간의 욕망에 있다고 보는 것이 더 설득력이 있다. 존 듀이, 피에르 부르디외(Pierre Bourdieu) 등의 학자가 지적하고 있듯이, 남들보다 우위에 서려는 구분 짓기의 욕망, 사라진 계층이나 신분제의 끈을 잡고 자기를 인정받으려는 전근대적 태도 등이 작용한 결과일 수 있다. 혹은 현학을 뽐내거나, 논리로 모든 것을 설명하려는 이성주의의 비틀린 산물일 수 있다. 따라서 현재에 대한 저항을 통해 한 치라도 앞으로 나아가려는 예술가들의 부단한 노력과, 그것으로 인해 탄생하는 새로운 인식과 관점, 감성의 지평을 삶과 다소 멀어졌다는 이유로 무시하거나 등한시할 수는 없다. 근대 예술이 개척한 길은 인간 가치의 확장이다. 그리고 이 길은 미래에도 지속적으로 그 가치를 빛낼 것이다.

근대 예술이 창출한 가치를 인정하고, 낯선 길을 개척하는 과정에서 필연적으로 불거지는 다소의 난해한 실험과 도전의 의미를 예술의 가치로 받아들인다면, 존 듀이나 윌리엄스가 논한 문화, 즉 일상과 쉽게 엉클어지는 함께하는 예술은 무엇이 될까?

그동안 우리에게 순수(?) 혹은 고급(?) 예술과 구분되는 예술이 없었던 것도 아니다. 생활과 밀접한 관련이 있는 심미적 창조 작업으로 디자인이 있다. 다소의 모호함이 있지만 대중 예술도 있다. 그리고 최근에는 문화콘텐츠라는 좀 더 광범위하고 융섭적인 개념어를 널리 사용하고 있다. 아직 명확하게 선을 긋기는 어렵지만, 어쩌면 근대를 지나면서 예술의 지향점과 개념이 분화했고, 아주 서서히 근대 이전의 예술의 정체성과 구분되는 과정을 거쳤다고 할 수도 있다. 그리고 이러한 현상의 대안으로 문화콘텐츠라는 개념이 등장한 것일 수 있다.

특히 이러한 변화의 흐름은 베냐민이 깊이 고민한 복제의 기술이 디지털 시대에 들어와서 더욱 완전에 가깝게 발전했고, 정치적 민주주의를 거쳐 대부분의 시민이 기본적인 의식주를 넘어서는 경제적 수준에 도달한 것과 궤를 같이한다고 볼 수 있다. 또한 예술을 향유하면서 지식이나 교양보다 살아 있는 경험의 원천이 되는 재미의 중요성에 눈을 뜨기 시작한 시대적 흐름을 보여 주는 것일 수 있다.

일상적으로 사용하는 문화콘텐츠라는 용어의 범주에는 대부분의 예술이 포함되어 있다. 그리고 이러한 포괄적 의미에서 현대의 예술이 보여 주는 융섭을 읽을 수도 있다. 융섭 혹은 융합이라고 할 수 있는 경계의 허물어짐은 문화콘텐츠의 중요한 속성이다. 흔히 대중음악이라고 불리는 노래들의 뮤직비디오를 대규모의 오케스트라를 동원하거나 큰 자본을 투입하여 블록버스터 영화와 비슷한 수준으로 제작하는 경우를 어렵지 않게 볼 수 있다. 그리고 나름의 음악사를 구축하고 일상에서 대중음악과 클래식, 혹은 국악의 경계를 허물면서 산업화에 성공하고 있다. 리치오토 카뉘도(Ricciotto Canudo)는 영화를 제7의 예술이라고 규정하면서 이 일곱 번째 예술은 독특하게도 이전의 여섯 개의 예술을 모두 포괄하는 성격을 가지고 있다고 했다. 이제는 비단 영화의 속성에 그치지 않는다. 영화보다 더욱 포괄적이고 융섭적인 의미가 생겨났고, 그것을 담을 필요가 생겼다. 문화콘텐츠는 전반적인 예술이 종합적으로 어우러지는 장이 되고 있다.

문화콘텐츠가 본격적으로 무르익어 제자리를 찾기 이전이므로 다소 이른 판단일 수도 있겠지만, '문화콘텐츠'는 서구의 '대중문화'나 대중 예술이 태생적으로 배태하고 있던 획일화와 대상화, 자본에의 종속 등의 염려를 극복하고(이종훈, 2009) 예술과 산업, 문화, 일상의 융섭을 만드는 실마리가 될 수 있다.

생각해 볼 문제

1. 일상생활에서 대중 예술과 고급 예술이나 순수 예술과의 구분이 구체적으로 어떠한 경우에 작용하는지 사례를 들어 검토해 보고, 이러한 구분 짓기의 기준은 무엇이며, 그 구분 짓기가 문화적으로 어떠한 영향을 미치는지 토론해 보자.
2. 디지털 시대의 무한 복제 기술이 예술과 결합하는 경우에 예술의 주요한 특성과 가치 준거라고 여겨졌던 유일성과 현존성이 어떻게 변화되는지 생각해 보자.
3. 예술에는 속하고 문화콘텐츠에는 속하지 않는 것으로 보이는 영역이나 사례와, 문화콘텐츠에는 속하고 예술에는 속하지 않는다고 여겨지는 영역을 생각해 보자.
4. 인류와 늘 함께해 온 예술이 어떠한 기능을 수행해 왔는지 토론해 보자.
5. 시장 경제 체계 밖에 있어서 거래되지 않는 작품이나, 무명에 머물러 있는 예술가들의 작품이 사회 · 문화적으로 어떠한 가치를 창출해 내는지 논의해 보자.

참고문헌

박상천(2003). 예술의 변화와 문화콘텐츠의 의의. ≪인문콘텐츠≫ 제2호.
박상환 외(2008). 『예술과 문화콘텐츠』. 오스코월드.
박상환 외(2010). 『대중 예술과 문화콘텐츠』. 상.
박성봉(1995). 『대중 예술의 미학』. 동연
이종대(2007). 융섭의 산물, 문화콘텐츠. ≪미술세계≫ 2007년 1월호(통권 266호). 미술세계.
이종훈(2009). 『문화콘텐츠 기획의 개념과 함의』. 동국대학교 석사학위논문.
이종훈(2015). 『창의적 융섭으로서의 문화콘텐츠』. 동국대학교 박사학위논문.
이종훈(2016). '대중 예술'이라는 용어의 문제점-관념적 모순과 지시대상의 모호성을 중심으로. ≪언어와 문화≫ 제12권 4호.
이종훈(2020). 문화콘텐츠학과 기존 학문분류체계의 충돌과 공존 가능성. ≪콘텐츠문화연구≫ 2권.
이해완(2003). 대중 매체의 발전과 대중 예술 정의의 문제. 『미학』 제35집. 한국미학회.
인문콘텐츠학회(2006). 『문화콘텐츠입문』. 인문콘텐츠학회.
한국콘텐츠진흥원(2018). 『2017 콘텐츠 교육기관 및 인력수급 현황조사』.
한국콘텐츠진흥원(2020). 『2019 콘텐츠산업 통계조사 보고서』.
Benjamin, W.(1939). *Das Kunstwerk im Zeitalter seiner technischen Reproduzierbarkeit*. Frankfurt a. M.. 최성만 옮김(2008). 『기술복제시대의 예술 작품』. 길.
Dewey, J.(1934). *Arts as experience*. Capricorn Books. 이재언 옮김(2003). 『경험으로서의 예술』. 책세상.
Fiske, J.(1987). *Television Culture*. Routledge. 곽한주 옮김(2017). 『텔레비전 문화』. 컬처룩.
Gasset, J. O. y.(1956). *The dehumanization of art and other writings on art and culture*. Anchor books ed. Doubleday Anchor Books. 박상규 옮김(1991). 『미술의 비인간화』. 미진사.
Hauser, A.(1953). *Sozialgeschichte der Kunst und Literatur*. C. H. Beck. 백낙청 옮김(2007). 『문학과 예술의 사회사』 1. 창비.
Horkheimer, M. & Adorno, T. W.(1948). *Dialektik der Aufklärung*.

Philosophische Fragmente. Social Studies Association. 김유동 옮김(2001). 『계몽의 변증법』. 문학과지성사.

Storey, J.(1950). *Cultural Theory and Popular Culture: An Introduction*. Taylor & Francis. 박만준 옮김(2002). 『대중문화와 문화이론』. 경문사.

Williams, R.(1961). *The Long Revolution*. Chatto & Windus. 성은애 옮김(2007). 『기나긴 혁명』. 문학동네.

13

문화콘텐츠는 산업이다

'쿠마몬' 캐릭터로 이룬 지역 문화 산업

문화콘텐츠 산업은 문화적 가치와 경제적 가치를 동시에 창출하는 산업이다. 성공 사례로는 일본의 '쿠마몬'이 있다. 쿠마몬은 일본 구마모토현의 공식 마스코트로, 2010년에 탄생했다. 쿠마몬은 귀여운 외모와 유머러스한 행동으로 인기를 얻었고, 다양한 매체와 형식으로 활용되었다. SNS를 통해 팬들과 소통하고, 애니메이션과 게임으로 콘텐츠를 확장했으며, 캐릭터 상품으로 개발되어 판매되었다. 그뿐 아니라, 쿠마몬은 구마모토현의 관광과 지역 경제 활성화에도 큰 기여를 했다. 구마모토현의 명소와 특산물을 홍보하고, 쿠마몬과 관련된 행사와 축제를 개최했으며, 쿠마몬을 전시한 항구 공원과 쿠마몬 빌리지 등은 관광지로 개발됐다. 이런 활동들로 인해 쿠마몬은 구마모토현의 상징이 되었으며, 2019년에는 쿠마몬 관련 상품의 판매액이 1000억 엔(약 1조 원)을 돌파했다. 쿠마몬은 지역의 문화적 자부심과 경제적 부가 가치를 창출하는 모범적인 예시라고 할 수 있다.

문화콘텐츠 산업의 정의와 특성

우리는 지식이 기반이 되는 산업 시대를 살고 있으며, 경제력이 문화를 선도하는 현대에 이르러 문화 산업(cultural industry)이라는 용어가 등장하기 시작했다. 프랑크푸르트학파의 테오도어 아도르노(Theodor W. Adorno)와 막스 호르크하이머(Max Horkheimer)는 문화 산업을 두 가지 의미로 해석했다. 하나는 자본주의적으로 대량 생산된 대중문화를 의미하는 개념으로 해석되며, 다른 하나는 문화를 생산하는 산업을 의미한다고 주장했다. 문화 산업이라는 개념은 아도르노와 호르크하이머의 이론을 바탕으로 발전했으며, 1960년대부터 문화 산업은 대중문화와 대중매체의 영향력을 강조하는 문화 연구의 주요 주제가 되었다. 이때부터 문화 산업은 단순한 경제적 의미를 넘어서 문화적 · 사회적 · 정치적 의미를 포함하는 광범위한 개념으로 확장되었다.

문화 산업은 저작권의 보호를 받는 문화적 성격의 상품과 서비스의 창조와 생산, 유통에 관련된 산업을 포함한다. 이런 문화 산업은 새로운 디지털 기술의 발전과 글로벌화의 진전과 함께 세계 시장을 두고 각축을 벌이는 거대 규모의 독점적 문화 산업체들에 의해 주도되고 있다. 문화 산업 중에서도 콘텐츠를 중심으로 상품을 제작, 생산, 유통, 소비하는 과정을 문화콘텐츠 산업(cultural content industry 또는 cultural and creative industry)이라고 한다. 우리나라에서 말하는 문화콘텐츠 산업의 공식적인 정의는 2010년 5월에 재정된 「콘텐츠산업진흥기본법」에 잘 나타나 있다. 「콘텐츠산업진흥기본법」 제2조에 따르면, '경제적 부가 가치를 창출하는 콘텐츠 또는 이를 제공하는 서비스(이들의 복합체를 포함한다)의 제작 · 유통 · 이용 등과 관련된 산업을 말한다.' 제프리 보우커(Geoffrey Charles Bowker)는 "우리의 사회학, 인류학, 역사학, 정보과학, 디자인 등 여러 학문 분야를 넘나드는 논제가 단 하나의 듀이식 분류 번호로 정의되어야 하는 상황이 답답하고 불만스럽다"(Bowker, 1999)고 했다. 그만큼 문화콘텐츠 산업의 내용적 구분과 내용 범주화 영역은 한 분야에서 전문적으로 다루기에 역부족이다.

그러나 문화콘텐츠 산업의 진흥 업무를 소관하고 있는 문화체육관광부와 한국콘텐츠진흥원은 '콘텐츠 산업 통계'에서 문화콘텐츠 산업을 출판 산업, 만화 산업, 음악 산업, 게임 산업, 영화 산업, 애니메이션 산업, 방송 산업, 광고 산업, 캐릭터 산업, 지식 정보 산업, 콘텐츠 솔루션 산업, 공연 예술 산업으로 분류하고 있다. 이처럼 문화콘텐츠 산업은 다양한 문화 형태를 아우르며, 각 산업의 매체와 형식에 따른 고유성과 융・복합의 용이성을 지니고 있다.

위에서 살펴본 문화콘텐츠 산업의 정의와 분류를 통해 문화콘텐츠의 특성을 파악할 수 있으며, 그 특성은 다음과 같이 정리할 수 있다.

이정훈(2018)은 문화콘텐츠 산업은 창의성과 다양성의 특성을 가진다고 언급했다. 문화콘텐츠 창작 과정에서 창의성은 중요한 역할을 한다. 다양한 아이디어와 스토리텔링이 콘텐츠의 핵심이며, 이를 통해 다양한 콘텐츠가 생산된다. 문화콘텐츠 산업은 창의적이고 다양한 아이디어와 스토리가 필요하다. 이를 위해 다른 분야나 문화에서 영감을 얻거나, 기존의 콘텐츠를 새롭게 해석하거나, 혁신적인 형식과 매체를 사용할 수 있다. 예를 들어, 『해리 포터』는 서양 마법과 신화를 바탕으로 한 판타지 소설로, 세계적인 인기를 얻었다. 또한 〈파라사이트〉는 한국의 사회 문제와 가족 관계를 풍자적으로 다룬 영화로, 역사상 처음으로 아카데미 작품상을 수상했다. 그리고 〈바람의 나라〉는 한국의 전통문화와 민속을 바탕으로 한 온라인 게임으로, 가상 현실(VR) 기술을 도입하여 새로운 경험을 제공한다. 성공한 문화콘텐츠 산업의 사례는 다른 산업에 비해 산업 연관 효과(전・후방 효과)가 매우 크다. 하나의 콘텐츠를 시간의 흐름에 따라 다른 플랫폼에 공급하거나 여러 상품의 유형으로 개발하고 부가 가치를 창출할 수 있기 때문이다.

박장순(2005)은 한류와 문화콘텐츠 산업은 글로벌화의 특성을 가진다고 주장했다. 문화콘텐츠는 지역적인 제한을 넘어 국제 시장에서도 큰 관심을 받고 있으며, 다양한 언어와 문화에 맞게 번역하거나 적용하고, 다른 국가의 콘텐츠와 협력하거나 융합할 수 있다. 이를 위해서는 지역과 국가 간 문화적 차이와 감수성을 고려하여 수요와 선호도를 분석하고 국제적인 네트워크와 파트너십 구축, 저작권, 해외 마케팅 등을 강화해야 한다. 특히 한류나 K-pop과 같은 한국 콘텐츠는 글로벌 시장에 성공적으로 수출되고 있다. 이는 한국 콘텐츠가 고품질과 차별화된 스토리와 캐릭터, 혁신적인 기술과 형식, 다양한 장르와 플랫폼, 문화적 유니버설리즘과 아이덴티티 등의 요소를 갖추고 있기 때문이다. 예를 들자면 싸이(PSY)는 한국의 아티스트로, 그의 〈강남스타일〉과 같은 노래는 세계적으로 화제가 되었다. 싸이는 한국어와 영어를 혼용하여 노래하여 국제적인 관심을 끌었다. 또한 〈스파이더맨: 뉴 유니버스〉는 미국의 슈퍼히어로 영화로, 여러 차원의 스파이더맨들이 만나는 이야기를 담고 있다. 이 영화는 다양한 인종과 문화를 대표하는 캐릭터들을 등장시키고, 애니메이션과 코믹북 스타일을 결합하여 새로운 시각적 효과를 보여 준다.

김상욱(2017)은 기술의 발전을 고속도로에 비유하며 문화 기술은 IT 융합으로 문화콘텐츠 산업의 가치와 경쟁력을 높이는 중요한 요소라고 언급했다. 가상 현실(VR), 증강 현실(AR), 인공지능(AI)은 새로운 경험과 콘텐츠를 창출하는 데 활용되고 있다. 이런 기술은 문화콘텐츠의 품질과 다양성을 높이고, 사용자의 몰입도와 만족도를 향상시키고, 새로운 시장과 수요를 창출하고 있다. VR은 가상의 공간과 상황을 체험할 수 있게 해 주는 기술로, 영화, 게임, 교육, 관광 등 다양한 분야에서 활용되고 있다. VR은 사용자에게 실감 나는 환경과 상호작용을 제공하며, 현실에서는 불가능한 경험을 가능하게 한다. 그리고 AR은 현실 세계에 가상의 정보나 이미지를 겹쳐 보여 주는 기술로, 스마트폰, 태블릿, 스마트 글라스 등 다양한 디바이스에서 활용되고 있다. AR은 현실 세계와 가상 세계를 융합하며, 증강된 정보와 콘텐츠를 제공한다. 또한 AI는 인간의 지능을 모방하거나 초월하는 기계나 소프트웨어를 말하며, 학습, 추론, 인식, 자연어 처리 등 다양한 기능을 수행할 수 있다. AI는 문화콘텐츠의 창작과 생산, 유통과 소비 등 전 과정에 적용되고 있다. AI는 사용자의 취향과 행동을 분석하고 예측하며, 맞춤형 콘텐츠를 추천하거나 생성할 수 있다. 자칫 매클루언(McLuhan, 2001)처럼 '미디어는 메시지다'라고 주장하며, 기술 결정론적 견해를 가질 수 있으나, 문화콘텐츠 산업은 기술과 적절한 융·복합을 통해 가치와 경쟁력을 높일 수 있다.

포터(Porter, 1990)는 경쟁 우위의 기원을 규명·분석하는 도구로써 가치 사슬을 제안했고, 라파(Rappa, 2003)는 콘텐츠 산업의 변화에 대응하기 위한 전략적 제안과 지속적 수익 창출을 위한 가치 사슬을 강조했다. 가치 사슬 분석은 산업의 현 경쟁 우위와 잠재적 경쟁 우위를 발견하는 데 중요한 역할을 한다. 문화콘텐츠 산업의 가치 사슬과 마찬가지로 문화콘텐츠의 창조와 소비를 연결하는 과정으로, 콘텐츠의 품질과 가치를 높이고, 콘텐츠의 수익성과 확장성을 향상시킨다. 가치 사슬의 기획 및 창작 과정은 문화콘텐츠의 아이디어와 스토리를 발굴하고 구체화하는 단계이며, 제작 단계는 문화콘텐츠의 형식과 매체를 결정하고, 콘텐츠의 내용과 표현을 구현하는 단계다. 이후 문화콘텐츠를 소비자에게 알리고, 콘텐츠에 대한 관심과 수요를 유도하는 홍보·마케팅 단계를 거쳐 문화콘텐츠를 소비자에게 전달하는 유통 단계와 콘텐츠를 이용할 수 있는 플랫폼과 채널을 제공하는 단계를 거쳐 콘텐츠의 확장성을 결정한다.

문화콘텐츠 산업은 위와 같은 가치 사슬을 통해 다양한 사업 모델을 구축한다. 사업 모델은 콘텐츠의 가치 창출 방식과 수익 구조를 말하며, 산업의 특성과 시장의 변화에 따라 다양하게 변한다. 또한 문화콘텐츠 산업의 사업 모델은 광고형, 구독형, 거래형, 프리미엄형, 참여형 등을 통해 다양한 비즈니스 기회를 제공하기도 한다. 이러한 사업 모델은 시장의 변화와 사용자의 요구에 따라 지속적으로 발전하고 새로운 가치와 수익을 창출한다.

박장순(2005)은 "마르크시즘(Marxism)에서의 대중은 역사 발전의 추진력으로 그리고 사회 변혁을 담당하는 주체로 인식된다"고 했다. 대중을 중요한 구성 요소로 인식하는 문화콘텐츠 산업도 마찬가지다. 콘텐츠를 통해 사회 문제나 가치, 아이디어가 전달되며, 콘텐츠는 문화 현상을 형성하는 데 중요한 역할을 한다. 문화콘텐츠는 사람들의 인식과 태도, 행동과 감정에 영향을 주고, 사회적인 대화와 소통, 협력과 공감을 촉진하기 때문이다.

더 나아가 콘텐츠는 교육과 학습의 수단이나 자료로 활용될 수 있다. 이는 고정욱 · 권지은(2012)의 문화콘텐츠 기반의 디자인 조기 교육이 창의력 증진에 기여할 수 있다는 주장에서도 간접적으로 읽어 낼 수 있다. 문화콘텐츠는 지식과 정보, 논리와 비판, 창의성과 표현 등을 전달하고, 학습자의 흥미와 동기를 유발하고, 학습자의 이해와 기억을 용이하게 한다. 그뿐 아니라 문화콘텐츠 산업은 환경과 건강에 대한 인식과 책임감을 높이고, 환경과 건강에 관련된 행동과 습관을 변화시킬 수 있다.

결국 문화콘텐츠 산업은 사회 문제와 가치에 대해 다양한 관점과 의견을 제시하고, 토론과 대화를 촉진할 수 있다. 아울러 문화콘텐츠 산업은 사회 문제와 가치에 대한 인식과 이해를 증진시킬 뿐만 아니라, 태도와 입장을 형성하고, 사회 문제와 가치에 대한 행동과 실천을 유도한다.

이상에서 살펴본 것처럼 문화콘텐츠 산업은 창의성과 다양성을 가지고 있으며 부가 가치가 높은 서비스 산업으로 글로벌화의 특성을 가진다. 이러한 문화콘텐츠 산업은 디지털 기술에 영향을 받으며, 가치 사슬에 따른 다양한 사업 모델이 만들어질 수 있는 긍정적 특성을 갖고 있다.

그러나 문화콘텐츠 산업은 긍정적인 특성만 있는 것은 아니다. 아도르노와 호르크하이머는 문화콘텐츠 산업을 자본주의적으로 대량 생산된 대중문화를 의미하는 개념으로 해석하면서, 대중문화의 표준화, 문화 산업의 상업화와 정체성의 소모 등 문화 산업에 비판적 시각을 표현하기도 했다. 이러한 관점에서 문화콘텐츠 산업의 부정적 특성 혹은 주의해야 하는 특성을 살펴보면 아래와 같다.

먼저, 대중문화는 특성상 시장의 수요와 선호도에 따라 콘텐츠를 생산하고 유통한다. 이는 콘텐츠의 다양성과 창의성을 저해하고, 특정한 문화나 가치관이 우세하게 되는 문제를 야기할 수 있다. 일례로 할리우드 영화나 미국 드라마는 전 세계적으로 인기를 끌고 있으나, 이는 미국 중심의 문화와 세계관을 전파하고, 다른 문화나 사람들에 대한 편견과 오해를 낳을 수 있다.

그리고 디지털 기술의 발전과 함께 콘텐츠의 복제와 공유가 쉬워지고 있다. 이는 콘텐츠의 접근성과 확산성을 높이는 장점이 있으나, 반면에 콘텐츠의 저작권을 침해하고, 콘텐츠의 가치를 저하시키는 문제로 발전할 수 있다. 인터넷이나 P2P 등을 통해 불법적으로 콘텐츠를 다운로드하거나 스트리밍하는 경우가 많으며, 이는 콘텐츠 창작자와 생산자의 권리와 이익을 침해하고, 콘텐츠 산업의 건전한 성장을 방해한다.

앞서 문화콘텐츠 산업은 사회와 문화에 큰 영향을 미친다고 했다. 그러나 항상 긍정적인 영향만 미치는 것은 아니다. 문화콘텐츠는 때로는 사회적으로 부적절하거나 윤리적으로 문제가 되는 내용이나 메시지를 담고 있으며, 이는 소비자들에게 부정적인 영향을 줄 수 있다. 폭력이나 성적인 내용이 포함된 콘텐츠는 소비자들의 심리나 행동에 악영향을 미치고, 사회적으로 비난받거나 규제되기도 한다.

문화콘텐츠 산업은 긍정적인 특성과 부정적인 특성이 공존하는 복합적인 산업이다. 따라서 이 같은 특성을 사례에 따라 잘 구분하고 이해하는 것이 중요하다. 그리하면 문화콘텐츠 산업의 생태계를 건전하게 유지하고 경쟁력과 성장 동력을 강화할 수 있다. 아울러, 문화콘텐츠 산업은 사회와 문화에 큰 영향을 미치는 산업이므로, 책임감과 윤리의식을 가지고 콘텐츠를 창작하고 소비하는 자세가 필요하다.

결국, 문화콘텐츠 산업의 긍정적 및 부정적 특성을 잘 이해한다는 전제에서 문화콘텐츠 산업의 경쟁력은 콘텐츠의 품질과 차별화, 콘텐츠 창작자와 생산자의 역량, 콘텐츠의 유통과 소비의 효율성, 그리고 콘텐츠의 국제적 인지도와 수요에 의해 결정된다고 볼 수 있다. 또한, 문화콘텐츠 산업의 성장 동력은 콘텐츠 시장의 확대와 다양화, 콘텐츠 기술의 혁신과 융합, 콘텐츠 정책과 지원 체계의 강화, 콘텐츠 산업 생태계의 조성 등에 의해 발현된다. 이 같은 요인은 상호작용하며 문화콘텐츠 산업의 발전에 기여하게 된다.

문화콘텐츠 산업의 동향과 환경 변화

문화콘텐츠 산업의 국내외 동향

전 세계 문화콘텐츠 산업의 범위와 부문별 시장 규모는 방식이 모두 다르고 국제적 표준이 없기 때문에 그 규모를 정확히 파악하기가 매우 어렵다. 한국콘텐츠진흥원이 조사한 자료에 따르면, 전 세계 문화콘텐츠 산업의 시장 규모는 2020년 기준으로 약 2조1000억 달러로 추정되며, 2026년까지 연평균 5.3%의 성장률을 보일 것으로 전망된다. 전 세계 문화콘텐츠 산업의 시장 규모는 미국, 중국, 일본, 영국, 독일 등의 선진국이 주도하고 있으며, 한국은 7위를 차지하고 있다. 2020년 해외 콘텐츠 시장은 만화와 게임 시장을 제외하고 모든 콘텐츠 분야의 성장률이 하락하면서 전년 대비 3.74% 감소한 2조3157억 달러 규모로 집계되었다. 향후 블록체인과 메타버스 등 ICT 기술을 활용한 모바일 게임과 PC · 콘솔이 통합된 크로스 플랫폼 기능(홍성은 · 김효용, 2014)을 하는 게임의 등장으로 게임 시장은 더욱 성장할 것으로 전망된다. 그리고 2021년 하반기부터 '엔데믹', '위드 코로나19'로 전환되면서 개봉이 부진했던 영화들이 개봉하기 시작했다. 영화제가 OTT 플랫폼을 수용하며 영상 산업과 발전적 상생을 도모한다면 영화 시장이 다시 이전 수준으로 회복될 것으로 기대된다(서정인, 2021).

한편, 해외 문화콘텐츠 산업의 규모가 가장 큰 주요국의 동향을 살펴보면, 미국은 2020년 기준 8445억7300만 달러로 전년 대비 4.46% 감소한 것으로 조사되었다. 지식 정보, 광고, 방송 시장은 여전히 높은 비중을 차지하고 있으나, 출판, 음악, 영화 시장과 같이 오프라인 향유 경향이 크고 전체 경제 시장의 영향을 많이 받는 분야의 성장률은 크게 저하되었다. 반면 게임 시장은 전년 대비 19.12%로 유례없는 성장을 이루었다.

언택트 환경에 맞는 디지털 중심의 콘텐츠 소비문화(이소현 · 장은미, 2023)는 정착되었으며, 엔데믹과 함께 2022년에는 출판, 음악, 영화 시장이 다시 예년과 같은 수준으로 회복될 것으로 예상된다. 미국의 콘텐츠 시장 규모는 2025년까지 연평균 4.54%의 성장세를 보이며, 1조542억 7300만 달러 규모가 될 것으로 전망하고 있다.

중국은 2020년 기준 3449억500만 달러로 조사되었다. 가장 높은 비중을 차지하는 분야는 지식 정보이며, 광고, 방송, 그리고 출판이 그 뒤를 이었다. 매년 성장세였던 중국 콘텐츠 시장도 코로나19로 성장세가 주춤했으나, 2021년은 회복의 흐름이 예상된다. 중국 영화 시장은 빠르게 코로나19 영향에서 벗어나며 세계 1위 영화 시장이 되었다. 아티산 게이트웨이(Artisan Gateway)라는 아시아 영화 시장 조사 업체는 2020년 중국 영화 티켓 판매 수익을 600억 위안(약 11조 원)으로 전망했다. 그러나 만화 산업은 만화책과 같은 전통적 보급 방식으로 시장을 확대했기 때문에 큰 성장세를 보이지 못하고 있다.

문화체육관광부의 『2023 콘텐츠산업백서 연차보고서』에 따르면, 일본의 콘텐츠 산업 매출은 2020년 기준 1943억900만 달러로 전년 대비 3.71% 감소했다. 또한 지식 정보를 비롯하여 광고, 방송, 출판 및 게임 시장이 큰 비중을 차지한다. 출판, 음악, 방송, 광고, 지식 정보 등 주요 콘텐츠 시장이 대체로 감소했으나 만화, 게임 등의 콘텐츠 분야가 성장세를 보이며 시장 비중이 확대되었다. 특히 출판 시장은 성장 전망이 밝지 않은데, 이는 시장 감소가 코로나19로 인한 일시적인 현상이 아니며 인쇄 출판 시장 자체의 부진이 주요 원인으로 분석된다. 일본 콘텐츠 시장은 2021년부터 회복될 전망이며, 추후 5년간 연평균 2.91%의 성장률로 2025년까지 2242억7100만 달러까지 성장할 것으로 예상된다.

2020년 기준으로 국내 문화콘텐츠 산업 매출액은 전년 대비 1.2%, 2016년부터 2020년까지 연평균 4.9% 증가한 128조2870억 원으로 나타났다. 문화콘텐츠 산업별로는 21조9647억 원(17.1%)으로 방송 산업이 가장 큰 비중을 차지했으며, 21조6488억 원(16.9%)으로 출판 산업이 뒤를 이었다. 2020년 문화콘텐츠 산업 지역별 매출액은 80조7086억 원(62.9%)으로 서울이 가장 큰 것으로 나타났다. 다음은 경기도로 31조9692억 원(24.9%)으로 조사되었다. 다음으로 부산이 2조2602억 원(1.8%), 대구는 1조8115억 원(1.4%), 인천 1조6947억 원(1.3%), 경상남도 1조4347억 원(1.1%), 대전 1조3445억 원(1.0%)으로 조사되었다. 그 외 지역의 매출액은 전체 매출액의 1.0%를 넘지 못하는 것으로 확인되었다.

국내외 문화콘텐츠 산업의 시장 규모와 현황에서도 나타난 바와 같이 전 세계 문화콘텐츠 산업은 코로나19의 영향으로 전반적으로 감소했으나, 디지털 기반의 콘텐츠 산업은 성장세를 보이고 있다. 특히 게임 산업은 전 세계적으로 가장 빠르게 성장하는 산업으로 부상했다. 이는 콘텐츠 산업의 디지털화와 융합화가 더욱 가속화될 것이라는 전망을 뒷받침한다.

미국, 중국, 일본 등의 선진국은 여전히 전 세계 문화콘텐츠 산업의 주도권을 잡고 있으며, 각각의 콘텐츠 산업 특성과 강점을 가지고 있다. 한국은 전 세계 문화콘텐츠 산업에서 7위를 차지하고 있으며, 게임, 음악, 방송 등의 분야에서 세계적인 인지도와 수출력을 자랑하고 있다. 그러나 국내 문화콘텐츠 산업의 매출액은 서울과 경기도에 집중되어 있으며, 지방 지역의 콘텐츠 산업 활성화가 필요하다. 출판, 만화 등의 전통적인 콘텐츠 산업은 디지털 변화에 적응하기 위한 혁신과 융합이 요구된다. 이는 국내 콘텐츠 산업의 균형 있는 발전과 지속 가능한 성장을 위한 과제다.

문화콘텐츠 산업의 거시 · 미시적 환경 분석

심평수 외(2018)는 "거시 환경 분석은 현실적으로 가능한 전략 대안의 범위를 좁혀 나가자는 취지"라고 강조했다. 이들은 거시 환경의 요소는 임의의 조정과 통제가 불가하여 모든 문화콘텐츠 기업에 공통된 영향을 미치며 이러한 연유에서 기업은 문화콘텐츠 산업에 미치는 영향을 분석하고 적절한 대응을 고민해야 한다고 언급했다. 문화콘텐츠 산업은 거시 환경과 미시 환경의 변화에 따라 다양한 영향을 받는다.

먼저, 거시 환경은 문화콘텐츠 산업에 포괄적이고 광범위한 환경적 요인으로, 국제 정치적 변화, 경제적 변화, 사회적 가치와 이슈, 트렌드 변화와 환경, 신기술의 발전, 법률적 규제, 환경적 이슈와 같은 요소로 설명할 수 있다. 거시 환경의 변화에 따른 문화콘텐츠 산업 영향을 살펴보면 다음과 같다.

이매뉴얼 월러스틴(Immanuel Maurice Wallerstein)은 『세계 체제 이론(World-Systems Analysis)』에서 세계화에 따라 각 구역의 경제적 · 정

치적 · 문화적 특성과 상호작용을 분석하면서 세계 체제는 불안정하고 변화하며, 반체제 운동이나 다중극화 현상이 세계 체제의 변혁을 촉진할 수 있다고 주장했다(Wallerstein, 2004). 이런 맥락에서 보면 한반도의 긴장 상황, 미 · 중 무역 전쟁, 브렉시트 등의 국제 정치적 변화는 문화콘텐츠 산업의 수출과 교류에 영향을 미친다. 이에 대응하기 위해서는 다변화된 시장과 파트너를 확보하고, 문화 외교와 공공 외교를 강화하고, 국제적인 협력과 네트워크를 구축할 필요가 있다.

"코로나19의 장기화는 많은 국가 경제와 초국가적 산업 분야에 불황을 초래한다."(이수범 · 송민호, 2021) 코로나19로 인한 세계 경기 침체뿐만 아니라 4차 산업 혁명으로 인한 산업 구조 변화, 디지털 플랫폼의 확산 등의 경제적 변화는 문화콘텐츠 산업의 수요와 소비에 영향을 미친다. 이러한 경제적 변화에 대응하기 위해서는 비대면과 디지털 중심의 콘텐츠 제작과 유통을 강화하고, 신기술과 혁신을 적용하고, 다양한 사업 모델과 수익원을 개발해야 한다.

미국에서는 미디어와 문화 산업이 사회적 이슈가 된 사건이나 모티브를 사용하여 대중을 담론의 장으로 끌어들이거나, 문화 산업의 하나의 현상으로 순기능 역할을 한다(주진 · 장민호, 2018). 다양성과 포용성, 젠더와 인권, 환경과 지속 가능성 등의 사회적 가치와 이슈는 문화콘텐츠 산업의 내용과 표현에 영향을 미친다. 때문에 문화콘텐츠 상품의 질적 수준을 높이기 위해서는 사회적 책임과 윤리를 준수하고, 다양한 목소리와 관점을 반영하고, 사회적 문제와 공감을 제공하는 창작자의 자세가 필요하다.

한편 태지호(2019)는 문화콘텐츠를 기획하기 위해서는 미디어에 대한 이해가 필요하며, 사용자의 행위와 행동에 따른 상호작용성이 중요하다고 했다. 또한 심상민(2007)은 트렌드 분석이 미래 문화콘텐츠 산업의 실마리가 될 수 있다고 주장했다. 문화콘텐츠 산업은 트렌드 변화와 환경에 많은 영향을 받으며 스마트폰의 등장과 함께 시작된 소셜 네트워크 서비스인 트위터, 페이스북 등은 문화 산업 분야에서 중요한 역할을 하고 있다. 더불어 스마트폰, 스마트TV, 태블릿 PC 등 새로운 단말기와 넷플릭스, 유튜브와 같은 OTT(over the top) 서비스의 확산으로 방송, 영화, 음악, 인터넷 등의 융 · 복합 서비스가 증가하고 있다. 이런 IT 기술의 발전을 반영하여 D(Data), N(Network), A(AI) 중심의 IT 신기술은 문화콘텐츠 산업의 형식과 매체에 영향을 미친다. IT 기술과의 융합을 통해 드론, 빅데이터, 홀로그램, 스마트워치, 사물 인터넷 등이 문화콘텐츠 산업 분야와 접목되는 플랫폼과 제작 도구로 활용되고 있다. 결국 선도적 대응을 하기 위해서는 신기술과 콘텐츠의 융합과 혁신을 추구하고, 경험과 몰입을 높여 새로운 문화콘텐츠의 가치를 제공해야 할 것이다.

아울러 새로운 문화콘텐츠 산업 매체가 계속 등장함에 따라 문화콘텐츠의 저작권 이용 허락 계약에 대한 해석이 중요하다(조용순, 2008). 문화콘텐츠 산업에서는 저작권 보호, 개인 정보 보호, 데이터 활용 · 보안에 관련된 법률적 규제가 제작과 유통에 큰 영향을 미치고 있다. 이런 법률적 문제에 대응하기 위해서는 법률적 요건과 기준을 철저히 준수하고, 동시에 권리와 의무를 명확하게 규정하는 노력을 기울이는 것이 중요하며, 추가로 분쟁과 위반을 예방하기 위한 대응 전략을 수립해야 한다.

환경적 이슈를 살펴보자면, 기후 변화와 에너지 절약, 친환경과 그린 뉴딜 등의 환경적 이슈는 문화콘텐츠 산업의 주제와 메시지에 영향을 미친다. 환경 친화적인 콘텐츠 제작과 유통을 실천하고, 환경 보호와 지속가능성에 대한 인식과 행동을 촉진하는 방안을 마련하는 것이 적당한 대응 방안이라 하겠다.

다음으로, 미시 환경은 소비자, 공급자, 경쟁자, 협력자, 규제 기관 등과 같은 요소다(송원창, 2010). 문화콘텐츠 산업의 포괄적이고 광범위한 환경적 요인이 거시 환경이라면 미시 환경의 요소는 문화콘텐츠 산업 성장에 주도적 역할을 하는 요소로 해석되었다. 미시 환경의 변화에 따른 문화콘텐츠 산업의 영향은 다음과 같이 살펴볼 수 있다.

먼저 소비자의 변화를 살펴볼 수 있다. "디지털 기술과 정보 통신 기술의 발전은 현대 소비자가 즐기는 문화콘텐츠의 소비 모습을 변화시키고 있다."(황혜선 · 이경희 · 김기옥, 2013) 이처럼 코로나19로 인한 비대면 소비와 디지털 소비의 증가, 개인화와 참여의 강화, 다양한 플랫폼과 채널을 통한 콘텐츠 이용 등은 문화콘텐츠 산업의 수요와 선호도에 영향을 미친다. 때문에 소비자의 다양한 니즈와 트렌드를 파악하고, 맞춤형 콘텐츠와 서비스를 제공하여, 소비자와의 소통과 공유를 강화하는 것이 중요하다.

또한 공급자의 변화는 문화콘텐츠 산업의 경쟁력과 차별성에 영향을 미친다. 다양한 장르와 형식의 콘텐츠를 제공하고, 융 · 복합과 혁신을 추구하여 글로벌 시장을 공략하는 공급자의 변화가 중요하다. 이를 위해 공급자는 전문성과 협력성을 갖추고, 다양한 사업 모델과 수익원을 구축하며, 시장의 변화와 사용자의 요구에 유연하게 대응해야 한다. 반면 플랫폼 사업자는 콘텐츠 공급자에게 인센티브 모델을 제공하여 플랫폼의 초기 활성화를 위해 직접 네트워크 외부성을 확보(정지웅 · 이경상 · 이준기, 2018)하는 전략을 도모하기도 한다.

경쟁자의 측면에서 살펴보면, 국내외 대형 · 중소 기업이 경쟁하고, 다른 산업과의 경계가 허물어지는 등 경쟁자의 변화는 문화콘텐츠 산업의 생존과 성장에 영향을 미친다. 경쟁에서 우위를 점하기 위해서는 문화콘텐츠 산업의 지속적 혁신과 핵심 경쟁력 유지를 위한 기업 관리(동영 · 장일주 · 진문걸, 2023)가 필요하며, 경쟁자의 강 · 약점 파악, 차별점 확보, 합리적 가격과 품질을 제공하는 것이 필요하다. 또한 협력자의 변화는 문화콘텐츠 산업의 확장성과 다양성에 영향을 미친다. 다른 분야나 문화와의 협력과 융합이 활발하게 이뤄지려면 협력자와 상생과 협력을 추구하고, 상호 보완적인 관계와 네트워크를 구축해야 한다. 아울러 신뢰와 신용을 기반으로 소통하는 자세가 중요하다.

마지막으로 규제 기관의 변화다. 문화콘텐츠 산업의 진흥과 보호를 위한 정책과 지원이 강화되는 등 규제 기관의 변화는 문화콘텐츠 산업의 진흥과 안정에 영향을 미친다. 우리나라의 경우 문화체육관광부나 한국콘텐츠진흥원 등 문화콘텐츠 산업을 지원하고 촉진하는 기능을 담당한다(김평수 · 윤홍근 · 장규수, 2018). 이에 대응하기 위해서 수요자는 규제 기관과의 소통과 협력을 강화하고, 정책과 지원을 적극적으로 활용하면서, 법률적 요건과 기준을 충실히 준수하는 전략을 갖출 필요가 있다.

위의 분석 내용과 같이 미시 환경 분석은 문화콘텐츠 산업에 직접적으로 영향을 미치는 요인을 분석하는 것이다. 이러한 미시 환경 분석을 통해 문화콘텐츠 산업에서 자신의 위치와 방향을 명확히 하고, 기회와 위협을 식별하고, 적절한 전략을 수립할 수 있다. 따라서 미시 환경 분석은 거시 환경 분석과 함께 문화콘텐츠 산업의 성공적인 기획과 개발에 필수적인 과정이라 할 수 있다.

문화콘텐츠 산업의 경쟁력 강화를 위한 분석과 전략

문화콘텐츠 산업의 경쟁력을 강화하기 위한 분석 모델은 문화콘텐츠 기업의 경쟁력을 고려한 성과 분석 방법론에 따른 논리 모델로, 투입, 활동, 산출, 결과의 핵심 요소를 중심으로 분석 지표를 개발한 분석틀이라고 할 수 있다. 이런 분석 모델은 문화콘텐츠 기업에 영향을 주는 핵심 요소를 선별하고 문화콘텐츠 산업의 특성이 잘 드러나도록 하는 것이 중요하다.

문화콘텐츠 산업을 분석하는 논리 모형을 구성하는 요소는 여러 연구자들이 다양하게 제시했으나, 이 장에서 언급하는 분석 모델은 다음과 같

표 13-1 문화콘텐츠 산업 경쟁력 강화를 위한 분석 핵심 요소

구분		핵심 요소
내부 요소	콘텐츠 가치	콘텐츠
		문화 자원
	콘텐츠 제공	고객·시장성
		유통·마케팅
	콘텐츠 생산	비용·자금 조달
		인력
		가치 사슬·네트워크
		정부·지자체 지원
		기술·저작권
	콘텐츠 성과	수익·지역 파급 효과
외부 요소		특화 콘텐츠 장르
		콘텐츠 트렌드와 환경

출처: 성종현, 2022, 120쪽.

은 연구 논리 모형의 구성 요소에 주목한다. 조지 메이스키(George Mayeske)는 논리 모형의 구성 요소를 상황 · 환경 · 투입 · 산출 · 성과로 제시했고(Mayeske, 1999), 알렉산더 오스터왈더(Alexander Osterwalder)는 기업이 추진하는 비즈니스 모델을 상품 · 고객 · 인프라 · 재무로 구분하고, 가치 제안 · 타깃 고객 · 유통 채널 · 고객 관계 · 가치 구성 · 핵심 경쟁력 · 파트너 네트워크 · 비용 구조 · 수익 모델 9개를 구성 요소로 분류했다(Osterwalder, 2005).

이 장에서는 선행 연구에서 언급한 논리 모형을 참고하여 문화콘텐츠 산업의 경쟁력 강화를 위한 분석 모델에 주목했다. 또한 문화콘텐츠 산업의 특성을 고려하여 핵심 요소로 콘텐츠 가치, 콘텐츠 제공, 콘텐츠 생

산, 콘텐츠 성과로 구분했다. 이 네 가지 핵심 요소는 문화콘텐츠 기업이 콘텐츠 산업을 영위하는 데 초점을 맞춘 핵심 요소라고 할 수 있다. 일반적으로 문화콘텐츠 산업 분석 모델의 구성 요소는 콘텐츠 기업의 내부 활동에 중심을 둔다. 그러나 수익을 넘어 경제적 파급 효과를 창출하는 확장성은 외부 환경 요소가 직접적 영향을 줄 수 있다. 따라서 일반적인 한계를 극복하기 위해 외부 환경 요소를 함께 검토 · 분석하여야 한다. 이를 정리하면 아래와 같은 문화콘텐츠 산업의 경쟁력 강화를 위한 핵심 요소를 도출할 수 있다.

이렇게 도출한 핵심 요소를 문화콘텐츠 산업 경쟁력 강화의 세밀한 분석과 전략 도출을 위해 활용하기 위해서는 다음과 같은 사항을 고려해야 한다.

- 콘텐츠가 차별성 있게 제작될 수 있고, 질적 수준과 특화성을 도모할 수 있는가?
- 초 · 중 · 장기 목표 고객을 설정하고 확보할 수 있는가?
- 마케팅 채널을 확보하여 추진될 수 있는 비즈니스 모델로 설계되었는가?
- 콘텐츠 생산에 필요한 인력과 자금이 준비되어 있는가?
- 콘텐츠를 생산할 수 있는 컨소시엄과 네트워킹이 되어 있는가?
- 콘텐츠 기술과 저작권 등 정부와 지방자치단체로부터 지원받는 것이 가능한가?
- 콘텐츠 수익과 파급 효과를 창출할 수 있는가?
- 급변하는 환경에 경쟁력을 가지고 있는가?

문화콘텐츠 산업은 문화적 · 예술적 · 사회적 가치를 창출하는 동시에 경제적 가치를 창출하는 주요 산업으로, 지식 기반 사회에서 핵심적인 역할을 수행하고 있다. 이러한 산업의 성장과 활성화는 지역 경제를 발전시키는 동시에 문화적 정체성을 높이는 데 기여한다. 그러나 문화콘텐츠 산업은 다른 산업에 비해 독특한 특성을 가지고 있기 때문에, 적절한 분석과 전략 수립이 필수적이다. 문화콘텐츠 산업의 경쟁력을 강화하기 위한 전략으로 다음 세 가지를 제시하고자 한다.

첫째, 문화콘텐츠 산업의 정의와 범위를 명확히 하고, 콘텐츠 산업과 콘텐츠 서비스로 구분하여 각각의 특성과 유형을 파악해야 한다. 콘텐츠 산업은 콘텐츠를 생산하고 유통하는 산업으로서 앞서 문화콘텐츠 산업의 분류에서 언급한 출판 산업, 만화 산업, 음악 산업, 게임 산업, 영화 산업, 애니메이션 산업, 방송 산업, 광고 산업, 캐릭터 산업, 지식 정보 산업, 콘텐츠 솔루션 산업, 공연 예술 산업 등을 모두 포함한다. 그뿐 아니라 콘텐츠 서비스는 콘텐츠를 활용하여 서비스를 제공하는 산업으로서 교육, 문화 예술, 관광, 레저, 스포츠 등을 포함한다.

둘째, 문화콘텐츠 산업의 SWOT 분석이 필요하다. SWOT 분석은 강점(strengths), 약점(weaknesses), 기회(opportunities), 위협(threats)을 파악하는 분석 방법으로서, 내부 요인과 외부 요인을 고려하여 현재 상황을 진단하고 미래를 예측하는 데 유용하다. 이러한 핵심 요소를 바탕으로 각각의 산업과 서비스에 대해 SWOT을 분석하고, 이를 바탕으로 SO(강점-기회) 전략, WO(약점-기회) 전략, ST(강점-위협) 전략, WT(약점-위협) 전략을 도출한다.

셋째, 문화콘텐츠 산업의 성장성과 경쟁력을 평가해야 한다. 성장성과 경쟁력은 산업의 발전 가능성과 우위를 나타내는 지표로서, BCG(Boston Consulting Group) 매트릭스(기업의 사업 포트폴리오를 분석하기 위해 보스턴컨설팅그룹이 개발한 도구)와 포터의 '5가지 경쟁 요인 모델'을 활용하여 분석할 수 있다. BCG 매트릭스는 시장 성장률과 시장 점유율을 기준으로 문화콘텐츠 산업의 성장 전략을 결정하는 데 도움을 준다. 포터의 5가지 경쟁 요인 모델은 문화콘텐츠 산업 내부의 경쟁 구조를 파악하기 위해 산업 내 기업들의 경쟁력, 신규 진입자의 위협, 대체품의 위협, 공급자의 협상력, 구매자의 협상력을 분석하는 모형이다. 이 모형은 문화콘텐츠 산업의 수익성과 경쟁 전략을 결정하는 데 도움을 준다.

이상으로 문화콘텐츠 산업의 경쟁력 강화를 위한 분석과 전략 도출 방안을 제시했다. 이는 문화콘텐츠 산업의 발전과 활성화를 위한 기본적인 도구일 뿐이다. 무엇보다 지역과 환경에 따라 분석 절차를 적절히 변형하거나 환경에 따라 추가하여 현실과 현장에 맞는 맞춤형 전략을 도출하는 것이 실무자와 연구자들에게 유용할 것이다.

문화콘텐츠 산업의 성공 사례와 전망

문화콘텐츠 산업의 성공 사례는 향후 문화콘텐츠 산업의 벤치마킹 대상이 될 수 있으며, 성공 사례를 분석하여 문화콘텐츠 산업의 성공에 필요한 핵심 요인을 파악할 수 있다. 이를 통해 문화콘텐츠 산업 활성화를 위한 방향과 비즈니스 모델을 제시할 수 있다. 여기서는 문화콘텐츠 산업의 성공 사례를 다음과 같은 기준으로 선정했다.

- 콘텐츠 가치: 문화적 · 예술적 · 사회적 가치의 창출과 공유
- 콘텐츠 제공: 고객의 니즈와 만족도를 충족하고 차별화
- 콘텐츠 생산: 효율적이고 혁신적인 콘텐츠 생산 과정과 방식
- 콘텐츠 성과: 경제적 수익과 지역 파급 효과의 창출

이러한 기준에 따라 성공 사례를 선정하고, 각각의 사례에 대해 핵심

요인과 성공 요인을 소개하고자 한다. 먼저, 출판 산업의 성공 사례로는 〈워크맨〉을 들 수 있다. 〈워크맨〉은 2019년부터 연재된 웹툰으로, 다양한 직업을 체험하는 주인공의 모험을 그린다. 이 웹툰은 다양한 직업에 대한 정보와 통찰을 제공하는 측면에서 교육적 가치가 있다. 카카오페이지와 네이버 웹툰을 통해 콘텐츠를 제공하면서 넓은 고객층에게 접근하였으며, 유튜브 채널을 통해 콘텐츠의 확장성과 상호작용성을 높였다. 또한 작가와 작화가의 협업으로 콘텐츠의 생산성을 높였다. 웹툰 연재 이후 큰 인기를 얻어 2020년에는 월간 조회 수 1억 건을 돌파했으며, 유튜브 채널 구독자 수도 400만 명을 넘기는 성과를 거두었다.

다음으로, 만화 산업의 성공 사례로는 〈신의 탑〉을 들 수 있다. 〈신의 탑〉은 2010년 연재를 시작한 웹툰으로, 탑을 오르는 자들의 모험과 운명을 그린다. 네이버 웹툰을 통해 전 세계에 공개되어 글로벌한 고객층에게 콘텐츠를 제공한다. 독자들의 의견과 요청을 반영하여 지속적으로 개선 · 보완하는 방식으로 콘텐츠를 생산했다. 2020년에는 월간 조회 수 2억 건을 돌파했으며, 네이버 웹툰에서 가장 많은 팬덤을 보유하는 성과를 거두었다.

'방탄소년단'이라는 아이돌 그룹은 음악 산업의 성공 사례로 들 수 있다. 방탄소년단은 2013년에 데뷔한 7인조 아이돌 그룹으로, 다양한 장르의 음악과 강렬한 퍼포먼스, 솔직하고 진솔한 가사로 전 세계 청년들에게 공감과 용기를 주고 있다. 다양한 음원 플랫폼과 SNS를 통해 전 세계에 콘텐츠를 제공하며, 자신들의 음악적 색깔과 개성을 살리기 위해 작사, 작곡, 프로듀싱 등에 직접 참여하고 콘텐츠를 생산한다. 또한 음악 활동 이후 큰 인기를 얻어 2020년에는 '빌보드 핫 100' 차트에서 1위를 차지했으며, '그래미 어워드' 후보로 선정되는 성과를 거두고, 음악 관련 콘텐츠 상품과 교육 프로그램 등 다양한 파생 산업을 창출하고 있다.

〈리그 오브 레전드〉라는 온라인 게임은 게임 산업의 대표 성공 사례다. 〈리그 오브 레전드〉는 2009년에 출시된 5 대 5 팀 전투 게임으로, 전 세계적으로 가장 인기 있는 e스포츠 게임 중 하나다. 지속적으로 업데이트되며, 게임의 신선도와 재미를 유지하는 콘텐츠다. PC 플랫폼을 통해 전 세계에 공개되어 있으며, 한국어 외에도 영어, 일본어, 중국어 등 다양한 언어로 서비스되고 있다. 개발사인 라이엇 게임즈의 창의성과 열정으로 콘텐츠의 품질과 속도를 유지하고 있으며, 〈발로란트〉 등과 협업을 통해 콘텐츠의 다양성과 확장성을 높였다. 2020년에는 월간 활동 유저 수가 1억 명을 넘었으며, e스포츠 시청자 수도 1억 명을 돌파하는 성과를 거두었다.

영화 〈기생충〉은 2019년에 개봉한 사회 풍자 스릴러 영화로, 부와 빈곤의 대립과 갈등을 그린다. 이 영화는 사회적 이슈와 문제에 대한 날카로운 비판과 풍자, 감동과 긴장감을 자아내는 연출과 연기로, 관객들의 감성과 지성을 자극했다. 또한 넷플릭스와 아마존 프라임 등의 OTT 플랫폼을 통해 온라인으로도 서비스되었다. 작가와 감독인 봉준호의 창의성과 열정으로 콘텐츠의 품질과 완성도를 높였으며, 2020년 전 세계에서 2억6000만 달러의 흥행 수익을 거두었으며, 한국 영화 최초로 아카데미상 4개 부문에서 수상했다.

애니메이션 산업의 성공 사례로는 〈라푼젤〉을 들 수 있다. 〈라푼젤〉은 2010년에 개봉한 디즈니의 애니메이션 영화로, 마법의 긴 머리카락을 가진 공주와 도둑의 모험을 그린다. 고전 동화를 현대적으로 재해석하고, 여성의 자아실현과 자유를 위한 메시지를 전하는 콘텐츠다. 국내외에서 다양한 영화제와 상영관을 통해 콘텐츠가 제공되었으며, OTT 플랫폼을 통해 온라인으로도 시청할 수 있다. 디즈니 애니메이션 스튜디오의 창의성과 기술력으로 콘텐츠의 품질과 완성도를 높였으며, 컴퓨터 그래픽 기술을 개발하고 적용했다. 2020년 기준으로 전 세계에서 5억9000만 달러의 흥행 수익을 거두고, 아카데미상에서 최우수 애니메이션 단편 영화상과 최우수 노래상 후보로 선정되었다.

방송 산업의 성공 사례로는 2010년부터 방영된 SBS의 예능 프로그램 〈런닝맨〉을 들 수 있다. 〈런닝맨〉은 다양한 미션과 게임을 통해 승부를 겨루는 코미디 프로그램이다. 개성 있고 친근한 출연진, 다양한 게스트와의 케미스트리(chemistry), 현실과 연결된 주제와 상황으로 관객들에게 웃음과 재미를 주는 콘텐츠다. SBS를 통해 국내에 공개되어 있으며, 다양한 언어 자막과 넷플릭스와 유튜브 등의 OTT 플랫폼을 통해 온라인으로도 시청할 수 있다. PD와 작가들의 창의성과 열정으로 콘텐츠의 품질과 속도를 유지하고 있으며, 2020년 평균 시청률은 10%를 넘었다. 전 세계적으로 팬을 보유하고 있으며, 콘텐츠 관련 상품과 이벤트 등 다양한 파생 산업을 창출하고 있다.

광고 산업의 성공 사례로는 '나이키'라는 스포츠 브랜드의 광고 캠페인을 들 수 있다. 나이키는 1964년에 설립된 세계적인 스포츠 용품 제조 및 판매 회사로, 다양한 스포츠 분야에서 우수한 제품과 서비스를 제공하고 있다. 이 회사는 인종 차별, 여성 차별, 장애인 차별 등 사회적 이슈가 되고 있는 문제를 광고 캠페인을 통해 우리 사회에 전달한다. TV, 신문, 잡지, 인터넷, SNS 등 다양한 매체와 플랫폼을 통해 전 세계에 공개되어 있으며, 나이키의 브랜드 철학과 비전을 반영하고, 스포츠의 정신과 가치를 강조하고 있다. 나이키는 전 세계에서 370억 달러의 매출을 기록했으며, 세계에서 가장 가치 있는 스포츠 브랜드로 선정되었다.

지금까지 문화콘텐츠 산업의 대표적인 성공 사례를 살펴보았다. 문화콘텐츠 산업은 출판, 만화, 음악, 게임, 영화, 애니메이션, 방송, 광고 등 다양한 분야를 포함하며, 각 성공 사례는 경쟁력을 강화하기 위한 전략과 방안을 갖고 있다. 이러한 전략과 방안은 다음과 같은 공통적인 요소를 바탕으로 한다.

먼저, 현실과 연결된 독창적이고 깊이 있는 스토리와 세계관, 메시지와 가치를 담은 콘텐츠 가치를 가지고 있다. 아울러 다양한 언어와 플랫폼을 활용하여 콘텐츠를 제공하고, 국내외 시장과 독자에게 다양한 접근성과 편의성을 제공하는 콘텐츠 유통 전략을 실행하고 있는 것으로 확인되었다. 또한 철저한 조사와 준비, 창의적이고 협력적인 콘텐츠 생산 방식, 자신들의 창의적 색깔과 개성, 브랜드 철학과 비전을 반영하여 콘텐츠를 제작하고 있었다. 마지막으로 다른 매체로의 확장과 파생 산업 창출, 장르와 형식을 넘어서는 콘텐츠 활용, 매출과 평판의 향상과 사회적 책임과 공헌을 동시에 실현하여 거시적인 콘텐츠 성과를 창출하는 것으로 조사되었다.

이 같은 요소가 문화콘텐츠 산업의 발전과 성장에 밑거름이 된다면 미래 문화콘텐츠 산업은 더욱 다양하고 창의적인 콘텐츠를 생산하게 될 것이다. 이 책이 문화콘텐츠 산업에 관심 있는 모든 이들에게 유익한 정보와 통찰을 제공했기를 바라며, 이를 통해 문화콘텐츠 산업의 미래를 함께 만들어 가는 데 도움이 되었기를 바란다.

생각해 볼 문제

1. 문화콘텐츠 산업의 긍정적 측면과 부정적 측면을 고려할 때, 어떻게 하면 적절한 균형을 유지할 수 있을까?
2. 문화콘텐츠 산업을 교육과 학습에 활용할 수 있다는 점에서, 콘텐츠를 교육과 학습에 효과적으로 활용하려면 어떻게 해야 할까? 어떤 콘텐츠가 학습자의 흥미와 동기를 유발하고 학습의 품질을 향상시킬 수 있을까?
3. 국내 문화콘텐츠 산업의 매출은 주로 서울과 경기도에서 발생하는 것으로 나타났다. 지역 간 균형 발전과 지속 가능성의 측면에서 이에 대

한 대응책과 앞으로의 방안은 무엇인지 생각해 보자.

4. 어떻게 문화콘텐츠 산업의 경쟁력을 강화할 것인가? 글에서 제시된 분석 모델과 다양한 고려 사항을 바탕으로 어떤 전략을 개발하면 좋을지 생각해 보자.
5. 문화콘텐츠 산업의 성공 사례와 요소를 살펴보고 가장 중요하다고 생각하는 요소와 그 이유를 생각해 보자.

참고문헌

고정욱 · 권지은(2012). 한국 문화 콘텐츠 기반의 디자인 조기교육 프로그램 개발. ≪기초조형학연구≫, 51호, 1~12.

김상욱(2017). 『4차산업시대의 문화콘텐츠산업』. 크린비디자인.

김영순 외(2010). 『문화산업과 문화콘텐츠』. 북코리아.

김진규(2014). 『콘텐츠산업의 비즈니스 모델과 전략: 게임·음악·드라마를 중심으로』. 북코리아.

김평수 · 윤홍근 · 장규수(2018). 『문화콘텐츠 산업론』. 커뮤니케이션북스.

동영 · 장일주 · 진문걸(2023). 한·중·일 디지털 문화 콘텐츠 산업의 국제 경쟁력 비교분석에 관한 연구. ≪문화 산업연구≫, 23권 3호, 155~168.

문화체육관광부(2023). 『2022 콘텐츠산업백서 연차보고서』(정부간행물 발간등록번호 11-1371000-000234-10). 문화체육관광부.

박장순(2005). 『문화 콘텐츠 해외 마케팅』. 커뮤니케이션북스.

서정인(2021). 코로나19시대 이후 극장체제 변화에 관한 연구: 한국 영화 산업을 중심으로. ≪한국콘텐츠학회≫, 21권 4호, 447~453.

성종현(2022), 『지역 콘텐츠 산업 활성화를 위한 진흥정책 연구: 콘텐츠코리아랩, 콘텐츠기업지원센터 지원사업을 중심으로』. 상명대학교 박사학위논문.

성종현(2023). 『디지털 미디어 산업과 지역 문화콘텐츠』. 밝은사람들.

송원창(2010). 『문화콘텐츠 그 경쾌한 상상력』. 북코리아.

심상민(2007). 문화콘텐츠 산업 트렌드 변화 분석. ≪인문콘텐츠≫, 9호, 187~204.

안인자(2012). 문화분류와 문화콘텐츠 산업분류에 관한 연구. ≪한국비블리아학회지≫, 17권 2호, 5~21.

이소현 · 장은미(2023). MZ세대의 소비문화: 콘텐츠커머스를 중심으로. ≪아시아문화연구≫, 61권, 49~95.

이수범 · 송민호(2021). 콘텐츠 산업의 포스트 코로나19 이슈 탐색 연구: 신문기사의 텍스트마이닝 분석을 중심으로. ≪미디어융합연구≫, 30호, 35~70.

이정훈(2018). 『문화콘텐츠 산업의 창의성과 다양성』. 한국콘텐츠진흥원.

정지웅 · 이경상 · 이준기(2018). 콘텐츠의 공급자와 소비자로 이루어진 UGC 플랫폼의 초기 활성화 방안에 대한 탐색적 연구: 시스템다이내믹스를 이용한 초기 스타트업의 UGC 플랫폼을 중심으로. ≪한국빅데이터학회지≫, 3권 1호, 83~94.

조용순(2008). 『문화콘텐츠와 저작권』. 전략과문화.

주진 · 장민호(2018). 영상 콘텐츠로 바라본 사회적 이슈와 문화 산업의 상관관계 연구: 할렘 르네상스의 재현 중심으로. ≪문화 산업연구≫, 18권 4호, 87~97.

태지호(2019). 『문화콘텐츠 기획 핸드북』. 북코리아.

홍성은 · 김효용(2014). 크로스 플랫폼 게임에 대한 고찰과 발전 방향에 대한 연구. ≪애니메이션연구≫, 10권 3호, 169~184.

황혜선 · 이경희 · 김기옥(2013). 한국과 일본 소비자의 디지털 문화콘텐츠의 저작권 인식과 소비의도. ≪소비자학연구≫, 24권 1호, 273~296.

Bowker, G. C. & Star, S. L.(1999). *Sorting things out: Classification and its consequences*. Cambridge, MA: MIT Press.

Mayeske, G.(1999). *Developing a logic model: Teaching and training guide. Washington*, DC: U.S. Department of Education.

McLuhan, M.(2001). *Understanding Media, The Extensions of Man*. The MIT Press. 김상호 옮김(2011). 『미디어의 이해, 인간의 확장』. 커뮤니케이션북스.

Osterwalder, A.(2005). Clarifying business models: Origins, present, and future of the concept. *Communications of AIS*, 15, 1~25.

Porter, M. E.(1990). The competitive advantage of nations. *Harvard business review, 68*(2), 73~93.

Rappa, M.(2003). Business models for content delivery: An empirical analysis of the newspaper and magazine industry. *The International Journal on Media Management, 5*(2), 93~102.

Wallerstein, I.(2004). *World-systems analysis: An introduction*. Durham: Duke University Press.

지은이 소개

노창현 soulriff@naver.com

콘텐츠 기획, 제작업체 미디어코드 대표. 20여 년간 300회 이상의 공연, 축제, 이벤트의 제작연출을 진행했다. 동시에 현재, 건국대학교 언론홍보대학원 공연예술경영전공 및 대구대학교 문화예술학부 겸임교수로, 서강대학교 미디어커뮤니케이션대학원 미디어·엔터테인먼트전공, 동국대 영상대학원 문화콘텐츠학과에서 외래강사로 구성원들과 한류, 축제, 미디어, 공연, 대중음악 등에 대해 이야기 나누며 현업과 연구를 병행하고 있다. 동국대학교에서 인도철학으로 문학사, Culture-Oriented MBA로 경영학 석사, 문화콘텐츠 기획으로 문화예술학 박사학위를 받았다. 저서로 『언택트 시대, 문화콘텐츠 새로운 소비자를 욕망하다』(공저, 2020), 『All about 문화콘텐츠』(공저, 2021) 등이 있다.

성종현 moviesjh@hanmail.net

안동대학교 미디어문화커뮤니케이션학과 교수다. 콘텐츠 산업과 지역 문화콘텐츠를 연구하고 가르치고 있다. 경북콘텐츠진흥원, 경북영상위원회, 안동영상미디어센터, 수중영상연구소 등 문화콘텐츠 현장에서 근무하였으며, 전국문화산업지원기관협의회 사무국장, 여성가족부 정책위원, 경북메가프로젝트 위원 등을 역임했다. 경북대학교와 상명대학교에서 문화콘텐츠 석박사 학위를 받았으며, 문화콘텐츠 산업과 관련된 연구 성과로는 「콘텐츠산업 진흥 인프라의 목표와 역할에 관한 연구」(2022), 「문화유산을 활용한 VR 콘텐츠 CPND 생태계 연구」(2022), 「디지털 미디어 기업육성을 위한 지역 클러스터 구축 계획방안 연구」(2023), 「지역 영상산업 진흥을 위한 인프라 구축 계획방안 연구」(2023), 「콘텐츠코리아랩 사업의 C-P-N-D 틀을 통한 지원현황 분석 및 지역 콘텐츠 정책의 방향성 연구」(2023), 「지역 콘텐츠 IP를 활용한 로컬브랜딩 성공 요인 도출」(2023) 등이 있다.

신호림 letter2horim@hanmail.net

안동대학교 국어국문학과 부교수다. 고전문학을 중심으로 매체를 횡단하는 이야기를 연구하고 가르치고 있다. 고려대학교 국어국문학과를 졸업하고 동대학에서 〈토끼전〉으로 석사학위를, 〈심청전〉으로 박사학위를 받았다. 지금까지 50여 편의 논문과 10여 권의 저서(공저)를 발표했다. 문화콘텐츠와 스토리텔링과 관련된 연구 성과로는 「심청전에 대한 현대적 상상력과 스토리텔링 전략」(2017), 「영화 〈설국열차〉(2013)에 나타난 폭력의 서사와 의미」(2017), 「스토리텔링의 관점에서 본 박동진本 〈변강쇠가〉」(2018), 「봉정사 창건 설화의 두 서사적 층위와 스토리텔링의 방향성」(2019), 「엄마까투리 콘텐츠에 나타난 안동-로컬리티의 구현 방식」(2020), 「고전문학 기반 웹소설의 서사 확장 방식에 대한 試論」(2021), 「문학콘텐츠의 개념과 의의에 대한 試論」(2022), 「웹소설 〈소설 속 엑스트라〉의 빙의 화소를 통해 본 정체성의 문제와 가능세계의 양상」(2023), 『지역문화와 콘텐츠』(2019) 등이 있다.

안창현 yiliwa@hanmail.net

한양대학교 문화콘텐츠전략연구소 책임연구원이다. 한양대학교 중어중문학과를 졸업하고, 중국 베이징사범대학에서 중국 현대문학 전공으로 석사와 박사과정을 수료한 뒤, 한양대학교 문화콘텐츠학과에서 박사학위를 취득했다. 한양대학교에서 BK21 연구교수를 역임했다. 저서로 『서유기, 고전의 부활』(2016, 2017 세종도서 선정), 『문화콘텐츠, 그 경쾌한 상상력』(공저, 2011), 『한자콘서트』(공저, 2007) 등이 있으며, "살아있는 시체 좀비와 강시 캐릭터 비교 연구"(2017), "춘지에 완후이(春節晩會)의

의례화와 기능연구"(2015), "복합문화 공간으로의 중국 전통축제 연구"(공저, 2015) 등의 논문을 발표했다.

이건웅 nayagun@hanmail.net

서일대학교 미디어출판학과 교수다. 한국외국어대학교 글로벌문화콘텐츠학과에서 박사학위를 받았으며, 글로벌사이버대학교, 건국대학교, 한양대학교 겸임교수를 역임했다. 출판 산업, 문화콘텐츠, 중국 콘텐츠 등을 연구하고 있고, 최근에는 지역 콘텐츠와 글로벌 콘텐츠를 연구 중이다. 현재 사)한국전자출판학회 회장이며, 콘텐츠문화학회 평의원으로 있다. 주요 저서로는 『2024 SNS 광고마케터 1급』(2024), 『2024 검색광고마케터 1급』(2024), 『한국 출판산업의 이해』(2021), 『트랜스미디어 시대의 문화산업과 문화상품』(2020), 『액티브 시니어 시대의 노인놀이터』(2020), 『한중출판과 출판한류』(2014, 문화체육관광부 우수학술도서) 등이 있다.

이종훈 leelim3@naver.com

동국대학교 문화콘텐츠과 조교수다. 서울대학교 서양화과를 졸업하고, 동국대학교 문화콘텐츠학과에서 문화예술학 석사 및 박사학위를 받았다. CF, 뮤직비디오 포스트 프로덕션에서 에디터 및 디자이너로 활동하다가 차차 다양한 분야의 기획, 프로듀싱, 연출 등으로 활동 범위를 넓혀나갔다. 한국콘텐츠진흥원의 지원을 받아 영화 '오늘은'(2015)을 연출하였고, 연극 '떠나야할 땐'(2015)의 작 · 연출을 하였다. 온라인게임 '브리스톨 탐험대'의 그래픽디자인 총괄 프로듀서를 하였다.

주요 논문으로는 "'디지털콘텐츠'의 의미 형성과정과 실체적 이해"(공저, 2008), "문화상품과 문화콘텐츠의 변별"(2010), "'대중예술'이라는 용어의 문제점: 관념적 모순과 지시대상의 모호성을 중심으로"(2016), "영화의 공중전 장면에서 스펙타클 리얼리즘이 형상화 방식 연구”(2019), “문화적 기억의 특성들과 그 특성들의 상호작용: 얀 아스만과 알라이다 아스만의 논의를 중심으로”(2021) 등이 있다.
한국멀티미디어학회 이사, 콘텐츠문화학회 부회장, TJB대전방송 시청자위원, 대전문화재단 자문위원, 대전청년유니브연극제 집행위원 등으로 활동하고 있다.

임동욱 im.dong.uk@gmail.com

대구대학교 문화예술학부 겸임교수다. 한국외국어대에서 서사기호학 기반 지역 연구로 문화콘텐츠학 박사학위를 받았고 동 대학 연구교수를 거쳤다. 현재 대구대학교 인문과학연구소 연구원으로 재직하며 문화매개, 예술융합, 로컬콘텐츠를 강의하고 있다. 과학신문 ≪사이언스타임스≫ 전문 기자를 거쳐 과학 칼럼니스트로도 활동 중이다. 저서로 『문화예술 미디에이션』(공저, 2018), 『프랑스의 지역문화 콘텐츠』(공저, 2018), 『문화콘텐츠와 트랜스미디어』(공저, 2016), 『지역문화콘텐츠와 스토리텔링』(공저, 2016) 등이 있다.

태지호 tae7675@anu.ac.kr

국립안동대학교 사학과(역사문화콘텐츠 전공) 교수다. 역사문화콘텐츠, 영상문화, 매스커뮤니케이션 등을 강의하고 있다. 건국대학교 사학과(학사), 한국외국어대학교 문화콘텐츠학과(석사), 서강대학교 영상미디어학과(박사)에서 공부했다. 한국학중앙연구원 문화콘텐츠편찬실에서 근무했고, 호서대학교 문화기획학과에서 겸임교수 등을 거쳤다. 저서로 『기억문화연구』(2013), 『공간형콘텐츠』(2013), 『문화콘텐츠 기획 핸드북』(2019), 『커뮤니케이션 다시 읽기』(공저, 2015), 『영상 아포리아』(공저, 2019) 등이 있다.